W0305295

Alexa Mohl
Der Zauberlehrling
Das NLP Lern- und Übungsbuch

„Neurolinguistisches Programmieren, eine aus den USA importierte Mixtur der wirkungsvollsten psychologischen Behandlungsformen, ist zur Modetherapie der neunziger Jahre avanciert – mit verblüffendem Erfolg. Selbst deutsche Großkonzerne lassen ihre Manager in NLP-Kursen schulen..." – **DER SPIEGEL**

„In den Vereinigten Staaten ist NLP seit geraumer Zeit ein Renner unter den Schulungsprogrammen für Führungskräfte und Verkaufsmanager, vor allem bei Computerfirmen und Banken. Ex-Chrysler-Boß Lee Iacocca schwört auf die Kraft von NLP." – **MÄNNER VOGUE**

Reihe
Pragmatismus & Tradition
Band 22
Herausgegeben
von Thies Stahl

Alexa Mohl

Der Zauberlehrling

Das NLP Lern- und Übungsbuch

Junfermann Verlag · Paderborn
1997

© Junfermannsche Verlagsbuchhandlung, Paderborn 1993
2. überarbeitete Auflage 1993
3. Auflage: Februar 1994
4. Auflage: Oktober 1994
5. Auflage: Februar 1996
6. Auflage: März 1997

Abbildungen: Gudrun Huerkamp

Alle Rechte vorbehalten.
Nachdruck oder Vervielfältigung des Buches oder von Teilen daraus nur mit ausdrücklicher Genehmigung des Verlages.

Satz: adrupa Paderborn
Druck: PDC – Paderborner Druck Centrum

Die Deutsche Bibliothek – CIP Einheitsaufnahme
Mohl, Alexa:
Der Zauberlehrling: Das NLP Lern- und Übungsbuch / Alexa Mohl.
– Paderborn: Junfermann, 1993
(Reihe Pragmatismus & Tradition; Bd.22)
ISBN 3-87387-090-8

NE: GT

ISBN 3-87387-090-8

Inhalt

Danksagung

Dieses Buch ist aus Seminar-Zusammenhängen entstanden, in denen das Wissen und Können der NLP-Begründer und NLP-Praktiker der ersten Generation an Menschen vermittelt wurde, die NLP für die Entwicklung einer kommunikativen, kreativen und produktiven Lebenspraxis nutzen wollten. Die Erfahrungen, die in der Abfassung dieses Buches verarbeitet wurden, sind deshalb nicht nur meine eigenen. In gleicher Weise trugen kritische Reflexionen von Seminarteilnehmern und Teilnehmerinnen und die Erfahrungen meiner Partner von CT-Personaltraining, Uta Keske, Ulrike Kuhn und Udo Nowak, dazu bei, daß dieses Buch in der vorliegenden Form zustandekam. Das zu sagen, möchte ich nicht vergessen.

Hannover, im November 1992
Alexa Mohl

Vorwort zur vierten Auflage

Wenn in der kurzen Zeit von nicht ganz zwei Jahren eine vierte Auflage dieses Buches erscheinen kann, erfüllt mich das mit Dankbarkeit und Freude. Ich freue mich darüber, weil ich diese vierte Auflage als Hinweis darauf begreifen darf, daß mein Versuch, NLP für viele Leser in einer systematischen und leicht lernbaren Form darzustellen, nicht mißlungen ist. Und ich bin all denen dankbar, die mich ermutigt haben, die Arbeit zu diesem Buch aufzunehmen und die mich jetzt ermutigen, diese Arbeit fortzusetzen, um in *Zauberlehrling II* weitere Kategorien des Neurolinguistischen Programmierens und weiterentwickelte Formen der Veränderungsarbeit mit NLP darzustellen.

Hannover, 26. September 1994
Alexa Mohl

Einleitung

1985 hatte ich ein Problem und eine neue Bettlektüre. Mein Problem bestand darin, daß ich nach bestandener Führerscheinprüfung auf die Vorstellung, ein Auto zu lenken, mit zunehmender Angst reagierte. Meine neue Bettlektüre trug den Titel: „Neue Wege der Kurzzeit-Therapie“[1] und enthielt sogenannte Neurolinguistische Programme, die ich an meinem Problem ausprobierte. Als ich mich einige Tage später daran erinnerte, sauste ich gerade über die Autobahn und stellte fest, daß mir mein Problem abhanden gekommen war.

1986 nahm ich an einer Ausbildung in NLP teil, als eine Frau mich um Unterstützung bei einem Problem bat. Sie fiel regelmäßig um. Medizinische Untersuchungen hatten ein Hyperventilationssyndrom ergeben. Ärztliche Bemühungen wie auch eine einjährige Psychotherapie hatten keine Erfolge erzielt. Ich teilte dieser Frau mit Bedauern mit, ihr nicht helfen zu können, da ich noch in der Ausbildung sei und keine Verantwortung für eine Beratung übernehmen könnte. Aber ich erklärte ihr sehr genau, was ich gerade gelernt hatte. Noch ein Jahr später hatte ich Kontakt zu ihr. Sie war bis dahin nie mehr umgefallen.

Was es bedeuten kann, NLP zu lernen, ist einem in der abendländischen Kulturtradition denkenden Menschen nur schwer nahe zu bringen: Es grenzt an Zauberei. Die Skepsis des Anfängers weicht dem durch Erfahrung gefestigten Vertrauen in die Wirkungszusammenhänge der NLP-Veränderungsstrategien nur zögernd. Deshalb diese Beispiele, um zunächst eine Vorstellung zu vermitteln von Fähigkeiten, die man erwerben kann, wenn man sich NLP aneignet.

NLP ist entstanden, nachdem zwei junge Amerikaner, Richard Bandler und John Grinder, auf die Idee kamen, herauszufinden, aus welchen Gründen die drei erfolgreichsten amerikanischen Therapeuten, Satir, Erickson und Perls, ihre Berufskollegen in der Wirksamkeit ihrer Bemühungen so haushoch übertrafen. Durch systematische Beobachtung fanden sie heraus, daß ganz bestimmte Kommunikationsmuster und Vorgehensweisen den Schlüssel zum Erfolg darstellen. Aus diesen wirksamen Strategien bauten Bandler und Grinder ein neues System auf, das sich inzwischen sowohl als

Therapieform wie auch als allgemeines Lernsystem bewährt hat. Dieses Lernsystem nannten sie Neurolinguistisches Programmieren, NLP.

Lernen mit NLP ist hochwirksam. Ihre Begründer sind der Überzeugung, daß man mit NLP alles lernen kann: Prüfungsängste zu überwinden ebenso wie das Rauchen aufzugeben, sich selbst zu motivieren ebenso wie selbstbewußt aufzutreten, in der Liebe erfolgreich zu sein ebenso wie im Beruf voranzukommen. Die hohe Wirksamkeit des Lernens mit NLP zeigt sich auch in der geringen Zeit, die dafür aufgebracht werden muß. Ein einziger Übungsdurchgang kann zum Ziel führen. Ein in NLP ausgebildeter Berater oder Therapeut benötigt wenige Sitzungen, wo andere jahrelange Lern- oder Therapieprogramme durchführen.

Die weniger durch rationale Erklärung sondern mehr durch subjektive Erfahrung überzeugende Wirksamkeit von NLP hat dazu geführt, daß diese Lernstrategien sich zunächst in der beruflichen Weiterbildung durchsetzten. Die ersten Ausbildungsprogramme waren zwar auf pädagogische und psychologische Praktiker zugeschnitten, weite Verbreitung erfährt NLP jedoch in der Weiterbildung von Führungskräften in der freien Wirtschaft. Die akademische Forschung und Lehre blieb bis heute skeptisch, im Wesentlichen wohl deshalb, weil es noch keine „Theorie" des NLP gibt. Bis heute sind die praktischen Lernstrategien nichts als Modelle. Die angebotenen Erklärungszusammenhänge von deren Wirksamkeit stellen lediglich Hypothesen pragmatischen Charakters dar. NLP hat aus diesen Gründen und nicht zuletzt auch wegen seiner direkten Anwendbarkeit und ökonomischen Verwertbarkeit für die akademische Zunft etwas Anrüchiges. Dazu kommt, daß Arbeiten mit NLP in der therapeutischen Praxis nur wenig Zeit erfordert.

Im ökonomischen Bereich unserer Gesellschaft werden dagegen Fähigkeiten, wie NLP sie vermittelt, dringend gebraucht. Wenn Unternehmen auch in Zukunft ökonomisch erfolgreich sein wollen, brauchen sie als Mitarbeiter Menschen, die über breitgefächertes Wissen verfügen, die ihr Verhalten mit sozialer und situativer Sicherheit selber steuern können und die sich lustvoll von rasch wechselnden Aufgaben herausfordern lassen. Solche Menschen kann man nicht mehr dem traditionell kooperativen und schon gar nicht mehr dem autoritären Führungsstil unterwerfen. Um selbständige, vielseitige, kreative und engagierte Mitarbeiter zu führen, müssen Vorgesetzte Menschen sein, die die Strukturen und Bedingungen, das Klima und die Beziehungen schaffen können, in denen solche Mitarbeiter tätig sein und sich entwickeln können. Das heißt, Führungskräfte müssen selber gut strukturierte, ausgewogene, kommunikative und einfühlsame Menschen sein, deren Selbstausdruck und Verhalten angemessen und stimmig ist. Führungsfähigkeiten dieser Art können nicht mehr durch die Aneignung von sprachlichen und sozialen Geschicklichkeiten erworben werden, wie sie in derzeitigen Führungsseminaren vermittelt werden. So etwas wie die Echtheit des persönlichen Selbstausdrucks kann nur erworben werden, wenn Menschen so an sich arbeiten, daß sie die Differenzen zwischen gesellschaftlichen Verhaltensanforderungen und ihrem eigenen Selbstbild in einer für sie angemessenen Form auszugleichen in der Lage sind. Dazu bedarf es Arbeit an sich selbst als ganzem Menschen in Sinn- und Zielzusammenhängen. Lernen mit NLP macht eine solche Entwicklung möglich.

Die weitere Ausbreitung von NLP wird auch vor den Universitäten nicht haltmachen. Selbst diejenigen Vertreter der akademischen Zunft, für die die Unabhängigkeit von Forschung und Lehre von anderen gesellschaftlichen Lebensbereichen unabdingbar ist, werden an NLP als einer Möglichkeit, die Individuation der menschlichen Persönlichkeit weiterzuentwickeln, nicht vorbeikommen. Mit NLP ist nämlich ein Fortschritt in der Entwicklung der menschlichen Freiheit möglich, den es bislang noch nicht gab.

Freiheit ist das Ziel großer Anstrengungen und Kämpfe im menschlichen Leben gewesen bis heute. Seit den Anfängen menschlicher Gesellschaft verwendeten ihre Mitglieder einen großen Teil ihrer Lebenskraft, um Abhängigkeiten zu überwinden. Die Geschichte der Menschheit ist eine Geschichte von Freiheitskämpfen ebenso wie die Geschichte des Einzelnen darin besteht, ein selbständiges Individuum zu werden. Bis heute ist der einzelne Mensch immer noch insoweit abhängig von seiner Familie, als diese am Beginn seiner Lebensgeschichte seine Persönlichkeit prägt, seine Erziehung bestimmt und über seine Ausbildung entscheidet. Hier hat die Psychoanalyse am Anfang dieses Jahrhunderts entscheidend zur Befreiung des Individuums beigetragen, indem sie uns aufklärte, daß im Wesentlichen unbewußte Triebkräfte unser bewußtes Handeln bestimmen. Wo „Es“ war, soll „Ich“ werden, ist das psychoanalytische Programm der Befreiung des Individuums von unbewußten Kräften, die unserem Erleben und Handeln Grenzen setzen. Allerdings ist dieses psychoanalytische Programm zur Erweiterung unserer persönlichen Freiheit aufwendig. Es dauert lange, es kostet viel Geld, und zumindest bei der praktischen Durchführung des Programms ist der an seiner persönlichen Freiheit Interessierte abhängig von einem anderen, dem Analytiker. In Europa nehmen deshalb im Wesentlichen nur Menschen mit schwerwiegenden psychischen Schwierigkeiten diese Möglichkeit zur Steigerung der persönlichen Freiheit in Anspruch.

NLP bietet mehr. NLP ermöglicht einem Menschen nicht nur, der zu werden, der er sein könnte, sondern darüber hinaus, der zu werden, der er sein möchte. Obwohl die Wünsche eines Menschen danach, wer er sein und was er tun möchte, den Rahmen seiner persönlichen Lebensgeschichte nicht notwendig sprengen, so ist doch mit NLP zum Beispiel möglich, die persönliche Identität prägende Lebenssituationen aus der frühen Kindheit oder Jugend zu verändern und damit die eigene Lebensgeschichte umzuschreiben. Es ist sogar gerechtfertigt, an dieser Stelle zu sagen: die eigene Lebensgeschichte umzuerleben, das heißt, anders zu erleben und deshalb daraus andere, das weitere Leben ändernde Schlußfolgerungen zu ziehen. So verstanden ist NLP ein weiterer Schritt in der Entwicklung individueller Freiheit, und ein Schritt weiter, als andere Programme zur Erweiterung persönlicher Möglichkeiten wie zum Beispiel die Psychoanalyse gehen.

Aber was ist NLP? Wenn wir den Begriff „Neurolinguistisches Programmieren“ ernst nehmen, denken wir automatisch an elektronische Datenverarbeitung und Computer. Obwohl diese Assoziation bei den meisten Menschen keine guten Gefühle auslöst, ist sie sinnvoll, um die Wirkungsweise von NLP-Veränderungsarbeit deutlich zu machen. Beim Computer werden Daten eingegeben, verarbeitet, gespeichert und für bestimmte Zwecke wieder aufgerufen. Unser Gehirn tut das auch. Die Daten, die in das Gehirn eingehen, sind unsere sinnlichen Erfahrungen, alles was wir sehen, hören, fühlen, riechen oder schmecken. Im Gehirn werden diese verarbeitet und abgespeichert. Für bestimmte Zwecke – z. B. wenn wir eine Entscheidung fällen sollen, was zu tun sei – werden diese Daten wieder aufgerufen und zur Grundlage für eine Entscheidung gemacht, die zum Handeln führt. NLP gründet auf der in unserem Gehirn gespeicherten sinnesspezifischen Erfahrung. Wichtig für Arbeiten mit NLP ist vor allem die Struktur, in der diese subjektive Erfahrung verarbeitet und gespeichert wurde.

Ein Beispiel macht dies vielleicht deutlicher: Auf die Äußerung Ihres Vorgesetzten: „Ich verstehe nicht, daß Sie das Projekt immer noch nicht abgeschlossen haben!" reagieren Sie mit Zorn, den Sie jedoch wie auch bei anderen ähnlichen Anlässen unterdrücken, was inzwischen zu Magenbeschwerden geführt hat.

Die Untersuchung der Struktur dieser subjektiven Erfahrung „Magendrücken" könnte folgende Abfolge erbringen: Auf einen hörbaren Reiz reagieren Sie mit einem starken negativen Gefühl, sagen dann still zu sich selber: „Halt bloß den Mund, sonst wird es noch schlimmer" und bekommen heftige Magenschmerzen. Dieses Programm können Sie verändern. Sie könnten sich wünschen, auf die Äußerung Ihres Chefs mit Gelassenheit zu reagieren. Um dieses Ziel zu erreichen, könnten Sie genau untersuchen, wie Sie zu dem Gefühl von Gelassenheit kommen und dann Ihr persönliches Programm für Gelassenheit in das alte Programm „Magendrücken" einfügen. Sie könnten sich aber auch entscheiden, ungerechtfertigte Vorwürfe Ihres Vorgesetzten nicht mehr wortlos hinzunehmen, sondern sie mit guten Begründungen zurückzuweisen. Sie würden dann Ihre Fähigkeit, Ihr Handeln angemessen zu begründen, über die Sie in anderen Lebenszusammenhängen verfügen, in das Programm „Magendrücken" einbeziehen. Damit verändern Sie das Programm „Magendrücken" in ein Programm „Gelassenheit" oder in ein Programm „Argumentieren".

Was hier auf ungewohnte Art beschrieben wird, ist „Lernen", ein wohlbekannter Prozeß, der auch normalerweise so abläuft, daß neue Erfahrungen in vorhandene Erfahrungen eingebaut werden, oder daß vorhandene Erfahrungen über den Prozeß des Nachdenkens umgebaut werden, oder daß vorher getrennte Erfahrungen miteinander verknüpft werden. Was an solchen Lernprozessen NLP darstellt, ist folgender Sachverhalt: Mit NLP laufen solche Lernprozesse gezielt und kontrolliert ab. Und da sie bewußt die spezifische Struktur der subjektiven Erfahrung zur Grundlage von Veränderungsprozessen machen, sind sie so wirksam. Außerdem verfügt

NLP über ganz verschiedene Lernstrategien, die auf die spezifischen Problemstrukturen und jeweiligen Lernziele direkt zugeschnitten sind. Auf diese Weise erwerben Menschen mit NLP Fähigkeiten, die sie vorher als Lernziele nie in Betracht gezogen haben. Sie können Gefühlsreaktionen modifizieren, eingeschliffene Verhaltensweisen ändern und negative Einstellungen überwinden, wenn sie wollen.

Veränderungsarbeit mit NLP kann man Therapie nennen, wenn das, was durch Lernen verändert wird, persönliche Schwierigkeiten sind, die es jemandem unmöglich machen, den Anforderungen eines normalen Lebensalltags in dieser Gesellschaft nachzukommen. Veränderungsarbeit mit NLP kann man aber auch persönliche Arbeit an sich selber nennen, wenn das, was durch Lernen mit NLP verändert wird, alltägliche Gefühle, Verhaltensweisen oder Überzeugungen sind, von denen die Betreffenden erkennen, daß es wünschenswerter, angemessener, vorteilhafter oder erfolgversprechender wäre, anders zu fühlen, zu handeln oder zu denken. Das ist die eine Seite dessen, was NLP einbringen kann. Eine neue Freiheit, die Menschen erwerben, indem sie lernen, daß sie nicht die Person bleiben müssen, zu dem ihre bisherige Lebensgeschichte zusammen mit ihren natürlichen Anlagen sie gemacht hat, sondern in hohem Maße der werden können, der sie zu sein wünschen.

Die andere Seite besteht darin, daß Menschen sich mit NLP Fähigkeiten aneignen, mit denen sie andere Menschen beraten, unterstützen, fördern oder heilen können als Pädagogen, Psychologen, Führungskräfte, Therapeuten oder schlicht als Mitmenschen. Viele Lernstrategien des NLP kann man in einem normalen Beratungsgespräch einsetzen, um das eine andere Person bittet. Einige Lernstrategien kann man in jedes normale Gespräch einbauen und damit andere befähigen, neue Wege zu gehen und erfolgreicher zu sein.

Und: Mit NLP kann man manipulieren, das soll gerade auch auf den ersten Seiten eines Lern- und Übungsbuches nicht verschwiegen werden. Gegen Manipulation helfen keine Appelle. Die Möglichkeiten, menschliches Verhalten zu beeinflussen, können um so mehr mißbraucht werden, je höher ihre Wirksamkeit ist. Neben moralischer Integrität von NLP-Praktikern gibt es gegen die Gefahr der Manipulation durch NLP nur einen Schutz: Wissen.

Erstes Kapitel: Genaue Wahrnehmung

Viele Menschen glauben, menschliches Verhalten mit Sicherheit deuten zu können. Zumindest von Angesicht zu Angesicht sind sie sicher zu wissen, was ein anderer denkt oder fühlt oder was sonst in ihm vorgeht. Auch wenn sie gelernt haben, daß z. B. körpersprachliche Signale nicht immer eindeutig interpretiert werden können, glauben sie doch genug über menschliches Verhalten zu wissen, um ohne viel Aufwand von außen wahrnehmbaren Signalen oder Verhaltensweisen auf innere Vorgänge schließen zu können. So signalisieren ihnen vor der Brust verschränkte Arme Verschlossenheit ebenso wie sie bei Stirnrunzeln Ablehnung oder Entrüstung annehmen. Vor allem Menschen mit einer langen Ausbildung und langer Erfahrung in ihrem jeweiligen Beruf neigen dazu, sehr schnell zu wissen, was der Fall ist und wo das Problem liegt. Solche Interpretationen sind nicht immer abwegig. Aber häufig stellen sie die Ursache für falsche Entscheidungen dar. Im Umgang mit Menschen ist die richtige Wahrnehmung innerer Prozesse oft von großer Wichtigkeit. Ein Verkäufer, der unbeeindruckt von zögernden Reaktionen einem Kunden ein Produkt aufnötigt, verliert einen Kunden. Ein Vorgesetzter, der Problemsignale seiner Mitarbeiter nicht erkennt, läßt die Entwicklung von handfesten Problemen zu. Ein Lehrer, dem es entgeht, wie seine Schüler seinen Vortrag verarbeiten, kann deren Lernprozeß nicht steuern. Ein Liebender, der nicht wahrnimmt, daß seine Geliebte sichtbare Zeichen seiner Liebe braucht, um sich geliebt zu fühlen, verliert sie eventuell an einen aufmerksameren Mann. Ein psychologischer Berater, der Problemzustände und innere Einwände seines Klienten nicht erkennt, bleibt erfolglos. NLP lernen, heißt im ersten Schritt, die sinnliche Wahrnehmung zu schärfen, um Interpretationen zu vermeiden.

Das Verhalten unserer Mitmenschen aufmerksam wahrzunehmen, gehört in unserem Erziehungs-, Bildungs- und Ausbildungssystem nicht zu den vordringlich vermittelten Lernzielen. Dabei haben Untersuchungen festgestellt, daß ein überwiegender Anteil unserer zwischenmenschlichen Kommunikation über körpersprachliche Botschaften läuft, die wir ebenso unbewußt senden wie empfangen, deuten und darauf reagieren. Daß wir diese Form der Kommunikation nicht mit Bewußtsein ausführen, muß nicht heißen, daß uns dabei schwerwiegende Fehler unterlaufen. In den meisten Fällen deuten wir die eingehenden Signale sicher richtig und reagieren angemessen. Es gibt aber Situationen in unserem Leben, in denen es wichtig ist, mit Sicherheit zu wissen, daß wir uns angemessen verhalten. Das sind ganz allgemein die Situationen, in denen es auf etwas ankommt, was wichtig ist. Und wichtige Ziele gibt es in jedem menschlichen Leben.

In jedem guten Führungskräfteseminar werden die Teilnehmer/innen angehalten, sich verbale und nonverbale Problemsignale ihrer Mitarbeiter zu vergegenwärtigen und ihre Wahrnehmung in bezug auf solche Signale zu schärfen. Denn im Berufsleben unserer Gesellschaft gehört die Mitteilung von Schwierigkeiten und Problemen nicht zu den selbstverständlichen Inhalten zwischenmenschlicher Kommunikation. Schwierigkeiten und Probleme werden zurückgehalten, entweder bis man sie selbständig gelöst hat oder bis ihre Existenz nicht mehr zu verheimlichen ist. Dann ist es aber häufig für ein korrigierendes Eingreifen zu spät. Sensible Problemwahrnehmung gehört deshalb zu den wichtigen kommunikativen Fähigkeiten von Führungskräften, die vermittelt und trainiert werden müssen. Darüber hinaus muß jede Führungskraft über die Fähigkeit verfügen, zu erkennen, wie ihre Informationen von den Mitarbeitern verarbeitet werden. Es gibt in dieser Disziplin einen anderen Begriff von Wahrheit als den, den die Philosophie vermittelt. Wahr ist in der Kommunikation nicht, was ich sage und meine, sondern das, was davon beim anderen ankommt und wie der es auffaßt. Mit dieser Maxime ist die Verantwortung für das Verständnis der Botschaft ausschließlich dem Sender übertragen. Ihm ist aufgegeben, dafür zu sorgen, daß die Botschaft auch so beim Empfänger ankommt, wie der Sender sie meint. Ob sie so angekommen ist, wie er sie meint, kann er manchmal dadurch feststellen, daß er seine Botschaft vom Empfänger wiederholen läßt. In den meisten Fällen jedoch kann er den richtigen Empfang seiner Information nur durch Augenschein sicherstellen. Dabei geht es nicht nur darum, Anzeichen für Zweifel oder offene Fragen oder Verwirrung zu entdecken, sondern darüberhinaus wahrzunehmen, welche Gefühle die Botschaft beim anderen auslöst. Denn wenn es schon wichtig ist, auf der Sachebene die Botschaft korrekt hinüberzubringen, es ist noch wichtiger, auf der Beziehungsebene das emotionale Gleichgewicht nicht zu gefährden.

Wissen ist Macht, diesen Satz kennt jeder. Damit ist auch sein Gegenstück „Nichtwissen ist Ohnmacht" gleichermaßen verbreitet, wenn auch nicht ausdrücklich. Es gibt viele Menschen in unserer Gesellschaft, die nicht gerne Fragen stellen, weil „Fragen stellen" „nicht wissen" bedeutet, und „nicht wissen" bedeutet „unten sein", einen niedrigen Status einnehmen. So verschwenden viele Menschen lieber Zeit, Energie oder Geld, als zuzugeben, daß sie etwas nicht wissen, fahren lieber stundenlang durch eine fremde Stadt, um eine unbekannte Straße selber zu finden, als nach dem Weg zu fragen oder studieren nächtelang Nachschlagewerke, um ein Computerprogramm selbst zu installieren, als einen Experten hinzuzuziehen. Daß Nichtwissen ein Grund zur Scham ist, haben wir häufig unseren Lehrern zu verdanken, die auch heute noch ihre Aufgabe als einen Prozeß mißverstehen, der nach dem Vorbild der Nürnberger Trichtermethode angemessen beschrieben werden kann, und darüberhinaus ein Mißlingen dem Schüler anlastet. Lehren und Lernen ist jedoch ein Vorgang, der nur als Kommunikation angemessen aufgefaßt werden kann. Und zur Kommunikation von Seiten des Lehrenden gehört nicht nur die angemessene Vermittlung des Stoffs, sondern die Verantwortung für dessen angemessene Aneignung auf Seiten des Lernenden. Dieser Verantwortung für das angemessene Lernen kann der Lehrer nur nachkommen, indem er durch verbale Verfahren oder nonverbale Mittel die erfolgreiche Verarbeitung seiner Lehrangebote überprüft. Eine Erfolgskontrolle seiner Lehrtätigkeit bei der Korrektur von Klassenarbeiten kommt zu spät.

Genaue Wahrnehmung körpersprachlicher Signale z. B. der Zustimmung und der Ablehnung gehört zu den unabdingbaren Fähigkeiten von Menschen, zu deren wichtigsten beruflichen Aufgaben das Verkaufen gehört. Ein Verkäufer, der die Ja- und die Nein-Reaktionen seiner Kunden erkennt, auch wenn diese sich mit Worten nicht äußern, verfügt trotzdem über die nötigen Hinweise auf eine angemessene Vorgehensweise im Verkaufsgespräch. Wenn genaue

Wahrnehmung eine spontane Aktivität des normalen Verhaltensrepertoires eines Verkäufers darstellt, wird er bereits das Ausmaß an Interesse festgestellt haben, bevor er einen Kunden überhaupt anspricht. Er wird bei der Informationssammlung die wichtigsten Bedürfnisse und Vorlieben leicht erkennen und ohne verbale Rückmeldung wissen, welche Gesichtspunkte bei der Produktpräsentation besonders betont werden müssen. Er erhält Hinweise darüber, welche Gesichtspunkte er nicht weiter ausführen sollte, er erkennt Einwände, auf die er besonders eingehen sollte, um zu einem Verkaufsabschluß zu kommen, der die Bedürfnisse der Kunden optimal befriedigt.

Auch wenn Menschen nicht aus beruflichen Gründen mit anderen Menschen zusammenkommen, Kommunikation also kein Mittel zu einem anderen Zweck darstellt, ist genaue Wahrnehmung eine sinnvolle Fähigkeit, die zu trainieren sich lohnt. Menschen sind keine Einzelgänger, sie gehen soziale Beziehungen ein, weil in Gemeinschaft zu sein, mit anderen zusammen und für andere etwas zu tun, Freunde zu haben und zu lieben ihnen die Befriedigung eines Bedürfnisses ist. Nun sind Beziehungen zu anderen Menschen keine Geschenke, die das Schicksal freimütig vergibt. Gute soziale Beziehungen sind Resultate des eigenen Handelns. Ich selber muß etwas tun, um sie herzustellen, aufrechtzuerhalten und vor allem, in Problem- und Konfliktsituationen in der Lage zu sein, sie zu bewahren. Bei solchen Bemühungen ist genaue Wahrnehmung der gefühlsmäßigen Einstellung anderer mir gegenüber von großer Bedeutung. Mit geschärfter Feinwahrnehmung kann ich Stimmungsschwankungen, Problemsignale oder Ablehnung erkennen und darauf reagieren, bevor Störmomente in der Beziehung ein Ausmaß erreichen, das aufwendige Aktionen zur Wiederherstellung nötig macht.

I. Sinnlich konkrete Wahrnehmung

Die genaue Wahrnehmung kann man schulen, indem man das Verhalten anderer bewußt so wahrnimmt, daß man es in einer sinnlich konkreten Sprache beschreiben kann. Die Wahrnehmung konzentriert sich dabei also darauf, was zu sehen, zu hören, (bei Berührung) zu fühlen und zu riechen ist. Ein in NLP geschulter

Berater nimmt nicht wahr, daß ein Ratsuchender glücklich, traurig oder gelangweilt aussieht, sondern daß er den Kopf hebt, die Lippen voneinander löst, beide Mundwinkel seitlich nach oben zieht, daß die Haut unter den Augen tiefere Falten bekommt und die Augen nach rechts oben wandern.

Folgende Liste enthält einige wichtige Elemente körpersprachlichen Ausdrucks, die sinnesspezifisch wahrgenommen werden können. In der Fachliteratur wird für „sehen" der Begriff: „visuell" wahrnehmen benutzt, für hören: „auditiv" wahrnehmen, für fühlen: kinästhetisch wahrnehmen, und für riechen und schmecken: olfaktorisch und gustatorisch wahrnehmen.

a. was ich visuell wahrnehmen (sehen) kann:

Atmung, Atemvolumen, Atemfrequenz,
Gesichtsfarbe
Augen, Blickrichtung, Lidreflex, Pupillengröße, Feuchtigkeit
Lippengröße
Hautfeuchtigkeit
Muskelspannung
Haltung und Bewegungen von Kopf, Schultern, Händen, Armen, Körper, Beinen und Füßen
Ideomotorische (= unbewußte) Bewegungen

b. was ich auditiv wahrnehmen (hören) kann:

Sprechtempo
Tonlage
Lautstärke
Timbre

c. was ich kinästhetisch wahrnehmen (fühlen) kann:

Hauttemperatur
Feuchtigkeit
Muskelspannung
Druck

d. was ich olfaktorisch wahrnehmen (riechen) kann:

Alkohol
Schweiß
Parfüm

Sinnlich konkrete Wahrnehmung

Zorn
Augen weit aufgerissen
Blick geradeaus
senkrechte Stirnfalten
zusammengepreßte Lippen
Kinn vorgeschoben

Überraschung
Nasenfalte
Augen offen
Blick nach rechts
volle Unterlippe

Freude
Augen weit
Blick nach oben links
gerötete Wangen
Lippen leicht voneinander gelöst
kleine Mundfalte

Sinnlich konkret wahrnehmen, Übung:

Um herauszufinden, wie gut Sie Veränderungen im körpersprachlichen Selbstausdruck bei einem anderen Menschen wahrnehmen können, setzen Sie sich mit einem Partner, einer Partnerin, einem Freund oder einem Familienmitglied zusammen. Bitten Sie Ihr Gegenüber, aus der nachfolgenden Liste ein Wort herauszusuchen, das einem Gefühl entspricht, das er/sie erst kürzlich erlebt hat. Bitten Sie Ihr Gegenüber, sich intensiv an diese Situation zu erinnern, indem er/sie die Situation mit allen Sinnen nochmals nacherlebt, das heißt sich all das vergegenwärtigt, was es in der Situation zu sehen, zu hören, zu riechen, zu schmecken und vor allem zu fühlen gab. Ihre Aufgabe ist dabei, genau zu protokollieren, was Sie außen wahrnehmen können, d.h. was Sie sehen und evtl. hören.

Sinnlich konkret wahrnehmen, Übung:		
Spott	Demut	Stolz
Haß	Zärtlichkeit	Triumph
Erleichterung	Enttäuschung	Traurigkeit
Panik	Scham	Verachtung
Überraschung	Empörung	Bewunderung
Appetit	Langeweile	Resignation
Angst	Schüchternheit	Wut
Gelassenheit	Ekel	Heiterkeit

Überprüfen Sie bitte Ihr Protokoll nach Abschluß der Übung daraufhin, ob ein künstlerisch begabter Mensch nach Ihren Angaben eine Skizze anfertigen könnte, die den Gefühlsausdruck Ihres Gegenüber wiedergibt, ohne daß er vorher darüber informiert wurde, um welches Gefühl es geht.

Die Physiologien

Problemphysiologie

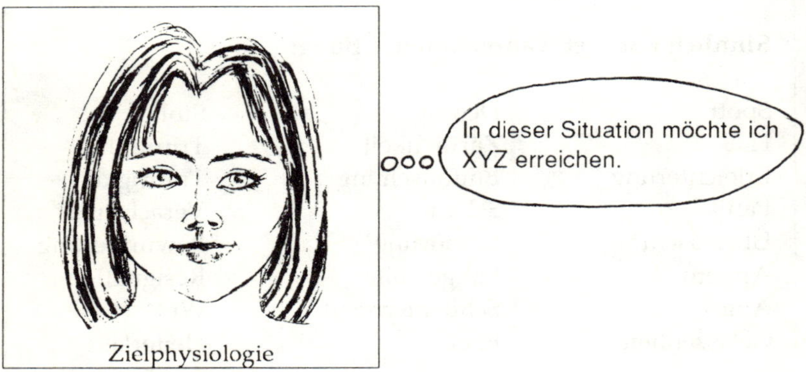

Zielphysiologie

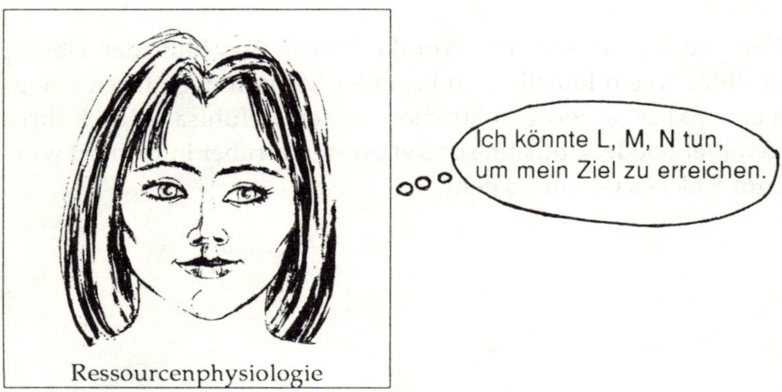

Ressourcenphysiologie

Versöhnungsphysiologie

Mischphysiologie

II. Die Physiologien

Für die Arbeit mit NLP ist die Wahrnehmung ganz bestimmter Zustände wichtig, die Physiologien genannt werden. Physiologien werden im Wesentlichen mit Hilfe der sichtbaren und hörbaren Merkmale im Verhalten des Klienten wahrgenommen. Die wichtigsten Merkmale sind dabei: Atmung, Gesichtsfarbe, Muskelspannung, Haltung, unbewußte Bewegungen, bei den Augen die Blickrichtung, der Lidreflex, Größe und Feuchtigkeit, bei der Stimme die Tonlage, Lautstärke und Timbre. Mit Hilfe dieser Merkmale unterscheidet Thies Stahl vier Zustände oder Physiologien: die Problemphysiologie, die Zielphysiologie, die Ressourcenphysiologie und die Versöhnungsphysiologie[1].

Die Problemphysiologie

In diesem Zustand befindet sich jemand, sobald er eine Erfahrung in einer Situation erinnert, die nicht zu seiner Zufriedenheit abgelaufen ist. Die Stärke der in einer solchen Situation erlebten Gefühle kann dabei erheblich variieren. Der Zustand ist von außen wahrnehmbar, zum Beispiel durch blasse Hautfarbe, flache Atmung, eine verspannte und unsymmetrische Haltung, unbewegte Mimik und einen Blick nach rechts unten. Die Problemphysiologie ist jedoch bei jedem Menschen individuell unterschiedlich. Deshalb ist für die Arbeit mit NLP wichtig, die Problemphysiologie bei jedem Gesprächspartner und für jedes Problem genau wahrzunehmen. Wichtig ist die Erkenntnis der Problemphysiologie auch deshalb, weil sie dem Berater anzeigt, daß sein Gegenüber in einem Zustand ist, in dem ihm zur Problemlösung nichts einfällt. Bevor die Arbeit weitergehen kann, muß der Berater seinen Gesprächspartner zunächst aus diesem Zustand herausholen.

Die Zielphysiologie

Sobald sich jemand bewußt macht, was er in einer Problemsituation erreichen möchte und sich diese Zielerreichung sinnlich konkret vorstellt, zeigt er eine ganz andere Physiologie, die sogenannte Zielphysiologie. Auch die Zielphysiologie ist individuell unterschiedlich und bei jedem Menschen verschieden stark ausgeprägt, je nachdem, an welchem Thema gearbeitet wird. Die Zielphysiologie eines Gesprächspartners muß immer erarbeitet werden, weil sie dem Berater dazu dient, zu erkennen, wann das Ziel der Veränderungsarbeit erreicht ist und die Arbeit abgeschlossen werden kann.

Die Ressourcenphysiologie

Die Ressourcenphysiologie zeigt jemand, sobald er in der Lage ist, für eine bestimmte Situation Erfahrungen und Kenntnisse, Fähigkeiten und Kräfte, Mittel und Wege anzugeben, mit deren Hilfe er sein Ziel erreichen kann. Die Ressourcenphysiologie ist der Zielphysiologie eines Menschen sehr ähnlich. Aber auch sie ist bei jedem unterschiedlich und variiert bei demselben Menschen von Fall zu Fall. Von der Intensität der Ressourcenphysiologie kann auch auf die Stärke und damit Wirksamkeit der Ressource für die Problembearbeitung geschlossen werden.

Die Versöhnungsphysiologie

In diesem Zustand befindet sich jemand, wenn ihm bewußt wird, daß ein Problemverhalten nicht nur negativ zu bewerten ist, sondern in bestimmten Lebenszusammenhängen eine sinnvolle oder sogar unverzichtbare Fähigkeit darstellt, die positive Resultate erzeugt und deshalb auch positiv zu bewerten ist. Ein solches Bewußtsein bewirkt, daß der Betreffende sich mit einem bisher abgelehnten und bekämpften Verhalten versöhnt. Auch die Versöhnungsphysiologie kann verschieden stark ausgeprägt sein. Klar erkennbar ist sie vor allem dann, wenn während einer Problembestimmung ein spontaner Wechsel von der Problemphysiologie in Richtung auf Zielphysiologie sich einstellt.

Die Mischphysiologie

Beim NLP werden Sie, was die Physiologien angeht, noch auf einen weiteren Begriff stoßen, den der Mischphysiologie. Eine Mischphysiologie zu erarbeiten ist in vielen Fällen das Ziel der NLP-Veränderungsarbeit. Die Lösung eines Problems besteht manchmal darin, daß ein Klient sich für den Problemzusammenhang Fähigkeiten (Ressourcen) verfügbar macht, die er in anderen Zusammenhängen durchaus besitzt, nur nicht im Problemzusammenhang. In dem Augenblick, in dem er in seiner Vorstellung durchspielt, wie er die entsprechende Fähigkeit im Problemzusammenhang zur Geltung bringt, ist er in einem Problem-Ressourcen-Zustand, der von außen als Mischphysiologie sichtbar wird.

III. Kalibrieren

NLP legt der sinnesspezifisch genauen Wahrnehmung deshalb so große Bedeutung bei, weil diese Fähigkeit die Grundlage des sogenannten Kalibrierens darstellt. Kalibrieren heißt zu wissen, was der Gesprächspartner intern gerade tut (z. B. welche Erfahrung er gerade erinnert) und dabei genau zu beobachten, wie er dabei extern aussieht (welche Physiologie er zeigt) und sich das zu merken. Wenn man als Berater einen internen Prozeß zusammen mit seiner extern wahrnehmbaren Physiologie gespeichert hat, so daß man sie wiedererkennen kann, ist man darauf kalibriert, und kann mit großer Sicherheit von der Physiologie auf den internen Prozeß schließen. Sinnesspezifisch genaue Wahrnehmung ist die Grundlage. Wiederholte Wahrnehmung derselben Konstellation körpersprachlicher Signale bei derselben Person in denselben situativen Zusammenhängen erlaubt einem die Annahme, daß man auf einen bestimmten Zustand des Gegenüber kalibriert ist.

Kalibrieren unterscheidet sich von Interpretieren dadurch, daß jenes mit bewußter Sorgfalt durchgeführt wird und deshalb mehr Sicherheit schafft als dieses. Durch sorgfältiges Kalibrieren werden Irrtümer weitgehend ausgeschlossen. Denn die Insistenz auf sinnesspezifisch genauer Wahrnehmung verschiedener Formen des individuellen Selbstausdrucks hindert Sie daran, Zusammenhänge zwischen internen Vorgängen und körpersprachlichem Selbstausdruck, die für andere oder für Sie selber gelten, zu verallgemeinern und überall wiederzuentdecken. Menschen sehen nämlich nicht immer gleich aus, wenn sie glücklich, traurig oder gelangweilt sind.

Visuell kalibrieren, Übung

Wenn Sie eine/n Partner/in (als A) bitten, sich für die folgende Übung zur Verfügung zu stellen, können Sie (als B) Ihre Fähigkeit steigern, visuell genau wahrzunehmen. Bitten Sie A zunächst, an eine erfreuliche Tätigkeit zu denken, z. B. kuscheln, tanzen oder spazierengehen. Dabei hat A die Aufgabe, alles in der Vorstellung nachzuvollziehen, was es bei der erfreulichen Tätigkeit zu sehen, zu hören und zu fühlen gibt. Bitten Sie A außerdem, Ihnen ein Zeichen zu geben (zu nicken), sobald das Erleben vollständig und intensiv wird. Während A das Zeichen gibt, prägen Sie sich den außen wahrnehmbaren Ausdruck von A ein. Damit haben Sie sich auf die Physiologie der erfreulichen Tätigkeit von A kalibriert.

Wenn Sie sicher sind, den wahrgenommenen Ausdruck von A während der erfreulichen Erfahrung wiedererkennen zu können, bitten Sie A, jetzt an eine unerfreuliche Tätigkeit zu denken, z. B. putzen, die Steuererklärung machen oder aufräumen. Dabei hat A die Aufgabe, alles in der Vorstellung nachzuvollziehen, was es bei der unerfreulichen Tätigkeit zu sehen, zu hören und zu fühlen gibt. Bitten Sie A außerdem, Ihnen wieder ein Zeichen zu geben (zu nicken), sobald das Erleben vollständig und intensiv wird. Während A das Zeichen gibt, prägen Sie sich den außen wahrnehmbaren Ausdruck von A ein. Damit haben Sie sich auf die Physiologie der unerfreulichen Tätigkeit von A kalibriert.

Prägen Sie sich jetzt vor allem die Unterschiede der beiden Physiologien ein. Wenn Sie noch nicht ganz sicher sind, wiederholen Sie nochmals die Informationssammlung: Schicken Sie A nochmals in die Vorstellung der erfreulichen und in die der unerfreulichen Tätigkeit und prägen Sie sich die jeweils dazugehörige Physiologie ein. Dann überprüfen Sie anhand der alternativen Fragen, die Sie unten finden, ob Sie die Physiologien wiedererkennen können. Fragen Sie A z. B., „welche Tätigkeit nimmt mehr Zeit in Anspruch" usw... A hat dabei die Aufgabe, die Antwort nicht auszusprechen, sondern als Antwort auf die Frage intern an die entsprechende Tätigkeit zu denken. Wichtig ist dabei wieder, daß A sich als Reaktion auf die Frage eine sogenannte vollständige interne Repräsentation der Antwort macht. Das heißt nichts anderes, als sich zu vergegenwärtigen, was es bei dieser Tätigkeit zu sehen, zu hören und zu fühlen gibt. B hat dabei die Aufgabe, die Physiologie zu beobachten, von der wahrgenommenen Physiologie auf die Art der Tätigkeit zu schließen und die entsprechende Tätigkeit anzukreuzen. Am Schluß hat B die Möglichkeit, anhand der verbalen Antworten von A die Richtigkeit der Ergebnisse zu überprüfen.

Visuell kalibrieren, Übung:

1. A denkt an eine **erfreuliche** Tätigkeit, stellt sich alles vor, was er/sie in dieser Situation sieht, hört und fühlt.
   A nickt mit dem Kopf, wenn er/sie im vollen Erleben ist.
   B beobachtet die Mimik von A.
2. A denkt an eine **unerfreuliche** Tätigkeit, stellt sich alles vor, was er/sie in dieser Situation sieht, hört und fühlt.
   A nickt mit dem Kopf, wenn er/sie im vollen Erleben ist.
   B beobachtet die Mimik von A und stellt Unterschiede zur ersten Situation fest.
3. B fragt A, achtet immer auf den letzten Ausdruck von A und entscheidet, ob A an die erfreuliche oder die unerfreuliche Tätigkeit denkt.

	Tätigkeit	
	erfreu-lich	unerfreu-lich
Welche Tätigkeit nimmt mehr Zeit in Anspruch?	☐	☐
Bei welcher bist Du allein?	☐	☐
Welche tust Du öfter?	☐	☐
Welche hast Du zuletzt getan?	☐	☐
Welche ist einfacher?	☐	☐
Bei welcher brauchst Du Geräte?	☐	☐
...		

Auditiv kalibrieren, Übung

Ebenso wie Sie Ihre visuelle Wahrnehmungsfähigkeit zu trainieren in der Lage sind, können Sie auch Ihre Fähigkeit des genauen Hörens steigern. Und zwar geht es hierbei um ein Hören nicht in dem Sinne des genauen Zuhörens, wobei Ihnen kein Wort entgeht. Auditiv kalibrieren bezieht sich nicht auf den Inhalt der Mitteilung, die ein anderer Ihnen macht, sondern auf die innere Einstellung oder die emotionale Beziehung, die der Sender mit dem Inhalt der Mitteilung verbindet. Beim auditiven Kalibrieren achten Sie auf den stimmlichen Ausdruck des anderen, d. h. zum Beispiel auf das Sprechtempo, die Tonlage, die Satzmelodie, die Lautstärke und die Klangfarbe der Stimme, mit der ein anderer Ihnen etwas mitteilt.

Um überhaupt Unterschiede solcher Art mit Bewußtsein wahrnehmen zu können, ist es sinnvoll, den wortwörtlichen Inhalt der Botschaft nicht zu verändern. Die folgende Übung besteht deshalb darin, daß Ihr/e Partner/in in der Übung einmal an eine angenehme und dann an eine unangenehme Person denkt und bei der Vorstellung der jeweiligen Person einen bestimmten Satz spricht. Der Satz sollte eine gewisse Länge haben wie z. B. „Es grünt so grün, wenn Spaniens Blüten blühen". Außerdem sollte er emotional neutral sein, d.h. Ihr/e Partner/in sollte mit dem Inhalt dieses Satzes keine besonderen Gefühle verbinden. Um sicher zu gehen, daß Sie nur das auditive Kalibrieren üben, sollten Sie selber außerdem bei der Übung Ihre/n Partner/in nicht im Blickfeld haben.

Bitten Sie Ihr/e Partner/in (A) zunächst, sich einen für sie/ihn neutralen Satz von entsprechender Länge auszudenken. Fordern Sie A dann auf, an eine angenehme Person zu denken. Dabei hat A die Aufgabe, alles in der Vorstellung nachzuvollziehen, was es in der Gegenwart der angenehmen Person zu sehen, zu hören und zu fühlen gibt. Bitten Sie A dann, den Satz zu sagen, sobald das Erleben vollständig und intensiv wird. Während A den Satz sagt, prägen Sie sich den Ausdruck von A's Stimme ein. Damit haben Sie sich auf den auditiven Selbstausdruck von A während der Vorstellung einer angenehmen Person kalibriert.

Wenn Sie sicher sind, den stimmlichen Ausdruck von A bei der Vorstellung einer angenehmen Person wiedererkennen zu können, bitten Sie A, jetzt an eine unangenehme Person zu denken. Dabei hat A die Aufgabe, alles in der Vorstellung nachzuvollziehen, was es in der Gegenwart der unangenehmen Person zu sehen, zu hören und zu fühlen gibt. Bitten Sie A dann wieder, den Satz zu sagen, sobald das Erleben vollständig und intensiv wird. Während A den Satz sagt, prägen Sie sich den Ausdruck von A's Stimme ein. Damit haben Sie sich auf den auditiven Selbstausdruck von A während der Vorstellung einer unangenehmen Person kalibriert.

Prägen Sie sich jetzt vor allem die Unterschiede zwischen den beiden Formen des auditiven Selbstausdrucks ein. Wenn Sie noch nicht ganz sicher sind, wiederholen Sie nochmals die Informationssammlung: Schicken Sie A nochmals in die Vorstellung der angenehmen und in die der unangenehmen Person und lassen Sie sie/ihn nochmals den Satz sagen, bis Sie die Unterschiede im stimmlichen Ausdruck genau wahrnehmen. Prüfen Sie dann anhand der alternativen Fragen, die Sie unten finden, ob Sie die verschiedenen Formen des auditiven Selbstausdrucks wiedererkennen können. Fragen Sie A z. B., „welche Person ist größer" usw... A hat dabei die Aufgabe, die Antwort nicht auszusprechen, sondern als Antwort auf die Frage den Satz zu sagen. Wichtig ist dabei wieder, daß A sich als Reaktion auf die Frage eine sogenannte vollständige interne Repräsentation der Antwort macht. Das heißt nichts anderes, als sich zu vergegenwärtigen, was es in Gegenwart der betreffenden Person zu sehen, zu hören und zu fühlen gibt. B hat dabei die Aufgabe, genau hinzuhören, von der wahrgenommenen Form des stimmlichen Ausdrucks auf die Person zu schließen und die entsprechende Person anzukreuzen. Am Schluß hat B die Möglichkeit, anhand der verbalen Antworten von A die Richtigkeit der Ergebnisse zu überprüfen.

Auditiv kalibrieren, Übung:

Aufgabe:
A denkt sich einen neutralen Satz aus, z. B.: „Es grünt so grün, wenn Spaniens Blüten blühen."
B achtet auf den stimmlichen Ausdruck von A.

1. A denkt an eine ihm/ihr **angenehme** Person.
   A spricht, während er/sie im vollen Erleben ist, den gleichen neutralen Satz.
   B hört genau auf die Stimme von A und stellt Unterschiede fest.
2. A denkt an eine ihm/ihr **unangenehme** Person.
   A spricht, während er/sie im vollen Erleben ist, den gleichen neutralen Satz.
   B hört genau auf die Stimme von A und stellt Unterschiede fest.
3. B fragt A, hört auf die Stimme von A und entscheidet, ob A an die unangenehme oder an die angenehme Person denkt.

Auditiv kalibrieren, Übung:		
	Person	
	unangenehm	angenehm
Welche Person ist größer?	☐	☐
Welche Person ist schwerer?	☐	☐
Welche Person wohnt weiter weg?	☐	☐
Welche Person hat hellere Haare?	☐	☐
Welche Person hat längere Haare?	☐	☐
Welche Person ist älter?	☐	☐
Welche Person ist reicher?	☐	☐
Welche Person hat dunklere Augen?	☐	☐
Welche hat eine tiefere Stimme?	☐	☐
Welche ist besser gekleidet?	☐	☐
Welche fährt ein teureres Auto?	☐	☐
...		

Kinästhetisch kalibrieren, Übung

Innere Vorstellungen und erinnerte Erlebnisse sind auch von Körpersignalen begleitet, die nicht nur durch Augenschein wahrnehmbar sind sondern auch durch Körperkontakt, z. B. durch Berührung mit der Hand.

Wenn Sie Ihre Fähigkeit des Tastens schulen wollen, können Sie die vorangehenden Kalibrierungs-Übungen wiederholen. Aber statt dabei die erfreuliche und die unerfreuliche Tätigkeit anhand der Physiologien visuell zu unterscheiden oder die angenehme und die unangenehme Person am stimmlichen Ausdruck zu erkennen, können Sie jetzt versuchen, die betreffenden Unterschiede anhand der Atmung von A und der Temperatur und Bewegungen der Hand von A festzustellen. Um die Atmung von A zu fühlen, können Sie eine Hand entweder auf A's Brust oder Schulterblätter legen. Um Handbewegungen und die Hauttemperatur zu fühlen, legen Sie Ihre zweite Hand auf eine Hand von A.

In der folgenden Übung können Sie die inneren Prozesse, die A durchläuft, sowohl an der Physiologie als auch durch taktile Wahrnehmung, d.h. durch Tasten, erkennen lernen:

Kinästhetisch kalibrieren, Übung:

Aufgabe:
B legt eine Hand auf die Hand von A, die andere auf A's Brust oder Schulterblätter
B beobachtet das Gesicht von A

1. A denkt an eine **erfreuliche** Tätigkeit, stellt sich alles vor, was er/sie in dieser Situation sieht, hört und fühlt.
   A nickt mit dem Kopf, wenn er/sie im vollen Erleben ist.
   B beobachtet Handbewegungen und -temperatur, Atmung und die Mimik von A.

2. A denkt an eine **unerfreuliche** Tätigkeit, stellt sich alles vor, was er/sie in dieser Situation sieht, hört und fühlt.
   A nickt mit dem Kopf, wenn er/sie im vollen Erleben ist.
   B beobachtet Handbewegungen und -temperatur, Atmung und die Mimik von A und stellt Unterschiede zur ersten Situation fest.

3. B fragt A, achtet auf den kinästhetisch und visuell wahrnehmbaren Ausdruck von A und entscheidet, ob A an die erfreuliche oder die unangenehme Tätigkeit denkt.

	Tätigkeit erfreulich	Tätigkeit unangenehm
Welche Tätigkeit nimmt mehr Zeit in Anspruch?	☐	☐
Bei welcher bist Du allein?	☐	☐
Welche tust Du öfter?	☐	☐
Welche hast Du zuletzt getan?	☐	☐
Welche ist einfacher?	☐	☐
Bei welcher brauchst Du Geräte?	☐	☐
...		

Die Kristallkugel-Übung

Vor einigen Jahren zeigte das Deutsche Fernsehen einen Hellseher bei der Arbeit. Dieser bat einen Gast aus dem Publikum, als Versuchsperson zusammen mit ihm eine kleine Vorstellung zu geben. Die Versuchsperson, die sich daraufhin meldete, bekam die Aufgabe, einen anderen Gast aus dem Publikum auszuwählen, diese Person ihrer Wahl aber nicht preiszugeben. Der Hellseher stellte dann die Behauptung auf, er sei in der Lage, die Versuchsperson zu dem Gast ihrer Wahl zu führen, ohne vorher darüber informiert worden zu sein, um welchen Gast es sich handelte. Der Hellseher legte seine Hand auf den Unterarm der Versuchsperson und machte sich so mit ihr auf den Weg ins Publikum. Einige Male wechselte er die Richtung, bevor er vor einer Person stehen blieb. Es war natürlich der Gast, den seine Versuchsperson ausgewählt hatte.

Es ist klar, daß der Hellseher diese Leistung nicht durch übersinnliche Fähigkeiten vollbracht hat. Vielmehr können wir annehmen, daß er seine ganz normalen sinnlichen Fähigkeiten außerordentlich geschult hat. Bei dieser Vorstellung war noch nicht einmal eine ausgeprägte Fähigkeit des Sehens erforderlich. Was es dem „Hellseher" ermöglichte, den ihm unbekannten Gast zu finden, war seine hochgradig ausgebildete Fähigkeit des Tastens. Er war in der Lage, an der Hauttemperatur und/oder der Muskelspannung des Oberarmes seiner Versuchsperson deren innere Zustimmung oder Ablehnung zu erkennen. Er konnte die interne Vorstellung „richtiger Weg" und „falscher Weg" durch taktile Wahrnehmung unterscheiden und fand so, durch unbewußte nonverbale Signale seiner Versuchsperson geführt, den richtigen Weg zum Ziel.

Eine ähnliche Übung, mit der Sie einem staunenden Publikum Ihre hellseherischen Fähigkeiten demonstrieren können, haben Bandler und Grinder in ihrem Buch: „Therapie in Trance"[2] vorgestellt. Es geht in dieser Übung selbstverständlich nicht um eine Ausbildung in Hellsehen, sondern um eine Übung in visuellem Kalibrieren. Aber diese Übung ist etwas komplizierter als die oben vorgestellten und erfordert bereits einige Kunstfertigkeit, vor allem, weil Ihr/e Partner/in über die Absicht Ihres Vorgehens nicht informiert ist. Bitten Sie Ihre „Versuchsperson“ deshalb vorher, ob sie bereit ist, sich auf ein Spiel einzulassen, in dem es um etwas aus ihrer Vergangenheit geht.

Wenn Sie die Zustimmung Ihrer „Versuchsperson“ A eingeholt haben, besteht Ihre erste Aufgabe darin, durch Fragen, zu denen Sie die Antwort bereits kennen, die Physiologien der Ablehnung und Zustimmung festzustellen.

Sobald Sie sich auf den Ausdruck von Zustimmung und Ablehnung von A kalibriert haben, formen Sie mit Ihren Händen eine Kugel und bitten A, mit Ihnen gemeinsam in diese Kugel hineinzusehen und auf Erscheinungen zu warten. Bei diesen Worten können Sie beginnen, im gleichen Rhythmus wie A zu atmen, um einen körpersprachlichen Gleichklang zu erzeugen.

Dann können Sie beginnen, zu beschreiben, daß in der Kugel etwas vor sich geht, was man sehen kann. Damit bewirken Sie, daß A sich, geleitet von Ihren Worten, Vorstellungen von einem Geschehen in der Kugel macht. Um solche Vorstellungen in A zu erzeugen, ist es jedoch wichtig, daß Sie sicherstellen, mit Ihren Worten nicht in Widerspruch zu dem zu geraten, was A sich vorstellt.

Eine solche Übereinstimmung Ihrer Worte mit den inneren Vorstellungen von A erreichen Sie, indem Sie in der Kugel Nebel wabern lassen, aus dem eine Gestalt aus der Vergangenheit von A auftaucht. Nach einer kleinen Pause, die ausreicht, daß A sich jemanden aus ihrer/seiner Vergangenheit vorstellen kann, fahren Sie fort mit den Worten: „Es könnte eine Frau sein“. Bei dieser genaueren Bestimmung der Gestalt achten Sie auf die Physiologie von A. Wenn die Signale für Zustimmung kommen, fahren Sie fort. Kommen aber die Signale für Ablehnung, korrigieren Sie sich: „Nein, die Nebel verziehen sich, was ich sehe, ist ein Mann!“

Auf diese Art und Weise fahren Sie fort, die Person in der Kugel genauer zu bestimmen. Sie wählen dabei jeweils einander ausschließende Alternativen wie alt oder jung, klein oder groß usw. Wenn es Ihnen auf diese Weise gelingt, Ihr Gegenüber zu verblüffen, sind Sie gut kalibriert. Zum Abschluß können Sie Ihrem Gegenüber suggerieren, die wahrgenommene (vorgestellte) Person habe eine wichtige Botschaft, die A erfahren könne, wenn er/sie aufmerksam in die Kugel schaue.

Kristallkugel-Übung:

Anweisung an B:

Ablehnung und Zustimmung erkennen:

B stellt A Fragen, zu denen B die Antwort kennt.
B fordert A auf, die Antwort zu denken.
Fragen:

- Heißen Sie ...?
- Wohnen Sie in ...?
- Sind Sie ... Jahre alt?
- Arbeiten Sie ...?

...

B stellt dadurch den körpersprachlichen (mimischen) Ausdruck von Ablehnung und Zustimmung von A fest.
B formt mit den Händen eine Kugel, bittet A, mit in die Kugel hineinzusehen,
(B atmet im gleichen Rhythmus wie A),
B beginnt zu sprechen:

„Ich sehe Nebel in dieser Kugel, der hin und her wabert. Noch sehe ich im Nebel nichts Bestimmtes, aber jetzt, der Nebel verzieht sich ein wenig: Ich sehe in dieser Kugel eine wichtige Person aus Deiner Vergangenheit ..." (Atemrhythmus beachten!!!)
Dann: „Es scheint eine Frau zu sein." (Bei körpersprachlichem Ausdruck von Ablehnung umformulieren:) „Nein, jetzt sehe ich die Person deutlicher, es ist ein Mann!"

Auf dieselbe Art feststellen:

- alt oder jung
- klein oder groß
- dick oder dünn
- helle oder dunkle Haare
- lockige oder glatte Haare
- lange oder kurze Haare
- gepflegt oder ungepflegt ...

Kristallkugel-Übung:

Zum Abschluß folgende Formulierung:

„Diese Person, scheint mir, möchte Dir etwas Wichtiges mitteilen. Ich weiß nicht, ob Du jemals bemerkt hast, daß es eine wichtige Botschaft gibt, die diese Person Dir gegenüber nie ausgesprochen hat, die sie Dir aber mitteilen wollte. Diese Botschaft könnte Dir jetzt nützlich sein. Und während Du jetzt diese Person beobachtest und ihr zuhörst, kannst Du im Einzelnen erfahren, was diese Botschaft besagt."

IV. Die Repräsentationssysteme oder Wahrnehmungsebenen

Jeder Mensch nimmt seine Umwelt auf eine individuelle Weise wahr, verarbeitet seine Wahrnehmung nach einem persönlichen System und drückt seine Erfahrung auf eine eigene Art aus. Auf diese Weise kann es dazu kommen, daß Menschen über dieselbe Sache sprechen und sich doch nicht verstehen. Es ist als ob sie verschiedene Sprachen sprächen. Und wenn ein in NLP geschulter Beobachter genau hinhört, wird er bemerken, daß sie das in gewissem Sinne auch tun.

Menschen nehmen laufend mit ihren fünf Sinnen Informationen aus ihrer Umwelt auf. Man kann jedoch manchmal feststellen, daß sie ein Sinnessystem oder Repräsentationssystem bevorzugen. Dieser Umstand kann z. B. dazu führen, daß in einer Partnerschaft einer das gemeinsame Erleben im Wesentlichen gefühlsmäßig auffaßt, der andere bildlich. Während er zum Beispiel fühlt, daß es für eine feste Beziehung noch eine solide Grundlage gibt, auf der sie aufbauen können, sieht sie die Zukunft schwarz und ohne Perspektive. Normalerweise haben Menschen alle Sinnes- bzw. Repräsentationssysteme mehr oder weniger gut ausgebildet und bevorzugen bestimmte Wahrnehmungsebenen nur in speziellen Tätigkeitsbereichen. Nur wenn eine allgemeine Bevorzugung ausgebildet wurde, kann es zu erheblichen Verständnisschwierigkeiten kommen.

Um Probleme aufzudecken, die sich aus dieser sinnesspezifisch selektiven Wahrnehmung in zwischenmenschlicher Kommunikation ergeben können, um als Berater die Welt so wahrnehmen zu können, wie der Gesprächspartner sie wahrnimmt, und vor allem um als Berater nicht selber solchen Kommunikationsstörungen ausgeliefert zu sein, ist es wichtig, zu Beginn eines Beratungsgesprächs herauszufinden, auf welche Art und Weise der Gesprächspartner seine Umwelt wahrnimmt und seine Vorstellungen von der Welt aufbaut.

Eine solche Untersuchung ist nicht schwierig, denn Menschen beschreiben ihre Erfahrungen häufig so, wie sie sie wahrgenommen haben. Die Wörter, mit denen jeder von uns sich ausdrückt, zeigen an, welche Sinne wir beim Erleben benutzen. Jeder Zuhörer kann das leicht feststellen, wenn er in dem, was ein anderer sagt, auf die Verben, Adverbien, Adjektive (und manche Substantive) achtet. Solche Wörter werden beim NLP Prädikate genannt und zeigen an, ob es sich in dem Bericht um sehen, hören, fühlen, riechen oder schmecken handelt. Wörter, die eine sinnesspezifische Wahrnehmung anzeigen, sind zum Beispiel folgende: „eine gute Aussicht haben", „in Anspruch genommen sein", „bedrückt sein", „etwas gerochen haben" oder „etwas geschmacklos finden".

In Verkaufssituationen ist es beispielsweise sehr vorteilhaft, zu wissen, auf welcher Wahrnehmungsebene der Kunde sich befindet. Der Verkäufer kann sich auf diese Wahrnehmungsebene einstellen, z. B. die Bedürfnisse so sehen wie der Kunde, seine Sprache sprechen oder auf die Entscheidung genauso gespannt sein wie dieser. Sowohl bei der Bedarfsermittlung, bei der Angebotspräsentation als auch bei der Entscheidung kann der Verkäufer im bevorzugten Sinneskanal des Kunden agieren und reagieren und diesem damit nicht nur das Gefühl vermitteln, genau verstanden zu werden, sondern sich tatsächlich Zugang zu den internen Vorgängen des Kunden verschaffen und ihn deshalb optimal beraten.

Das gleiche gilt für Führungskräfte. Die bevorzugten Wahrnehmungsebenen von Mitarbeitern zu kennen, bedeutet, Mißverständnisse vermeiden zu können. Denn im betrieblichen Alltag geht es häufig darum, Mitarbeiter über Aufgaben und Ziele in Kenntnis zu setzen und diese Botschaften so zu kommunizieren, daß sie auf der anderen Seite so ankommen, wie sie gemeint sind. Wenn der Mitarbeiter sich aber von der Aufgabe oder dem Ziel nicht das Bild macht, das der Vorgesetzte ihm ausmalt, sondern sich bestimmte wörtliche Formulierungen einprägt oder ein Gefühl, zum Beispiel vom fertigen Produkt, wie er es in Händen hält, entwickelt, entstehen ganz unterschiedliche Vorstellungen von dem, was es zu erreichen gilt. So hat nicht nur jeder sein eigenes Ziel im Kopf, sondern das Resultat kann sich von dem, was der Vorgesetzte gemeint hat, sehr unterscheiden. Aufgaben und Ziele auf der Wahrnehmungsebene des Adressaten zu formulieren, bedeutet, präzise Angaben zu machen und Unsicherheit und Konfusion zu vermeiden.

Aber auch in anderen Führungssituationen kann die Kenntnis der bevorzugten Wahrnehmungsebene von großer Wichtigkeit sein. Josef Weiß berichtet von einem sehr fähigen Universitätsmitarbeiter, der aus Frustration die Stelle wechselte. Obwohl man ihm oft sagte, wie wertvoll seine Arbeit für das Institut sei, kam dieses Lob nie richtig bei ihm an, weil er es abtat mit der Einstellung: „Der Vorgesetzte kann ja viel erzählen, wenn der Tag lang ist!" Unbewußt akzeptierte er nur kinästhetisch ausgedrücktes Lob. Ein Schulterklopfen oder ein dankbarer Händedruck hätten seine Frustration aufgelöst und dem Institut seine Mitarbeit erhalten[3].

Ganz allgemein ist es auch für Partner wichtig, zu wissen, auf welcher Wahrnehmungsebene der Ausdruck von Zuneigung ankommt. Es gibt Menschen, die brauchen sichtbare Zeichen von Liebe, die die Werbung reichlich ausnutzt. Andere wollen hören, daß sie geliebt werden. Man muß es ihnen immer wieder sagen. Und dritte werden unruhig, wenn sie es nicht immer wieder fühlen können. Haben Partner unterschiedliche Wahrnehmungsebenen, in denen sie lieben und geliebt werden repräsentieren, kann es erhebliche Beziehungsprobleme geben. Einem kinästhetischen Typ kann es auf die Nerven gehen, immer wieder sagen zu müssen, daß er den Partner liebt. Ein auditiver Typ kann enttäuscht sein, wenn der Partner kein Vertrauen hat und ständig sichtbare Zeichen der Liebe verlangt. Für den anderen Partner stellt sich dieser Zusammenhang jedoch anders dar: Wenn solche Zeichen im richtigen Wahrnehmungskanal ausbleiben, werden sie unsicher und beginnen an der Liebe des Partners zu zweifeln.

In der folgenden Aufstellung finden Sie einige Beispiele für Prädikate:

Visuelle:

Einblick
verschwommen
hell
leuchten
blau
abzielen
Perspektive
klar

Auditive:

laut
klingen
erwähnen
nachfragen
Harmonie
bemerken
gellend
stimmen

Kinästhetische:

fühlen
warm
Druck
anrühren
sensibel
spannend
feucht
bewegen
glatt
Berührung

Olfaktorische/ Gustatorische:

bitter
scharf
schal
Geschmack
riechen
sauer
süß
stinkig
duftige

Sind Prädikate unspezifisch, d. h. geben sie nicht an, wie die Erfahrung repräsentiert ist, ob in Bildern, Tönen, Gefühlen oder Gerüchen, gibt es die Möglichkeit der genauen Nachfrage: „Was genau denken, wissen, verstehen, glauben, erinnern Sie?"

Wahrnehmungsebenen erkennen, Übung

In der folgenden Übung können Sie ausprobieren, wie gut Sie bei einem geschriebenen Text die Wahrnehmungsebene des Berichterstatters erkennen können. Notieren Sie für jede Zeile die entsprechende Wahrnehmungsebene V = visuell, A = auditiv und K = kinästhetisch:

Wahrnehmungsebenen erkennen, Übung:
Ich sehe das halt aus einem anderen Blickwinkel als er. Mir geht das alles sehr nahe. Was er sagte, war für mich ein Schlag unter die Gürtellinie. Deshalb sehe ich mich nicht in der Lage, ihm zu helfen. Die Dinge müssen sich von selbst ins Lot bringen. Meine Mutter nimmt mich immer noch sehr in Anspruch. Obwohl ich mich ihren Anforderungen nicht mehr gewachsen fühle. Die ganze Sache lastet sehr auf meinen Schultern. Ich müßte mal richtig auf Abstand gehen, um zu sehen, was die richtige Richtung ist. Die Aussichten, mit dem neuen Chef zurechtzukommen, sind ganz schön düster. Ich fühle mich der Sache nicht gewachsen. Wir stimmen in ziemlich vielen Dingen nicht überein. Mir wird richtig schwindlig, wenn ich daran denke. Das wird eine ganz heiße Kiste. Mir ist das völlig einleuchtend. Du mußt das nur aus der richtigen Perspektive sehen. Dann hört sich die Sache auch ganz anders an. Jedenfalls kannst du es ganz deutlich erkennen. Und es lastet nicht mehr auf Deiner Seele. Heute geht mir alles auf den Geist. Ich bin völlig aus dem Takt. Das Bild hat sich mir unauslöschlich eingeprägt. Mir wird eiskalt, wenn ich daran denke. Am liebsten würde ich alles unter den Teppich kehren. Schauen wir uns die Sache doch noch mal genau an. Vielleicht sollten wir das mal aus einer anderen Perspektive sehen.

Wahrnehmungsebenen erkennen, Übung:
Das bringt vielleicht Licht in die Angelegenheit. Wir können dann eines gegen das andere abwägen, und eine richtige konzertierte Aktion hinkriegen.

Wenn Sie mit der schriftlichen Übung die Erfahrung gemacht haben, daß die Wahrnehmungsebene (oder den Sinneskanal) zu erkennen Ihnen gar nicht so schwer fällt, können Sie versuchen, im Gespräch mit einem Partner oder einer Partnerin auf sinnesspezifische Prädikate zu achten. Sprechen Sie zunächst über eine Erfahrung, die sich überwiegend im visuellen Bereich abspielt, zum Beispiel einen Urlaub in einer reizvollen Landschaft. Dann gehen Sie über zu einem Thema, das Erfahrungen überwiegend im auditiven Bereich bereithält. Das kann ein Jazz-Konzert sein, oder eine Oper oder etwas anderes, wobei es überwiegend um hörbare Darbietungen geht. Danach können Sie überprüfen, wie es sich anhört, wenn ein Sprecher sich vornehmlich im kinästhetischen Bereich aufhält, wo es Vielfältiges zu fühlen gibt, am Strand mit Sonne, Wasser und Wind, in der Sauna oder bei irgendeiner sportlichen Betätigung.

Sinnesspezifische Prädikate erkennen, Übung

Im Anschluß daran können Sie versuchen, herauszufinden, ob Ihr Gesprächspartner eine Wahrnehmungsebene bevorzugt, wenn es um ein Thema geht, das vom Inhalt her keine besondere Wahrnehmungsebene vorgibt. Sprechen Sie über irgendein Problem praktischer, politischer oder psychologischer Art. Wie spricht Ihr Gegenüber?
Sieht er keine deutliche Perspektive und deshalb schwarz für die Zukunft?

Verb: sehen
Adjektiv: deutlich
Adverb: schwarz
Dieser Satz verwendet visuelle Prädikate.

Hört sich für ihn die Sache widersprüchlich an und klagt er über mangelnde Übereinstimmung?

Verb: anhören
Adjektiv: widersprüchlich
Substantiv: Übereinstimmung
Dieser Satz verwendet auditive Prädikate.

Oder fühlt er sich zu schwach, um die heiße Kiste anzupacken.

Verb: fühlen
Adverb: schwach
Adjektiv: heiß
Dieser Satz verwendet kinästhetische Prädikate.

Sinnesspezifische Prädikate erkennen, Übung:
A berichtet B von einem Problem praktischer, politischer oder psychischer Art. B stellt die Häufigkeit der visuellen, auditiven und kinästhetischen Prädikate fest.

V. Die Wahrnehmungstypen

Wenn Sie eine Weile aufmerksam auf die Prädikate achten, mit denen Ihr jeweiliger Gesprächspartner seine Erfahrungen und seine internen Vorgänge beschreibt, werden Sie feststellen, daß die meisten von uns alle wesentlichen Sinneskanäle benutzen, das sind sehen, hören und fühlen. Riechen und schmecken kommt bei Menschen seltener vor, außer es geht gerade ums Kochen, Essen oder Trinken. Bevorzugte Wahrnehmungsebenen werden Sie häufig dann feststellen können, wenn der Inhalt Ihres Gesprächsthemas eine bestimmte Wahrnehmungsebene vorgibt, wie zum Beispiel Unterhaltungen über Speisen (olfaktorisch, gustatorisch), Saunabesuch (kinästhetisch), Jazz-Konzert (auditiv) und Kinobesuch (visuell). Bevorzugte Wahrnehmungsebenen können Sie aber auch für ganz bestimmte Lebensbereiche finden, bei denen der Inhalt eine solche Bevorzugung nicht nahelegt. Der frustrierte Universitätsassistent in Josef Weiß' Schilderung ist ein Beispiel für die Annahme von Lob ausschließlich auf der kinästhetischen Ebene.

Ich kenne eine Frau, die sich nur dann geliebt weiß, wenn es ihr gesagt wird. Sichtbare Zeichen der Liebe schätzt sie gering. Dabei ist sie in anderen Lebensbereichen eher visuell in der Welt. Wenn Menschen dagegen relativ allgemein ein bestimmtes Sinnessystem bevorzugt zur Wahrnehmung benutzen, d.h. die Umwelt entweder bevorzugt mit den Augen wahrnehmen, hören oder fühlen, dann spricht man von einem Wahrnehmungstyp. Wenn Menschen überwiegend darauf achten, was es um sie herum zu sehen gibt, dann gehören sie zu den visuellen Typen. Wenn andere ihre Aufmerksamkeit immer mehr auf das richten, was es zu hören gibt und es ihnen dabei nicht nur um Worte sondern auch um Nuancen, den Klang oder den Ausdruck geht, den der Redner wählt, dann zählen sie zu den auditiven Typen. Für dritte steht im Vordergrund, welche Gefühle das Geschehen um sie herum in ihnen auslöst. Kinästhetische Typen, wie man diese Menschen nennt, reagieren bevorzugt gefühlsmäßig auf ihre Umwelt.

Den eigenen Wahrnehmungstyp erkennen

Wenn Sie für sich selber herausfinden möchten, ob Sie ganz allgemein einen Sinneskanal bevorzugen, also zu einem bestimmten Wahrnehmungstyp gehören, oder ob Ihre Wahrnehmung überwiegend durch einen bestimmten Sinneskanal verläuft, dann können Sie ein Gespräch führen nach dem Muster „Sinnesspezifische Prädikate erkennen" und einen der Gesprächspartner bitten, genau auf Ihre Wortwahl zu achten und die Wahrnehmungsebenen zu notieren. Wenn ein solches Gespräch über sinnesspezifisch nicht festgelegte Inhalte ein Schwergewicht Ihres sprachlichen Selbstausdrucks in einer Wahrnehmungsebene erkennen läßt, dann können Sie das Ergebnis mit weiteren Übungen überprüfen.

Den eigenen Wahrnehmungstyp erkennen, Übung A[4]:
Denken Sie an Ihr Zähneputzen von heute morgen! An was erinnern Sie sich spontan? – Sehen Sie ein Bild, wie Sie im Bad stehen? Oder Ihr eigenes Bild im Spiegel?

Den eigenen Wahrnehmungstyp erkennen, Übung A[4]:

- Hören Sie die Geräusche des Zähnebürstens oder des fließenden Wassers?
- Fühlen Sie die Zahnbürste im Mund oder Ihre Hand am Waschbecken oder der Apparatur?
- Kommt Ihnen eher der Geruch oder Geschmack der Zahnpasta?

Mit dieser Übung haben Sie einen weiteren Hinweis auf mögliche bevorzugte Wahrnehmungsebenen. Um mit mehr Sicherheit den eigenen Wahrnehmungstyp bestimmen zu können, hat Josef Weiß ein weiteres Verfahren entwickelt, das Sie unter Übung B finden[5]. Bei dieser Übung halten Sie Ihren Zeigefinger und Ihren Mittelfinger in der Form eines V nach oben. Während Sie das tun, entwickeln Sie in Ihrem Kopf nacheinander visuelle, auditive, kinästhetische und olfaktorische Vorstellungen, die diese beiden Finger aneinanderbinden und überprüfen dann, ob diese Vorstellungen es Ihnen in der Realität schwierig machen, die beiden Finger wieder voneinander zu lösen.

Den eigenen Wahrnehmungstyp erkennen, Übung B:

Halten Sie Ihren Zeigefinger und Ihren Mittelfinger der rechten Hand in Form eines V nach oben. Nehmen Sie sich Zeit für diese Übung und schütteln Sie nach jedem Schritt Ihre Hand wieder nach unten aus.

1.
Stellen Sie sich bitte bildhaft vor, wie sich ein unsichtbarer Faden um Ihre beiden Finger wickelt ... und sie immer mehr zusammenbindet. ... Ihr Zeigefinger ist nun eng an Ihren Mittelfinger angebunden ..., und Sie sehen, daß der Faden sie fest zusammenhält. ... Während Sie dieses imaginäre Bild vor Augen haben, zählen Sie langsam bis drei. Dann versuchen Sie, Ihre Finger wieder zu öffnen. – Fällt es Ihnen schwer, Ihre Finger auseinander zu bewegen, sind Sie ein visueller Typ.

Den eigenen Wahrnehmungstyp erkennen, Übung B:

2.
Halten Sie, nachdem Sie Ihre Hände ausgeschüttelt haben, wieder beide Finger nach oben und bewegen Sie sie bei geschlossenen Augen langsam aufeinander zu. In dem Moment, in dem beide zusammentreffen, denken Sie sich ein Geräusch, das sich so anhört, wie wenn eine schwere Tresortür ins Schloß fällt. ... Ihre Finger sind nun fest miteinander verschlossen. ... Zählen Sie langsam bis drei, und versuchen Sie dann, Ihre Finger zu öffnen. – Ist dies mit Schwierigkeiten verbunden, sind Sie ein auditiver Typ.

3.
Schütteln Sie Ihre Hand wie nach Schritt 1 wieder aus, und halten Sie dann beide Finger in geöffneter Haltung nach oben. Jetzt stellen Sie sich bei geschlossenen Augen vor, daß die Innenseite beider Finger mit einer Klebemasse eingeschmiert sind. Sie spüren den Kleber richtiggehend auf der Haut, und während Sie Ihre Finger schließen, drückt er sich noch etwas zurecht. ... Ihr Zeigefinger ist nun fest an Ihren Mittelfinger angeklebt. ... Zählen Sie langsam bis drei. Versuchen Sie jetzt, Ihre Finger wieder zu öffnen. – Gelingt Ihnen das nicht sofort, sind Sie ein kinästhetischer Typ.

4.
Halten Sie nach dem Ausschütteln beide Finger in gewohnter V-Haltung nach oben, und stellen Sie sich nun bei geschlossenen Augen einen wohlriechenden Duft vor. Dieser Duft wird rund um Ihren Zeige- und Mittelfinger immer dichter. ... Während Ihre Finger sich schließen, hält der intensiv und gut riechende Duft Ihre Finger nun fest umschlossen. ... Zählen Sie langsam bis drei, und versuchen Sie dann, Ihre Finger wieder zu öffnen. – Gelingt Ihnen das nur mit Schwierigkeiten, sind Sie ein olfaktorischer Typ.

Wenn Sie als Führungskraft oder Berater im Wesentlichen auf eine Wahrnehmungsebene beschränkt sind, wird es Ihnen schwerfallen, flexibel zu reagieren. Dabei ist Ihr Erfolg letztlich davon abhängig, wie gut Sie mit Veränderungen zurechtkommen, d.h. zunächst einmal, sie überhaupt wahrzunehmen. Wenn Sie in den letzten Übungen herausgefunden haben, daß Sie zu einem Wahrnehmungstyp gehören, können Sie in der unten beschriebenen Weise üben, die eigene Wahrnehmung zu erweitern:

Die eigene Wahrnehmungsfähigkeit erweitern, Übung[6]

Die eigene Wahrnehmungsfähigkeit erweitern, Übung:
Visuell: Konzentrieren Sie sich von Zeit zu Zeit auf die sichtbaren Gegenstände um Sie herum. Sehen Sie sie sich genau an nach Formen, Farben und anderen Einzelheiten. Schließen Sie dann die Augen und lassen Sie das, was Sie gesehen haben, in Ihrer Vorstellung noch einmal als inneres Bild entstehen. Wiederholen Sie diesen Vorgang so oft, bis Ihnen eine deutliche innere Abbildung äußerer Gegenstände gelingt. Wenn es Ihnen wichtig ist, Wirklichkeit und innere Vorstellung klar zu trennen, können Sie in Ihrer Vorstellung die Bilder auf einem Bildschirm oder einer Kinoleinwand sehen. Auditiv: Konzentrieren Sie sich von Zeit zu Zeit auf alles, was um Sie her zu hören ist, seien es gesprochene Worte, Geräusche oder Klänge. Hören Sie genau hin auf Lautstärke, Tonlage, Melodie, Rhythmus und andere Einzelheiten. Danach lassen Sie das Gehörte nochmals vor Ihrem inneren geistigen Ohr entstehen. Wiederholen Sie diesen Vorgang so oft, bis Ihnen eine deutliche innere Wiederholung gelingt. Kinästhetisch: Berühren Sie von Zeit zu Zeit verschiedene Gegenstände. Achten Sie dabei darauf, wie der Gegenstand sich anfühlt nach Oberfläche, Temperatur und anderen Einzelheiten. Danach heben Sie die Berührung auf und versuchen nachzuempfinden, wie der Gegenstand sich anfühlte. Olfaktorisch/gustatorisch: Nehmen Sie von Zeit zu Zeit mit Bewußtsein den Geruch oder Geschmack aromatischer Dinge wahr und versuchen Sie später, diese sinnlichen Erfahrungen intern wiedererstehen zu lassen!

VI. Augenbewegungen

Auf welcher Wahrnehmungsebene oder in welchem Repräsentationssystem ein Mensch gerade mit etwas intern beschäftigt ist, kann man auch an seinen Augen ablesen. Beim Nachdenken, z. B. über eine Frage, bewegen Menschen ihre Augen mehr oder weniger deutlich sichtbar in unterschiedliche Richtungen. Eine genauere Prüfung ergibt dabei, daß die Augen, je nachdem, ob die Betreffenden intern mit Bildern, Geräuschen oder Gefühlen beschäftigt sind, in verschiedene Ebenen des Gesichtsfeldes blicken. Bei einer Blickrichtung nach oben werden Bilder erzeugt, bei einer Blickrichtung waagerecht geradeaus werden Geräusche hervorgebracht und bei einer Blickrichtung nach unten rechts Gefühle, nach unten links innere Dialoge. Eine weitere Unterscheidung besteht darin, daß in der oberen und der waagerechten Blickrichtung auf der rechten Seite visuelle bzw. auditive Erinnerungen konstruiert, auf der linken Seite Bilder und Geräusche erinnert werden. Dieses Muster wurde überwiegend bei normal organisierten Rechtshändern entdeckt.

Diese Augenmuster wurden lange mit NLP überhaupt identifiziert. Fanden kritische Geister sie nicht bestätigt, waren sie davon überzeugt, NLP widerlegt zu haben. Nun haben Bandler und Grinder ihre Erfahrungen mit den Augenmustern nicht verallgemeinert[7], sondern ihre Schüler immer angehalten, bei jedem Gesprächspartner dessen Augenmuster zu erarbeiten und zudem diese selbst jeweils zu fragen, was sie intern tun. Denn nur selten bekommt man auf eine sinnesspezifisch orientierte Frage, z. B. „Welche Farbe haben die Augen Deiner Mutter"?, eine eindeutige Wanderung der Augen nach oben links. Häufig kommt vielmehr ein ganzes Bewegungsmuster, eine Abfolge von verschiedenen Positionen, z. B.: Ak – Ver – K. Wenn man eine solche Person fragt, was sie als Reaktion auf die Frage gemacht hat, erhält man eventuell folgende Antwort: „Ich habe festgestellt, daß sich das schwierig anhört, dann sah ich das Gesicht meiner Mutter und hatte das Gefühl, daß bernsteinfarbig das Richtige ist!" In dieser Beschreibung verrät die betreffende Person, daß sie sich die erfragte Erfahrung, die visuell repräsentiert wird (Ver), zugänglich macht über einen auditiven Hinweis, nämlich einen Kommentar zur gestellten Frage (Ak), und dann das

Augenmuster

Vk: visuell konstruiert (Bilder)

Ver: visuell erinnert (Bilder)

Augen defokussiert und unbewegt: visuell

Ak: auditiv konstruiert (Klänge, Geräusche, Worte)

Aer: auditiv erinnert (Klänge, Geräusche, Worte)

K: kinästhetisch (Empfindungen, Gefühle, Geruch und Geschmack)

Ad: auditiv digital (innerer Dialog)

Ergebnis gefühlsmäßig überprüft (K). Diese Strategie enthält also drei Elemente:

- Das erste gibt Auskunft darüber, wie diese Person intern Informationen abruft. Dieses Element wird im NLP Leitsystem genannt.
- Das zweite Element ist der bewußte Anteil der abgerufenen Erfahrung, der die gestellte Frage beantwortet. Dieses wird als Repräsentationssystem bezeichnet.
- Das dritte Element verrät, wie diese Person die Wahrheit der abgerufenen Erfahrung prüft, nämlich gefühlsmäßig. Dieses Element wird im NLP Referenzsystem genannt.

Augenbewegungen weisen auf bestimmte interne Prozesse hin. Wenn Sie bei Ihrem jeweiligen Gesprächspartner die Bedeutung der Positionen erarbeitet haben, können Sie auf nonverbalem Wege identifizierbare Informationen bekommen. Wenn Sie die Augenmuster Ihres Gegenüber noch nicht genau kennen, haben Sie immerhin Informationen, die Sie genauer erfragen können. Auf jeden Fall haben Sie in den Augenmustern Hinweise auf unbewußte interne Prozesse, die Sie zum Nutzen für Ihren Gesprächspartner aufklären können. Die Augenmuster sind im NLP ein Instrument unter vielen, Ihre Gesprächspartner bei der genauen Problem- und Zielbestimmung zu unterstützen und Veränderungsprozesse durchzuführen.

Aber auch wenn zu Ihren beruflichen Aufgaben keine beratenden Tätigkeiten gehören, ist es sinnvoll, Augenmuster mit Bewußtsein wahrnehmen zu können, um Hinweise auf interne Prozesse zu bekommen. Auf diese Art und Weise können Sie herausfinden, welche Strategien Ihr Gesprächspartner durchläuft, um sich zu motivieren oder Entscheidungen zu fällen. Ihre Kenntnis von Motivations-, Entscheidungs-, Lern- oder Kreativitätsstrategien Ihrer Mitarbeiter, Kunden, Schüler oder Verhandlungspartner befähigt Sie, sich blitzschnell darauf einzustellen und erfolgreich zu reagieren. Im 8. Kapitel dieses Buches finden Sie Übungen, die Sie befähigen, Strategien genau zu untersuchen, um sie anzuwenden oder zu verändern, je nachdem, welche Ziele Sie damit erreichen wollen.

Augenmuster, Übung

Um Ihre Aufmerksamkeit auf die Wahrnehmung von Augenmustern zu lenken, können Sie zunächst folgende Übung machen: Bitten Sie wieder einen Partner oder eine Partnerin zu einem kleinen Versuch. Stellen Sie ihm/ihr sinnesspezifische Fragen, auf die er/sie die Antwort finden soll, ohne sie auszusprechen. Während Ihr Gegenüber nach der Antwort sucht, beobachten Sie die Augenbewegungen. Seien Sie darauf vorbereitet, ganze Strategien zu bekommen, nicht nur eine einzige Position. Notieren Sie dabei bitte alle Positionen, um später nachfragen zu können. Falls Sie nur geringe Augenbewegungen bekommen, geben Sie nicht gleich auf. Manche Menschen zeigen nur geringe Augenbewegungen. Probieren Sie dann, ob Sie bessere Resultate bekommen, wenn Sie kompliziertere Fragen stellen.

Augenmuster, Übung:

1. B stellt A sinnesspezifische Fragen.
2. A soll intern auf diese Fragen Antworten finden, sie aber nicht aussprechen.
3. B beobachtet Augenbewegungen von A.

Visuell erinnerte Vorstellungen (Ver)
- Welche Farbe haben die Augen Deiner Mutter?
- Welche Farbe ist bei Ampeln oben?
- Wie sahen die Tische und Stühle in der Klasse aus, als Du eingeschult wurdest? ...

Visuell konstruierte Vorstellungen (Vk)
- Wie würden Dir grüne Haare stehen?
- Wie siehst Du aus, wenn Du Dich mit meinen Augen sehen könntest?
- Wie sieht Dein Wohnzimmer aus, wenn Du den Tisch in eine andere Ecke stellst? ...

Auditiv erinnerte Vorstellungen (Aer)
- Welches Musikstück hörst Du am liebsten?
- Wie hört sich Deine Wohnungsklingel an?

Augenmuster, Übung:

- Wie klingt das, wenn ein bestimmter Freund Deinen Namen sagt? ...

Auditiv konstruierte Vorstellungen (Ak)
- Laß mal in Gedanken eine Tasse fallen, wie hört sich das an?
- Stell Dir vor, ein Hubschrauber landet 10 Meter vor Dir!
- Laß mal ein Tonband mit Mozartmusik langsamer ablaufen! ...

Kinästhetische Vorstellungen (K)
- Wie fühlt sich das an, im Wasser zu schwimmen?
- Wie fühlst Du dich, wenn Du morgens aufwachst?
- Wie fühlt sich das an, eine Katze zu streicheln? ...

B versucht das Augenmuster von A festzustellen.

Falls Reaktionen ausbleiben: Fragen schwieriger stellen! (Z. B.: Welche Farbe hatten die Schuhe Deiner Mutter, als Du sie zum letzten Mal sahst?)

Falls Strategien kommen:
- Leitsystem überprüfen!
  (Kann man feststellen, daß A sich über einen bestimmten Sinneskanal Zugang zur Antwort verschafft?)
- Repräsentationssystem überprüfen!
- Referenzsystem überprüfen!
  (Kann man feststellen, daß A die Wahrheit der Antwort in einem bestimmten Sinneskanal überprüft?)

Zweites Kapitel: Rapport

Rapport bedeutet unmittelbarer Kontakt zwischen zwei Personen. Rapport ist eine Beziehung zwischen zwei Menschen, die durch gegenseitige Achtung und Vertrauen gekennzeichnet ist. Rapport ist eine unabdingbare Voraussetzung für jedes erfolgreiche Gespräch, sei es eine Unterhaltung, eine Beratung oder eine Unterstützung.

Grundlage für einen guten Rapport ist in erster Linie die innere Einstellung eines Menschen, seine Fähigkeit zur Annahme seines Gegenüber. Rapport hängt aber auch davon ab, ob der Betreffende innerlich frei ist, um sich seinem Gesprächspartner voll zuzuwenden. Aktuelle eigene Probleme oder auch Zeitdruck können die Herstellung von Rapport erheblich erschweren.

Über die innere Einstellung und die aktuelle Fähigkeit, sich seinem Gegenüber zuzuwenden, hinaus gibt es eine Reihe von Möglichkeiten, bewußt und gezielt Rapport zu einer anderen Person aufzubauen. Solche Möglichkeiten sind aber nicht nur geeignet, beim Gesprächspartner Vertrauen auszulösen und eine Öffnung zu erzielen. Diese Möglichkeiten sind gleichzeitig Vorgehensweisen, um selber Zugang zum Erleben des anderen zu finden, in seine Welt, wie er sie wahrnimmt, einzusteigen, seinem Modell von Wirklichkeit sich anzuschließen und zu folgen, um somit die Chance für eine erfolgreiche Unterstützung zu verbessern.

Kritiker des NLP beziehen sich nur auf die erste Dimension des bewußten Herstellens von Rapport und heben auf den möglichen Mißbrauch solcher Vorgehensweisen zur Manipulation ab. Sicher kann man mit den einzelnen Varianten des Rapports auch wirksam manipulieren, vor allem bei nicht so häufigen Kontakten, die eine genauere Identifizierung und Einschätzung von Verhaltensstrategien der jeweils anderen Seite ausschließen. Genau so wichtig wie der Eindruck, den ich mit bewußten Rapport-„Techniken“ beim anderen erzielen kann, sind jedoch die Prozesse, die ich durch diese Rapport-„Techniken“ in mir selber auslöse. Rapport-„Techniken“ sind deshalb gleichermaßen Empathie-„Techniken“, d. h. Vorgehensweisen, mit denen ich in die Welt meines Gegenüber einsteigen, sie mit seinen Augen sehen, sie mit seinen Ohren hören kann und mich intensiv in sein Erleben einfühlen kann.

Rapport

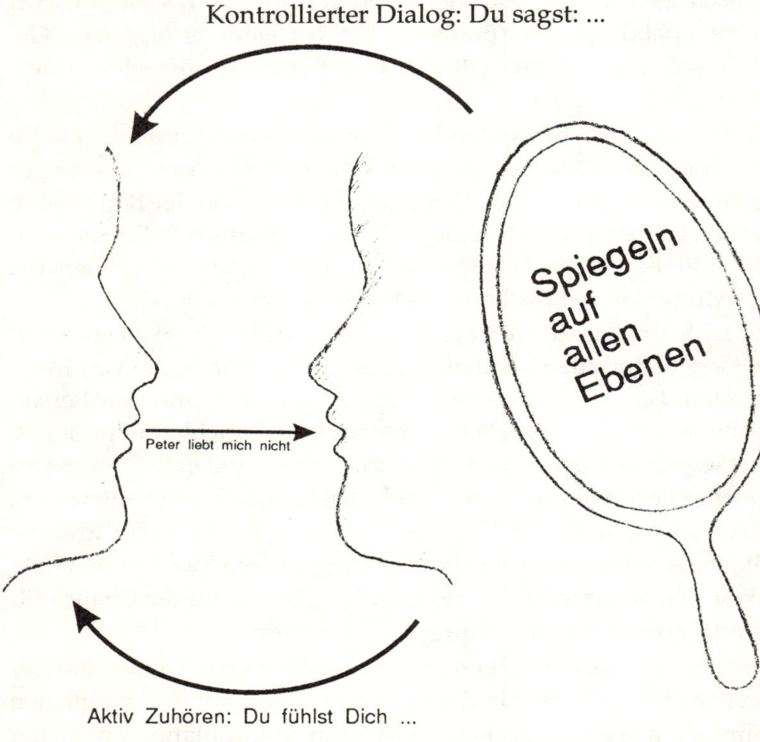

Obwohl Menschen über natürliche Fähigkeiten zu einem einfühlsamen Verstehen ihrer Mitmenschen verfügen, hat unsere wirtschaftliche Kultur mit ihrer Überschätzung technischer Faktoren zu einer Vernachlässigung der emotionalen Seiten des Lebens geführt. Im beruflichen Leben werden uns aber nicht nur fachliche Aufgaben gestellt sondern vor allem auch Menschen anvertraut. Wie immer man beispielsweise die Funktionen eines Managers bestimmen mag, zu seinen wichtigsten Aufgaben gehört es, zu den Menschen, die seiner Leitung unterstellt sind, eine Beziehung herzustellen, in der diese ihre fachlichen und persönlichen Fähigkeiten und Kräfte optimal umsetzen, entfalten und steigern können. Jeder von uns weiß aus eigener Erfahrung oder Berichten anderer, daß erfolgreiches Lernen nicht in erster Linie davon abhängt, daß Schüler sich für das jeweilige Unterrichtsfach interessieren, sondern eher davon, ob sie den Lehrer schätzen. Auch in guten Verkaufstrainings ist man von der Vermittlung der früher vorrangigen Verkaufsrhetorik abgekommen und in erster Linie zur Erarbeitung von Kommunikationsstrategien übergegangen, deren wesentliches Ziel der Aufbau einer guten Beziehung darstellt. Aber auch in Lebenszusammenhängen, in denen eine gute Beziehung zu anderen Menschen Selbstzweck darstellt, wird uns diese nicht geschenkt, sondern muß erworben werden. Zu wissen, welche Lebensäußerungen mir Freundschaften gewinnen oder Liebe einbringen können, und vor allen Dingen, was mir diese Beziehungen auch in Konfliktsituationen erhalten kann, ist deshalb von nicht unerheblicher Bedeutung.

Spiegeln

Rapport kann man bewußt und gezielt herstellen, indem man den Selbstausdruck einer anderen Person spiegelt. Im englischen Sprachgebrauch werden dafür die Begriffe „pacing“ oder „pacen“ benutzt, auf die man auch in der deutschen NLP-Literatur trifft. Spiegeln kann sprachlich oder nichtsprachlich geschehen. Nonverbales Spiegeln kann sich auf die Körperhaltung, die Atmung, den Lidschlag, den Gesichtsausdruck oder die Stimme der anderen Person nach Tonlage oder Tempo beziehen. Verbales Spiegeln kann darin bestehen, die Wortwahl (z. B. die Prädikate), den Satzbau einer anderen Person zu übernehmen oder den Inhalt und die Bedeutung einer Aussage in ihren verschiedenen Dimensionen aufzunehmen. Die Fähigkeit eines Menschen zum Spiegeln einer anderen Person steigert sich in dem Maße, wie er sich verbal und nonverbal dem Verhalten dieses anderen angleichen kann.

I. Nonverbales Spiegeln

Es gibt zwei Möglichkeiten, nonverbal zu spiegeln. Die erste besteht darin, den körpersprachlichen Selbstausdruck des anderen direkt zu übernehmen. Dabei wird beispielsweise die Körperhaltung oder der Atemrhythmus übernommen. Von außerordentlicher Bedeutung ist dabei, daß eine solche Übernahme unauffällig erfolgt, damit sie dem Gegenüber nicht bewußt wird. Sie dürfen den körpersprachlichen Selbstausdruck des anderen auf keinen Fall imitieren. Ihr Verhalten würde sonst als ein „Nachäffen“ aufgefaßt werden und die Beziehung nachhaltig belasten. Insofern ist der Ausdruck „Spiegeln“ irreführend. Es geht um ein Angleichen, nicht um ein Übereinstimmen. Gerade dann entfaltet eine „Spiegelung“ eine tiefgreifende Wirkung.

Bei der zweiten Möglichkeit, nonverbal zu spiegeln, wird der körpersprachliche Ausdruck indirekt übernommen. Ich kann den Atemrhythmus eines anderen spiegeln, indem ich das Heben und Senken seiner Brust durch Bewegungen meiner Hand begleite. Im NLP wird dieses Vorgehen „Überkreuz-Spiegeln“ (cross-pacing) genannt. Überkreuz-Spiegeln muß aber nicht unbedingt im selben Sinnessystem erfolgen wie in diesem Beispiel, indem die kinästhetische Bewegung des Atmens durch die kinästhetische Bewegung der Hand gespiegelt wird. Beim Überkreuz-Spiegeln kann auch das Sinnessystem gewechselt werden: Ich kann mich dem Atemrhythmus eines anderen Menschen auch anpassen durch den Rhythmus meines Sprechens. Wenn ich beispielsweise einen Gesprächspartner dabei unterstütze, in eine Phase tiefer Entspannung zu kommen, werde ich das Tempo meines Sprechens seiner Atemfrequenz anpassen.

Körpersprachliches Spiegeln ist keine Erfindung von NLP und auch keine Erfindung von Psychologen. Nonverbales Pacing ist ein sehr wirksamer unbewußter Vorgang, den alle Menschen einsetzen, um miteinander in Kontakt zu kommen, eine gute Beziehung herzustellen und über diese Beziehung etwas zu bewirken. Wenn Erwachsene mit Kindern sprechen, gehen sie häufig spontan in die Knie, um von Angesicht zu Angesicht auf der gleichen Höhe einander zuwenden zu können. Das ist nonverbales Pacing. Von Frauen weiß man aus Untersuchungen, daß sie im Gespräch ihren Gesichtsausdruck dem Ihres jeweiligen Gegenübers anpassen. Ob Menschen eine gute Beziehung zueinander haben und wirksam miteinander kommunizieren, kann man an ihrer Haltung und Bewegung ablesen, wenn sie beieinander sind und miteinander sprechen.

Führungskräfte lernen Spiegeln, wenn sie sich die Wirkung klar machen, die sie erzielen, sobald sie in einem Gespräch mit einem Mitarbeiter hinter ihrem Schreibtisch sitzen bleiben und von oben herab den Untergebenen mit Worten traktieren. Vertrauen erzeugen sie so sicher nicht. Deshalb finden sich inzwischen in den meisten Büros kleine Sitzecken, in denen die beiden Gesprächspartner „auf gleicher Ebene" miteinander reden. In Führungsseminaren wird darüberhinaus vermittelt, daß eine asymmetrische und gleichzeitig lässige Sitzhaltung Macht signalisiert und einen problembeladenen Mitarbeiter eher einschüchtert als öffnet. Auch in schulischen Zusammenhängen wird die Wirkung körpersprachlicher Kommunikation zunehmend bewußter wahrgenommen und berücksichtigt, indem man zum Beispiel die frontale Sitzordnung auflöst.

Nonverbal spiegeln lernen Sie am besten, indem Sie jeweils eine Variante eine Zeitlang in vertrauten Verhältnissen ausprobieren und üben. Wenn Sie Ihr Gegenüber in Ihr Vorhaben einweihen, können Sie sich erlauben, in der Lernphase auch Fehler zu machen, ohne daß das Folgen hätte. Sie können damit beginnen, im Gespräch mit Familienmitgliedern oder Partner/innen Ihre Körperhaltung der Ihres Gegenüber anzugleichen. Am besten spiegeln Sie die Haltung eines anderen, indem Sie in Ihrem Körper dieselbe Spannung aufbauen, ohne beispielsweise die Position der Glieder vollständig zu übernehmen. Wenn Sie deren Wirkung überprüft haben, können Sie den Atemrhythmus spiegeln, zum Pacen des Lidschlages übergehen und dann Ihren Gesichtsausdruck anpassen. Spiegeln von Sprechtempo und Stimmlage üben Sie am besten in Telefongesprächen mit Nahestehenden. Auch wenn Sie Cross-pacing üben möchten, weihen Sie sinnvollerweise Ihre Gesprächspartner in Ihr Vorhaben ein. Um den Atemrhythmus überkreuz zu spiegeln, können Sie entsprechende unauffällige Bewegungen mit dem Kopf, den Beinen und Fingern ausführen.

II. Spiegeln und Führen

Funktionierendes Pacing ist aber nicht nur die Grundlage für Rapport, sondern auch die Voraussetzung für einen Veränderungsprozeß. Wenn ich mit Hilfe von Pacing Zugang zum Erleben meines Gesprächspartners gefunden habe, kann ich ihm helfen, dieses Erleben zu verändern: So kann ich einen durch Körperhaltung gespiegelten Zustand von Trauer bei meinem Gesprächspartner dadurch mildern, indem ich mich aufrichte und meine Muskeln entspanne. Er wird mir in der Veränderung seines Ausdrucksverhaltens folgen. Die Begründer von NLP sind der Auffassung, Spiegeln und Führen, – englisch: Pacing and Leading – sei das Grundmuster für beinahe alles, was psychologische Berater tun. Wenn es gut gemacht werde, funktioniere es mit jedem[1].

Spiegeln und Führen, Übung

Wenn Sie Pacing and Leading üben möchten, ist es sinnvoll, zusammen mit einem/r Partner/in (A) wieder ein passendes Arrangement aufzubauen. Sie weihen dabei Ihr Gegenüber in die Übungssituation ein, bitten aber um eine möglichst echte Selbstdarstellung im Übungszusammenhang.

Inhaltlich geht es bei dieser Übung um einen Bericht von A über ein positives Erleben irgendeiner Art. Das kann eine lustige Alltagsszene sein, ein erfreuliches Zusammentreffen mit einem anderen Menschen, irgend etwas, was ein angenehmes Erleben ausgelöst hat. Während A mit Ihnen darüber spricht, gleichen Sie Ihre Haltung, Atmung, Gesichtsausdruck, Stimmlage, Sprechgeschwindigkeit diesen Elementen des körpersprachlichen Selbstausdrucks von A an.

Danach bitten Sie A, von einem negativen Erleben irgendeiner Art zu berichten. Das kann eine Enttäuschung sein oder etwas, was A unter Druck gesetzt hat. Während A mit Ihnen darüber spricht, pacen Sie Haltung, Atmung, Gesichtsausdruck, Stimmlage und Sprechgeschwindigkeit. Wenn Sie das eine Weile probiert haben, können Sie beginnen, Ihren körpersprachlichen Ausdruck langsam und behutsam zu verändern in Richtung auf den Ausdruck, den Sie als verbunden mit dem positiven Erleben von A wahrgenommen haben. Sie werden feststellen, daß A Ihnen im körpersprachlichen Selbstausdruck folgt und darüber in ein positiveres Erleben übergeht.

Spiegeln und Führen, Übung:
1. Pacing des positiven Erlebens A berichtet von einem positiven Erleben B spiegelt **2. Pacing des negativen Erlebens** A berichtet von einem negativen Erleben B spiegelt **3. Leading** B führt A hinüber in den körpersprachlichen Ausdruck von A's positivem Erleben. 4. Rollenwechsel

III. Verbales Spiegeln

Neben dem nonverbalen Spiegeln ist vor allem das verbale Spiegeln im NLP eine wichtige Möglichkeit, bewußt und gezielt in die Welt des Gesprächspartners einzusteigen und das eigene Erleben und die eigenen Äußerungen an dessen Wahrnehmung der Wirklichkeit anzuknüpfen. Im Wesentlichen gehört dazu, im Gespräch die Prädikate des anderen zu erkennen und zu übernehmen. Wichtig ist darüberhinaus, für das Erleben des anderen typische Begriffe und auch die Art und Weise des Satzbaus festzustellen und zu übernehmen.

Über diese Formen des verbalen Spiegelns hinaus gibt es zwei weitere Möglichkeiten, die im NLP nicht vermittelt werden, der Kontrollierte Dialog und das Aktive Zuhören. Diese Formen des verbalen Spiegelns wurden von Carl Rogers für die Gesprächspsychotherapie entwickelt. Sie stellen aber vor allem auch für nichttherapeutische Berater – also Erzieher, Lehrer, Führungskräfte – wichtige Möglichkeiten dar, Rapport herzustellen und ein Beratungsgespräch zu eröffnen.

1. Kontrollierter Dialog

Bei dieser Form des verbalen Spiegelns geht es darum, das, was ein anderer sagt, genau aufzunehmen und es ihm dem Sinne nach zurückzumelden. Es besteht also in genauem Zuhören und Zurückmelden der Botschaft: Rapport im alten Sinne von Bericht oder Meldung.

Kontrollierter Dialog signalisiert dem Gesprächspartner, daß sein Gegenüber zuhört, dessen Worte für wichtig hält und damit auch den Sprecher ernstnimmt. Auf diese Weise erzeugt der Kontrollierte Dialog Rapport im Sinne einer guten Beziehung und einer vertrauensvollen Atmosphäre, in der der Gesprächspartner sich öffnen und sein Problem schildern kann.

Zuhören können ist oftmals die wichtigste Fähigkeit für erfolgreiche Gespräche in nichttherapeutischen Zusammenhängen, die aber nur selten angemessen beherrscht wird. Hektik, Streß und Zeitmangel erzeugen häufig einen solchen Druck, daß man zur ruhigen Konzentration auf das, was ein anderer sagt, nur schwer in der Lage ist. Auch trägt manchmal innerer Druck dazu bei, sich durch Reden selber zu entlasten, statt dem anderen zuzuhören.

Kontrollierter Dialog, Übung

Kontrollierten Dialog lernen Sie am einfachsten, indem Sie eine/n Partner/in bitten, mit Ihnen ein Gespräch nach einem festgelegten Muster zu führen. Bevor Sie das Gespräch beginnen, sollten Sie sich der Einfachheit halber ein kontroverses Thema ausdenken, etwas, worin Sie beide nicht einer Meinung sind. Das könnte die Geschwindigkeitsbeschränkung auf Autobahnen sein oder etwas aus dem Bereich von Emanzipation, Hundehaltung in Großstädten oder irgendein politisches Thema. Normalerweise würden Sie ein Gespräch führen nach dem Muster: A beginnt mit einer Äußerung, B erwidert etwas darauf, das wiederum A zu einer Reaktion veranlaßt und so weiter. Das Gesprächsmuster, nach dem Sie Kontrollierten Dialog üben, sieht demgegenüber folgendermaßen aus: A beginnt mit einer Äußerung. Bevor B nun darauf mit einer Erwiderung reagiert, muß er/sie sinngemäß wiederholen, was A gesagt hat und abwarten, daß A dem zustimmt. Wenn keine Zustimmung kommt, hat B die Möglichkeit, nochmals sinngemäß zu wiederholen, was A gesagt hat. Wenn das wieder nicht klappt und von A kein „Ja" kommt, kann A die eigene Äußerung nochmals tun, um B beim Kontrollierten Dialog zu helfen.

Kontrollierter Dialog, Übung:

Das Gesprächsschema sieht also folgendermaßen aus:

A beginnt mit einer Äußerung
B wiederholt die Äußerung von A sinngemäß
(Kontrollierter Dialog)
A stimmt zu
B erwidert etwas auf die Äußerung von A
A wiederholt die Äußerung von B (Kontrollierter Dialog)
B stimmt zu
A erwidert ...
B macht Kontrollierten Dialog
A stimmt zu
B ...

Achten Sie bitte darauf, daß Sie nach dem Kontrollierten Dialog die Zustimmung abwarten und nicht weiterreden, bevor diese Zustimmung gekommen ist. Wenn Sie sinngemäß die Äußerung Ihres Gesprächspartners wiederholen und dann gleich Ihre eigene Meinung dagegensetzen, reagieren Sie mit einer Ja-Aber-Konstruktion. Mit einer Ja-Aber-Konstruktion bewirken Sie keine Annahme der Person des anderen. Die psychologische Wirkung dieser Ja-Aber-Konstruktion ist eine Konfrontation, mit der Sie kein Vertrauen auslösen und keinen Rapport herstellen.

Machen Sie sich darüberhinaus bewußt, daß die Art und Weise, wie Sie eine Fähigkeit einüben, sich erheblich davon unterscheidet, wie Sie in der Praxis diese Fähigkeit einsetzen. Sie werden niemals ein Gespräch nach diesem Übungsmuster führen. Aber auch zum Beispiel beim Tennis unterscheiden sich Übungsveranstaltungen von einem wirklichen Tennis-Match. Sie probieren eine Zeitlang nur

Vorhand oder nur Rückhand. Bei einem richtigen Match dagegen machen Sie das eine oder das andere immer dann, wenn es angemessen ist. Wenn Ihnen deshalb beim Üben des Kontrollierten Dialogs und weiterer sprachlicher Muster auffällt, ein solcher Dialog trage einen künstlichen Charakter, dann machen Sie sich klar, daß alle Formen, in denen Sie sich bestimmte Fertigkeiten aneignen, diesen künstlichen Charakter tragen und lassen sich davon nicht irritieren.

2. Aktives Zuhören

Ein guter Gesprächspartner ist nicht nur in der Lage, den sachlichen Inhalt von Mitteilungen aufzunehmen. Sprachliche Äußerungen haben nicht nur einen sachlichen Informationsgehalt. Die Mitteilungen eines Menschen enthalten meistens auch versteckte Bedürfnisse, verschlüsselte Gefühlsregungen, unterschwellige Werthaltungen und Appelle. Solche in sprachlichen Mitteilungen mitschwingenden Botschaften wahrzunehmen und dem Gesprächspartner zurückzuspiegeln nennt man Aktives Zuhören.

Aktiv ist diese Form des Zuhörens deshalb, weil der Gesprächspartner seinem Gegenüber etwas zurückmeldet, was zwar in dessen Äußerung enthalten, aber nicht eigens in Worte gefaßt war. Auf diese Weise erzeugt Aktives Zuhören mehr noch als der Kontrollierte Dialog Rapport im Sinne einer guten Beziehung, da der Berater dem Gesprächspartner signalisiert, daß er über das gesprochene Wort hinaus am Erleben des anderen interessiert ist, dieses wahrnimmt und ernstnimmt.

Menschen sind zwar ganz allgemein mit der Fähigkeit ausgestattet, das Erleben eines anderen zu erfassen. Empathie, wie man diese Fähigkeit nennt, wird aber in den Lehr- und Lernprozessen unserer Gesellschaft weder bewußt ausgebildet noch gezielt entwickelt. Vor allem werden die sprachlichen Formen nur selten vermittelt, in denen einer dem anderen ein solches Interesse an dessen Erleben erkennen lassen kann.

Aktiv Zuhören, Übung

Um Aktiv Zuhören auf der Gefühlsebene zu üben, können Sie die nachfolgenden zwei mal 10 Äußerungen benutzen. Die Erfahrungen, die diese wiedergeben, sind geeignet, bestimmte Gefühle auszulösen, die sich in den Äußerungen ausdrücken können. Wenn Sie diese Übung mit einer/m Partner/in machen, entscheiden Sie zunächst über die Rollenverteilung: Wer übernimmt Rolle A, wer die Rolle B? Dann lesen Sie einander im Wechsel die Äußerungen vor, und zwar so, daß Ihr Gegenüber durch körpersprachliche Mittel, die Sie einsetzen, erkennen kann, welche Gefühle die angesprochene Erfahrung in Ihnen ausgelöst hat. Wenn Sie sich selber nicht im Klaren darüber sind, um welche Gefühle es sich handelt, können Sie sich die entsprechende Information in der anschließenden Aufstellung holen. Wenn Sie die Äußerungen mit den angemessenen körpersprachlichen Ausdrucksmitteln vorgetragen haben, hat Ihr/e Partner/in die Aufgabe, die mitschwingenden Gefühle wahrzunehmen und Ihnen zurückzumelden.

Bei dieser Übung werden Sie die Erfahrung machen, daß es Menschen in unserer Kultur nicht immer leichtfällt, sich in eine andere Person einzufühlen. Selbst wenn Ihnen das gut gelingt, werden Sie merken, daß Sie nicht immer über das passende Gefühlswort verfügen, das das wiedererkannte Gefühl benennt. Um aktiv zuzuhören, müssen Sie lernen, Ihren Gefühlswortschatz zu erweitern. Sinnvoll ist es jedoch auch, die wahrgenommenen Gefühle nicht immer durch ein entsprechendes Gefühlswort präzise zu benennen. Auch metaphorische Beschreibungen eignen sich zur sprachlichen Rückmeldung des Gefühlsausdrucks eines anderen.

Aktiv Zuhören, Übung:
(Rolle A) 1. Da hat sich doch beim Schlangestehen an der Theaterkasse so ein eingebildeter Kerl einfach vorgedrängt!

Aktiv Zuhören, Übung:

2.
Die Mode im nächsten Jahr wird hinreißend! Genau die Farben, die mir gut stehen! Und außerdem wieder figurbetont, einfach toll!!!

3.
Jetzt habe ich wie besprochen für meinen Chef am Freitag nachmittag einen Termin mit dem Vertreter gemacht. Und nun kann mein Chef nicht. Und absagen kann ich dem Vertreter auch nicht mehr. Was mache ich denn jetzt?

4.
Daß bei dem Unfall ein großer Schaden entstanden ist, finde ich ja gar nicht so schlimm, aber daß mein Sohn mich dann angelogen hat, kann ich gar nicht fassen!

5.
Gestern abend auf der Geburtstagsfeier schrien plötzlich alle, ich solle eine Rede halten. Und ich kann doch gar nicht frei sprechen ohne zu stottern!

6.
Meine kleine Tochter hat mir zum Geburtstag einen Kuchen gebacken. Und das ohne Hilfe!

7.
Diese dumme Verkäuferin! Erst ist sie zu faul, mir richtig Auskunft zu geben! Und dann tut sie beleidigt, als ich mich nicht zum Kauf entschließen wollte!

8.
Also diese Kinder! Haben die doch ihre paar Groschen zusammengetan, um mir einen Blumenstrauß zu schenken!!

9.
Der Arzt hat gesagt, wenn ich diese Krise überstanden habe, werde ich bald wieder gesund.

10.
Ich traue mich nicht, es noch mal zu versuchen. Sicher geht es wieder schief.

Aktiv Zuhören, Übung:

(Rolle B)

1.
Ich weiß genau, mein Mann bereitet irgend etwas ganz Tolles vor für meinen Geburtstag. Aber er verrät kein Sterbenswörtchen. Ich kann es kaum erwarten!

2.
Eigentlich fing der Tag gestern gut an. Aber dann passierte eine Katastrophe nach der anderen. Da kam ich schnell runter von meiner guten Stimmung.

3.
Gestern gab es schon wieder Grünkohl. Ich kann den nicht mehr sehen! Wenn ich den schon rieche!!!

4.
Gestern hatte ich Kopfschmerzen, mir war übel, und außerdem habe ich fürchterlich geschwitzt!

5.
Bei uns zuhause läuft wieder alles ganz gut. Mit meinem Mann verstehe ich mich wieder, und die Konflikte mit den Kindern sind auch ausgestanden.

6.
Da hat dieser widerliche Mensch doch einfach mit seiner Gabel in meinen Teller gelangt und sich die Oliven rausgepickt!

7.
Das Tennisspiel gestern abend war vielleicht spannend. Die haben sich einen Kampf geliefert, Klasse, sag ich Dir!

8.
Für vier Stunden pro Tag werde ich hier bezahlt. Die Arbeit schaffe ich aber zumeist nicht einmal in fünf Stunden. Ich weiß nicht, was ich da machen soll!

9.
Und dann hat er einfach losgetobt und mich unflätig beschimpft, obwohl ich nichts dafür konnte!

Aktiv Zuhören, Übung:
10. Als ich gestern im Wald spazierenging, sprang plötzlich eine große Dogge auf mich zu.

Mit den oben formulierten Äußerungen können Sie folgende Gefühle ausdrücken:

Rolle A:

1. (empört)
2. (begeistert)
3. (ratlos)
4. (verletzt)
5. (aufgeregt)
6. (freudig, stolz)
7. (aufgebracht, wütend)
8. (gerührt)
9. (optimistisch, hoffnungsvoll)
10. (verzagt)

Rolle B:

1. (erwartungsvoll, aufgeregt, gespannt)
2. (ernüchtert)
3. (übel, angewidert)
4. (krank)
5. (zufrieden)
6. (empört)
7. (begeistert)
8. (ausgebeutet, hilflos, ratlos)
9. (verletzt)
10. (erschreckt)

3. Verbales Angleichen

Kontrollierter Dialog und Aktives Zuhören sind keine NLP-Themen. Und es gibt sogar gute Gründe dafür, daß beispielsweise die Konzentration auf die Rückmeldung von wahrgenommenen Gefühlen im NLP nicht vermittelt wird. Wenn wir nämlich feststellen, daß es Menschen mit bevorzugten Wahrnehmungsebenen gibt, müssen wir daraus schließen, daß diese auf eine relativ einseitige Weise in der Welt und damit nicht in allen Repräsentationssystemen erreichbar sind. Im Gespräch beispielsweise mit einem Partner, der dem visuellen Typ angehört, werden Sie keinen Rapport bekommen, wenn Sie Aktiv Zuhören, d. h. auf der Gefühlsebene spiegeln. Diesen Partner müssen Sie auf der visuellen Ebene pacen.

Manchmal ergeben sich auch in Partnerschaften schwerwiegende Probleme dadurch, daß beide in der Kommunikation miteinander unterschiedliche Sinnessysteme bevorzugen, das heißt so viel wie: eine unterschiedliche Sprache sprechen. So kann es in einer Krise vorkommen, daß er das Gefühl hat, die Sache nicht mehr in den Griff zu bekommen, während sie durchaus noch einen Überblick hat und noch eine Perspektive für eine gemeinsame Zukunft erkennen kann.

Wenn es in einem Beratungsgespräch zu einer solchen Benutzung unterschiedlicher Sinnessysteme kommt, ist das Ergebnis ähnlich, nämlich fehlendes Verständnis, mangelnder Rapport und Frustration auf beiden Seiten, wie das folgende Beispiel[2] deutlich macht:

Klient (v):	Meine Frau sieht in mir keinen angemessenen Partner!
Berater (k):	Wie fühlen Sie sich dabei?
Klient:	Wie bitte?
Berater (k):	Wie fühlen Sie sich, wenn Ihre Frau Sie so behandelt, als seien Sie kein angemessener Partner?
Klient (v):	Das ist eine schwierige Frage. Ich blicke da nicht durch, und sehe auch keine Antwort.
Berater (k):	Aber das muß für Sie doch ein schwerwiegendes Problem sein, sich nicht angenommen zu fühlen?
Klient (v):	Auf jeden Fall ist das eine ganz schön ausweglose Perspektive.

Um auf der einen Seite eine solche Sprachverwirrung zu vermeiden und auf der anderen Seite bewußt und gezielt Rapport herzustellen, ist es für den Berater wichtig, die sinnesspezifische Sprache des Klienten zu erkennen und sich ihr anzugleichen. Mit der Fähigkeit des verbalen Angleichens sind wir wieder bei einem echten NLP-Thema. Diese „Technik" wird im NLP „matching" genannt.

Neben der Fähigkeit, das Repräsentationssystem wahrzunehmen, in dem das Erleben und Agieren des Klienten stattfindet, muß der Berater in der Lage sein, in jedem Repräsentationssystem zu kommunizieren und flexibel von einem in das andere zu wechseln. Denn nur so kann er in die Wirklichkeit seines Gesprächspartners eintreten und eigene Äußerungen mit den inneren Prozessen seines Klienten in Übereinstimmung bringen. Die stärkste Form der verbalen Kongruenz erzeugt ein Berater, wenn er in der Lage ist, nicht nur einzelne Sprachmuster sondern ganze Sequenzen von Sprachmustern, z. B. Motivations- oder Entscheidungssequenzen zu übernehmen[3].

Matching, Übung

Matching können Sie in einem ersten Schritt lernen, indem Sie Äußerungen eines anderen lesen, das benutzte Repräsentationssystem bestimmen und irgendeinen Kommentar in demselben System finden.

Matching, Übung:
Finden Sie Kommentare im Repräsentationssystem der folgenden Äußerungen: Es ist mir klar, daß mein Mann kein Interesse hat, an der Situation etwas zu ändern.
Daß sie mich verlassen hat, hat mich völlig aus dem Gleichgewicht gebracht.
Wenn ich ihm nur ein Gefühl dafür vermitteln könnte, wie mir das Ganze auf der Seele lastet.

Matching, Übung:
Sie nörgelt ständig so an mir herum, daß ich manchmal laut schreien könnte. Aber das ist auch nicht die richtige Reaktion.
In unserer Beziehung gibt es nichts als Mißstimmung. Alles was ich versuche, bleibt ohne Resonanz.
Immer hat sie versucht, mir Grenzen zu setzen, mich in Schranken zu verweisen. Jetzt ist alles düster und langweilig und ohne Aussicht, daß sich das noch ändern könnte.
Wenn ich nur begreifen könnte, was da abläuft, könnte ich die Dinge wieder ins Lot bringen.
Mein Job nimmt mich ganz schön in Anspruch. Aber obwohl ich mir von meinen Partnern viel anhören muß, stimmen wir doch in den wesentlichen Dingen überein.

Pacing allgemein, Übung

Einen Schritt weiter in der Ausbildung Ihrer Fähigkeit, sich der sprachliche Ebene Ihres Gesprächspartners anzupassen, können Sie mit der folgenden Übung gehen. Bitten Sie Ihr Gegenüber um sinnesspezifisch identifizierbare Äußerungen im jeweils wechselnden Sinneskanal, auf die Sie dann im entsprechenden Sinneskanal reagieren. Auf eine solche Übung können Sie sich auch so vorbereiten, daß Sie und Ihr/e Übungspartner/in eine ganze Liste sinnesspezifischer Äußerungen aufgestellt haben, die Sie sich wechselweise vortragen und mit passenden Kommentaren reagieren:

Pacing allgemein, Übung:	
A	sagt beliebigen sinnesspezifischen Satz
B	reagiert im gleichen Repräsentationssystem
Beispiele:	
A:	Gestern kam meine Mutter mit starkem Kopfschmerz nach Hause.
B:	Sie fühlte sich miserabel!
A:	Meine Frau sieht in mir keinen wertvollen Menschen.
B:	Welches Bild macht sie sich denn von Ihnen?
A:	Erzähle mir genauer, wie Du Dich mit ihm abgestimmt hast!
B:	Mir ging es in erster Linie um eine harmonische Beziehung.

Obwohl die meisten Menschen alle Sinnessysteme mehr oder weniger gut ausgebildet haben, kommt es doch relativ häufig vor, daß sie in bestimmten lebenspraktischen Bereichen ein System bevorzugen. Es ist deshalb in jedem Fall von Vorteil, auf verschiedenen Wahrnehmungsebenen kommunizieren und flexibel von einer Ebene auf die andere überwechseln zu können. Wenn Sie darin geübt sind, Ihre Botschaften in allen Sinneskanälen anzubieten, schließen Sie mit Sicherheit Mißverständnisse dieser Art aus. Außerdem können Sie durch gezielte Anpassung an die Wahrnehmungsebene Ihres Gesprächspartners mit Leichtigkeit den Eindruck erzeugen, daß Sie dieselbe Sprache sprechen wie Ihr Gegenüber.

Spiegeln – Ziele vereinbaren, Übung

Die folgenden beiden Übungen sind für Führungskräfte gedacht, die vor allem Pacing für vorrangige Führungsfunktionen lernen möchten. Eine Führungsfunktion von besonderer Wichtigkeit besteht darin, Ziele zu vereinbaren. In solchen Zusammenhängen des beruflichen Alltags können vielfältige Störmomente auftreten. Ein möglicher Störfaktor kann sein, daß Führungskraft und Mitarbeiter verschiedenen

Wahrnehmungstypen angehören. Da die Verantwortung für eine erfolgreiche Zielvereinbarung bei der Führungskraft liegt, ist es ihre Pflicht, alle Fähigkeiten auszubilden, die sicherstellen, daß ihre Botschaften auf der anderen Seite auch in allen wichtigen Dimensionen ankommen. Eine Führungskraft muß also erstens in der Lage sein, herauszufinden, ob und wenn ja, in welchem Sinneskanal dieser Mitarbeiter Zielkonzeptionen vorrangig repräsentiert. Zweitens muß sie über die Fähigkeit verfügen, Mitteilungen im bevorzugten Sinnessystem ihres Mitarbeiters an diesen weiterzugeben.

Spiegeln – Ziele vereinbaren, Übung[4]:
1. Pacing des Mitarbeiters Finden Sie die bevorzugte(n) Wahrnehmungsebene(n) des betreffenden Mitarbeiters heraus, indem Sie in einem Gespräch über Ziele versuchen, seine bevorzugten sinnesspezifischen Prädikate festzustellen. **2. Zielbestimmung** Machen Sie sich klar, was Sie erreichen wollen. Wählen Sie für Ihre Zielbestimmung eine positive Formulierung ohne Vergleiche. Tun Sie so, als ob Sie das Ziel schon erreicht haben und stellen Sie sich die Frage, woran Sie das erkennen würden! Was sehen Sie? – (Sehen Sie bestimmte Zahlen schwarz auf weiß gedruckt?) Was hören Sie? – (Hören Sie die zufriedenen Worte eines Kunden?) Was fühlen Sie? – (Fühlen Sie ein fertiges Produkt in der Hand?) Versuchen Sie, Ihr Ziel möglichst sinnesspezifisch zu bestimmen! **3. Übersetzung** Nutzen Sie Ihre rhetorischen Fähigkeiten und formulieren Sie das Ziel in den Prädikaten der bevorzugten Wahrnehmungsebene Ihres Mitarbeiters. **4. Zielvereinbarung** Stellen Sie das Ziel gegenüber Ihrem Mitarbeiter auf dessen bevorzugter Wahrnehmungsebene dar!

Spiegeln – Lob und Kritik, Übung

Anerkennung aussprechen und Kritik üben sind weitere wichtige Führungsfunktionen, in denen eine Führungskraft mit besonderer Sorgfalt Mißverständnisse ausschließen sollte. Um Differenzen und Konflikten vorzubeugen, die sich aus unterschiedlicher Wahrnehmung ergeben können, haben Sie die Möglichkeit, sich mit dem folgenden Übungsmuster auf diese Aufgaben vorzubereiten.

Spiegeln – Lob und Kritik, Übung:

1. Lobende und kritische Formulierungen erinnern
Vergegenwärtigen Sie sich anerkennende und kritische Äußerungen Ihrerseits an Menschen Ihrer Umgebung (Partner, Freunde, Kollegen, Mitarbeiter ...). Notieren Sie jeweils drei Formulierungen.

2. Wahrnehmungsebene analysieren
Stellen Sie die bevorzugten Prädikate fest!

3. Pacing des jeweiligen Gesprächspartners
Finden Sie die bevorzugte(n) Wahrnehmungsebene(n) des betreffenden Gesprächspartners heraus, indem Sie in einem Gespräch über Themen, die ihn persönlich betreffen, versuchen, seine bevorzugten sinnesspezifischen Prädikate festzustellen.

4. Übersetzung
Nutzen Sie Ihre rhetorischen Fähigkeiten und formulieren Sie das Lob oder die Kritik in den Prädikaten der bevorzugten Wahrnehmungsebene des betreffenden Gesprächspartners.

5. Lob und Kritik
Senden Sie beim nächsten Anlaß dem betreffenden Gesprächspartner Lob oder Kritik auf dessen bevorzugter Wahrnehmungsebene!

4. Sprachliches Reframing

Einen Schritt weiter als das Matching geht eine einfache sprachliche Form, mit der ein Gesprächspartner einem anderen signalisiert, Du bist o.k., und ein solches Problem zu haben, wie Du gerade andeutest, ist grundsätzlich auch o.k. Das Ziel einer solchen sprachlichen Vorgehensweise besteht darin, Selbstakzeptanz und Problemakzeptanz zu vermitteln.

Es gibt einen grundlegenden psychischen Mechanismus, der darin besteht, daß Menschen eigene Gefühle, Eigenschaften oder Verhaltensweisen, die sie selber negativ bewerten, nicht wahrhaben wollen, weit von sich weisen oder sogar von ihrem bewußten Erleben abspalten und verdrängen. Wenn solche vom eigenen Erleben ferngehaltenen Gefühle etc. zu einem Problemzusammenhang gehören, den sie lösen möchten, ist es notwendig, erst mal wieder in Kontakt mit diesen negativ bewerteten und abgedrängten Inhalten zu kommen.

Eine einfache Form, dem Gesprächspartner dabei zu helfen, peinliche Gefühle, unangenehme Eigenschaften oder verpönte Verhaltensweisen anzunehmen, besteht darin, daß der Berater solche Äußerungen oder Andeutungen mit einem Kommentar versieht, der die negative Bewertung des Inhalts neutralisiert oder sogar ins Positive wendet. Damit signalisiert er dem Gesprächspartner, daß er solche „menschlichen Schwächen" akzeptiert und stellt eine Vertrauensbasis her, auf der der Gesprächspartner eine Umwertung und Akzeptanz seiner „Fehlreaktion" ausprobieren kann.

Sprachliches Reframing – Übung

Umwertende sprachliche Formen gehen über das bloße Spiegeln hinaus und sind auch mehr als ein verbales Pacing and Leading, weil sie bereits Veränderungen interner Prozesse bewirken. Da sie aber bereits in der Anfangsphase eines Beratungsgesprächs angezeigt sind, in der es im Wesentlichen um Rapport geht, möchte ich sie an dieser Stelle anführen.

Sprachliches Reframing, Übung:
Finden Sie Kommentare zu folgenden selbstkritischen Äußerungen eines Gesprächspartners in einer sprachlichen Form, die diesem den Inhalt seiner Äußerung weniger verwerflich bis annehmbar macht.

Sprachliches Reframing, Übung:

Gehen Sie dabei so vor, daß Sie sich zuerst einen Kontext ausdenken, in dem jemand eine solche Äußerung vorbringt. Reagieren Sie dann mit Ihrem Kommentar auf die Äußerung im jeweiligen Kontext.

Ein Beispiel: neidisch

A sagt: „Die Meier hat sich schon wieder ein neues Kleid gekauft!"

B reagiert: „Sie würden auch gern so viel Geld verdienen, um sich öfter mal ein neues Kleid kaufen zu können."

Mit dieser sprachlichen Vorgehensweise haben Sie die Äußerung von Neid in die Äußerung eines Wunsches umgedeutet.

Finden Sie weitere sprachliche Muster!

Das hat mich fürchterlich **neidisch** gemacht!
Da stand ich da, **blamiert** bis auf die Knochen!
Da kam panische **Angst** in mir auf!
In dem Augenblick war ich zu **feige**!
Das hat mich sehr **beschämt**!
Ich habe herumgetobt, als wäre ich **verrückt** geworden!
Was ich gesagt habe, war etwas ganz **Dummes**!
Ich bin halt nun mal **ehrgeizig**!
Was ich sagte, klang natürlich **schadenfroh**!
Wenn es um **Geld** geht, kann ich halt nicht Nein sagen!
Was ich sagte, klang natürlich ziemlich **herablassend**!
Ich weiß, ich bin **eitel**!
In dem Augenblick konnte ich nur noch **gehässig** sein!
Ich muß mich dann **rächen**!
Ich bin halt nun mal **nachtragend**!
Wenn jemand sich so in den Mittelpunkt drängt, kann ich gar nicht anders als **rivalisieren**!

Sprachliche Möglichkeiten der Vermittlung von Selbstakzeptanz und Problemakzeptanz:

1. Umdeuten in einen Wunsch
2. Doppelte Verneinung
Beispiel: rachsüchtig
„Es fällt Ihnen ganz schön schwer, den anderen das nicht fühlen zu lassen!"

3. Aktiv Zuhören
Beispiel: blamiert
„Das war Ihnen sehr unangenehm!"

4. Umdeuten in eine Stärke
Beispiel: nachtragend
„Es ist manchmal wichtig, sich zu merken, wie andere Menschen sich in bestimmten Situationen verhalten!"

5. Umdeuten in eine verständliche Schwäche
Beispiel: Jemand hat etwas Dummes gesagt
„Man kann nicht immer geistig topfit sein!"

Probieren Sie die Wirkung solcher sprachlichen Reframings an eigenen Beispielen von Situationen, in denen Sie ein ungewünschtes Verhalten gezeigt oder unangenehmes Gefühl entwickelt haben.

Drittes Kapitel: Fragetechnik

Menschen machen Erfahrungen, indem sie ihre Sinne benutzen und mit Augen, Ohren und ihren anderen Sinnesorganen Eindrücke der Außenwelt aufnehmen und speichern. Die Erfahrungen, die Menschen auf diese Art und Weise machen, sind genau, vollständig und unverzerrt. Linguisten bezeichnen solche Erfahrungen als „Tiefenstruktur". Wenn Menschen dieses sinnesspezifische Erleben jedoch in Sprache darstellen, d. h. mit anderen reden oder Selbstgespräche führen, oder ihre in einer sprachlichen Form verarbeiteten Erfahrungen zur Grundlage praktischen oder sozialen Verhaltens machen, kann man Umformungen dieser Tiefenstruktur feststellen. Solche Umformungen kommen durch Denkprozesse zustande, die immer auf einem bestimmten Abstraktionsniveau stattfinden. Aber auch psychologische Prozesse formen Erfahrungen um. Unangenehmes Erleben wird z. B. verdrängt, verleugnet oder schlicht ausgeblendet. Es sind somit im Wesentlichen Lücken, Verallgemeinerungen oder Verzerrungen, durch die sprachliche Äußerungen von sinnesspezifischem Erleben abweichen. Die Linguisten nennen solche durch Denk- oder psychologische Prozesse umgeformten Tiefenstrukturen Oberflächenstrukturen.

Wenn Menschen also anderen ihre Probleme mitteilen, so muß man davon ausgehen, daß sie ihre Probleme in der Oberflächenstruktur darstellen, daß ihre Mitteilungen also Tilgungen, Generalisierungen und Verzerrungen enthalten. Die Aufgabe des Beraters besteht dann darin, das sprachlich Dargestellte zurückzuführen zu den konkreten, vollständigen und unverzerrten Erfahrungen, die dahinterstehen. Häufig ist diese Aufgabe des Beraters jedoch nicht nur darauf beschränkt, zusätzliche Informationen zu sammeln, um das Problem genau formulieren und lösen zu helfen. Nicht selten bewirken Tilgungen, Generalisierungen oder Verzerrungen nicht nur eine oberflächliche Wahrnehmung von Problemen, sondern sie stellen das eigentliche Problem dar oder sind seine Ursache. In diesem Fall bewirkt die Rückführung der Oberflächenstruktur eines Problems zu seiner Tiefenstruktur bereits eine Veränderung. Es kommt auch vor, daß ein einziges Interview, in dem die Tiefenstruktur eines Problems aufgedeckt wird, das Problem beseitigt.

Fragetechnik

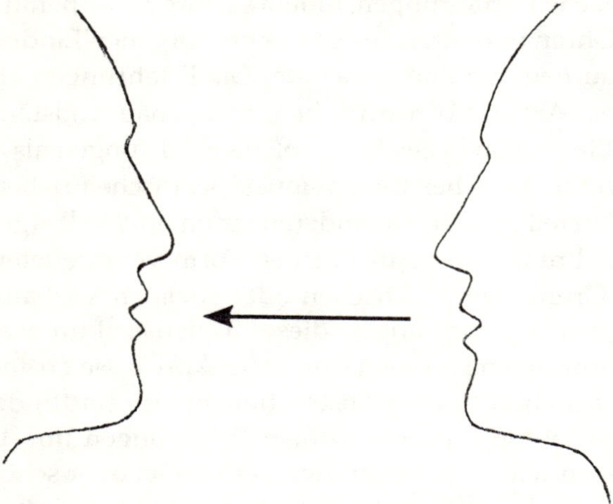

Es ist also in jedem Fall wichtig, in Problemgesprächen den Partner durch bestimmte Fragen zu veranlassen, sich seine vollständige, konkrete und unverzerrte Erfahrung wieder zugänglich und zur Grundlage der Problemlösung zu machen. Zu diesem Zweck haben Bandler und Grinder eine Fragetechnik entwickelt, die an der sprachlichen Form von Mitteilungen anknüpft[1]. Da alle Menschen, die eine Sprache beherrschen, ein Gefühl für die spezifische Form haben, in der wirkliches Erleben sprachlich wiedergegeben wird, ist die Wahrnehmungsfähigkeit für Tilgungen, Verallgemeinerungen und Verzerrungen in sprachlichen Mitteilungen leicht zu schärfen, und die Fähigkeit, sie zu hinterfragen, leicht zu erwerben. Häufig machen Menschen das ganz spontan, wann immer sie in Gesprächen das Bedürfnis treibt, genau mitzubekommen, wovon ein anderer spricht.

Die Wirkung spezifischer Oberflächenstrukturen und der Nutzen ihrer Hinterfragung

Bevor Sie sich die von Bandler und Grinder vermittelte Fragetechnik aneignen, ist es wichtig, sich die Ziele der jeweiligen Frageform im Zusammenhang der betreffenden Äußerungen deutlich zu machen[2]. Die Tiefenstruktur einer Erfahrung und die Oberflächenform ihrer Verbalisierung, d. h. ihrer Übersetzung in Sprache, unterscheidet sich über Tilgungen, Generalisierungen und Verzerrungen hinaus vor allem auch durch Nominalisierungen, unvollständig spezifizierte Verben, Unterstellungen und Gedankenlesen.

1. Tilgungen

Jede Form von Konzentration unserer Aufmerksamkeit auf etwas Bestimmtes bedeutet, andere Dimensionen der Außenwelt von unserer Wahrnehmung auszuschließen. In Problemzusammenhängen kann der Ausschluß von Erfahrungsanteilen jedoch Lösungen blockieren. Getilgte Erfahrungsanteile wiederzuentdecken bedeutet deshalb, fehlende Informationen für eine mögliche Lösung zu gewinnen. Wichtige Fragen zu diesem Zweck sind: Wer, was, wie, wovor, worüber usw.

Tilgungen erfragen

Wenn Sie lernen wollen, Tilgungen zu erfragen, gehen Sie bitte in folgenden Schritten vor:

1. Oberflächenstruktur anhören
2. Verben (Tätigkeitswörter) feststellen
3. Überprüfen, ob die Verben mehr Bezüge haben können, als in der Oberflächenstruktur vorkommen
4. Fehlende Bezüge erfragen

Oberflächenstrukur	Anzahl der Tilgungen	Fragen
Ich bin aufgeregt	1	Aufgeregt über was?
Meine Mutter sagte, sie fürchte sich	2	Sagte wem? Fürchte sich vor wem?
Er versprach, sich zu bemühen		
Du sagst immer, Du würdest Dich freuen		
Ich hab' genug		
Ich weiß nicht, was ich sagen soll		
Mich entschuldigen fällt mir schwer		

Besondere Tilgungen erfragen

1. bei Adjektiven (Eigenschaftswörtern)

Wenn Sie lernen möchten, Tilgungen bei Adjektiven zu erfragen, gehen Sie in folgenden Schritten vor:

Beispiel:
Oberflächenstruktur: Der traurige Brief erstaunte mich.
Übersetzung: Der Brief, der traurig machte, erstaunte mich.
Frage: Wen machte der Brief traurig?

Oberflächenstruktur	Frage
Ich mag keine selbstgerechten Menschen	Worüber selbstgerecht?
Ich lachte über die beunruhigende Nachricht	
Selbstgefällige Menschen gehen mir auf die Nerven	
Aggressive Schüler irritieren mich	

Besondere Tilgungen erfragen

2. bei Komparativen und Superlativen von Adjektiven (Komparativ = 1. Steigerung, Superlativ = 2. Steigerung)

Wenn Sie in diesen sprachlichen Zusammenhängen Tilgungen erfragen möchten, gehen Sie bitte in folgenden Schritten vor:

Beispiel:
Oberflächenstruktur: Sie ist interessanter für mich.
Frage: Interessanter als wer?

Oberflächenstruktur	Frage
Sie nahm sich das Beste	Das Beste von was?
Das gefällt mir weniger gut	
Das war das Schlimmste, was mir passieren konnte	
Das ist das am wenigsten Schwierige	
Ich freue mich über offenere Menschen	

Besondere Tilgungen erfragen

3. bei bestimmten Adverbien (Umstandswörter) wie
   offensichtlich
   bedauerlicherweise
   erstaunlicherweise
   ...

Wenn Sie in diesen sprachlichen Zusammenhängen Tilgungen erfragen wollen, gehen Sie bitte in folgenden Schritten vor:

Beispiel:
Oberflächenstruktur: Offensichtlich mag Peter mich nicht.
Umformulierung: Es ist offensichtlich, daß Peter mich nicht mag.
Frage: Wem ist das offensichtlich?

Oberflächenstruktur	**Frage**
Erstaunlicherweise hörte sie auf zu trinken	Für wen ist das erstaunlich?
Bedauerlicherweise ging er schon früh nach Hause	
Sie vermied es peinlichst, mich anzusehen	
Unangenehmerweise platzte Anna in das Gespräch	

Besondere Tilgungen erfragen

4. Bei Modaloperatoren („Verrichtungswörtern") der Notwendigkeit wie

müssen	ich muß
notwendig	es ist notwendig
sollte	du solltest
sollen	man soll

Worte, wie „müssen“, „notwendig“, „sollte“ deuten an, daß der Sprecher Erfahrungen gemacht hat, die seine Handlungsmöglichkeiten erheblich einschränken, wobei er nicht ausspricht, welche Erfahrungen diese Einschränkung bewirkt haben. Die Frage „Was würde geschehen, wenn Sie das nicht täten?“ veranlaßt den Betreffenden, sich diese Erfahrungen wieder bewußt zu machen.

Wenn Sie lernen wollen, sprachliche Zusammenhänge dieser Art zu hinterfragen, gehen Sie bitte in folgenden Schritten vor:

Beispiel:
Oberflächenstruktur: Man muß die Gefühle anderer Leute berücksichtigen

Umformulierung: (in: Es ist notwendig, daß X, sonst Y)
Es ist notwendig, die Gefühle anderer Leute zu berücksichtigen, sonst ...
Frage: Was würde sonst geschehen?

Oberflächenstruktur	**Frage**
Einem Vorgesetzten sollte man nicht widersprechen	Was würde geschehen, wenn Sie das täten?
Ich sollte mich da nicht einmischen	Was würde geschehen, wenn Sie sich einmischten?
Man muß lernen, seine Gefühle im Griff zu haben	
Konflikte soll man vermeiden	
Es ist notwendig, auch ungebetene Gäste freundlich zu behandeln	

Besondere Tilgungen erfragen

5. bei Modaloperatoren („Verrichtungswörtern") der Möglichkeit wie:

nicht möglich	es ist nicht möglich
kann	niemand kann
darf	keiner darf
kann nicht	man kann nicht
vermag	niemand vermag
unmöglich	es ist unmöglich
außerstande	ich bin außerstande

Worte wie „nicht möglich", „nicht können", „nicht dürfen", „nicht vermögen", „außerstande sein" deuten an, daß der Sprecher Erfahrungen mit negativen Folgen des eigenen Verhaltens gemacht hat, die ebenfalls seine Handlungsmöglichkeiten einschränken, wobei er diese Erfahrungen ebenfalls nicht mitteilt. Die Frage „Was hindert Sie daran?" veranlaßt den Betreffenden, sich diese Erfahrungen wieder zugänglich zu machen.

Beispiel:
Oberflächenstruktur: Niemand kann mehr als einen Menschen auf einmal lieben.
Umformulierung: (in: X verhindert, daß Y)
X verhindert, daß es möglich ist, mehr als einen Menschen auf einmal zu lieben.
Frage: Was hindert Sie daran (hemmt Sie, hält Sie davon ab), mehr als einen Menschen auf einmal zu lieben?

Oberflächenstruktur	**Frage**
Ich kann meinen Mann nicht verstehen	Was hindert Sie daran, Ihren Mann zu verstehen?
Ich bin außerstande, Deine Entschuldigung anzunehmen	
Niemand kann ermessen, wie sehr ich leide	

Oberflächenstruktur	Frage
Es ist unmöglich, jemanden zu finden, der einem in Notsituationen hilft	
Ich kann ihm nicht verzeihen	

2. Nominalisierungen

Nominalisierungen sind abstrakte Hauptwörter, die im Gegensatz zu gegenständlichen Hauptwörtern aus Tätigkeitswörtern gebildet wurden, z. B. Beziehung, Versagen, Hoffnung usw. Viele Denkprozesse sind abstrakt, aber das Denken in abstrakten Nominalisierungen bewirkt, daß sich für den Betreffenden Lebensäußerungen, die immer Tätigkeiten von Subjekten sind, zu festen, abgeschlossenen und der eigenen Kontrolle entzogenen Ereignissen verdinglichen und entfremden. Der Betreffende findet sich dann ohne Handlungsmöglichkeiten festgefahren in einer Sackgasse wieder. Das Umformen und Hinterfragen von Nominalisierungen verhilft dem Betreffenden zu der Einsicht, daß das Ereignis ein Prozeß ist, der verändert werden kann und zwar von ihm selber. Auf Nominalisierungen wie z. B. in der Aussage: „Ich bekomme keine Zuwendung" reagieren Sie mit der Frage: „Von wem möchten Sie denn gerne, daß er sich Ihnen zuwendet?"

Nominalisierungen zu hinterfragen erfordert mehrere Denkprozesse, die Sie in den folgenden Übungen durchlaufen können:

1. *Nominalisierungen erkennen*

hemmen	Hemmung
verwirren	Verwirrung
helfen	Hilfe
zusammenleben	Ehe
scheitern	Mißerfolg

1. Oberflächenstruktur anhören
2. Nominalisierungen erkennen
   a. prüfen, welche Substantive (Hauptwörter) einen Prozeß als Ereignis beschreiben
   b. prüfen, ob die Substantive in die Leerstelle des Satzes „ein(e) andauernde(r) ....“ passen
   c. prüfen, welche Substantive nicht in einen (geistigen) Schubkarren gelegt oder in einen sonstigen Raum eingesperrt werden können

Tisch	ein andauernder ...?
Ehe	eine andauernde ...?
Kegel	ein andauernder ...?
Tendenz	eine andauernde ...?
Drachen	ein andauernder ...?
Milch	eine andauernde ...?
Wahrnehmung	eine andauernde ...?
Mißerfolg	ein andauernder ...?
Ärger	ein andauernder ...?

2. Nominalisierungen aufheben

Oberflächenstruktur	**verbale Darstellung**
Unsere Trennung ist schmerzlich	daß mein Freund und ich uns trennen, ist schmerzlich
Ich nehme Ihnen die Beleidigung übel	
Die Ablehnung meiner Frau bewirkt meinen Schmerz	
Ihre Annahmen über meine Motive sind völlig verfehlt	
Deine Entscheidung, hierzubleiben, zwingt mich zum Aufbruch	

3. *Nominalisierungen hinterfragen*

Oberflächenstruktur	**Fragen**
Es ist die Angst, die mich lähmt	Wer oder was ängstigt Sie?
Meine Wut ist überwältigend	Auf wen oder was sind Sie wütend? Wer ist dadurch überwältigt?
Die Entscheidung mich zu trennen, bedrückt mich	Können Sie sich vorstellen, sich anders zu entscheiden? Was hindert Sie daran, sich anders zu entscheiden? Was würde geschehen, wenn Sie sich anders entschieden?
Ich habe Hoffnung	Worauf hoffen Sie?
Ich nehme Ihnen die Beleidigung übel	
Die Ablehnung meiner Frau tut mir weh	
Ihre Annahmen über meine Motive sind völlig verfehlt	
Ihre Fragerei erzeugt bei mir Ärger	
Ich fürchte mich mehr vor Deiner Liebe als vor Deinem Haß	

3. Generalisierungen

Alle Klassen von Einzelheiten, Gegenständen, Tätigkeiten, Zuständen usw. wie Obst, Arbeiten, Bedürfnisse sind Verallgemeinerungen. Als solche bringen sie Ordnung in unsere Wirklichkeit. Ob aber eine Aussage auf alle Einzelfälle einer Gesamtheit zutrifft, oder ob es Ausnahmen gibt, läßt sich nur entscheiden, wenn die gemeinten Einzelfälle benannt werden. Mit dem Hinterfragen von Generalisierungen „wer genau", „was genau", „wie genau" wird der Betreffende bewegt, zu überprüfen, auf welche Einzelheiten die Aussage seiner Erfahrung nach zutrifft.

Wenn Sie lernen wollen, Generalisierungen zu hinterfragen, gehen Sie bitte in folgenden Schritten vor:

1. Generalisierungen (Verallgemeinerungen) erkennen

1. Oberflächenstruktur anhören
2. Substantive (Hauptwörter) erkennen
3. Prüfen, ob jedes Substantiv etwas Konkretes, eine spezifische Person, einen genau bestimmten Gegenstand oder ein genau beschriebenes Verhältnis darstellt
4. Fragen: Wer genau? Was genau?

Oberflächenstruktur	**Generalisierungen**
Man sollte die Bedürfnisse anderer ernst nehmen	man, Bedürfnisse, andere
Ich schätze gute Worte	
Es ist unangenehm, daß wir sie unter diesen Umständen treffen	
Ich traf gestern Tinas Verlobten	
In diesem Saal herrscht eine gewisse Atmosphäre	
Solche Mißgeschicke passieren jedem einmal	
Niemand achtet darauf, wie das wirkt	

2. *Generalisierungen hinterfragen*

Oberflächenstruktur	Fragen
Man sollte die Bedürfnisse anderer ernst nehmen	Wer genau, welche Bedürfnisse, wessen Bedürfnisse?
Ich schätze gute Worte	
Es ist unangenehm, daß wir sie unter diesen Umständen treffen	
Ich traf gestern Tinas Verlobten	
In diesem Saal herrscht eine gewisse Atmosphäre	
Solche Mißgeschicke passieren jedem einmal	
Niemand achtet darauf, wie das wirkt	

Besondere Generalisierungen

A. Universalquantoren (Umfassungswörter)

Wenn Menschen in bestimmten Situationen wiederholt die gleichen Erfahrungen machen, nehmen sie Verallgemeinerungen vor, die sich in Worten wie „alle", „jeder", „keiner", „nie", „immer", nirgends" ausdrücken. Viele Handlungen des Alltags beruhen auf Generalisierungen. Man muß sich nicht jedesmal eine neue Strategie überlegen, um ein Ziel zu erreichen. Wir wissen im voraus, wie es funktioniert. Ob eine Verallgemeinerung nützlich ist oder nicht, muß aber immer im jeweiligen Zusammenhang eingeschätzt werden. Ein Kind kann lernen, daß strebsames Verhalten in der Schule Spott oder Verachtung der Mitschüler erzeugt. Wenn es diese Erfahrung jedoch verallgemeinert, z. B. auf das Berufsleben überträgt und sich demgemäß verhält, wird es ihm schwerfallen, erfolgreich zu sein. Mit dem Hinterfragen von Universalquantoren durch Übertreibung der Generalisierung oder durch konkretes Abfragen einer Ausnahme, wird der Betreffende veranlaßt, den Geltungsbereich der betreffenden Erfahrung genau zu bestimmen.

Besondere Generalisierungen hinterfragen

1. Universalquantoren („Umfassungswörter") wie:

   alle
   jeder
   sämtliche
   irgendein
   nichts
   niemals
   nirgends
   kein
   niemand
   keiner

Beispiel:

Niemand achtet darauf, was ich sage.

Frage: Wollen Sie mir etwa sagen, daß niemand überhaupt jemals auf Sie hört?

Antw.: Nun ja, nicht ganz.

Frage: Also gut, wer genau hört nicht auf Sie?

Oberflächenstrukturen	Fragen
Niemandem kann man trauen	Ist es immer unmöglich, daß irgendwer irgendwem traut? Haben Sie jemals irgendwem getraut? Können Sie sich irgendwelche Umstände vorstellen, unter denen es Ihnen möglich wäre, jemandem zu trauen? Vertrauen Sie mir jetzt gerade in dieser Situation? Haben Sie jemals einen Arzt aufgesucht? Haben Sie dem getraut?
Keiner nimmt mich ernst	
Das Abitur schaffe ich niemals	
Nirgends finde ich Ruhe	
Jeder denkt an sich zuerst	
Man kann keinem die Wahrheit sagen	

B. Allgemeine Urteile

Menschen verallgemeinern nicht nur bestimmte Zusammenhänge in ihren Erfahrungen, sie beurteilen auch ihre Erfahrungen und verallgemeinern diese Urteile nicht nur für den persönlichen Lebensbereich, sondern darüberhinaus auch für den anderer. Auf diese Art und Weise kommen Aussagen zustande, die mit den Worten beginnen „Es ist falsch ..., gut ..., schlecht..., richtig ..., krankhaft ..., verrückt ..." usw. Allgemeine Urteile beschränken die Handlungsmöglichkeiten des Betreffenden. Wenn solche allgemeinen Urteile hinterfragt werden mit dem Ziel, dem Betreffenden Ausnahmemöglichkeiten von der Regel oder eigene der

Regel widersprechende Erfahrungen wieder zugänglich zu machen, wird er in der Lage sein, die Beschränkungen seiner Handlungsmöglichkeiten aufzubrechen.

Besondere Generalisierungen hinterfragen

2. Generelle (allgemeine) Urteile wie

Es ist falsch, daß ...
Es ist gut, daß ...
Es ist schlecht, daß ...
Es ist verrückt, daß ...
Es ist krankhaft, daß ...
Es ist richtig, daß ...
Es ist recht, daß ...
Es ist unrecht, daß ...
Es ist wahr, daß ...

Beispiel:

Es ist falsch, die Gefühle eines anderen zu verletzen.

Umformulierung: Ich sage dir, daß ich es für falsch halte, die Gefühle eines anderen zu verletzen.

Fragen:
1. Ist es immer falsch, die Gefühle eines anderen zu verletzen?
2. Haben Sie jemals die Erfahrung gemacht, die Gefühle eines anderen zu verletzen?
3. Können Sie sich irgendwelche Umstände vorstellen, unter denen Sie die Gefühle eines anderen verletzen würden?

Oberflächenstruktur	**Fragen**
Es ist gut, Freunden von Zeit zu Zeit kleine Geschenke zu machen	Ist das immer gut?
Es ist schlecht, seinen Vorgesetzten zu kritisieren	

Oberflächenstruktur	Fragen
Es ist verrückt, sich nackt im Schnee zu wälzen	
Es ist krankhaft, seiner Frau nachzuspionieren	
Es ist richtig, immer genügend Bargeld bei sich zu fragen	
Es ist wahr, daß Menschen egoistisch sind	

4. Unvollständig spezifizierte Verben

Unvollständig spezifizierte Verben lassen uns wie einfache Verallgemeinerungen im Unklaren darüber, welche genaue Erfahrung hinter der Aussage steht. Wenn jemand sagt, er sei verletzt worden, so ist es möglich, daß ein anderer ihm eine Ohrfeige verpaßt hat, ihm unabsichtlich einen Stein auf den Fuß fallen ließ oder seinen Redebeitrag ignoriert hat. Da die Bedeutung eines Handelns oftmals davon abhängt, was konkret geschehen ist, so veranlaßt das genaue Nachfragen bei unvollständig spezifizierten Verben den Betreffenden, die wirkliche Erfahrung und deren Bedeutung zu überprüfen. Um unvollständig spezifizierte Verben hinterfragen zu lernen, bietet sich folgende Vorgehensweise an.

Unvollständig spezifizierte Verben hinterfragen

(Verben = Tätigkeitswörter)

Beispiel:

Mein Vater hat mich verletzt . . . ungenau
Mein Bruder hat mich getreten . . . genauer

Mein Freund schlug mir mit dem
Handrücken auf die Wange . . . genau

Die Genauigkeit des dargestellten Bildes hängt ab von der Bedeutung des Verbs und der Informationsmenge, den der Rest des Satzes enthält.

Fragen bei unvollständig spezifizierten Verben: Wie genau?

Oberflächenstruktur	**Fragen**
Ich zeige meinem Mann immer, daß ich ihn liebe	Wie genau zeigen Sie Ihrem Mann, daß Sie ihn lieben?
Mein Sohn vergißt mich immer	
Meine Mutter verlangt immer Zuwendung	
Sie zwingt mich, für sie zu arbeiten	
Peter hat mich geärgert	
Meine Frau versucht, mich von meinem Freund zu trennen	

5. Unterstellungen

Unterstellungen sind Grundannahmen, die eine Person nicht weiter auf die Erfahrungen hin überprüft, die sie zur Ausbildung solcher Annahmen geführt haben. Unterstellungen, die einmal ausgebildet wurden, wirken einschränkend sowohl auf die Wahrnehmungs-, als auch auf die Handlungsfähigkeit des Betreffenden. Sobald ein Berater eine Unterstellung erkannt hat, kann er seinen Gesprächspartner durch Fragen wie: „Woran erkennen Sie, daß ..." zu den dahinterliegenden Erfahrungen hinführen.

Um Unterstellungen hinterfragen zu lernen, bietet sich folgende Vorgehensweise an.

Beispiel:
Ich vermute, daß mein Bruder im Grunde genau so geizig ist wie mein Vater.

Unterstellung: Mein Vater ist geizig.
Fragen: Ist Ihr Vater immer geizig?
Woran erkennen Sie, daß Ihr Vater geizig ist?

Unterstellungen hinterfragen

Oberflächenstruktur	**Fragen**
Wenn Du wüßtest, wie sehr ich das hasse, würdest Du nicht mit den Zähnen knirschen	Woran erkennst Du, daß ich das nicht weiß?
Wenn Du mich liebtest, würdest Du mich nicht so oft allein lassen	
Wenn Du Dich über mein Geschenk gefreut hättest, hättest Du es nicht weiter verschenkt	
Ich befürchte, daß meine Frau genau so schlampig werden wird wie meine Schwiegermutter	
Wenn Du mich wieder so lange aufhältst, wie das letzte Mal, komme ich nicht bei Dir vorbei	
Da mein Beitrag nicht so interessant ist, möchte ich ihn lieber nicht vortragen	

6. Verzerrungen

Menschen nehmen häufig an, daß andere ganz bestimmte Gefühle oder Zustände in ihnen bewirken. Die reagierende Person erlebt sich so, als hätte sie gar keine andere Möglichkeit, als so zu reagieren. Peters Handeln verursacht Pauls Gefühl, wird als kausaler Zusammenhang erlebt und begriffen. Damit schiebt man die Verantwortung für das eigene Erleben einem anderen zu und nimmt sich selber die Möglichkeit, etwas zu tun, um das eigene Erleben zu verändern. Das Hinterfragen von kausalen Verzerrungen nach dem Muster „Wie erreicht Paul das, daß in Dir dieses Gefühl entsteht?", oder „Du würdest Dich nicht so fühlen, wenn Paul das nicht bewirkte?", verweist den Betreffenden auf die eigene Verantwortung und die eigene Kontrolle über das persönliche Erleben.

Verzerrungen hinterfragen

1. Ursache und Wirkung

Um Verzerrungen hinterfragen zu lernen, bietet sich folgende Vorgehensweise an.

Beispiel:
Ihre Abwesenheit macht mich einsam.

Umformung: Ihre Abwesenheit bewirkt, daß Sie sich einsam fühlen.

Fragen: Fühlen Sie sich immer einsam, wenn sie nicht da ist?
Sie würden sich nicht einsam fühlen, wenn sie da wäre?
Wollen Sie damit sagen, daß ihre Abwesenheit Sie notwendigerweise dazu zwingt, sich einsam zu fühlen?

Oberflächenstruktur	Fragen
Mein Mann macht mich nervös	Sie würden nicht nervös sein, wenn Ihr Mann das nicht bewirkte?
Du langweilst mich	
Daß Du mit den Fingern ißt, stört mich	
Dein Lachen irritiert mich	
Was Du mir gestern erzählt hast, verfolgt mich den ganzen Tag	
Dein Gehabe reizt mich zum Lachen	
Deine Mißachtung deprimiert mich	

Besondere Verzerrungen hinterfragen

2. Weil

Beispiel:

Ich bin einsam, weil er nicht da ist.

Fragen: Fühlen Sie sich immer einsam, wenn er nicht da ist?
Sie würden sich nicht einsam fühlen, wenn er da wäre?
Wollen Sie damit sagen, daß seine Abwesenheit Sie notwendigerweise zwingt, sich einsam zu fühlen?

Oberflächenstruktur	Fragen
Ich bin traurig, weil Du mir nicht hilfst	Fühlst Du Dich immer traurig, wenn ich dir nicht helfe?
Ich bin entsetzt, daß Du unseren Termin vergessen hast	

Oberflächenstruktur	Fragen
Mir ist übel, weil Du mich angelogen hast	
Er ist gereizt, weil Du ihn schon wieder versetzt hast	
Ich freue mich, daß er mich besucht	
Mich beunruhigt, daß er so viel trinkt	
Er ärgert sich, weil sie wieder versagt hat	

Besondere Verzerrungen hinterfragen

3. Aber

Beispiel:
Ich möchte nicht wütend werden, aber sie reizt mich immer.

Fragen: Werden Sie immer wütend, wenn sie Sie reizt?
Wenn sie Sie nicht reizen würde, würden Sie nicht wütend werden, stimmt das?
Wollen Sie damit sagen, daß ihr Reizen Sie notwendigerweise zwingt, wütend zu werden?

Oberflächenstruktur	Fragen
Ich möchte mich von ihr trennen, aber sie droht, sich umzubringen	Wenn sie also nicht mit Selbstmord drohte, würden Sie sich von ihr trennen?
Ich möchte von hier fortziehen, aber meine Mutter ist krank	

Oberflächenstruktur	Fragen
Ich würde gern auf die Frage antworten, aber das kostet uns zu viel Zeit	
Ich rede nicht gern im Befehlston, aber mein Beruf läßt mir keine Wahl	
Ich würde lieber in Jeans rumlaufen, aber ich muß Rücksicht auf meine Kunden nehmen	
Ich würde morgens lieber lange schlafen, aber die Nachbarn reden so viel	

7. Gedankenlesen

Menschen neigen manchmal dazu, fehlende Information über innere Prozesse eines anderen durch Annahmen, Interpretationen, falsche Schlüsse oder auch Projektionen von Befürchtungen zu ersetzen. Sie betreiben Gedankenlesen. Dadurch kommen sie häufig zu falschen Einschätzungen, die die Beziehung belasten können. Genaues Nachfragen nach dem Muster „Woher wissen Sie, ...?" macht die Prozesse, die zu der Einschätzung geführt haben, bewußt und ermöglicht ihre Korrektur.

Um Gedankenlesen aufdecken zu lernen, bietet sich folgende Vorgehensweise an:

Gedankenlesen hinterfragen

Die Fragen sollen immer darauf zielen, die Erfahrungen hervorzuholen, die den Sprechenden veranlaßt haben, zu meinen, er kenne die Gedanken, Gefühle und den Willen anderer.

Beispiel:
Die Klasse meint, ich redete zu viel.

Frage: Wie wissen Sie, daß die Klasse meint, Sie redeten zu viel?

Beispiel:
Wenn er mich liebte, wäre er nicht so gereizt.

Frage: Wollen Sie damit sagen, daß er, wenn er Sie liebte, nie so gereizt wäre?

Oberflächenstruktur	**Fragen**
Peter mag mich nicht	Wie wissen Sie, daß Peter Sie nicht mag?
Wenn er helfen wollte, wäre er jetzt da	
Ich bin traurig, weil Du auf meine Gefühle keine Rücksicht nimmst	
Ich bin sicher, daß sie mich nicht dabeihaben will	
Ich weiß, daß mein Beitrag Dir nicht imponiert hat	
Wenn Du wirklich Mitleid hättest, würdest Du mich jetzt nicht allein lassen	

Wenn Sie Ihrem unbewußten Lernvermögen vertrauen und sich ohne aufwendige Reflexionen und schriftliche Übungen ein Gefühl für die NLP-Fragetechnik verschaffen wollen, finden Sie im Folgenden eine weitere Übungsmöglichkeit. Sie können sich in der anschließenden Kurz-Übung von den jeweils vorgegebenen Fragen auf die erste Aussage der Oberflächenstruktur leiten lassen, die beiden nachfolgenden Aussagen der Oberflächenstruktur intuitiv zu beantworten.

Fragetechnik: Einfacher Übungsdurchgang

Tilgungen erfragen

Ich habe Angst	Wovor haben Sie Angst?
Ich bin aufgeregt	
Er freute sich	
Ich sollte mich da nicht einmischen	Was würde geschehen, wenn Sie sich da einmischten?
Man muß lernen, seine Gefühle im Griff zu haben	
Konflikte soll man vermeiden . . .	
Ich kann meinen Mann nicht verstehen	Was hindert Sie daran, Ihren Mann zu verstehen?
Ich kann Deine Entschuldigung nicht annehmen	
Ich kann mich nicht überwinden, die Uhr zu verkaufen	

Nominalisierungen hinterfragen

Ich habe Hoffnung	Worauf hoffen Sie?
Alle meine Bemühungen waren umsonst	
Die Freude ist mir vergangen . . .	

Verallgemeinerungen hinterfragen

Man sollte die Bedürfnisse anderer ernst nehmen	Wer genau? Welche Bedürfnisse? Wessen Bedürfnisse?

Niemand liebt mich	
Solche Mißgeschicke passieren jedem einmal	
Niemandem kann man trauen . . .	Ist es immer unmöglich, irgendwem zu trauen?
Keiner nimmt mich ernst	
Nirgends finde ich Ruhe	
Es ist falsch, die Gefühle eines anderen zu verletzen	Ist es immer falsch, die Gefühle eines anderen zu verletzen?
Es ist schlecht, seinen Vorgesetzten zu kritisieren	
Es ist unmoralisch, zu lügen	

Ungenaue Tätigkeitswörter hinterfragen

Mein Vater hat mich verletzt	Wie genau hat er Sie verletzt?
Ich zeige meiner Frau immer, daß ich sie liebe	
Sie zwingt mich, für sie zu arbeiten	

Verzerrungen hinterfragen

Mein Mann macht mich nervös . .	Sie würden nicht nervös sein, wenn Ihr Mann das nicht bewirkte?
Ihre Ausreden ärgern mich	
Dein Affentheater reizt mich	
Ich bin traurig, weil Du mir nicht hilfst	Fühlst Du Dich immer traurig, wenn ich Dir nicht helfe?

Ich bin enttäuscht, weil Du mich angelogen hast . . . .

Ich bin verzweifelt, weil er mich verlassen will . . . .

Ich möchte mich gern von ihr trennen, aber sie droht, sich umzubringen . . . .

Wenn sie nicht mit Selbstmord drohte, würden Sie sich von ihr trennen?

Ich möchte von hier fortziehen, aber meine Mutter ist krank . . . .

Ich würde morgens lieber lange schlafen, aber die Nachbarn reden so viel . . . .

Gedankenlesen hinterfragen

Peter mag mich nicht . . . .

Wie wissen Sie, daß Peter Sie nicht mag?

Meine Tochter will mich auf ihrer Feier nicht dabeihaben . . . .

Ich weiß, daß ich Dich nicht beeindrucken kann . . . .

Viertes Kapitel: Genaue Problem- und Zielbestimmung

Grundlegend für jede Veränderungsarbeit mit NLP ist eine genaue Eingrenzung des Problems, an dem gearbeitet werden soll, oder des Ziels, das durch Veränderungsarbeit erreicht werden soll. Für diese Exploration werden an den NLP-Berater hohe Anforderungen gestellt, denn die Exploration gilt theoretisch erst dann als abgeschlossen, wenn der Berater in der Lage wäre, sich eine Zeitlang stellvertretend für seinen Gesprächspartner in dessen Welt aufzuhalten, wie der sie erlebt, sie verarbeitet und in ihr agiert. Für eine Problembestimmung bedeutet eine solche Exploration, daß der Berater in der Lage wäre, das Problem seines Gesprächspartners zu „haben". In der Praxis ist eine so weitgehende Anforderung natürlich nicht zu erfüllen und sollte in einem solchen Ausmaß auch nicht erfüllt werden, zumal bei schwerwiegenden Problemen, psychischen Schwierigkeiten oder psychosomatischen Symptomen. Aus diesem Grunde sollte die genaue Bestimmung des Problems lediglich so weit gehen, daß der Berater dessen wesentliche Dimensionen so weit herausarbeitet, daß er das Problem übernehmen könnte, wenn er es wollte.

I. Genaue Problembestimmung bei Problemen mittleren Ranges

Bei der Problembestimmung geht es zunächst darum, so genau wie möglich zu fragen und zu diesem Zweck die Fragetechnik des NLP, das Metamodell, anzuwenden. Mit den Fragen des Metamodells, das keine Warum-Fragen kennt, erreicht der Berater, daß sein Gesprächspartner sich die zumeist seinem Bewußtsein nicht voll zugängliche Hintergrunderfahrung seines Problems wieder vergegenwärtigt.

Bereits die NLP-Fragetechnik mit ihrer Forschung nach ausgegrenzten Teilen des Erlebens kann bewirken, daß Informationen,

Genaue Problem- und Zielbestimmung

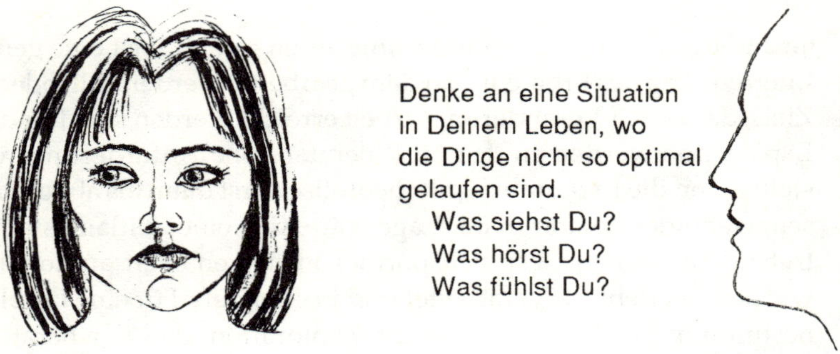

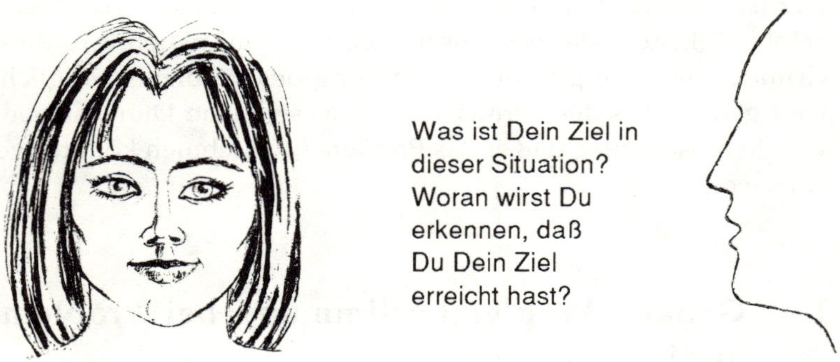

die mit starken negativen Gefühlen verbunden sind, für den Gesprächspartner wieder zugänglich werden. Das heißt, er erlebt sie noch einmal und geht damit in einen Zustand, in dem er weitgehend blockiert ist. Im NLP wird dieser Zustand Stuck-State genannt. Deshalb vermeidet ein NLP-Berater die genaue Erarbeitung von Problemen, die erfahrungsgemäß mit starken unangenehmen bis schmerzhaften Gefühlen verbunden sind. Bei solchen Problemen wird nicht das Problem selbst, sondern das Ziel in seinen Strukturen und Zusammenhängen genau erarbeitet.

1. *Die VAKO-Hypnose*

Ein weiterer Grund, Probleme mit starkem negativen Gefühlsanteil nicht genau zu erarbeiten, sondern die genaue Bestimmung mit dem Zielzustand vorzunehmen, ist die Wirkung der Vako-Hypnose als Untersuchungsmethode. Der Wortteil „Vako" ist dabei kein Begriff, sondern setzt sich zusammen aus „v" für visuell, „a" für auditiv, „k" für kinästhetisch und „o" für olfaktorisch/gustatorisch. Die Vako-Hypnose besteht aus Fragen, die den Gesprächspartner in dem Augenblick, in dem er nach ihrer Antwort sucht, in die Problemsituation hineinversetzen. Deshalb wird in diesem Zusammenhang von „Hypnose" gesprochen. Denn die Vako-Hypnose fragt das ganze Spektrum sinnesspezifischer Wahrnehmung des Betreffenden in der Situation ab, und zwar mit penetranter Konsequenz. Neben der genauen Bestimmung der Situation hat der Berater dabei die Möglichkeit, sich auf die Problemphysiologie zu kalibrieren. Außerdem werden durch die Vako-Hypnose bereits Ansatzpunkte für die Veränderungsarbeit sichtbar. Zum Beispiel kann deutlich werden, daß eine bestimmte Veränderung der Körperhaltung den Betreffenden aus der Problemphysiologie herausführt.

2. *Separator-State*

Die Problemphysiologie ist ein Zustand, in dem dem Betreffenden nur wenige bis gar keine Möglichkeiten zur Verfügung stehen, den Zustand aus eigener Kraft zu verlassen: Im Problemzustand fällt einem Menschen nichts ein. Das ist eine psychologische Grunderfahrung, die auch in normalen Alltagssituationen in ihrer Bedeutung nur selten erkannt und berücksichtigt wird.

Wenn ein NLP-Berater eine Problembestimmung vorgenommen und das heißt, seinen Gesprächspartner in die Problemphysiologie hineinversetzt hat, muß er ihn da wieder herausholen. Das ist ganz wichtig, einmal, weil es für den Betreffenden unangenehm bis unerträglich ist, im Problemzustand auszuharren. Zum anderen ist im Problemzustand eine Weiterarbeit nicht möglich. Damit ist auch der Zustand benannt, der eingeleitet werden muß, nachdem eine Problembestimmung erarbeitet wurde: Es ist ein Zustand, von dem aus eine Weiterarbeit möglich ist, also ein Zustand, von dem aus der Betreffende in beliebige andere Zustände gehen kann. Dieser Zustand schließt also einen ersten Zustand ab und ist die Voraussetzung dafür, in einen nächsten Zustand zu gehen. Deshalb heißt er auch Separator-State.

Es gibt nach dieser Bestimmung zwei Separator-Zustände, den Trance-Zustand und den Hier-und-Jetzt-Zustand. Für die meisten NLP-Veränderungsarbeiten ist der Hier-und-Jetzt-Zustand wichtig. Dabei sind alle Sinne nach außen orientiert. Der Betreffende befindet sich mit seiner Wahrnehmung und seinem Verhalten in der örtlich und zeitlich gegenwärtigen Situation.

Um Gesprächspartner in den Separator-State führen zu können, muß ein Berater eine hohe Flexibilität entwickeln. Denn es ist wichtig herauszufinden, auf welche Reize in welchen Sinnessystemen der Gesprächspartner seine Physiologie grundlegend ändert. In jedem Sinnessystem, dem visuellen, auditiven, kinästhetischen usw. kann es Reize geben, die den Gesprächspartner tiefer in den bestehenden Zustand hineinführen, statt ihn da herauszuholen. In den meisten Fällen jedoch reichen direkte Aufforderungen wie „Komm hierher zurück!" oder Fragen etwa nach der Uhrzeit aus, um den Betreffenden in die Gegenwart zurückzuholen. Sinnvoll ist es jedoch, wenn der Berater sich bewußt das Erleben und Verhalten einprägt, das die Wirklichkeit des Gesprächspartners vor der Problembestimmung bildet. Es ist dann leicht, ihn in diese Realität zurückzuholen. Ganz starke Separators für Menschen überhaupt gibt es im olfaktorischen System. Mit den „Düften" aus Riechfläschchen kann man Menschen aus Ohnmachten holen. Und Brandgeruch wird selbst Menschen im katatonen Zustand in die Gegenwart orientieren.

Über viele verschiedene, wirksame und elegante Möglichkeiten zu verfügen, Separator-State-Interventionen auszuführen, macht für Thies Stahl einen guten NLP-Berater aus. Denn mit Eleganz drastische Physiologie-Wechsel zu erreichen ist ein Zeichen für guten Rapport[1].

II. Genaue Zielbestimmung bei Problemen mit starkem Gefühlsanteil

Wie bei der Problembestimmung geht es auch bei der Zielbestimmung um die genaue Erarbeitung in einem Ausmaß, daß der Berater in der Lage wäre, stellvertretend für seinen Gesprächspartner dessen Welt zu erleben und in ihr zu agieren.

Darüber hinaus gibt es jedoch zusätzliche wichtige Bedingungen, denen eine angemessene Zielbestimmung innerhalb der NLP-Veränderungsarbeit genügen muß, deren Erfüllung der Berater durch entsprechende Fragen sicherstellt.

a. Die Zielbestimmung muß im eigenen Kompetenzbereich des Klienten liegen.

Häufig wünschen wir uns, daß ein anderer sein Verhalten ändert. Ein Mann wünscht zum Beispiel, daß seine Frau Interesse an seinen beruflichen Problemen zeigt. Die Erreichung eines solchen Zieles ist jedoch von vielen Faktoren abhängig, auf die der Mann keinen Einfluß hat. Eine Veränderungsarbeit kann nur da erfolgreich sein, wo die Zielerreichung Resultat des Einsatzes ausschließlich der eigenen Kraft und eigener Mittel ist. Wenn im Beratungsgespräch Ziele angestrebt werden, die nicht im eigenen Kompetenzbereich liegen, müssen sie so umformuliert werden, daß sie in den eigenen Kompetenzbereich hineinfallen. Der Mann müßte sich die Frage stellen: „Was kann **ich** tun, um automatisch meine Frau an meinen beruflichen Problemen zu interessieren?“ Wenn es für ihn etwas zu tun gibt, was das bewirkt, wäre dieses Handeln ein in seinem Kompetenzbereich liegendes Ziel.

b. Die Zielbestimmung muß situationsspezifisch sein.

Viele Veränderungsprozesse, die mit NLP-Vorgehensweisen erarbeitet werden, funktionieren nur, wenn sie an eine bestimmte Situation geknüpft sind, so wie Erfahrungslernen immer in bestimmten situativen Zusammenhängen stattfindet. Es kann aber auch geschehen, daß das Ergebnis eines spezifischen Lernprozesses spontan verallgemeinert wird. Und das ist nicht immer wünschenswert, denn ein in bestimmten Kontexten sinnvolles Verhalten kann in anderen problematisch sein. Um solche unerwünschten Generalisierungen zu vermeiden, ist die situationsspezifische Festlegung des Zieles notwendig. Sie wird erreicht mit Fragen wie: „Wann und wo wirst Du Dich wem gegenüber wie verhalten, wenn Du Dein Ziel erreicht hast, xyz zu können?"

Wenn in folgenden Schritten der NLP-Strategie, mit der der Berater gerade arbeitet, keine Kurzreframings (siehe unten) vorgesehen sind, ist es an dieser Stelle zudem sinnvoll, Situationen festzulegen, in denen das alte Verhalten beizubehalten ist.

c. Die Zielbestimmung darf keine Negationen oder Vergleiche enthalten.

Wenn ich zu jemandem „Denke nicht an den grünen Elefanten!" sage, kann derjenige gar nicht umhin, sich einen grünen Elefanten vorzustellen, denn für „kein Elefant" gibt es keine sinnliche Vorstellung. Schon Sigmund Freud stellte fest, daß es im sogenannten Primärprozeß keine Negationen gibt. Negationen können wir sinnesspezifisch nicht wahrnehmen oder vorstellen. Was wir intern tun, wenn uns Negationen angeboten werden, ist, uns eine Vorstellung vom zu negierenden Etwas zu machen. Wenn also eine Zielbestimmung im NLP-Veränderungsprozeß eine Negation aufweist, wie z. B.: „Ich möchte keine Angst mehr haben", dann **ist Angst** in der Zielbestimmung **enthalten**. Negationen in der Zielformulierung sabotieren den Erfolg des Lernprozesses! „Keine Angst haben" muß deshalb umformuliert werden in „entspannt sein" oder „sich sicher fühlen"!

Dieselbe den Erfolg sabotierende Wirkung haben Vergleiche. Wenn ich mein Ziel so formuliere: „Ich möchte selbstbewußter auftreten!", dann werden, wenn auch vielleicht nicht auf der bewußten, aber doch auf der unbewußten Vorstellungsebene Repräsentationen gebildet, die die Fortsetzung des unabgeschlossenen Satzes enthalten: „Selbstbewußter, als ich jetzt bin". Auf diese Weise wird auch bei der sprachlichen Benutzung von Vergleichen in Zielbestimmungen ein zu überwindendes Etwas mitrepräsentiert, das den Lernprozeß sabotiert.

d. Die Zielbestimmung muß einen kurzen Feedback-Bogen aufweisen.

Dieses Merkmal angemessener Zielbestimmung wird insbesondere von Thies Stahl herausgestellt[2]. Den Sinn dieser Forderung kann man an einem Beispiel verdeutlichen. Wenn jemand sagt: „Ich möchte mein Essen einschränken und ich werde wissen, daß ich mein Ziel erreicht habe, wenn ich jede Woche ein Kilo abgenommen habe", dann kommt die Rückmeldung über den erreichten Erfolg zu spät, als daß der Betreffende genau feststellen könnte, was er wann getan hat, um diesen Erfolg zu haben. Kontrolle über das den konkreten Erfolg bewirkende Verhalten ist nur mit einem kurzen Feedback-Bogen möglich. Dieser sollte möglichst so kurz sein, daß der Betreffende direkt an einer Dimension des wirkenden Verhaltens dessen Erfolgscharakter ablesen kann. Zu fragen gilt also: „Was gibt es in der Situation selbst, woran Du erkennen kannst, ob Du Dein Ziel erreicht hast oder nicht?"

e. Die Zielbestimmung muß sinnesspezifisch konkret sein.

Bei dieser Forderung für Zielbestimmungen geht es wie bei der genauen Problembestimmung um eine Erarbeitung der Situation in allen Sinnessystemen. Der Gesprächspartner muß genau angeben, wie und was er wahrnehmen wird, wenn er sein Ziel erreicht hat: Körpergefühle, Bilder, Geräusche, Gerüche und Geschmacksausprägungen. Wichtig ist dabei nicht nur, was da von außen wahrnehmbar sein wird, sondern auch wie der Betreffende es wahrnehmen wird. Über diesen der Vako-Hypnose in der Problembestimmung analogen Prozeß wird ebenfalls nicht nur die Zielsituation genau bestimmt. Darüberhinaus ist der Berater in der Lage, sich auf die Zielphysiologie seines Gesprächspartners zu kalibrieren und Ansatzpunkte für die Veränderungsarbeit zu entdecken.

1. *Kurzreframings*

„Reframing" ist eine wichtige Vorgehensweise bei der Veränderungsarbeit mit NLP. Im Deutschen wird dieser Begriff mit „Umdeuten" übersetzt. Reframing-Methoden finden Sie ausführlich im siebten Kapitel dieses Buches. Im Zusammenhang mit der Zielbestimmung werden häufig sogenannte Kurzreframings eingesetzt, um die Situation einzugrenzen, in der das neue Erleben oder Verhalten stattfinden soll.

Kurzreframings, die diesen Zweck erfüllen, bestehen meistens in der Aufforderung an den Gesprächspartner, mehrere (meistens drei) Situationen zu finden, in denen er lieber das alte Verhalten zur Verfügung haben möchte. Mit einer solchen Bestimmung wird die Zielsituation näher bestimmt und damit spontanen Generalisierungen vorgebeugt. Darüberhinaus aber erfährt das zu verändernde Verhalten eine neue Bewertung, nämlich in bestimmten Situationen sinnvoll und angemessen zu sein. Mit einer solchen Umdeutung und damit Neubestimmung eines Verhaltens findet auch ein Wechsel im Erleben des Betreffenden statt, der das Wesen jedes Reframingprozesses ausmacht und sich in einer Versöhnungsphysiologie zeigt.

Wenn der Gesprächspartner bei der Suche nach Situationen, in denen er das alte Verhalten beibehalten möchte, keine Versöhnungsphysiologie zeigt, ist es Aufgabe des Beraters, Kontextreframings anzubieten, um die angegebenen Wirkungen zu erzeugen.

2. *Ökologie-Check*

Lernen mit NLP ist hocheffektiv. Es bewirkt nicht selten drastische Veränderungen, die Auswirkungen auch auf Freundschaften, Partnerschaften, Familie oder Beruf haben. Aus diesem Grunde ist es unabdingbar, bevor ein Veränderungsprozeß in Angriff genommen wird, die Zielbestimmung zu überprüfen, ob sie auch in die gesamte Lebenssituation des Betreffenden hineinpaßt. Auf die Notwendigkeit eines Ökologie-Checks kann nicht nachhaltig genug hingewiesen werden. Bei der Arbeit mit NLP steht nämlich relativ selten infrage, ob ein Mensch die Fähigkeit für eine gewünschte Veränderung besitzt. Die Frage ist vielmehr, ob er diese Veränderung so in sein Leben einbauen kann, daß sie für ihn keine nachteiligen Folgen auf anderen Ebenen hat. Es muß sichergestellt werden, daß der Betreffende die Erreichung seines Zieles wirklich wollen kann. Die

Verantwortung eines NLP-Beraters für die ökologische Vereinbarkeit einer Veränderungsarbeit mit der Lebenssituation seines Gesprächspartners kann also nicht hoch genug veranschlagt werden.

Der Erfahrung nach zeigt sich der ökologische Charakter einer Veränderungsarbeit an der symmetrischen Körperhaltung des Gesprächspartners beim Ökocheck.

III. Genaue Problem- und Zielbestimmung üben

In der folgenden Übung geht es neben der Aneignung der Vorgehensweise bei der Problem- und Zielbestimmung noch um weitere Lernziele:

Als erstes wird Ihnen auffallen, daß die Übungen des ersten Kapitels über genaue Wahrnehmung Sie befähigt haben, unterschiedliche Physiologien deutlich zu bemerken. Im ersten Teil der unten folgenden Übung haben Sie Gelegenheit, sich sorgfältig auf die Problemphysiologie Ihres Gesprächspartners zu kalibrieren. Im dritten Teil werden Sie davon die Zielphysiologie unterscheiden können. Beim letzten Schritt der Zielbestimmung haben Sie darüberhinaus die Möglichkeit, den Physiologienwechsel vom Problemzustand zum Zielzustand genau zu überprüfen. Auch die Versöhnungsphysiologie wird bei der Eingrenzung der Situation durch sogenannte Kurzreframings sichtbar werden, so daß Sie diese Übung als Grundlage benutzen können, um intensiv zu lernen, drei der wichtigsten Physiologien zu erkennen, die Ihnen bei einer Veränderungsarbeit mit NLP die nötigen Informationen darüber liefern, wie Ihr Gesprächspartner Ihre Anweisungen verarbeitet.

Die genaue Wahrnehmung physiologischer Veränderungen ist nicht nur bei normaler Beratungstätigkeit von großer Wichtigkeit. Völlig unverzichtbar wird die Anwendung dieser Fähigkeit, wenn ein Berater verdeckt arbeitet. Beim sogenannten verdeckten Arbeiten werden die Probleme, um die es jeweils geht, inhaltlich nicht angesprochen. Verdecktes Arbeiten in der Beratung ist eine Möglichkeit, die NLP auszeichnet und damit zur bevorzugten Coaching-Methode im Management macht. Denn in kaum einem anderen beruflichen Bereich passen Schwächen, Selbstzweifel, Ängste und Probleme so wenig ins Bild und werden deshalb so nachhaltig verleugnet, verdrängt, zugedeckt oder überspielt, wie auf den höheren Führungsetagen in Wirtschaft, Politik und Verwaltung. So verfestigte Selbstkonzepte können in einem Selbstmanagementseminar, aber auch in einer Beratungssituation nicht immer sogleich aufgehoben werden, so daß das Angebot verdeckter Arbeit eine Chance darstellt, sich ohne die Gefahr, Blößen zeigen zu müssen, auf die Arbeit an persönlichen Problemen oder Defiziten vorbehaltlos einlassen zu können.

Aber auch für den NLP-Berater selbst gehört die Fähigkeit zum verdeckten Arbeiten zum Handwerkszeug. Bandler und Grinder weisen häufig darauf hin, wie wichtig beim Lernen von NLP die Konzentration nicht auf die Inhalte sondern auf die Zusammenhänge und Prozesse ihrer Veränderung ist[3]. Zur fortgeschrittenen Anwendung der NLP-Lernstrategien bringt es nur der Berater, der diese Strategien virtuos zu handhaben gelernt hat. Deshalb ist das Üben verdeckten Arbeitens in einer NLP-Ausbildung von Anfang an wichtig. In den ersten Durchgängen sollten Sie zur Überprüfung Ihrer Wahrnehmung noch offen arbeiten. Sobald Sie jedoch im Erkennen und Wiedererkennen von Physiologien sicher geworden sind, sollten Sie jede Chance verdeckten Arbeitens nutzen, um Ihre Aufmerksamkeit für Zusammenhänge der subjektiven Erfahrung und die Prozesse ihrer Veränderung zu schärfen.

Die nachfolgende Übung in diesem Kapitel enthält fünf Teile. Diese Übung wird fortgesetzt im folgenden Kapitel.

Die einzelnen Schritte der Übung finden Sie in drei Spalten aufgeteilt. In der ersten Spalte finden Sie die Aufgabe, die es bei dem jeweiligen Schritt zu erfüllen gilt, allgemein formuliert. Die dritte Spalte zeigt an, welche Physiologie Sie zu erwarten haben. Spalte zwei bietet Ihnen eine wörtliche Formulierung der jeweiligen Fragen, mit denen Sie Ihren Gesprächspartner oder Ihre Gesprächspartnerin veranlassen, auf der Suche nach der Antwort bestimmte Prozesse zu durchlaufen, die die jeweilige Aufgabe erfüllen. In vielen Seminaren hat sich herausgestellt, daß solche wörtlich vorformulierten Übungen den ersten Einstieg in die Aneignung solcher Lernstrategien erleichtern. Bei wiederholten Übungen werden Sie Ihre eigenen Fragen für die betreffenden Aufgaben formulieren und damit im Beratungsgespräch den Ihnen eigenen sprachlichen Ausdruck finden, der Ihnen eine authentische Wirkung sichert.

Die genaue Problem- und Zielbestimmung, mit der diese Übung beginnt, ist nicht der Anfang eines Beratungsgesprächs. Vorausgegangen ist eine Erörterung des Problems, ausgehend von der Art und Weise, wie jemand es Ihnen präsentiert und nach Form und Inhalt, wie es dem Betreffenden bewußt ist. Durch Anwendung der Fragetechnik des Metamodells haben Sie bereits einen ersten Eindruck von der Struktur des Problems gewonnen. Es geht dabei entweder um eine Verhaltensweise oder eine Gefühlsreaktion, die Ihr Gegenüber in bestimmten Situationen spontan entwickelt, aber verändern möchte, weil diese in irgendeiner Art und Weise nachteilige Folgen für ihn hat. Wenn Sie einen Partner oder eine Partnerin (als A) gebeten haben, gemeinsam mit Ihnen diese Übung zu machen, beginnen Sie mit der Aufforderung, eine solche Situation zu suchen, in der A ein unvorteilhaftes Verhalten gezeigt oder ein ungewünschtes Gefühl entwickelt hat, also an eine Situation im Leben zu denken, wo die Dinge nicht so optimal gelaufen sind, wie er oder sie sich das gewünscht hätte. Wichtig ist dabei, daß Sie A bitten, etwas von mittlerer Problematik zu suchen, dessen Erinnerung allzu starke Gefühle etwa von Angst, Schmerz, Trauer oder Wut ausschließt, und zudem etwas zu wählen, worüber A ohne Scheu offen mit Ihnen sprechen kann. (Bereiten Sie sich bitte bereits an dieser Stelle darauf vor, daß die folgenden Übungsschritte Teile einer umfangreicheren Übung sind, die im folgenden Kapitel fortgesetzt wird. Bitten Sie zu diesem Zweck auch A, für eine Zusammenarbeit mit Ihnen in den Übungsschritten des nächsten Kapitels zur Verfügung zu stehen.)

Indem Sie A bitten, an eine Situation im Leben zu denken, die nicht so abgelaufen ist, wie A sich das gewünscht hätte, induzieren Sie bei A eine Problemphysiologie. A geht nämlich auf Ihre Bitte hin intern auf die Suche nach einer solchen Situation und bei Erfolg in ein Erleben hinein, das Sie von außen als Problemphysiologie wahrnehmen und sich darauf kalibrieren können. Auch die weiteren Fragen „Wo bist Du in dieser Situation? Und wie ist Deine Körperhaltung dabei?" bewirkt, das A sich weitere Elemente der Problemsituation vergegenwärtigt und damit das Problemerleben aufrechterhält oder sogar verstärkt. Vor allem die sinnesspezifisch konkrete Erarbeitung der Problemsituation auf allen Wahrnehmungsebenen reproduziert die Situation in allen Dimensionen und im vollen

Ausmaß, so wie A sie vorher erlebt hat. Die aus diesem Grunde Vako-Hypnose genannte Problem-Induktion wird zumeist schnell erreicht. Mehr Zeit wird allerdings dann erforderlich, wenn Sie bei offenem Arbeiten A bitten, alle wesentlichen Dimensionen zu benennen und diese schriftlich festhalten. Ein solches sorgfältiges und ausführliches Erarbeiten der Problemsituation bietet sich dann an, wenn Sie die Informationen, die Sie auf diese Weise bekommen, als Hinweise auf spätere Lösungsansätze verwenden wollen. Zum Beispiel kann Ihnen die Information, daß ein bestimmtes Gefühl mit einer bestimmten Körperhaltung in Zusammenhang steht, in diesem Sinne nützlich sein, ebenso wie der Hinweis, daß beispielsweise dem Problemverhalten ein bestimmter interner Dialog unmittelbar vorangeht.

Die genaue Erarbeitung der Problemsituation beenden Sie mit einer Separator-State-Intervention. Bei einem Problem mittleren Ranges reicht dabei die einfache Frage nach der Uhrzeit oder eine andere banale Frage, die A veranlaßt, sich zu reorientieren, d.h. auf der Suche nach der Antwort aus dem internen Wiedererleben der Problemsituation in die Hier-und-Jetzt-Situation zurückzukehren.

Ähnlich wie die Problembestimmung verläuft die Zielerarbeitung. Mit Fragen wie „Was willst Du erreichen?" oder „Was ist Dein Ziel in dieser Situation?" veranlassen Sie A, sich wünschenswerte Vorstellungen von der Situation zu konstruieren. Damit induzieren Sie eine Zielphysiologie bei A, die sich erheblich von der Problemphysiologie unterscheiden sollte. Diese Zielphysiologie müßte deutlich sichtbar werden, wenn Sie A auffordern, den Kontext näher zu bestimmen, um das Ziel situationsspezifisch festzulegen und einzugrenzen. Danach halten Sie die Zielphysiologie weiterhin aufrecht mit der Vako-Hypnose, indem Sie sinnesspezifische Antworten erbitten auf die Frage, woran A erkennen kann, daß das Ziel erreicht ist. Spätestens an dieser Stelle sollten Sie überprüfen, ob das Ziel im eigenen Kompetenzbereich von A liegt, ob es einen kurzen Feedback-Bogen aufweist, ob es positiv formuliert ist und keine Vergleiche enthält. Wenn diese Bedingungen nicht erfüllt sind, stellen Sie sie durch entsprechende Fragen sicher, die im Übungsmuster festgehalten sind. Danach haben Sie die Möglichkeit, einen Physiologiewechsel zu induzieren, um noch einmal zu überprüfen, ob Sie gut kalibriert sind. Dieser vierte Schritt der Zielbestimmung im unten angegebenen Übungsmuster hat mit der NLP-Veränderungsarbeit an sich nichts zu tun, sondern dient lediglich Ihrer Selbstkontrolle. Sobald Sie in der Arbeit mit NLP so weit geübt sind, daß Sie Physiologien mit Leichtigkeit erkennen und wiedererkennen können, lassen Sie einen solchen Schritt weg.

Zu den unverzichtbaren Schritten in der NLP-Arbeit gehören demgegenüber die beiden folgenden: Kurzreframings und Ökologie-Check. Mit der Äußerung „Überlege Dir bitte Situationen, in denen Du lieber das alte Verhalten beibehalten willst!" veranlassen Sie A, Situationen zu finden, in denen das alte Verhalten oder die alte Gefühlsreaktion als angemessen und sinnvoll erachtet werden muß. Mit der Antwort auf eine solche Frage wird A bewußt, daß das alte Verhalten nicht an sich problematisch ist, sondern nur in bestimmten situativen Zusammenhängen. Die Vergegenwärtigung dieser Zusammenhänge löst bei A einen Wechsel im Erleben aus, den Sie als Versöhnungsphysiologie wahrnehmen können. Gleichzeitig wird mit einem solchen Schritt sichergestellt, daß das neue Verhalten oder die neue Gefühlsreaktion nicht über die festgelegten situativen Zusammenhänge der Zielbstimmung hinaus generalisiert wird.

Der wichtigste Schritt jeder Veränderungsarbeit mit NLP ist der sogenannte Ökologie-Check. Mit diesem Schritt, der bei keiner Arbeit mit NLP fehlen darf, stellen Sie sicher, daß das angestrebte Ziel der Veränderungsarbeit mit dem bisherigen Leben in allen Dimensionen vereinbar ist. Sie veranlassen A zu einer solchen Überprüfung, indem Sie nach möglichen negativen Folgen fragen im privaten, wie im beruflichen Leben, in wichtigen Beziehungen zur eigenen Person, wie zu anderen Menschen, zu Dingen, Tätigkeiten und Genüssen. Wenn sich solche negativen Folgen herausstellen, veranlassen Sie A, die Zielbestimmung so lange abzuändern, bis alle aufgetauchten Bedenken voll berücksichtigt sind. Daß es keine Einwände gegen die Zielerreichung mehr gibt, können Sie an der Physiologie von A feststellen. Es darf keine Dimension der Problemphysiologie mehr auftauchen. Eine weitere Hilfestellung bei Ihrer von A's Bewertung unabhängigen Beurteilung des ökologischen Charakters der Zielbestimmung finden Sie in der Haltung von A. Erfahrungsgemäß zeigt A eine symmetrische Körperhaltung, wenn gegen die Zielerreichung keine Bedenken mehr vorhanden sind.

Wenn A beispielsweise eine Hand in den Schoß legt, die andere jedoch erhoben hat und mit ihr gestikuliert, zeigt Ihnen diese asymmetrische Haltung, daß nicht alle Einwände berücksichtigt wurden.

Es kommt allerdings nicht selten vor, daß negative Konsequenzen nicht ganz auszuschließen sind, Ihr Gesprächspartner jedoch trotz dieser Einwände am erarbeiteten Ziel festhalten und es erreichen will. In Extremfällen brechen Sie die Arbeit an dieser Stelle ab oder verweigern die Weiterarbeit. In der Regel sind die nicht auszuschließenden negativen Konsequenzen jedoch nicht so schwerwiegend, daß Sie eine Weiterarbeit nicht verantworten können. Für diese Fälle haben Sie zudem die Möglichkeit, A zu veranlassen, sich auf solche negativen Folgen vorzubereiten, indem Sie A nach vorbeugenden Maßnahmen suchen lassen oder sicherstellen, daß es für den entsprechenden Fall Möglichkeiten gibt, für das eigene Wohlbefinden zu sorgen. Auch in diesem Fall haben Sie an der symmetrischen Körperhaltung von A einen Hinweis, ob die negativen Konsequenzen für A (und für Sie selbst als beratende Person) tolerabel sind.

1. Transkript

B:

Hast Du eine Situation in Deinem Leben, wo die Dinge nicht so gelaufen sind, wie Du Dir das gewünscht hast?

A:

Ja! Die Situation, an die ich denke, mit der ich immer wieder konfrontiert bin, ist, wenn ich,... Also ich muß das mal erklären: Ich bin zuständig für einen bestimmten Bereich der Organisation auf der Arbeit. Das bezieht sich auf die Sekretärin, meine Kollegen und die Teilnehmer. Und es passiert immer wieder, daß einzelne Leute gegen die Spielregeln, die wir mal aufgestellt haben, verstoßen. Das heißt zum Beispiel, daß sie nicht rechtzeitig zum Unterricht kommen, zu früh aufhören, oder daß entgegen der Regel im Klassenraum gegessen und getrunken wird, oder daß die Raucher sich nicht genügend um ihr Rauchequipment kümmern. Das mag sich jetzt im einzelnen lächerlich anhören. Aber wenn das nicht vernünftig organisiert ist, oder die Leute sich nicht an die Spielregeln halten, dann muß ich den Dreck wegmachen. Und daran habe ich natürlich kein Interesse. Das Problem ist, daß ich in der Regel nicht direkt auf die Leute zugehe, wenn so etwas passiert, und sage, „Hört zu! Das hatten wir nicht vereinbart, ich möchte, daß Sie das tun!“ Sondern ich denke mir dann erst mal mein Teil. Ich denke aha, das ist mal wieder nicht so geschehen, wie wir das vereinbart haben. Und wie sagst Du es dem jetzt, oder der.

B:
OK. Du hast jetzt im Grunde schon die Frage beantwortet, wo bist Du in dieser Situation, in der es nicht so läuft. Nämlich Du bist in der Schule. Und Du hast Aufsichtsfunktionen. Und zwar mußt Du darauf achten, daß die Spielregeln eingehalten werden, daß da keine Kippen rumliegen, und daß da beispielsweise in den Klassenräumen nicht gegessen und getrunken wird.

A:
Ja genau!

B:
In dieser Situation, wo Du siehst, daß da wieder die Regeln verletzt werden, wie ist da Deine Körperhaltung?

A:
Meine Körperhaltung? Also, entweder sitze ich oder ich stehe. Und was ich so merke, wenn Du fragst, wie ist meine Körperhaltung, ich versuche, mich dann irgendwie abzuwenden, so als hätte ich das nicht wahrgenommen.

B:
Wie fühlt sich das an, wenn Du versuchst, Dich abzuwenden? Ist das ein Ganzkörpergefühl oder zeigt sich das eher ...

A:
Nee, jetzt wo Du mich das fragst, ich habe eigentlich dabei keinen körperlichen Streß, so ein Unwohlsein, sondern das ist eher so, als versuchte ich da ein Stück Wahrnehmung auszublenden, irgend etwas grau zu machen, irgend etwas aus meinem Sichtfeld rauszunehmen.

B:
Also das ist eher etwas Visuelles.

A:
Ja, also so direkt keine bestimmte Körperhaltung oder, ja vielleicht, so ein Stück weit Duckendes, wenn man sich abwendet, so ein bißchen Kleinmachen. Da stehe ich also nicht aufgerichtet.

B:
Ist das auch eher etwas Visuelles, Du guckst dann eher weg?

A:
Ich gucke eher weg, und möglicherweise ist das eine Körperhaltung, ich weiß nicht, ob man das von außen so sehen kann als ein Abwenden und Kleinmachen. Ich bin dann nicht gerade aufgerichtet und gucke mir das Geschehen direkt an, sondern ich versuche eben, mich ein Stück abzuwenden. Möglicherweise ist meine Haltung dann auch ein bißchen gebeugt, das kann schon sein. Und wenn ich sitze, bin ich sowieso meist über Arbeitspapiere gebeugt. Ich verstecke mich dann ein bißchen. Denn ich bin eigentlich die zuständige Person. Ich müßte im Prinzip sofort was sagen.

B:
Ah, ja, sehr spannend. OK. Wenn Du in dieser Haltung bist, so quasi so eine Form von Verstecken, was siehst du da?

A:
Was ich sehe, sind jeweils die Personen, mit denen ich es zu tun habe. Das kann sein in den Räumen, das kann auch draußen sein, wo die Raucher sind, das kann im Sekretariat sein. In der Regel ist es so, daß ich eben versuche, nicht hinzusehen.

B:
Auch da so eine Form von Abwenden.

A:
Richtig! Wo Du das grad sagst, normalerweise, wenn ich mit Menschen rede, guck ich die auch direkt an. Ich kann auch normalerweise, wenn sich jetzt jemand mit mir messen will, Blicke aushalten. Damit habe ich kein Problem. Aber hier merke ich, da weiche ich

dem aus, wie der Vogel Strauß: Wenn ich den nicht angucke, sieht der mich auch nicht.

B:
Und während Du Dich da abwendest und das aus Deinem Blickfeld tust, was hörst Du da?

A:
Im Hörbereich ist eigentlich das, was ich sonst auch höre, d.h. Geräusche, die eben im Klassenraum sind, und Außengeräusche. Also nichts Spezielles, was ich höre, höchstens meine innere Stimme, ja so was wie: „Das ist eigentlich nicht erlaubt!" und „Jetzt müßtest Du eigentlich was sagen!".

B:
Und da kommt immer „eigentlich" drin vor ...

A:
Ja so, und „Du guckst jetzt einfach weg", und „Die müßten das doch eigentlich wissen", und „Eigentlich geht es mir auf die Nerven, immer dasselbe Lied".

B:
Eigentlich nervt es mich...

A:
Ja, ich hätte diese Rolle lieber nicht.

B:
Alles Konjunktive, „Eigentlich müßten die das wissen", „Eigentlich nervt mich das, eigentlich ist das nicht erlaubt ..."
Ist da sonst noch was zu hören außer dem, was zu der Szene normalerweise dazugehört, daß die sich da unterhalten, Nebengeräusche und ...

A:
Und dann meine Stimme.

B:
Wie klingt die denn?

A:

Na inzwischen ein bißchen resigniert. Also nicht so: „Das nächste Mal sagst Du aber was", sondern: „Na ja, schon wieder!!!" Weil, das geht ja schon längere Zeit so. Und ich habe auch schon oft was gesagt. Und ich bin ja auch eher bekannt als die Bissige, in einigen Klassen jedenfalls. Das nehmen die schon wahr, daß ich für die Regeln sorgen soll. Aber irgendwann müßte das ja funktionieren. Aber immer wieder muß ich was sagen!

B:

In welchem Tempo sagst Du Dir das? Langsam oder schnell?

A:

Ich glaube, das ist das Tempo, in dem ich sonst auch spreche, vielleicht ein bißchen langsamer.

B:

Ja, gibt es noch etwas, wie sich Deine Stimme anhört, was von Deinem normalen Sprechen abweicht? In der Lautstärke beispielsweise?

A:

Es ist eher leise. Das paßt auch dazu. Eigentlich will ich das ja gar nicht wahrnehmen.

B:

Und Höhe und Tiefe?

A:

Eher tief.

B:

Gibt es noch was, wie es von Deiner normalen Stimme abweicht?

A:

Nein.

B:

OK. Und während Du das zu Dir sagst, wie fühlst Du Dich?

A:
Also, im Grunde nicht so gut. Ich neige dazu, das eher ein bißchen zu verdrängen. Dann gehe ich eben zu der nächsten Aufgabe über, dann erkläre ich ja auch etwas und mache etwas. Und dann ist das erst mal wieder weg. Aber es ist schon eher so ein Gefühl, eigentlich ist es ja so was, was zu meinen Aufgaben gehört.

B:
Das macht so ein bißchen was von einem Schuldgefühl.

A:
Ja, schlechtes Gewissen zumindest, Schuldgefühl, schlechtes Gewissen.

B:
OK. Gibt es einen typischen Geruch oder Geschmack?

A:
Ja ich meine, es riecht schon irgendwie typisch in der Maulbeerstraße. Aber, wenn ich dann etwa zwei bis drei Stunden dort bin, dann nehme ich das nicht mehr wahr.

B:
Hast Du eine Vorstellung, wie lange wir hier das bearbeitet haben?

A:
Ja, es kam mir relativ intensiv vor, vielleicht fünf bis zehn Minuten?

B:
Zehn Minuten.
Gehen wir einen Schritt weiter: Was möchtest Du in solchen Situationen erreichen? Was ist Dein Ziel?

A:
Ja, also mein Ziel ist, ich glaube, vorhin kam das schon ein bißchen raus, es ist mir jedenfalls aufgefallen: Eigentlich will ich sagen: „Hören Sie zu, hier steht eine Porzellantasse. So haben wir das nicht vereinbart. Bitte sorgen Sie dafür, daß die verschwindet und benutzen Sie Pappbecher".

B:
Ah ja, Du willst die Person, um die es da geht, direkt ansprechen und sagen, daß das, was da nicht in Ordnung ist, geändert wird. OK. Die Kontextbestimmung ist auch relativ einfach: Wenn Du Dein Ziel erreicht haben wirst, wo, wann und in welcher Situation wirst Du Dich wem gegenüber wie verhalten? Das hast Du eben gesagt.

A:
Das habe ich gesagt, also den jeweiligen Teilnehmer direkt darauf hinweisen.

B:
OK. Jetzt aber genauer: Woran wirst Du erkennen, daß Du Dein Ziel erreicht hast? Gehen wir zuerst in den Bereich der Körpersprache. Wie fühlt sich Dein Körper an, wenn Du Dein Ziel erreicht hast?

A:
Ja, also mein Ziel kann ich nicht erreichen, indem ich mich abwende und ganz klein mache. Also es ist zwangsläufig, ich habe das vorhin schon gesagt. Wenn es jetzt karikiert wäre, wenn ich mich aufrichte, die Hände in die Hüften stemme. Das möchte ich natürlich auch nicht. Damit würde ich mich ja lächerlich machen. Aber schon aufgerichtet. Aufgerichtet und die Person angucken.

B:
Aufgerichtet und ansehen.

A:
Ja.

B:
Noch irgendetwas, was Dich fühlen läßt, jetzt tue ich das, was ich mir wünsche?

A:
Im Bereich von Körpersprache?

B:
Ja.

A:
Ich könnte mir vorstellen, daß ich vielleicht aufgeregt dabei bin. Der Adrenalinspiegel könnte steigen. Vorher bin ich nicht aufgeregt. Ich bin vielleicht wütend in Gedanken. Aber da ist eher Resignation. Wenn ich aber jemanden konfrontiere, also Kritik ausspreche, wie auch immer ich das verpacke, es wird dem unangenehm sein. Ich muß mit Widerstand rechnen. Also ich werde einen erhöhten Adrenalinspiegel haben. Das ist aber in Ordnung. Also das finde ich jetzt nicht negativ.

B:
OK. Was verändert sich, wenn Du jetzt statt versteckt aufgerichtet bist und den ansiehst, was verändert sich visuell? Im Sehbereich?

A:
Also einmal schon, daß ich jetzt – vorher war das ja etwas abgenebelt – das ist jetzt alles klar, klar erkennbar, auch das, was mir nicht gefällt. Und die Person, die die Regeln nicht eingehalten hat, die sehe ich auch direkt an.

B:
Das ist das Wesentliche?

A:
Ja.

B:
OK. Dann, was gibt es da zu hören, wenn Du Dein Ziel erreicht hast? Woran erkennst Du das?

A:
Daran, daß ich jetzt nicht mehr innere Gedanken habe und denen zuhöre, sondern indem ich spreche.

B:
Ah, ja, der innere Dialog fällt ganz weg?

A:
Ja, wenn ich spreche, dann denke ich nicht gleichzeitig. In der Regel nicht, sondern ich formuliere vielleicht kurz vorher meine Gedanken.

B:
Du sprichst laut.

A:
Ich spreche laut.

B:
Aber Deine Gedanken formulierst Du erst mal intern?

A:
Ja, klar, ich weiß schon ungefähr die Richtung. Also ich weiß zwar nicht genau, wie meine Gedanken laufen, aber da ist ja so etwas wie eine Ahnung von dem, was ich dann ausspreche.

B:
Die Frage ist, wie hört sich das an, was Du da sagst, wie Du das formulierst?

A:
Ich werde das so formulieren, daß die Person sich nicht persönlich angegriffen fühlt, also mit Ich-Botschaften. Ich werde das ruhig und gelassen aussprechen. Also es nützt ja auch nichts, jetzt rumzutoben. Ja, meine Stimme hört sich etwas heller an als meine innere Stimme. Vielleicht kann ich es auch ein bißchen ironisch machen. Es muß ja nicht toternst sein. Also ich werde mir da für bestimmte Situationen schon vorher ein paar Sätze überlegen, die zwar witzig sind, aber wo die Leute schon mitkriegen, das sollten sie jetzt besser unterlassen.

B:
Und sprichst Du auch noch im Konjunktiv?

A:
Nein nein, sondern zum Beispiel für den Fall so: „Hier steht eine Porzellantasse, die hat hier nichts zu suchen, ich möchte Sie bitten, die mit nach Hause zu nehmen und sich bei Frau Krüger einen Plastikbecher zu beschaffen." Also direkt im Indikativ, in der direkten Wirklichkeitsform.

B:
Wie klingt das, wenn Du jemanden so ansprichst? Eher laut oder eher leise?

A:
Also eher mittel. Weder laut, ich werde jetzt nicht brüllen, aber ich werde so sprechen, daß ich gehört werde.

B:
Und wie ist das Tempo?

A:
Ja, eher ruhig.

B:
Ja, damit haben wir eigentlich alles. Und wie ist die Stimmlage, eher tief, oder eher hoch?

A:
Eher ein bißchen höher, also jetzt nicht ganz so tief wie meine innere Stimme.

B:
Und Du sagtest, es könnte sein, daß Du Dich ein bißchen aufgeregt fühlst?

A:
Ja, innerlich. Also ich werde sicherlich so was wie meinen Blutdruck spüren.

B:
Willst Du daran erkennen, daß Du Dein Ziel erreicht hast?

A:
Ja, wenn ich ein bißchen aufgeregt bin, dann habe ich es auch umgesetzt.

B:
OK.
Ich überprüfe jetzt mal, ob wir alle Bedingungen der Zielformulierung erfüllt haben: Das Ziel muß als Ergebnis des Verhaltens von A

formuliert sein. Das haben wir. Das Ziel muß schnell überprüfbar sein. Das haben wir gemacht. Das Ziel muß positiv formuliert sein, auch.
OK. Dann vergegenwärtige Dir noch mal die Problemsituation.

A:
Ja. (Problemphysiologie wird sichtbar)

B:
Und überprüfe noch mal, wie das ist, wenn Du Dein Ziel erreicht hast?

A:
Ja. (Lachen)

B:
Dann habe ich jetzt noch ein paar Fragen zum Eingrenzen der Situation. Überlege Dir bitte mal drei Situationen, in denen Du lieber das alte Verhalten beibehalten möchtest. Kannst Du Dir vorstellen, daß es in bestimmten Zusammenhängen sinnvoll sein kann, wegzugucken.

A:
Jetzt insgesamt und überhaupt?

B:
Überhaupt.

A:
Überhaupt. Ja, klar, ich kann mir einfach vorstellen, daß es nicht immer angemessen ist, wenn ich merke, jemand hält sich nicht an die Regeln und ich gehe darauf ein, das ist dann so, wie wenn ich sage, Herr Lehrer, ich weiß was, nicht! Ich denke, das wäre einfach die beste Art, sich insgesamt bei Menschen unbeliebt zu machen. Ich bin ja auch eigentlich, deswegen habe ich auch die Schwierigkeit, ich bin ja eigentlich nicht jemand, der sagt, da sind Regeln und jetzt mußt Du Dich daran halten. Ich kann mir schon vorstellen, daß es Situationen gibt, wo ich z. B. keine negativen Konsequenzen habe und ein anderer auch nicht.

B:
Also solche Situationen, wo Du keine negativen Konsequenzen siehst für Dich und für andere, wenn jemand die Regeln bricht.

A:
Also ich würde zum Beispiel nie eine Autonummer aufschreiben von einem Autofahrer, der über 50 fährt.

B:
Das wäre ein Beispiel dafür. Hast Du noch ein Beispiel? Oder vielleicht sogar noch eine ganz andere Kategorie. Wo Du lieber wegsiehst?

A:
Wo ich lieber weggucke. Ja, wo ich lieber weggucke, was jetzt aber nicht die Einhaltung von Regeln betrifft, ist zum Beispiel, ich weiß nicht, das kennst Du vielleicht auch, wenn sich ein Paar, das sich schon länger kennt, streitet. Dann denke ich, die werden das schon irgendwie auskaspern. Und sich in so etwas reinzumischen, ist sowieso das Schlimmste, was du machen kannst. Wo ich auch dann weiß, die werden sich schon einigen. Jeder hat ja auch so seine Kommunikationsmuster.

B:
Wo Deine Einmischung nicht gefragt ist.

A:
Ja. Und wo ich auch denke, das ist deren Intimsphäre. Ich höre das jetzt zwar zufällig mit. Aber im Prinzip geht mich das nichts an. Manchmal gelingt es mir auch tatsächlich, wegzuhören.

B:
Das war die zweite Situation, die zweite Kategorie auch. Hast du noch eine, wo Du lieber weggucks?

A:
Ja, wenn zum Beispiel jemandem etwas Peinliches passiert, und ich habe das zufällig miterlebt. Dann bin ich nicht derjenige, der dann sagt: „Das, was Dir passiert ist, das fand ich aber komisch!“ Also so

etwas, wie jemanden bloßzustellen. Und dann ist das auch so wie: Ich habe das nicht gesehen.

B:
OK. Das sind drei Beispiele.

OK. Stelle Dir jetzt mal vor, Du hast Dein Ziel erreicht, du verhältst Dich so, wie Du es Dir eben ausgemalt hast im zweiten Schritt. Kannst Du Dir vorstellen, daß sich daraus für Dich negative Folgen ergeben könnten, entweder im Berufsleben oder im Privatleben?

A:
Also, was ich mir schon vorstellen kann, es geht jetzt um den beruflichen Kontext, daß ich mich damit nicht unbedingt beliebt mache. Es ist ja nun nicht so, daß ich immer weggucke. Ich trainiere mich dabei ja auch. Und den Beinamen, die Bissige, habe ich mir damit schon eingefangen. Also, mir ist klar, daß die Gefahr besteht, mich unbeliebt zu machen.

B:
Was könntest Du tun, um solchen Folgen vorzubeugen?

A:
Da habe ich vorhin schon drüber nachgedacht. Deshalb fällt mir auch sofort eine Antwort ein. Indem ich den Leuten klarmache, daß es einen Unterschied gibt zwischen Funktion und persönlicher Beziehung. Also, daß ich denen das einfach erkläre, daß ich nichts persönlich gegen sie habe. Aus Porzellantassen trinken, können sie ja sonst Tag und Nacht machen. Nur ich bin eben qua Funktion dazu da, die Regeln einzuhalten. Irgendjemand muß das machen. Wenn ich ihnen das nicht sage, sagt es ihnen jemand anderes. Das ist jetzt also nicht auf der persönlichen Schiene, auf der Beziehungsebene.

B:
Funktioniert das für Dich?

A:
Ob das bei allen funktioniert, mit denen ich zu tun habe, weiß ich nicht, aber beim Großteil bestimmt.

B:
Wie kannst Du, wenn es bei einigen nicht funktioniert, sonst noch für Dich sorgen in der Situation?

A:
Wie könnte ich für mich sorgen, wenn das bei einigen nicht so funktioniert, wo die Leute es mir trotzdem übelnehmen, oder so? Ja wahrscheinlich, ich würde erst mal warten, ob das sich wieder einrenkt. Und wenn nicht, dann würde ich ein Gespräch führen. Also ich würde mich mit denen zusammensetzen und sagen, vielleicht wieder mit der Ich-Botschaft, was ist bei mir los, also wie ich mich dabei fühle, und ob wir das nicht ausräumen können. Es passiert selten, wenn ich ernsthaft ein Gespräch mit Menschen habe, daß das nichts bewirkt. Das müßte aber dann so sein, daß es eine wirkliche Störung ist.

B:
Damit kriegst Du das so hin, wie es für Dich gut ist?

A:
Ja, das müßte ich dann ausprobieren. Das ist jetzt noch in meiner Vorstellung. Aber bis jetzt habe ich mich noch nie jemandem gegenüber so kraß verhalten, daß der mir das langfristig übelgenommen hat. Ich habe es schon mal mit unserer Sekretärin erlebt, daß die mir gegenüber nicht besonders gut gelaunt war. Aber das hat mich nicht gestört. Also es ist ja nicht so, daß mich jetzt jeder lieben muß. Also, so ist das nicht. Eine ernste Störung wäre, wenn sie mich boykottiert zum Beispiel oder irgendwelche Intrigen gegen mich spinnt, dann hätte ich schon Schwierigkeiten. Aber das war bis jetzt noch nicht der Fall.

B:
OK. Falls sich also solche negativen Konsequenzen wirklich ergeben, kannst ja noch mal überprüfen, ob Du das Verhalten, was Du jetzt versuchst Dir anzueignen, ob das für Dich dann auch noch OK ist, oder wie Du weiterhin damit umgehen willst. Das muß für Dich jetzt keine endgültige Sache sein.

A:
Nein. Aber was ich auch sehe, ich kann damit leben, daß einige mich dann vielleicht nicht so mögen für den Moment. In der Regel habe ich auch die Erfahrung gemacht, daß ein Lehrer, der auch eine gewisse Stringenz hat, durchaus anerkannt ist. Auch wenn die Teilnehmer einzelne Aktionen nicht mögen.

2. Genaue Problem- und Zielbestimmung, Übung:

I:	**Genaue Problembestimmung**		
Aufgabe		Frage	Physiologie
1.	Problem bestimmen	Denk bitte an eine Situation in Deinem Leben, wo die Dinge nicht so optimal gelaufen sind	Problemphysiologie (P-Phys)
2.	Problemsituation (PS) bestimmen	Wo bist Du in dieser Situation? Wie ist Deine Körperhaltung dabei?	(P-Phys)
VAKO-Hypnose			
3.	PS visuell bestimmen	Was siehst Du, wenn Du in dieser Haltung in dieser Situation bist?	(P-Phys)
4.	PS auditiv bestimmen	Und wenn Du das siehst, was hörst Du?	(P-Phys)
5.	PS kinästhetisch bestimmen	Und während Du das siehst und hörst, was fühlst Du in dem Moment?	(P-Phys)
6.	PS olfaktorisch bestimmen	Gibt es auch etwas, was Du in diesem Augenblick riechst oder schmeckst?	(P-Phys)

II: Separator-State

Aufgabe	Frage	Physiologie
Herausholen in die Gegenwart !!!!!!	„Komm hierher zurück!“ „Wie spät ist es?“	Einstellung auf die Gegenwartssituation muß kommen!!

III: Genaue Zielbestimmung

Aufgabe		Frage	Physiologie
1.	Ziel bestimmen	Was willst Du erreichen? Was ist Dein Ziel in dieser Situation?	Zielphysiologie (Z-Phys)
2.	Kontext bestimmen	Wenn Du Dein Ziel erreicht hast, wo, wann und in welcher Situation wirst Du Dich wem gegenüber wie verhalten?	(Z-Phys)

VAKO-Hypnose

3.	Ziel sinnesspezifisch bestimmen	Woran wirst Du erkennen, daß Du Dein Ziel erreicht hast?	(Z-Phys)

(Kontrollieren Sie bitte an dieser Stelle, 1. ob das Ziel als Ergebnis des Verhaltens von A bestimmt ist, 2. ob die Erreichung des Ziels schnell überprüfbar ist, und 3. ob das Ziel positiv formuliert ist! Wenn nicht, dann stellen Sie diese Bedingungen durch 3a bzw. 3b und/oder 3c sicher:)

3a.	Ziel als Ergebnis des Verhaltens von A bestimmen	Was könntet Du lernen, um Dein Ziel zu erreichen?	(Z-Phys)

Aufgabe		Frage	Physiologie
3b.	Zielerreichung schnell überprüfbar machen	Woran kannst Du frühzeitig erkennen, daß Du auf dem richtigen Weg zum Ziel bist?	(Z-Phys)
3c.	Ziel positiv formulieren	Woran wirst Du erkennen, daß Du Dein Ziel erreicht hast?	(Z-Phys)
4.	Physiologiewechsel überprüfen	Vergegenwärtige Dir noch mal die Problemsituation und überprüfe noch mal, wie das ist (VAKO), wenn Du Dein Ziel erreicht hast!	(P-Phys) (Z-Phys)

IV: Kurzreframings

Aufgabe	Frage	Physiologie
Eingrenzung der Situation	Überlege Dir bitte drei Situationen, in denen Du lieber das alte Verhalten beibehalten willst!	(Versöhnungsphysiologie)

V: Ökologie-Check

Aufgabe		Frage	Physiologie
1.	Konsequenzen	Stell Dir vor, Du hast Dein Ziel erreicht, welche negativen Folgen könnten sich daraus ergeben im Privatleben oder Berufsleben?	Achten Sie auf eine symmetrische Körperhaltung!
2.	Umgang mit den Konsequenzen	Was könntest Du tun, um solchen negativen Folgen vorzubeugen?	Achten Sie auf eine symmetrische Körperhaltung!!

Fünftes Kapitel: Arbeiten mit Ressourcen auf der Situationsebene (Veränderungsarbeit 1. Ordnung)

Wenn manche Menschen weniger erfolgreich sind als andere, dann liegt das häufig nicht so sehr daran, daß sie über geringere Kenntnisse und Fähigkeiten, begrenzte Erfahrungen, weniger Energie oder eingeschränktes Engagement verfügen. Was sie von den Erfolgreicheren unterscheidet, ist nicht selten der Umstand, daß sie ihre persönlichen Fähigkeiten und Stärken nicht für alle Situationen, Aufgaben und Ziele ihres Lebensalltags zur Verfügung haben und deshalb hinter ihren Möglichkeiten zurückbleiben.

Eine der wesentlichen Veränderungsstrategien von NLP besteht darin, Menschen zu befähigen, sich die Ergebnisse ihrer gesamten Lerngeschichte – Wissen, Fertigkeiten, Geschicke, Fähigkeiten, Erfahrungen, kurz Ressourcen – in jeder Situation, in der sie sie brauchen, verfügbar zu machen. Lernen mit NLP auf dieser Ebene bedeutet nichts anderes als das: sich für jede Aufgabe und jedes Ziel die notwendigen Fähigkeiten, Verhaltens- und Vorgehensweisen zugänglich zu machen.

Dieses Zugänglichmachen vollzieht sich über die Vorstellungskraft. Grundlage für dieses Vorgehen ist die Arbeitsweise unseres Gehirns, das keine qualitativen Unterschiede macht zwischen realen Erfahrungen im Sinne der konkreten Wahrnehmung der äußeren Realität mit Hilfe der Sinnesorgane und der Vorstellung von Realität, d. h. der Erinnerung vergangener Erfahrung sowie der internen Konstruktion von Phantasien. Menschen können zwar im wachen Zustand generell zwischen Phantasie und Wirklichkeit unterscheiden. Aber schon im Traum verfügen sie offensichtlich nicht über dieses Unterscheidungsvermögen. Und auch manche Alltagssituationen zeigen, daß es zuweilen eines schwierigen internen Suchprozesses bedarf, um sich an das, was wirklich geschah, zu erinnern und von dem zu unterscheiden, was man sich nur „gedacht" hatte: Habe ich das Auto in der Kantstraße geparkt (Realität) oder in der Hegelstraße? In der letzteren zu parken hatte ich mir vorgenommen und auch vorgestellt.

Arbeiten mit Ressourcen auf der Situationsebene

Problemzustand Ressourcen Zielzustand

Diese Tatsache, daß der Unterschied zwischen Wirklichkeit und Vorstellung offenbar nicht so gravierend ist, macht sich die Veränderungsarbeit mit NLP zunutze. Normalerweise greifen wir im Alltag bei Anforderungen an unser Verhalten und Handeln auf Erfahrungen zurück, die wir bereits gemacht haben. Wenn wir einmal gelernt haben, z. B. in einer Streitsituation ruhig zu bleiben, dann können wir uns in einer späteren ähnlichen Situation auch ähnlich verhalten. Wenn wir über eine solche Erfahrung nicht verfügen, werden wir, wie bisher immer, mit Aufregung reagieren. Angenommen, wir wollten jetzt lernen, in Streitsituationen ruhig zu bleiben, dann können wir folgendermaßen vorgehen: Wir vergegenwärtigen uns eine vergangene Streitsituation und lassen sie in unserer Vorstellung anders ablaufen als sie in der Vergangenheit wirklich abgelaufen ist. Wenn uns das gelingt, verfügen wir über zwei Erfahrungen, die real erlebte und die mental konstruierte. Da sich beide im Potential nicht wesentlich unterscheiden, können wir bei der nächsten Handlungssituation auf zwei Erfahrungen zurückgreifen: die reale und die konstruierte. Die Erfahrung des Arbeitens mit NLP zeigt, daß die meisten Menschen beim Handeln auf das beste der ihnen zur Verfügung stehenden Potentiale zurückgreifen.

Dabei geht NLP von der Überzeugung aus, daß die Ressourcen, die für eine Veränderungsarbeit auf dieser Ebene nötig sind, in der Lebensgeschichte jedes Menschen vorhanden sind. Die Aufgabe des Beraters besteht lediglich darin, diese Ressourcen in Situationen und Zusammenhängen, in denen sie für einen erfolgreichen Abschluß des Handelns gebraucht werden, zu mobilisieren.

Diese Form der NLP-Veränderungsarbeit wird als Problemlösung erster Ordnung begriffen, weil es darum geht, das gegebene Problem auf der Situationsebene selbst zu lösen und zwar dadurch, daß erfolgverheißende Fähigkeiten in den bestehenden Problemzusammenhang einbezogen werden. Der Berater unterstützt den Gesprächspartner darin, sich für die Problemsituation anderweitig vorhandene Ressourcen verfügbar zu machen, die das Erreichen seines Ziels sicherstellen.

1. Ressourcen

Für viele NLP-Berater ist es eine Grundprämisse, daß Menschen alle Ressourcen, die sie brauchen, um Veränderungen zu bewirken, auch besitzen[1]. Diese Annahme trifft sicher in den meisten Fällen zu. Selbst im Kindesalter haben Menschen schon immer eine jahrelange Lerngeschichte hinter sich. Zu dem, was sie sich an Wissen und Fähigkeiten angeeignet haben, gehört ja nicht nur das, was sie auf Fragen mitteilen können, sondern auch alle Erfahrungen, die sie sinnlich konkret gemacht, verarbeitet und gespeichert haben. Um solche Erfahrungen für Veränderungsarbeiten zu mobilisieren, kann man den sogenannten „Tu-so-als-ob-Rahmen" benutzen. Ein solches Manöver macht häufig die unbewußt vorhandenen Ressourcen bewußt verfügbar.

Darüber hinaus lernen Menschen nicht nur über eigene Erfahrungen, sondern auch durch Beobachten und Nachahmen anderer Menschen. Das heißt nichts anderes, als daß Menschen sich durch Beobachtung auch die Ressourcen anderer aneignen und in Kontexte eigener Erfahrung integrieren können. Auch diese Potenz wird beim NLP benutzt, um Ziele zu erreichen. Beim sogenannten Modellieren werden bestimmte Fähigkeiten oder Strategien begabter, dem Gesprächspartner bekannter Menschen erarbeitet und imitiert, d. h. für die Veränderungsarbeit genutzt.

Menschliches Lernen bleibt aber auch bei der Aneignung fremder Erfahrung und der Fähigkeiten anderer Menschen nicht stehen. Auch die Kenntnisnahme von Geschichten, das heißt schriftlich oder mündlich vermittelter Erfahrung führt zur Aneignung von Ressourcen, die in persönliche Problemsituationen integriert werden können und so zur Veränderungsarbeit beitragen. Heilen durch therapeutische Metaphern wirkt auf diese Weise[2]. Auch Märchen und schöne Literatur bereichern Menschen, indem sie ihnen Ressourcen anbieten, die diese nutzen können, um persönliche Ziele zu erreichen.

So verstanden ist die Annahme, alle Menschen besäßen die Ressourcen, die sie für eine angestrebte Veränderung brauchen, weitgehend vertretbar. In der Praxis der NLP-Arbeit zeigt sich jedoch häufig folgender Zusammenhang: Menschen, die die für eine Veränderungsarbeit notwendigen Ressourcen in bestimmten Lebenszusammenhängen schon entwickelt haben, lernen schneller als Menschen, die die dazu notwendigen Ressourcen erst aufbauen müssen.

2. Future-Pace

Veränderungen, die in einem Beratungsgespräch erarbeitet werden, sind nicht immer automatisch im Alltagsleben des Betreffenden verfügbar, wenn er sie braucht. Deshalb sind Vorgehensweisen nötig, um sicherzustellen, daß die in einem Beratungsgespräch hervorgebrachten Errungenschaften auch in den entsprechenden Situationen, für die sie erarbeitet wurden, funktionieren.

Zumeist wird der Transfer neuer Lerninhalte in entsprechende Praxiszusammenhänge durch bewußtes Üben sichergestellt. Diese Vorgehensweise hat jedoch ihre Tücken, denn häufig erinnern sich Menschen daran, daß sie ein neues Verhalten probieren wollten, erst in dem Augenblick, in dem sie gerade wieder das alte Verhalten an den Tag gelegt haben. Unbewußte Prozesse haben aus diesem Grund einen Vorteil vor bewußtem Üben, denn sie funktionieren automatisch. Deshalb ist es Aufgabe des Beraters, nach jedem neuen Lernprozeß die Ergebnisse auf der unbewußten Ebene zu verankern und damit sicherzustellen, daß das neue Verhalten oder die neue Reaktion nicht nur im Beratungsraum funktioniert, sondern auch in den Lebenssituationen spontan auftritt, für die sie erarbeitet wurden. Diese Vorgehensweise wird im NLP Future-Pace genannt oder Überbrücken in die Zukunft.

Die einfachste Möglichkeit, eine Veränderung für die Zukunft zu sichern, besteht darin, den Gesprächspartner zu veranlassen, eine zukünftige Situation in seinem Leben auszumachen, in der er diese Veränderung für ein erfolgreiches Vorgehen braucht, in diese Situation hineinzugehen und sie gemäß der erarbeiteten Veränderung zu erleben. Auf diese Weise wird die Veränderung an einen zukünftigen Situationszusammenhang gebunden, in dem sie gebraucht wird.

Das Sichern erarbeiteter Veränderungen für die Zukunft auf der unbewußten Ebene führt nicht selten auch dazu, daß der Klient sich an eine erfolgreiche Veränderung überhaupt nicht mehr erinnert. Für den Berater bedeutet das häufig, daß er sich die Erfolgsmeldungen seiner Arbeit selber holen muß.

Stärker als das einfache Future-Pace wirkt ein Einüben der Veränderung als innerer Strategie. Diese Vorgehensweise besteht aus drei Schritten, die dreimal wiederholt werden. Dabei vergegenwärtigt sich der Klient im ersten Schritt sein Ziel („Was willst Du erreichen?“), im zweiten Schritt seinen Weg zum Ziel („Was kannst Du tun, um Dein Ziel zu erreichen?“) und im dritten Schritt einen externen Reiz, der die Erinnerung an das Ziel und den Weg zum Ziel auslöst („Wie kannst Du Dich in der Situation erinnern, daß Du einen Weg hast, um Dein Ziel zu erreichen?“).

Eine weitere Möglichkeit, eine Veränderung für die Zukunft zu sichern, besteht darin, eine (unbewußte) Instanz der Persönlichkeit mit der Verantwortung zu beauftragen, daß die Veränderung in den entsprechenden Zusammenhängen auftritt. Diese Version von Future-Pace wird im Wesentlichen bei Vorgehensweisen des NLP angewandt, die zu den Veränderungen 2. Ordnung gehören.

Future-Pace ist ein wichtiger Bestandteil eines NLP-Beratungsgesprächs. Ohne diesen Schritt besteht die Gefahr, daß die Ergebnisse dieser Bemühung verloren gehen. Er ist der letzte Schritt bei jedem wirksamen Lernprozeß[3].

Arbeiten mit Ressourcen auf der Situationsebene üben

Im Folgenden haben Sie die Möglichkeit, das Erarbeiten von Ressourcen, deren Einbeziehung in Problemzusammenhänge und die Sicherstellung Ihres Arbeitsergebnisses für die Zukunft zusammen mit einem Gesprächspartner oder einer Partnerin auszuprobieren. Am besten gehen Sie dabei so vor, daß Sie mit demjenigen Partner oder derjenigen Partnerin zusammenbleiben, mit dem oder der Sie die genaue Problem- und Zielbestimmung erarbeitet haben. Denn die folgenden drei Teile setzen die Übung fort, die Sie unter dem Thema „Genaue Problem- und Zielbestimmung" begonnen haben. Zusammengesehen bilden diese acht Teile eine Veränderungsstrategie der Kategorie „Probleme lösen auf der Situationsebene", von der die nun folgenden die eigentliche Veränderungsarbeit darstellen.

Der nun folgende sechste Teil der Gesamtstrategie bietet Ihnen wiederum Gelegenheit, Ihre Wahrnehmungsfähigkeit zu testen. Mit der Frage nach den verschiedenen Möglichkeiten, die A einsetzen könnte, um im Problemzusammenhang das festgelegte Ziel zu erreichen, veranlassen Sie Ihr Gegenüber zu einem internen Suchprozeß und induzieren bei erfolgreicher Suche die sogenannte Ressourcenphysiologie, ein Erleben, das von außen Ähnlichkeit mit der Zielphysiologie aufweist. Wichtig ist bei dieser Vorgehensweise, daß Sie mehrere Ressourcen suchen lassen, da sich beim Testen einige als wenig oder gar nicht wirksam erweisen werden. Seien Sie an dieser Stelle hartnäckig. Bei NLP ist es immer wichtig, mehrere Möglichkeiten zu suchen und zu erarbeiten. Dahinter steht die

Überzeugung, daß der Reichtum menschlichen Lebens und Erlebens in der Vielfalt der Möglichkeiten steckt, ja daß selbst das, was wir die Gesundheit von Körper, Geist und Seele zu nennen gewohnt sind, darauf beruht, in Handlungssituationen nicht auf eine Möglichkeit des Agierens oder Reagierens beschränkt zu sein. So wird beispielsweise eine Phobie im Kontext von NLP so begriffen, daß der Betreffende in einer bestimmten Situation, z. B. beim Fahren in einem Personenaufzug, auf eine einzige gefühlsmäßige Reaktion: „Angst" festgelegt ist. In dem Augenblick, in dem ihm eine weitere Reaktionsmöglichkeit zur Verfügung stünde, z. B. „Gelassenheit", wäre die Phobie behoben.

Lassen Sie A deshalb fünf Ressourcen suchen, die Sie im nächsten Schritt auf ihre Wirksamkeit im Problemzusammenhang testen. Diesen Test führen Sie durch, indem Sie A nacheinander mit jeder einzelnen Ressource in die Problemsituation schicken und eine innere Vorstellung entwickeln lassen vom Gang der Dinge als Folge des Mitwirkens der jeweiligen Ressource. Während A intern die von der Ressource bewirkte Veränderung des Geschehens erlebt, sehen Sie an der jeweiligen Stärke der Physiologie die Wirkkraft der betreffenden Ressource. Durch diesen Test finden Sie die beste Ressource heraus und haben im nächsten Schritt die Möglichkeit, diese Ressource zu mobilisieren. Denn wenn diese Ressource A bereits in einem anderen Lebenszusammenhang zu einem Erfolg im Sinne des hier definierten Ziels geführt hat, dann kann die Vergegenwärtigung dieser Situation die Wirkkraft der Ressource noch erheblich verstärken. Aus diesem Grunde prüfen Sie an dieser Stelle, ob es eine die Ressource steigernde Erfahrung im Leben von A gibt, die mobilisiert werden könnte.

Danach führen Sie die Integration durch. Diese unterscheidet sich der Vorgehensweise nach nicht vom Testen. Sie schicken A nochmals mit der stärksten Ressource in die Problemsituation und veranlassen A, den Gang der Dinge anders ablaufen zu lassen und zu erleben. Auf dieser Stufe der Veränderungsarbeit muß eine Mischphysiologie kommen. Wenn das nicht der Fall ist, hat die Arbeit nichts bewirkt. Sie gehen dann zurück zum ersten Schritt der Suche nach weiteren Ressourcen.

Häufig ist es angebracht, nicht nur eine sondern mehrere Ressourcen zu integrieren. Diese können Sie gemeinsam mit A aussuchen. Denn A hat durch die Stärke des subjektiven Erlebens – und Sie haben durch Wahrnehmung der Stärke der Physiologien – vergleichbare Hinweise auf die Wirkkraft der einzelnen Ressourcen. Vom Ressourcen-Test unterscheidet sich die Integration dann dadurch, daß Sie die Integration gleichzeitig mit mehreren Ressourcen vollziehen. Wichtig ist auch hier wieder, daß Sie auf das Eintreten einer Mischphysiologie achten. Elemente der Problemphysiologie dürfen auftauchen. Aber Sie müssen überlagert sein von Elementen der Zielphysiologie. Sonst müssen Sie damit rechnen, daß bei dieser Arbeit keine Veränderung erreicht wurde.

Haben Sie eine Mischphysiologie feststellen können, folgt der letzte Schritt der NLP-Veränderungsarbeit. Um Ihr Arbeitsergebnis für den zukünftigen Alltag von A sicherzustellen, fragen Sie A, wann sich eine Situation ähnlich der Problemsituation wieder einstellen wird. Schicken Sie A dann mit der Ressource in diese zukünftige Problemsituation, und lassen Sie sie oder ihn diese durchleben. Auch bei diesem Future-Pace muß die Mischphysiologie kommen als Hinweis für Sie, daß Ihre Arbeit sich gelohnt hat.

1. Transkript (Fortsetzung von Seite 134)

B:
OK. Gut.
Was kannst Du tun, um im Problemkontext Dein Ziel zu erreichen? Wie kriegst Du es hin, Du siehst wieder, da werden in dem Bereich, wo Du verantwortlich bist, Regeln gebrochen. Wie kannst Du es schaffen, jetzt genau das Verhalten zu zeigen, das Du Dir vorgenommen hast, nämlich die betreffende Person direkt anzusprechen und der zu sagen, das ist nicht OK und sie möchte das bitte ändern?

A:
Ja, was kann ich da tun? Das ist in der Tat eine Frage. Also, was ich so denke, dieses innere Sprechen, das ist so ein Knackpunkt, daß ich eben sofort resigniert sage: „Na, ja – ach, schon wieder! – Können die sich denn nicht an die Regeln halten? – Bin ich denn hier das Kindermädchen oder der Kindergärtner." Ich könnte mir vorstellen, es wäre ganz gut, da anzusetzen.

B:
Was könntest Du Dir statt dessen sagen?

A:
Ja, wenn ich was anderes sage, dann tu ich ja noch nichts!

B:
Du mußt zum Tun kommen. Was hilft Dir, dieses Tun, dieses Verhalten auch wirklich zu zeigen?

A:
Letztlich geht es für mich darum, mir das wirklich vorzunehmen. Ich bin da so ein bißchen lasch geworden. Ich muß mir sagen: „OK. Das ist letztlich Dein Job, und Du willst ja auch, daß es sich ändert, denn sonst habe ich ja im Endeffekt die Arbeit." In vielen Bereichen ist uns das ja auch schon gelungen. Also „uns" sage ich jetzt, weil noch andere Leute bei uns auf der Etage daran beteiligt sind. Ich hab das ein bißchen laufen lassen. Also letztlich geht es darum, zu sagen: „OK. Das ist das, was Du erreichen willst!" und dann in der Situation eben nicht resigniert wegzugucken, sondern die Person darauf anzusprechen.

B:
OK. Was könnte Dir sonst noch helfen, Dich dahin zu bekommen, daß Du in der Situation wirklich das Verhalten zeigst?

A:
Ich könnte zum Beispiel mit Udo noch mal ein Gespräch führen. Einfach so, was mich dann auch inspiriert. Außerdem, wenn er sagt, ich möchte, daß das eingehalten wird, dann ist das auch ein bestimmter Druck für mich.

B:
Ah, ja, um ein bißchen Druck zu machen.
Was fällt Dir noch ein, was Du tun könntest?

A:
Eine dritte Möglichkeit fällt mir jetzt ein: Wir haben vor einiger Zeit eine kleine interne Konferenz gemacht mit den Klassensprechern,

Frau Krüger und mir. Und ich denke, es ist ganz wichtig, das noch mal so anzugehen, noch mal die Spielregeln aufzufrischen.

B:
Ah, so, die Leute noch mal zu erinnern, die auch bei der Konferenz dabei sind.

A:
Genau, und die geben das dann an die anderen weiter.

B:
OK ja. Noch eine vierte Möglichkeit, wie Du in so einer Situation dazu kommen kannst, das auch wirklich zu sagen.

A:
Ja, das waren jetzt alles zusätzliche Möglichkeiten, die das unterstützen. In der Situation selber, denke ich, ist wirklich die Frage, tu ich es jetzt oder tu ich es nicht.

B:
Die Frage ist, wie kommst Du dazu, es jetzt wirklich zu tun?

A:
Wie komme ich dazu, es jetzt wirklich zu tun? Ja, was mir wieder einfällt, indem ich es mir vornehme. Morgen, wenn ich die erste Porzellantasse sehe, spreche ich das sofort an. Wenn ich es mir nicht vornehme, dann mache ich es auch nicht. Aber du denkst jetzt, in der Situation selber, bevor ich die jetzt anspreche, was ich da tun kann?

B:
Wenn Du Dich motivierst, irgendetwas zu tun, gibt es da in dieser Motivationsstrategie so etwas wie sich einen Schubs geben: Jetzt los! zum Beispiel?

A:
Ach so! Daß ich mir etwas innerlich sage, oder so? Sicherlich. Ja, was ich tun könnte, wäre vielleicht, einfach, daß ich mich aufrichte, also jetzt nicht versuche, der Situation aus dem Weg zu gehen, sondern mich dem zuwende, und aufrichte.

B:
Aufrichten und dem zuwenden!

A:
Ja!

B:
Noch eine fünfte bitte.

A:
Aufrichten und dem zuwenden! Genau. Ich hatte ja oft Gelegenheit, daß ich so im Vorbeigehen, so aus den Augenwinkeln, wenn ich was ganz anderes machen will, das eine oder andere sehe, und daß ich mir dann sage: „Stopp!!!“ ...

B:
Ah, Du sagst Dir „Stopp!“

A:
Ja, ich könnte sagen „Stopp“. Genau. Ja.

B:
Ja, „Stopp“ ist nur das Aufhalten ...

A:
Ja, da halte ich an und wende mich dem zu.

B:
Das kommt also noch bei Punkt vier dazu: „Stopp“ sagen, aufrichten und dem zuwenden.

A:
Ja.

B:
Nun brauchen wir aber trotzdem noch eine fünfte.

A:
Was könnte ich noch tun? Unterstützung mit anderen habe ich. Druck machen habe ich auch. „Stopp“ sagen habe ich und zuwen-

den. Ja, vielleicht könnte ich, als Du eben gefragt hast, wie ich mich motiviere, ich könnte mir ja eine Belohnung aussetzen.

B:
Ach, ja!

A:
Das wäre doch auch noch eine Möglichkeit.

B:
Belohnen! OK. Jetzt haben wir erst mal fünf. Probiere das jetzt mal aus!
Gehe bitte in die Problemsituation. Da hat wieder jemand die Regeln übertreten, und jetzt sag Dir, ich muß mich motivieren. Nein! Andersherum! Geh mal davon aus, Du hättest es Dir jetzt vorgenommen, Du sagst es jetzt, und mit diesem Wissen, daß Du es Dir vorgenommen hast, gehst Du jetzt in die Problemsituation hinein. Du siehst, da haben Leute wieder irgendwelche Regeln gebrochen. Und jetzt überprüfe mal: Tust Du es dann?

A:
Auf jeden Fall eher, als wenn ich es mir nicht vornehme. Ja, doch!

B:
OK. Jetzt stelle Dir vor, Du hast mit Udo geredet. Und Udo hat Dir gesagt, darauf muß geachtet werden, sonst geht hier alles drunter und drüber.

A:
Ja, das funktioniert auf jeden Fall. (Lachen)

B:
Du hast es schon gemacht.

A:
Du hast auch gut seinen Ton getroffen.

B:
Jetzt stelle Dir vor, Ihr habt noch mal so eine Konferenz veranstaltet, wo genau drüber geredet wurde. Und die Klassensprecher sind dann in die Gruppen gegangen und haben das weiter-

vermittelt. So, und jetzt kommst Du in die Problemsituation. Funktioniert das?

A:
Ja. Ich habe dann ja etwas, worauf ich mich beziehen kann. Ich kann ja sagen: Hören Sie, letzte Woche ... Sie haben alle die Information und auch als Wiederauffrischung.

B:
Vor allem Du kannst dann ja auch nicht als die Böse angesehen werden.

A:
Ja.

B:
OK. Jetzt geh in die Situation hinein. Und bevor Du ausweichst, sage „Stopp", richte Dich auf und wende Dich demjenigen zu. Funktioniert das?

A:
Ja, woran ich gerade gehakt habe, bei dem Aufrichten. In dieser Situation, die ich gerade genommen habe, saßen die. Und es entspricht mir nicht, daß ich dann aufgerichtet stehe und von oben heruntergucke. Ich würde dann eher auf die gleiche Höhe gehen. Ich würde mich ein Stück runterbeugen und sagen, so und so.

B:
Probier das mal durch, nur auf die gleiche Höhe gehen. „Stopp" sagen, auf die gleiche Höhe gehen und Dich dem zuwenden.

A:
Ja, also ich bin dabei ein bißchen aufgeregt. Also ich merke schon, leicht ist das nicht!

B:
Ja, aber Du wolltest ja auch am Aufgeregtsein erkennen, daß Du es tust.

A:
Ja, daß ich es tue.

B:

OK. Jetzt gehe mal in die Problemsituation mit dem Wissen, wenn Du es geschafft hast, kriegst Du eine Belohnung von Dir.

A:

Hhmm! Ja! (Lachen)

B:

Also die sind alle wirksam. Die wirksamste ist natürlich, mit Udo zu reden.

A:

Ja, das legitimiert mich, etwas zu tun, was mir eigentlich vom Typ her nicht so behagt. Aber ich habe eben diese Funktion, und Udo hat es gesagt. Damit bin ich mir selbst gegenüber, das brauche ich gar nicht den Teilnehmern zu sagen, mir selbst gegenüber habe ich dann eine Legitimation.

B:

OK. Dann nehmen wir doch einmal alle zusammen und prüfen, wie die wirken, wenn wir alle beieinander haben. Du gehst in die Problemsituation erstens mit dem Wissen, daß Du es Dir vorgenommen hast, Du willst jetzt. Dann hast Du vorher mit Udo geredet, und der hat noch mal klar gemacht, soo nicht. Dann war eine kleine interne Konferenz, und Du weißt, die Information ist an alle Beteiligten weitergegeben worden, daß die Regeln eingehalten werden müssen. Und außerdem weißt Du, daß Du eine Belohnung kriegst, wenn Du es machst. Und jetzt, bevor Du Dich abwendest, sagst Du „Stopp", richtest Dich auf oder gehst auf die gleiche Höhe und wendest Dich demjenigen zu. Funktioniert das?

A:

Ja.

B:

OK.

A:

Huuuh!!!

B:
Du bist jetzt ein bißchen aufgeregt.

A:
Ja, irgendwie ist es jetzt ernst. Das nächste Mal wird es passieren.

B:
Ja. Stelle Dir bitte mal so eine Situation in der Zukunft vor, wo es wieder auf Dich zukommt. Denn es kommt garantiert wieder eine auf Dich zu.

A:
Ja.

B:
So, und jetzt nimm aber Deine gesammelten Ressourcen mit, und das sind ja ziemlich viele. Gehe in die Problemsituation hinein und guck mal, wie sich das da entwickelt.

A:
Ja. Ja.

B:
OK. Danke.

2. Arbeiten mit Ressourcen auf der Situationsebene

Fortsetzung der Übung **Genaue Problem- und Zielbestimmung** mit den Teilen Ressourcen, Integration und Future-Pace

VI. Ressourcen Aufgabe	Frage	Physiologie
1. Ressourcen suchen (fünf Ressourcen suchen lassen)	Welche Erfahrungen, Kenntnisse, Fähigkeiten, Stärken, Mittel und Wege stehen Dir zur Verfügung, die Du benutzen kannst, um im Problemkontext Dein Ziel zu erreichen?	(R-Phys) wie (Z-Phys)
2. Ressourcen testen	Geh mal mit Deinen Ressourcen in die Problemsituation und probiere aus, welche Dir am besten hilft, Dein Ziel zu erreichen!	(auf die stärkste R-Phys achten)
3. beste Ressource vergegenwärtigen VAKO	In welcher Situation hast Du diese Ressource schon eingesetzt und Dein Ziel erreicht?	(Z-Phys)

VII. Integration Aufgabe	Frage	Physiologie
Integration	Geh noch einmal in die Problemsituation und erlebe sie neu. Und nimm dabei Deine stärkste Fähigkeit mit. Tu das jetzt!	(P-Phys) Mischphysiologie

VIII. Future-Pace Aufgabe	 Frage	 Physiologie
Test	Wann wirst Du erneut in eine ähnliche Problemsituation kommen? Geh mit Deiner Ressource in die Situation hinein und durchlebe sie!	Mischphysiologie muß kommen

3. *Penetrance nach Thies Stahl*

Im folgenden Gesprächsmuster finden Sie eine Vorgehensweise der Kategorie „Probleme lösen erster Ordnung", wie Thies Stahl sie vermittelt[4]. Dieses Muster unterscheidet sich in einigen Punkten von dem oben vermittelten Vorgehen. Es beginnt, wie bei den meisten Veränderungsarbeiten dieser Art üblich mit der Zielbestimmung. Nach der Zielbestimmung werden die Ressourcen erarbeitet und sogleich integriert.

Abweichungen von der oben erläuterten Vorgehensweise finden Sie bei den Kurzreframings und dem Ökologie-Check: Die Kurzreframings zur Eingrenzung des Zielkontextes werden hier im Anschluß an die Integration der Ressourcen durchgeführt und nicht bei der Zielbestimmung. Dieser Unterschied ist m.E. auch für NLP-Anfänger nicht von Bedeutung. Selbst wenn Sie bei der NLP-Arbeit auf der Situationsebene die Eingrenzung des Ziels vergessen, können Sie diesen Schritt immer noch nachholen. Problematisch für Anfänger kann jedoch sein, daß auch der Ökocheck hier erst im Anschluß an die Integration der Ressourcen vorgenommen wird. Als Anfänger in NLP sollten Sie darauf achten, den Ökologie-Check vor Beginn der Veränderungsarbeit zu machen. Als geübter Berater werden Sie später eigene Vorgehensweisen entwickeln und kreativ darauf reagieren, was Ihr Gesprächspartner Ihnen in der Kommunikation anbietet.

Penetrance nach Thies Stahl, Übung:

1. Wohlgeformte Zielbestimmung

„Was willst Du erreichen? Was ist Dein Ziel?"

Merkmale für eine wohlgeformte Zielbestimmung:

a. (Kompetenz überprüfen)
Das Zielverhalten bzw. der Zielzustand soll durch den Betreffenden selber erreicht und aufrechterhalten werden können. Wenn nicht, Fragen stellen zum Suchen eines alternativen Zieles. „Angenommen, es gäbe etwas für Dich neu oder besser zu lernen, was die Wahrscheinlichkeit erhöht, daß dieser Wunsch in Erfüllung geht, was wäre das?"

b. (Schnelle Überprüfung sicherstellen)
Die Zielbestimmung soll einen kurzen Feedback-Bogen enthalten. Wenn nicht, kurzen Feedback-Bogen sicherstellen.
„Gibt es etwas, woran Du viel früher wahrnehmen kannst, ob Du Dein Ziel erreicht hast?"

c. (Kontextualisierung sicherstellen)
Das Zielverhalten bzw. der Zielzustand soll in den Zusammenhang einer Situation eingebunden sein. Wenn nicht, dieses durch Fragen sicherstellen.
„Wenn Du Dein Ziel erreicht hast, wo und wann, in welcher Situation wirst Du Dich dann wem gegenüber wie verhalten?"

d. (Sinnesspezifische Genauigkeit sicherstellen)
Das Zielverhalten bzw. der Zielzustand soll sinnesspezifisch genau angegeben werden. Wenn nicht, dieses durch Fragen in allen Sinneskanälen (vako) sicherstellen.
„Woran wirst Du erkennen, wie wirst Du wahrnehmen (wissen, bzw. merken), daß Du Dein Ziel erreicht hast?"

e. (Positive Zielrepräsentation sicherstellen)
Die Zielbestimmung soll keine Negation und keinen Vergleich enthalten. Wenn doch, umformulieren!
„Woran wirst Du erkennen, wie wirst Du wahrnehmen, daß Du Dein Ziel erreicht hast?"

Penetrance nach Thies Stahl, Übung:

f. (Zielphysiologie sicherstellen)
Das Zielverhalten bzw. der Zielzustand soll im Hier und Jetzt nachweisbar sein.
„Geh mal in den Problemkontext hinein (Problemphysiologie), und stelle Dir vor, Du hast Dein Ziel erreicht (Wechsel zur Zielphysiologie)".

2. Ressourcen

a. Suche nach Ressourcen:
Du hast während Deiner gesamten Lebensgeschichte zu verschiedenen Zeiten, an verschiedenen Orten, zusammen mit verschiedenen Menschen viele Erfahrungen gemacht, viele Dinge gelernt und viele Fähigkeiten erworben. Welche von diesen Erfahrungen, Kenntnissen und Fähigkeiten kannst Du benutzen, um im Problemzusammenhang zu Deinem Ziel zu kommen?"
(Mindestens fünf Fähigkeiten suchen lassen!)

b. Integration für jede gefundene Ressource:
„Gehe mal in Deiner Vorstellung mit Deiner ersten Fähigkeit in die Problemsituation hinein und erlebe, wie Du mit ihr Dein Ziel erreichst, um sicherzustellen, daß Du Dich im Problemzusammenhang an diese Fähigkeit erinnerst!"
(Alle fünf Fähigkeiten einbauen!)

3. Kurzreframing I (Kontextreframing):
„Überlege Dir bitte drei Situationen, in denen Du die neue Fähigkeit nicht anwenden willst, in denen Du lieber die alte Fähigkeit zur Verfügung haben willst!"
(Versöhnungsphysiologie muß sichtbar werden)

4. Ökologie-Check (Bedeutungsreframing):
a. Negative Konsequenzen finden:
„Überlege Dir drei negative Konsequenzen, die es in Deinem Leben geben könnte, wenn Du Dein Ziel erreichen würdest."
b. Umgang mit den negativen Konsequenzen erarbeiten:
„Laß Dir jeweils eine Idee einfallen, was Du tun oder lernen könntest, um diesen negativen Konsequenzen vorzubeugen oder wie Du zufriedenstellend mit ihnen umgehen könntest!"

Penetrance nach Thies Stahl, Übung:
c. Future-Pace für die Ideen: „Stelle Dir für jede Idee eine Situation vor, in der Du anfangen wirst, sie in die Tat umzusetzen." **5. Future-Pace** „Stelle Dir vor, Du kommst das nächste Mal in eine solche Problemsituation. Wie wird das sein?" (Mischphysiologie muß kommen)

4. Aus Fehlern lernen

Eine Vorgehensweise, die sich besonders gut für das Selbstmanagement eignet, ist die folgende Übung „Aus Fehlern lernen". Diese Vorgehensweise wird kaum einem erfolgsorientierten Menschen fremd sein. Denn unter diesen ist eine Gewohnheit weit verbreitet, die darin besteht, vor dem Einschlafen die Ereignisse des Tages noch einmal Revue passieren zu lassen und das eigene Verhalten auf Erfolgsorientierung oder Angemessenheit zu überprüfen. Vor allem dann, wenn tagsüber irgend etwas geschehen ist, mit dessen Verlauf und Ausgang sie nicht zufrieden sind, spielen sie in ihrer Vorstellung die Ereignisse nochmals durch und überlegen sich angemessenere oder erfolgreichere Verhaltens- oder Reaktionsweisen. In dem jetzt folgenden Übungsmuster finden Sie diese Vorgehensweise, systematisch nach den Erfahrungen der NLP-Arbeit aufgebaut. Typisch für diese Lernstrategie ist, daß eine ausgearbeitete Zielbestimmung fehlt. Es geht beim Lernen aus Fehlern in erster Linie darum, eine Situation mit dem Ziel größerer Zufriedenheit ablaufen zu lassen. Neu an diesem Übungsformat ist darüberhinaus die Möglichkeit, Ressourcen anderer Menschen mit in die Veränderungsarbeit einzubeziehen, wenn eigene Ressourcen noch nicht ausgebildet wurden. Obwohl das Konzept „Aus Fehlern lernen" vorrangig für die Praxis des Selbstmanagements gedacht ist, sollten Sie diese Vorgehensweise zunächst in der Paararbeit üben. Für diesen Zweck finden Sie unten das Übungsmuster sprachlich zugeschnitten. Für die Eigenarbeit können Sie das Muster in die Ich-Form übersetzen.

Aus Fehlern lernen, Übung:
1a. Problem genau bestimmen „Du hast eine Situation erlebt, mit deren Verlauf oder Ausgang Du nicht zufrieden gewesen bist. Was ist das für eine Situation? Worum geht es dabei? Wann tritt diese Situation auf? Wo? Mit wem? Wie oft? Unter welchen Bedingungen? Wie hast Du Dich dabei verhalten?“ **1b. Kurzreframing** „In welchen Situationen möchtest Du das alte Verhalten beibehalten?“ **1c. Ökologie-Check** „Was würde sich verändern, wenn Du lerntest, solche Situationen besser zu bewältigen? Könnten sich daraus Probleme ergeben? Wenn ja, wie könntest Du solchen Konsequenzen vorbeugen oder mit ihnen umgehen?“ **1d. Problemsituation vergegenwärtigen** „Wo bist Du in der Problemsituation? Wie ist Deine Körperhaltung dabei? – visuell (‚Was siehst Du?‘) – auditiv (‚Was hörst Du?‘) – kinästhetisch (‚Welche Gefühle hast Du?‘)“ („Problemphysiologie“ merken! Wichtige Formulierungen festhalten!) **2. Separator-State** (Rausholen in die Gegenwart) **3. Ressource suchen** „Was hättest Du tun können, um mit dieser Situation besser fertig zu werden? Kannst Du Dir etwas vorstellen, eine Eigenschaft, eine Fähigkeit oder eine Erfahrung, mit der Du die Situation besser bewältigt hättest?“

Aus Fehlern lernen, Übung:

4. Ressource vergegenwärtigen

„Vergegenwärtige Dir eine Situation, in der Du diese Ressource erfolgreich eingesetzt hast?"

Situation genau beschreiben lassen:

- „Wo bist Du in dieser Situation?
- Wie ist Deine Körperhaltung dabei?
- visuell (‚Was siehst Du?')
- auditiv (‚Was hörst Du?')
- kinästhetisch (‚Welche Gefühle hast Du?')"

(Ressourcenphysiologie merken! Wichtige Formulierungen festhalten!)

oder:

„Kennst Du jemanden, der über diese Fähigkeit verfügt, wie verhält der sich?"

(Verhalten genau beschreiben lassen und wichtige Formulierungen festhalten!)

5. Situation verändern

„Ich möchte, daß Du Dir Deine Ressource vergegenwärtigst (wichtige Formulierungen wiederholen) und damit in die Problemsituation hineingehst (wichtige Formulierungen wiederholen), und daß Du im Bewußtsein Deiner Fähigkeiten die Problemsituation so lange veränderst, bis Du ganz zufrieden bist. Wenn Du damit fertig bist, kommst Du hierher zurück."

(Darauf achten, daß die Mischphysiologie auftritt!)

6. Testen

„Betrachte vom jetzigen Zustand aus die ursprüngliche Situation!" (Mischphysiologie muß kommen! Wenn das Problem durchschlägt, war nichts!)

7. Future-Pace

„Stelle Dir bitte eine zukünftige Situation vor, in der Du in die gleiche Lage gerätst. Schau Dir bitte an, wie Du Dich dort verhältst." (Mischphysiologie muß kommen)

5. Ziele erreichen

Eine weitere Lernstrategie, die sich für die Praxis des Selbstmanagements besonders gut eignet, ist die folgende Vorgehensweise „Ziele erreichen". Sie können sie immer dann anwenden, wenn Sie ein wichtiges Gespräch, eine schwierige Diskussion, eine entscheidende Verhandlung oder irgendeine Auseinandersetzung mit Menschen vor sich haben, in der geschicktes Vorgehen und flexibles Reagieren angezeigt ist, kurz eine Situation, in der Sie viele Ihrer Ressourcen verfügbar haben müssen, um erfolgreich zu sein. Auch diese Lernstrategie stellt lediglich eine nach NLP-Prinzipien systematisch aufgebaute Variante einer Vorgehensweise dar, mit der erfolgreiche Menschen sich spontan auf schwierige Situationen vorbereiten. Von den oben vorgeführten Veränderungsstrategien unterscheidet sich diese Form in der Art und Weise, wie die erwarteten schwierigen Punkte in der zukünftigen Situation vorgestellt werden. Unter Punkt „3. Analyse der erwarteten Situation" finden Sie die Anweisung, sich diese wie einen Film anzuschauen. In der Vorstellung nicht als Akteur auf der Bühne zu stehen, sondern sich die Szene wie einen Film anzuschauen, hat Auswirkungen auf die Gefühle, die dabei entwickelt werden. Der Akteur auf der Bühne sieht, hört und vor allem fühlt, was es für die betreffende Person in der Situation zu sehen, zu hören und zu fühlen gibt. Der Zuschauer steht außerhalb, betrachtet die Situation aus einer anderen Perspektive, hört zu aus einer entfernteren Position und ist in der Lage, ganz andere Gefühle zu entwickeln oder zumindest des Ausmaß der Gefühlsentwicklung zu steuern. Diese Form der Problemvergegenwärtigung bietet sich immer dann an, wenn auf die Erarbeitung einer Problemsituation nicht verzichtet werden kann, eine starke Gefühlsreaktion aber auch nicht auszuschließen ist. Auch diese Lernstrategie sollten Sie sich in der Paararbeit aneignen, bevor Sie sie für die Eigenarbeit in die Ichform übersetzen.

Ziele erreichen, Übung:

1. **Zielbestimmung**
„Was möchtest Du in der erwarteten Situation erreichen?“

2. **Ökologie-Check**
„Stell Dir vor, Du hast Dein Ziel erreicht, könnten sich daraus Probleme ergeben? Wenn ja, was könntest du tun, um ihnen vorzubeugen oder mit ihnen umzugehen?“

3. **Analyse der erwarteten Situation**
„Sieh' Dir bitte die erwartete Situation wie einen Film an und versuche herauszufinden, an welchen Punkten es für Dich schwierig werden könnte.“
(Alle schwierigen Punkte in der Situation notieren!)

4. **Separator**
„Du weißt noch, welches Ziel Du erreichen möchtest?“

5. **Suche nach Wegen (Ressourcen) zum Ziel**
„Was könntest Du tun, welche Fähigkeit, Eigenschaft oder Erfahrung könntest Du nutzen, um den ersten schwierigen Punkt zu Deiner Zufriedenheit zu bewältigen?“

6. **Mobilisierung der Ressourcen**
„Wann hast Du diese Ressource schon mal zu Deiner Zufriedenheit praktiziert?“
(Situation sinnesspezifisch genau beschreiben lassen. Wichtige Formulierungen festhalten!)

7. **Ressourcentest**
„Gehe mit der Ressource in die Situation hinein und überprüfe dabei, ob Dein Verhalten sich spontan so entwickelt, wie Du es Dir wünschst!“

„Und stelle sicher, daß Du auf die Reaktionen der anderen achtest und Dein eigenes Wohlergehen im Auge behältst!“

(Schritt 5, 6 und 7 für alle schwierigen Punkte der erwarteten Situation durcharbeiten!)

Ziele erreichen, Übung:
8. Future-Pace für die gesamte Situation „Stelle Dir die erwartete Situation in ihrem gesamten Ablauf vor. Gehe in die Situation hinein und nimm Deine erarbeiteten Ressourcen mit. Zeige bei allen schwierigen Punkten, die Du erwartest, das gewünschte Verhalten, das Dich zu Deinem Ziel führt."

6. In Streß-Situationen ruhig bleiben

In der folgenden Lernstrategie werden für individuelle Streß-Situationen alternative gefühlsmäßige Reaktionen erarbeitet. Diese Vorgehensweise enthält zwei weitere bisher nicht angeführte Varianten. Unter Punkt 5 „Was tun?" werden drei Möglichkeiten der Suche nach Ressourcen angeboten: Zunächst wird geprüft, ob es bereits andere Erfahrungen mit Streß-Situationen gibt, die als Ressourcen mobilisiert werden können. Danach werden in Streß-Situationen noch nicht praktizierte Möglichkeiten auf ihre Wirksamkeit getestet. Im Anschluß daran werden visuelle, auditive und kinästhetische Möglichkeiten angeboten, deren Wirksamkeit ausprobiert werden kann.

Eine weitere Variante des Vorgehens finden Sie unter Punkt 7 und 8. Diese Future-Pace-Variante geht über die Vorstellung einer zukünftigen Situation hinaus, indem zusätzlich sichergestellt wird, daß das neue Verhalten im richtigen Augenblick spontan auftritt. Das geschieht dadurch, daß das neue Verhalten mit einem sinnesspezifischen Element der Problemsituation verbunden wird, wodurch dieses Element zum Auslösereiz für das neue Verhalten wird. Diese Verknüpfungsmöglichkeit wird erarbeitet durch Fragen wie „Wie weißt Du in dem Augenblick, daß Du Dich so verhalten kannst, um das gewünschte Gefühl zu bekommen?" oder „Wie stellst Du sicher, daß Du in der Situation weißt, daß Du Dich so verhalten kannst, um das gewünschte Gefühl zu bekommen?" Die Verknüpfung selber geschieht durch das folgende Einüben der erarbeiteten Zusammenhänge als innerer Strategie, die in drei Durchläufen hergestellt wird. Beim ersten Durchlauf werden die

Antworten auf die Fragen verbal geäußert. Danach genügt deren interne Beantwortung. Auch diese Lernstrategie eignet sich für das Selbstmanagement.

In Streß-Situationen ruhig bleiben, Übung:

1. Gefühl genau bestimmen
„Wie möchtest Du Dich fühlen, statt mit Streß zu reagieren?"

2. Ökologie-Check
„Stell Dir vor, Du hast Dein Ziel erreicht, welche Probleme könnten sich daraus ergeben?"

3. Streßsituation genau beschreiben
„Stelle Dir vor, Du könntest die Streß-Situation, die Du für Dich ändern möchtest, wie einen Film anschauen! Wo bist Du? Wer ist noch dabei? Was geschieht dort? Was tust Du? Was gibt es dort zu hören?"

4. Separator-State. Herausholen in die Gegenwart
„Du weißt noch, welches Gefühl Du Dir wünschst?"

5. Was tun? (Ressourcen)

a. Eine alte Erfahrung auffrischen
„Hast Du schon einmal eine ähnliche Streß-Situation erlebt und bist dabei ruhig geblieben? Wenn ja, erinnere Dich, wie Du das gemacht hast!"
(Vorgehensweisen genau aufschreiben!)

b. Neue Wege gehen
„Was könntest Du in der Situation tun oder wie könntest Du Dich in der Situation anders verhalten, damit Du das Gefühl bekommst, das Du Dir wünschst?"
(Möglichkeiten genau aufschreiben!)
„Gibt es vielleicht mehrere Möglichkeiten, sich anders zu verhalten?"
(Weitere Möglichkeiten genau aufschreiben!)

In Streß-Situationen ruhig bleiben, Übung:

„Geh in die Situation hinein und überprüfe, ob das Verhalten zu dem Gefühl führt! Probiere alle Möglichkeiten in Deiner Vorstellung durch und achte darauf, ob sich dabei das gewünschte Gefühl einstellt."

„Welches ist die beste Möglichkeit?"

c. Verschiedene Möglichkeiten ausprobieren
Das Bild verändern:
Mache das Bild kleiner, dunkler, blasser oder betrachte es aus größerer Entfernung!
Verändere Inhalte, z. B. ziehe einer Person Ringelsöckchen an!
Konzentriere Deine Aufmerksamkeit auf irgend etwas anderes!

Den Ton verändern:
Verändere die Stimmen der Beteiligten! (Das Band schneller oder langsamer ablaufen lassen!)
Sage Dir etwas, was Dich zu dem gewünschten Gefühl führt!
Laß Dir von einem anderen etwas sagen!
Zähle innerlich langsam bis zehn!
Stelle Dir interessante oder skeptische Fragen!
Mache innerlich eine ungehörige Bemerkung!
Erinnere die Situation nur unter Begleitung von Zirkusmusik!

Das Körpergefühl verändern:
Verändere die Spannung in Deiner Muskulatur!
Atme langsam und tief durch!
Nimm eine aufrechte Haltung ein!
Spüre Deine Wirbelsäule und stelle Dir vor, sie sei eine Stange aus elastischem Stahl!
Lege die Hände zusammen und fühle ihre Temperatur!
Verändere das Tempo Deiner Bewegungen!

„Finde heraus, welches Deine wirksamste(n) Möglichkeit(en) ist (sind), in einer Streßsituation ruhig zu bleiben!"

6. Wirksame Möglichkeiten einbeziehen (Integration)
„Gehe in die Streßsituation hinein und erprobe die möglichen Verhaltensweisen und achte darauf, ob das Gefühl sich einstellt, das Du Dir wünschst!"

In Streß-Situationen ruhig bleiben, Übung:

7. Future-Pace (Sicherung des neuen Gefühls für die Zukunft)
„Stelle Dir eine zukünftige Situation vor von der Art wie die Streßsituation. Gehe in die Situation hinein, probiere Deine wirksamsten Verhaltensweisen und entwickle das gewünschte Gefühl!"

„Wie weißt Du in dem Augenblick, daß Du Dich so verhalten kannst, um das gewünschte Gefühl zu bekommen?"
oder:
„Wie stellst Du sicher, daß Du in der Situation weißt, daß Du Dich so verhalten kannst, um das gewünschte Gefühl zu bekommen?"

8. Einüben als innere Strategie
Durchlauf:
- „Wie willst Du Dich fühlen?"
- „Wie kannst Du Dich verhalten?"
- „Wie kannst Du Dich erinnern?"

Sechstes Kapitel: Ankern

NLP geht von der Annahme aus, daß alle Erfahrungen und Erlebnisse als sinnliche Informationen wahrgenommen, repräsentiert und gespeichert werden. Wenn die Erfahrung wiedererinnert wird, werden alle gespeicherten Repräsentationen der sinnlichen Wahrnehmung wiedererinnert.

Aber die Gesamterfahrung kann auch durch einen Teil wieder lebendig gemacht werden, der die Vergegenwärtigung der anderen Teile der Erfahrung hervorruft. Der Teil, der das Wiedererleben der Gesamterfahrung nach sich zieht, wird Anker genannt. So kann ein bestimmtes Lied Sie an Ihre erste Liebe erinnern, und die romantischen Gefühle und Gedanken dieses Erlebnisses hervorzaubern. Das Bild eines Klassenzimmers kann Sie wieder mit der Qual Ihres früheren Schulalltags überschwemmen. Eine bestimmte Berührung am Arm, der Geschmack eines Gebäcks oder auch ein bestimmter Geruch kann lange zurückliegende Erlebnisse in Ihnen vergegenwärtigen. Das heißt, jede beliebige sinnesspezifische Repräsentation kann ein Anker sein für Erfahrungen, die dadurch wachgerufen werden. NLP geht davon aus, daß jeder Mensch in seiner Lebensgeschichte unzählige Anker eingerichtet hat, über die er sich vergangene Erfahrungen wieder zugänglich macht.

Um eine Gesamterfahrung zu vergegenwärtigen, sind wir jedoch nicht auf sinnesspezifische Anteile dieser Erfahrung angewiesen. So wie bestimmte Repräsentationen als Teile einer Gesamterfahrung diese wieder insgesamt wachrufen, so können bestehende Erfahrungen absichtlich mit einem bestimmten externen Reiz verknüpft und über diesen Reiz wieder hervorgerufen werden. Dieses Verfahren wird beim NLP Ankern (Anchoring) genannt. Die Psychologie kennt dieses Verfahren als Reiz-Reaktions-Konditionierung, die mit dem Namen des russischen Verhaltensforschers Pawlow verbunden ist. Die klassische Konditionierung steht als Lernmethode jedoch in keinem hohen Kurs. Und in der Tat ist die Gefahr groß, daß ihre Anwendung das betreffende Individuum zum willenlosen Manipulationsobjekt fremden Willens macht.

Ankern

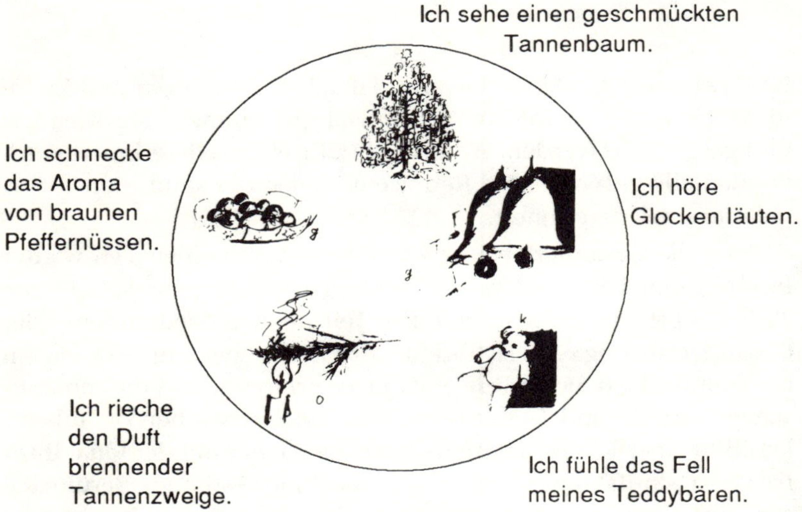
Ich sehe einen geschmückten Tannenbaum.
Ich schmecke das Aroma von braunen Pfeffernüssen.
Ich höre Glocken läuten.
Ich rieche den Duft brennender Tannenzweige.
Ich fühle das Fell meines Teddybären.

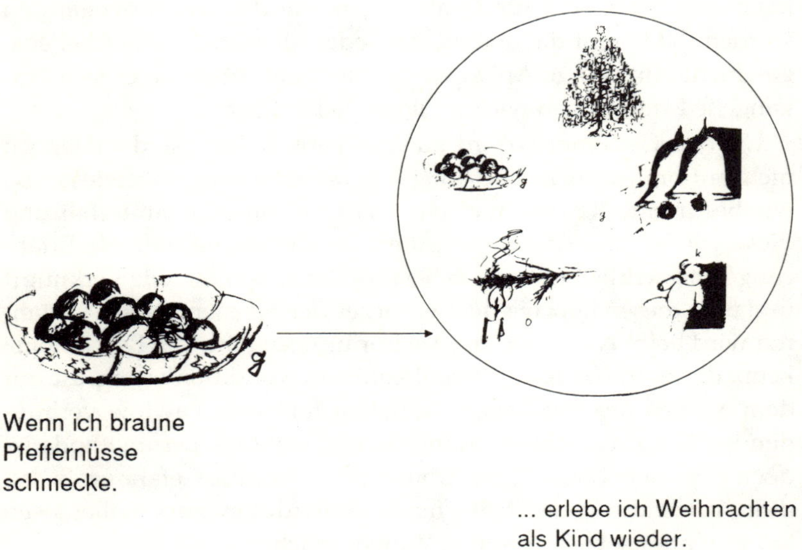
Wenn ich braune Pfeffernüsse schmecke.
... erlebe ich Weihnachten als Kind wieder.

NLP-Autoren wenden demgegenüber ein, daß Konditionierung als Manipulation von Menschen nur die bewußte und zuweilen mißbräuchliche Variante eines ständig ohne Willen und Bewußtsein ablaufenden Alltagsprozesses ist. NLP geht von der Prämisse aus: Man kann nicht nicht ankern, d.h. man kann gar nicht vermeiden, daß Menschen in Kommunikation miteinander ständig Anker etablieren und über Anker Verhalten bei anderen abrufen. Und aus dieser Prämisse folgern sie: Es ist besser, zu lernen, möglichst bewußt zu ankern[1].

Der Sinn dieses Verfahrens für NLP-Veränderungsarbeit liegt auf der Hand: Über das Ankern können Erfahrungen mobilisiert werden, die helfen, in einer gegebenen Situation im Sinne eines selbstgesetzten Zieles erfolgreich zu sein. Die Begründer von NLP sind der Meinung, dieses Vorgehen stelle eine der besten Techniken der Therapie dar. Bei etwa 90 % der Klienten bestehe die therapeutische Arbeit darin, ihre gefühlsmäßige Reaktion auf hörbare oder bildhafte Reize zu verändern. Mit Ankern sei dabei fast alles zu erreichen[2].

Anker können in allen Sinnessystemen eingerichtet werden. Es gibt visuelle (Gesten, Gesichtsausdruck), auditive (Stimmführung, Tempo und Lautstärke) und kinästhetische Anker (Berührungen), aber auch Geruchs- und Geschmacksanker.

Ankern lernen Sie am einfachsten, indem Sie kinästhetisch vorgehen, also eine Problemsituation oder eine ressourcevolle Erfahrung Ihres Gesprächspartners mit einem Berührungsreiz verbinden. Kinästhetische Anker dieser Art können Sie an verschiedenen Stellen des Körpers einrichten: u. a. an den Knien, den Händen, den Schultern, am Arm oder an den Fingerknöcheln. Wichtig ist beim Ankern, daß Sie den Druck Ihrer Berührung der Intensität der Reaktion Ihres Gesprächspartners anpassen, und bei einem Wechsel in der Intensität dieser Reaktion auch den Druck Ihrer Berührung parallel verändern. Ein guter Anker beispielsweise für eine Ressource hängt darüberhinaus von der Intensität und der Reinheit der zu ankernden Erfahrung ab. Deshalb ist es wichtig, beim Ankern genauestens auf die Ressourcephysiologie zu achten oder schon bei Vorab-Informationen zu erfragen, ob eine ressourcevolle Erfahrung nicht doch Elemente anderer Reaktionen enthält, die sich beim Arbeiten mit der Ressource als störend erweisen könnten. Wenn nur

Ressourcen geringer Intensität verfügbar sind, gibt es die Möglichkeit, mit mehreren Ressourcen, die an verschiedenen Stellen geankert werden können, zu arbeiten. Man kann aber auch verschiedene Ressourcen mit ein und demselben externen Reiz verbinden, also z. B. kinästhetisch an derselben Stelle ankern. Dieses Vorgehen nennt NLP „Anker stapeln". Durch die Arbeit mit mehreren Ankern oder mit einem Ankerstapel können Sie Problemsituationen, die zu verändern eine einzige Ressource nicht wirksam genug wäre, dennoch bewältigen.

Kinästhetisch zu ankern ist jedoch in der Praxis manchmal nicht unproblematisch. Die Erfahrung zeigt, daß nicht wenige Menschen in unserem Kulturkreis Berührung nicht mögen. Und es gibt auch unter Beratern Personen, die Berührungen eher scheuen. Aus diesem Grunde ist es wichtig, daß Sie auch auditiv und visuell zu ankern lernen, also verschiedene Momente Ihrer Stimme und Ihres Sprachverhaltens und beispielsweise Gesten als Anker einsetzen lernen. Auditiv ankern können Sie mit Lautstärke, Stimmhöhe, Betonung und Sprechrichtung. Sie können aber z. B. Ressourcen auch durch bestimmte Töne, Laute, Geräusche, spezifische Worte oder auch z. B. Räuspern ankern. Allerdings drängt sich bei letzteren Ankermethoden der negative Bewertungshorizont klassischer Konditionierung wieder sehr stark auf. Berichte von NLP-Beratern, die die Ressourcen ihrer Klienten durch Pfiffe ankern und darüber in Problemsituationen mobilisieren, rufen bei ihren Lesern Assoziationen wach, die den Zugang zu den wertvollen Möglichkeiten, die Arbeiten mit NLP bietet, eher verbauen. Arbeiten mit Ankern sollte meines Erachtens im Wesentlichen auf die Beratungssituation beschränkt sein. Wenn ein gezieltes Abrufen von Ressourcen über Anker in der Handlungssituation direkt nötig ist, sollte man um der individuellen Selbstbestimmung willen versuchen, den Betreffenden selber zu befähigen, sich die Ressourcen über Selbstanker verfügbar zu machen. Einen Klienten in der Verfügung über Ressourcen von auditiven oder visuellen Signalen des anwesenden Beraters abhängig zu machen, kann nur ein Muster allerletzter Zuflucht sein.

Ankern üben

Die Fähigkeit des Ankerns[3] wird in NLP-Ausbildungen meines Wissens immer erstmals an einem Thema vermittelt, das „Moment of Excellence" genannt wird. Der Moment of Excellence ist eine besonders ressourcevolle Situation im Leben eines jeden Menschen, eine Situation, wo der oder die Betreffende in hervorragender Verfassung, im Vollbesitz aller Kräfte oder einfach „gut drauf" war. Es gibt verschiedene sprachliche Ausdrucksformen, wie Menschen eine solche Verfassung benennen, immer aber geht es dabei um einen Zustand, den sich gezielt verfügbar machen zu können, für viele Alltagssituationen von großem Nutzen sein kann. Den Moment of Excellence zu ankern, ist deshalb für jede Beratung sinnvoll. Den Moment of Excellence selbst zu ankern und über den Selbstanker abrufen zu können, ist deshalb für jedes Individuum von Vorteil.

1. Moment of Excellence

Für die erste Übung, den Moment of Excellence zu ankern, bitten Sie wieder einen Partner oder eine Partnerin als A, mit Ihnen zusammenzuarbeiten. Es geht hierbei zunächst um einen kinästhetischen Anker. Später haben Sie die Möglichkeit, sich im auditiven Ankern zu üben. Wichtig ist, als ersten Schritt dieses Übungsmusters, die Stelle am Körper, an der Sie ankern wollen, vorher zu testen, ob es dort nicht schon andere Anker gibt, die Sie bei Ihrer Berührung mobilisieren würden. Die Neutralität der Körperstelle überprüfen Sie, indem Sie sie berühren und fragen, ob die Berührung OK ist, oder ob sich damit irgendwelche Gefühle positiver oder negativer Art einstellen. Wenn ja, wählen Sie eine andere Stelle.

Dann bitten Sie A, sich an mehrere ressourcevolle Situationen im Leben zu erinnern. Im zweiten Schritt veranlassen Sie A, aus diesen Situationen die momentan angenehmste auszuwählen. Achten Sie darauf, daß A eine Situation mit einer sogenannten „reinen" Reaktion wählt. Eine Situation hervorragender Leistung beispielsweise, die eng verbunden mit der Freude darüber noch die Reaktion der

Selbstüberwindung enthält, wäre zum Ankern des Moments of Excellence keine gute Situation. Manchmal kann es auch sinnvoll sein, darauf zu achten, einen Moment of Excellence als Reaktion auf Eigenaktivitäten zu wählen statt eines hervorragenden Augenblicks als Reaktion auf äußere Umstände oder fremde Aktivitäten.

Im nächsten Schritt führen Sie A mit der VAKO-Hypnose in die Situation hinein und erzeugen die Ressourcephysiologie. Um die ressourcevollste Reaktion zu ankern, haben Sie im nächsten Schritt die Möglichkeit, A gezielt in den entscheidenden Augenblick zu führen und, wenn nötig, zu einer Verlängerung dieses Augenblicks zu veranlassen. Zu diesem Zeitpunkt, den Sie an der physiologischen Reaktion erkennen, setzen Sie den Anker und lassen sich dann von physiologischen Veränderungen in der Intensität leiten, mit der Sie den Druck ausüben. Bei starker Reaktion ankern Sie mit starkem Druck. Bei Abschwächung der Reaktion nehmen Sie auch den Druck Ihrer Hand zurück. Bei zunehmender Reaktion verstärken Sie ihn wieder.

Danach unterbrechen Sie die Reaktion mit einer Separator-State-Intervention, und führen im Anschluß daran irgendein neutrales Gespräch mit A. Während des Verlaufs dieses Gesprächs berühren Sie unauffällig die Anker-Stelle. Dabei muß die Physiologie des Moments of Excellence kommen. Wenn nicht, probieren und üben Sie solange, bis Sie beim Ankertest den Erfolg sehen können.

Moment of Excellence, Übung:

0. Berührungsreiz vorher testen
„Ist es für Dich OK, wenn ich Dich hier am Knie berühre?
(Es muß eine neutrale Stelle sein)

1. Drei Ressource-Situationen finden
„Erinnere Dich an drei Situationen in Deinem Leben, in denen Du im Vollbesitz Deiner Kräfte warst, in denen Du alle Deine Fähigkeiten zur Verfügung hattest, in einer hervorragenden Verfassung warst, Dich ausgezeichnet gefühlt hast oder einfach gut drauf warst."

2. Auswahl der besten Situation
„Dann wähle von diesen drei Situationen eine aus, und zwar diejenige, die Dir jetzt am besten gefällt."

Moment of Excellence, Übung:
3. Vergegenwärtigung der Situation (im Präsens sprechen) „Dann gehe bitte in Deiner Vorstellung in diese Situation hinein und erlebe sie noch einmal mit allen Sinnen ... Wie ist Deine Körperhaltung dabei? Und wenn Du in dieser Haltung bist, was siehst Du in diesem Moment? Welche Geräusche, Klänge, Worte oder Töne hörst Du, während Du das siehst? Welche Gefühlseindrücke hast Du in diesem Augenblick? Gibt es vielleicht auch einen bestimmten Geruch oder Geschmack in dieser Situation?" **4. Moment of Excellence und Ankern** „Vergegenwärtige Dir noch einmal den entscheidenden Augenblick in dieser Situation. Suche Dir den schönsten Moment heraus. Und wenn er nur kurz ist, mache ihn einfach länger und genieße ihn in vollen Zügen." (Die Physiologie des Moment of Excellence muß kommen, während dieser Reaktion Anker setzen, bei starker Reaktion starke Berührung, bei schwacher Reaktion schwache Berührung.) **5. Separator-State (die Reaktion unterbrechen)** „Komm jetzt wieder hierher zurück!" **6. Anker testen** Ein neutrales Gespräch führen und dabei unauffällig die Stelle berühren. Die Physiologie des Moment of Excellence muß kommen.

2. *Den Moment of Excellence selber ankern*

In der folgenden Übung können Sie ausprobieren, einen Moment of Excellence selber zu ankern. Das Vorgehen unterscheidet sich dabei nicht von der Übung, mit der Sie bei A einen Moment of Excellence ankern. Allerdings werden einige bemerken, daß es ihnen sehr viel schwerer fällt, bei sich selber zu ankern und über den Anker die Ressource zu mobilisieren, als von einem vertrauten Menschen geankert und dabei unterstützt zu werden, über den Anker an die

Verfügung über die Ressource zu kommen. Es scheint weit verbreitet zu sein, daß Menschen auf der Verhaltensebene über höhere Lernfähigkeiten verfügen, wenn dieses Lernen in einer guten Beziehung zu einem anderen Menschen geschieht, als wenn sie mit sich allein sind.

Den Moment of Excellence selber ankern, Übung:

0. Ankerstelle finden und testen
Prüfen Sie, ob Sie in Ihrem Verhaltensrepertoire unauffällige Gesten oder Selbstberührungen haben, die Sie als Anker verwenden könnten. Viele Menschen berühren sich mit der Hand häufig beispielsweise am Kinn, an den Lippen, an der Nase, an den Haaren, am Nacken, legen die Hände oder Finger aneinander, drehen am Ehering, fummeln am Uhrenarmband, haben die Hand in der Hüfte oder in der Tasche. Wenn Sie solche spontanen mit Selbstberührungen verbundenen Gesten an sich entdecken, prüfen Sie sie auf Neutralität, d.h. daraufhin, ob sie irgendeine Assoziation oder ein Gefühl auslösten. Wählen Sie eine neutrale Geste, die sich als Ankerstelle eignet.

1. Drei Ressource-Situationen finden
Erinnern Sie sich an ressourcevolle Situationen in Ihrem Leben.

2. Auswahl der besten Situation
Wählen Sie aus diesen Situationen eine aus. Achten Sie darauf, daß diese Situation einen Moment of Excellence in reiner Form enthält, also nicht in einem engeren Zusammenhang mit einer andersgearteten Reaktion steht.

3. Vergegenwärtigung der Situation
Gehen Sie mit Ihrer Vorstellung in diese Situation hinein und erleben Sie sie noch einmal mit allen Sinnen. Fühlen Sie Ihren Körper, vergegenwärtigen Sie sich alles, was Sie in der Situation sehen und hören können und rufen Sie die dazugehörigen Gefühle in sich wach. Wenn Gerüche oder ein bestimmter Geschmack eine Rolle spielen, vergegenwärtigen Sie sich auch diese Sinneseindrücke.

Den Moment of Excellence selber ankern, Übung:

4. Moment of Excellence und Ankern
Vergegenwärtigen Sie sich noch einmal den entscheidenden Augenblick in dieser Situation. Suchen Sie sich den schönsten Moment heraus. Und wenn er nur kurz ist, machen Sie ihn einfach länger und genießen ihn in vollen Zügen.
Sobald Sie voll im intensiven Erleben Ihres Moments of Excellence sind, ankern Sie dieses Erleben, indem Sie die gewählte Geste ausführen. Fahren Sie damit fort, solange Sie im Erleben sind und hören Sie damit auf, sobald Sie sich in die Gegenwart zurückorientieren.

5. Separator-State
Orientieren Sie sich auf Ihre gegenwärtige Situation.

6. Anker testen
Überprüfen Sie, was geschieht, wenn Sie die Geste wieder ausführen. Bringt sie Sie zurück in Ihren Moment of Excellence? Wenn nicht, wiederholen Sie die Übung und achten bei weiteren Schwierigkeiten darauf, daß Sie eine neutrale Körperstelle finden, daß Ihr Moment of Excellence eine „reine" Reaktion darstellt und daß Sie das Ankern richtig timen, d.h. den Anker in dem Augenblick setzen, in dem Sie im vollen und intensiven Erleben sind.

3. *Herausfinden und benutzen eines bereits bestehenden Ankers*

Für die nächste Übung bitten Sie wieder einen Partner oder eine Partnerin um Zusammenarbeit. Das NLP-Muster Moment of Excellence, das Thies Stahl in seinem Buch „Triffst du 'nen Frosch unterwegs ..."[4] vorführt, unterscheidet sich von den beiden obigen Verfahren. B hat dabei nicht die Aufgabe, bei A einen Anker für den Moment of Excellence zu etablieren, sondern nach einem bereits etablierten Anker zu suchen. Die ersten drei Schritte dieser Vorgehensweise sind identisch mit denen, die Sie bereits kennen: B führt seinen Partner oder seine Partnerin durch den Prozeß der Vergegenwärtigung eines Moments of Excellence. Bei Schritt 4, bei dem es um die Vergegenwärtigung des entscheidenden Augenblicks des Moments of Excellence geht, bekommt B eine neue Aufgabe, nämlich genau die Physiologie von A zu beobachten und kleine Bewegungen genau zu bemerken. Nach der Separator-State-Intervention hat B dann die Aufgabe, die beobachteten Einzelheiten der Physiologie von A und die kleinen Bewegungen im Moment of Excellence zu erinnern und A zu veranlassen, sie einzusetzen oder auszuführen. Es geht hierbei darum, herauszufinden, welche physiologischen Elemente oder ideomotorischen Bewegungen A sich bewußt verfügbar machen und als kinästhetische Selbstanker benutzen kann, um mit Willen und Bewußtsein in den Moment of Excellence zu kommen, wenn er gebraucht wird.

Moment of Excellence (nach Thies Stahl), Übung:

1. Drei Ressource-Situationen finden
„Erinnere Dich an drei Situationen in Deinem Leben, in denen Du im Vollbesitz Deiner Kräfte gehandelt hast, in denen Du alle Deine Fähigkeiten zur Verfügung und angemessen eingesetzt hast, in denen Du in einer hervorragenden Verfassung warst, Dich ausgezeichnet gefühlt hast oder einfach gut drauf warst."

2. Auswahl der besten Situation
„Dann wähle von diesen drei Situationen eine aus, und zwar diejenige, die Dir jetzt am besten gefällt."

3. Vergegenwärtigung der Situation (im Präsens sprechen)
„Dann gehe bitte in Deiner Vorstellung in diese Situation hinein und erlebe sie noch einmal mit allen Sinnen ...
Wo bist Du da?
Wie ist Deine Körperhaltung dabei?
Und wenn Du in dieser Haltung bist, was siehst Du in diesem Moment?
Welche Geräusche, Klänge, Worte oder Töne hörst Du, während Du das siehst?
Welche Gefühlseindrücke hast Du in diesem Augenblick?
Gibt es vielleicht auch einen bestimmten Geruch oder Geschmack in dieser Situation?"

Moment of Excellence (nach Thies Stahl), Übung:

4. **Moment of Excellence**
„Vergegenwärtige Dir noch einmal den entscheidenden Augenblick in dieser Situation. Suche Dir den schönsten Moment heraus. Und wenn er nur kurz ist, mache ihn einfach länger und genieße ihn in vollen Zügen."
(Hier hat B die Aufgabe, die Physiologie von A und kleine Bewegungen genau zu beobachten und zu merken!)

5. **Separator-State** (die Reaktion unterbrechen)
„Komm jetzt wieder hierher zurück!"

6. **Feedback**
(Hier hat B die Aufgabe, die beobachteten Einzelheiten der Physiologie von A und die kleinen Bewegungen im Moment of Excellence zu erinnern und A anzuweisen, sie einzusetzen. Ziel dieses Vorgehens ist es, herauszufinden, welches der physiologischen Elemente oder ideomotorischen Bewegungen A als bewußt verfügbare kinästhetische Selbstanker benutzen kann, um mit Willen und Bewußtsein in den Moment of Excellence zu kommen.)

7. **Future-Pace**
„Kannst Du Dir vorstellen, in welcher Situation Du das in Zukunft zur Verfügung haben möchtest? Gehe in die Situation hinein, probiere sie aus und versuche herauszufinden, wie Du Dich in dieser Situation erinnern kannst, daß Du einen Moment of Excellence hast und ihn entwickeln kannst!"

8. **Pre-Reframing**
„Und jetzt überlege bitte Situationen, in denen es Deiner Meinung nach nicht sinnvoll wäre, einen Moment of Excellence zu entwickeln!"

4. *Moment of Importance*

Seinen Moment of Excellence zur Verfügung zu haben, kann in vielen Alltagssituationen dazu befähigen, z. B. nicht unter Druck zu geraten, sich nicht einschüchtern oder zu verbalen Kraftakten hinreißen zu lassen usw., weil dieser als starke Ressource dazu beitragen kann, flexibel zu reagieren. In heutigen Alltagssituationen kann noch ein weiterer besonderer „Moment“ vielen Menschen als verfügbare Ressource nützlich sein. Viele Strukturen und Prozesse des beruflichen Alltags, vor allem auch viele Kommunikationsmuster in immer noch hierarchisch organisierten Einrichtungen dieser Gesellschaft wirken sich bei den Betroffenen nicht selten so aus, daß das Gefühl des eigenen Werts und der persönlichen Bedeutung beeinträchtigt und belastet wird. Es gibt aber Menschen, die auch unter Bedingungen narzißtischer Kränkung die eigene Wertschätzung uneingeschränkt aufrechterhalten können. Sie verfügen offensichtlich auch unter belastenden Bedingungen über dieses Selbstwertgefühl. Mit der folgenden Abwandlung des „Moment-of-Excellence“-Musters in eine Vorgehensweise „Moment of Importance“ können Sie sich für viele Alltagssituationen, die die Gefahr der narzißtischen Kränkung enthalten, eine solche, das Selbstwertgefühl steigernde Ressource verfügbar machen.

Moment of Importance, Übung:

0. Neutrale Stelle für den Anker testen

1. Ressource-Situation finden

„Erinnere Dich an eine Situation in Deinem Leben, in der Du im Vollbesitz Deiner Kräfte und Fähigkeiten warst, in der Du etwas getan oder dazu beigetragen hast, daß etwas Wichtiges zustande gekommen ist, das ohne Deine Mitwirkung oder ohne Deinen Beitrag nicht hätte verwirklicht werden können; etwas, das Dich mit Freude und Stolz erfüllt hat.“

2. Situation vergegenwärtigen

3. Entscheidenden Augenblick ankern

4. Separator-State

5. Anker testen

5. *Analyse des Arbeitsplatzes auf positive und negative Anker*

Sich über Anker Ressourcen zugänglich machen, ist kein Verfahren, was NLP erfunden hätte. Menschen gehen im privaten wie auch im beruflichen Alltag schon immer mit Ankern um. Im Zeitalter des Time-Managements machen Führungskräfte oder Verkäufer sich natürlich keinen Knoten mehr ins Taschentuch, um eine wichtige Sache nicht zu vergessen, aber vielleicht stellen sie ein Bild ihrer Partnerin oder ihrer Kinder auf den Schreibtisch, und aus dem Urlaub bringen sie Souvenirs, Fotos, Dias oder Videos mit nach Hause. Das tun sie mit dem Bewußtsein, etwas zur Verfügung zu haben, was in ihnen eine positive Gefühlsreaktion auslöst. Selten jedoch achten Menschen aufmerksam auf die Dinge, die sie normalerweise um sich haben und darauf, welcher Einfluß von ihnen ausgeht. Wir nehmen zwar wahr, daß wir uns an bestimmten Orten wohlfühlen an anderen jedoch eher beklommen, aber von welchen Umwelteinflüssen diese Wirkung ausgeht, darüber geben wir uns meistens keine Rechenschaft. Dabei ist es nicht nur für unser Wohlbefinden sondern auch für den Erfolg unseres Tun von manchmal entscheidender Wichtigkeit, in unserer Umwelt positiv verankert zu sein. Der folgende Text führt Sie schrittweise durch eine Analyse Ihres Arbeitsplatzes auf die Suche nach negativen und positiven Ankern[5].

Analyse des Arbeitsplatzes auf positive und negative Anker (nach Josef Weiß), Übung:
1. Arbeitsplatz vorstellen Nehmen Sie eine entspannte Haltung ein. Falls Sie sich nicht an Ihrem Arbeitsplatz befinden, stellen Sie sich vor, Sie sind dort. **2. Anker entdecken** Überprüfen Sie Ihre Umgebung mit allen Sinnesorganen auf die Reize und die Erlebnisqualität, die diese in Ihnen auslösen. In welche Zustände bringen sie Sie, in angenehme, vielleicht sogar einen Moment of Excellence oder in eher unangenehme? Prüfen Sie sorgfältig:

Analyse des Arbeitsplatzes auf positive und negative Anker (nach Josef Weiß), Übung:
Sehen Sie sich um, was es dort zu sehen gibt und wie das auf Sie wirkt! Hören Sie bewußt auf die Geräusche, Töne und Klänge und wie diese auf Sie wirken! Fühlen Sie, wie Sie auf Ihrem Stuhl sitzen, ob er bequem oder unbequem ist! Riechen und schmecken Sie, was immer Sie dort auf diese Weise wahrnehmen und überprüfen Sie dabei Ihre Gefühle! **3. Negative Anker entfernen** Wenn Sie bei dieser Untersuchung etwas wahrnehmen, was in Ihnen ein unangenehmes Erleben auslöst, haben Sie einen negativen Anker entdeckt, den Sie, wenn möglich, entfernen oder auflösen sollten. **4. Positive Anker vermehren** Wenn Sie bei dieser Untersuchung etwas wahrnehmen, was in Ihnen ein angenehmes Erleben auslöst, haben Sie einen positiven Anker entdeckt. Wenn Sie sich vorstellen können, daß es etwas gibt, wobei Sie sich noch wohler fühlen, wenn Sie es hier sehen, hören, fühlen, riechen oder schmecken könnten, dann haben Sie zusätzliche Anker entdeckt, die Sie sich, wenn möglich, an diesem Ort auch zugänglich machen sollten.

6. Changing History

Im fünften Kapitel dieses Buches haben Sie sich vertraut machen können mit NLP-Vorgehensweisen, die man unter dem Begriff „Probleme lösen mit Ressourcen auf der Situationsebene" zusammenfassen kann. Wenn in einer NLP-Beratung eine vergangene Problemsituation mit Hilfe einer geankerten Ressource verändert wird, mit dem Ziel, daß der Betreffende in einer zukünftigen ähnlichen Problemsituation diese Ressource zur Verfügung hat, nennt man das Vorgehen: **Changing history** oder **Change history**. Vom

Probleme lösen auf der Situationsebene unterscheidet sich dieses Vorgehen nur durch das Verankern der Ressource. In der Praxis ist dieser Unterschied jedoch erheblich. Ungeankerte Ressourcen in Problemsituationen einzubauen, wird Ihnen schon manchmal dann schwerfallen, wenn Sie eine Problemsituation lediglich mittleren Ranges bearbeiten. Die Ressource selbst muß schon von einiger Wirkungskraft sein, wenn Sie ohne ihre Verankerung Probleme höheren Ranges erfolgreich angehen wollen. Und es ist nahezu aussichtslos, Problemsituationen mit Gefühlsreaktionen von tiefer Trauer, Angst oder Panik, Hilflosigkeit oder Wut verändern zu wollen, ohne eine verankerte Ressource in diesen Veränderungsprozeß einzubeziehen.

Im folgenden Veränderungsmuster haben Sie die Möglichkeit, zusammen mit einem Partner oder einer Partnerin Ihre Fähigkeit des Ankerns mit Ihrer bereits erworbenen Fähigkeit des Arbeitens mit Ressourcen zu verbinden.

Changing History, Übung:
Veränderung der persönlichen Geschichte

0. Anker testen
(Neutralen Berührungsreiz finden und überprüfen)

1a. Problem genau bestimmen lassen
„Du möchtest etwas verändern in Deinem Leben. Was ist das? Wann tritt dieses Problem auf? Wo? Mit wem? Wie oft? Unter welchen Bedingungen? Wie verhältst Du Dich dabei?“

1b. Kurzreframing
„Unter welchen Bedingungen möchtest Du lieber das alte Verhalten zur Verfügung haben?“

1c. Ökologie-Check
„Wenn Du gelernt haben wirst, dieses Problem zu bewältigen, könnten sich aus dieser Fähigkeit negative Konsequenzen ergeben? Wenn ja, wie wirst Du damit umgehen?“

1d. Problemsituation bestimmen lassen
„Suche Dir aus den verschiedenen Situationen eine aus, an der Du jetzt arbeiten möchtest!“

Changing History, Übung:
Veränderung der persönlichen Geschichte

1e. Problemsituation vergegenwärtigen lassen
„Wo bist Du in dieser Situation?
Wie ist Deine Körperhaltung dabei?
- visuell (‚Was hast Du gesehen?')
- auditiv (‚Was hast Du gehört?')
- kinästhetisch (‚Welche Gefühle hast Du gehabt?')"

(Problemphysiologie und wichtige Formulierungen merken!)

2. Separator (Rausholen in die Gegenwart)

3. Ressource suchen
„Was hättest Du tun können, um mit dieser Situation besser fertig zu werden? Kannst Du Dir etwas vorstellen, eine Eigenschaft, eine Fähigkeit oder eine Erfahrung, mit der Du die Situation besser bewältigt hättest?"
oder:
„Hast Du heute Fähigkeiten, Eigenschaften oder Erfahrungen, mit denen Du damals die Situation besser bewältigt hättest?"

4. Ressource vergegenwärtigen und verankern
„Vergegenwärtige Dir eine Situation, in der Du diese Ressource erfolgreich eingesetzt hast?"
Situation genau beschreiben lassen und dabei ankern:
- „Wo bist Du in dieser Situation?
- Wie ist Deine Körperhaltung dabei?
- visuell (‚Was siehst Du?')
- auditiv (‚Was hörst Du?')
- kinästhetisch (‚Welche Gefühle hast Du?')"

(Ressourcenphysiologie und wichtige Formulierungen merken!)
oder:
„Kennst Du jemanden, der über diese Fähigkeit verfügt, wie verhält der sich?"
(Verhalten genau beschreiben lassen!)

Changing History, Übung: Veränderung der persönlichen Geschichte
5. Situation verändern lassen „Ich möchte, daß Du Dir Deine Ressource vergegenwärtigst (Anker drücken und wichtige Formulierungen wiederholen) und mit diesem Gefühl in die Problemsituation hineingehst (wichtige Formulierungen wiederholen), und daß Du im Bewußtsein Deiner Fähigkeiten die Problemsituation so lange veränderst, bis Du ganz zufrieden bist. Wenn Du damit fertig bist, kommst Du hierher zurück." (Darauf achten, daß die Mischphysiologie auftritt.) **6. Test (ohne Anker)** „Betrachte vom jetzigen Zustand aus die ursprüngliche Situation." (Mischphysiologie muß kommen! Wenn das Problem durchschlägt, war nichts.) **7. Future-Pace (ohne Anker)** „Stelle Dir bitte eine zukünftige Situation vor, in der Du in die gleiche Lage gerätst. Schau Dir bitte an, wie Du Dich dort verhältst." (Mischphysiologie muß kommen.)

7. *Changing History als Kette*

Selten werden Sie in der Beratung mit Problemen konfrontiert, die gerade eben aufgetaucht sind. Probleme haben meist eine längere Geschichte. Das heißt, es gibt in der Lebensgeschichte eines Menschen immer wieder ähnlich strukturierte Situationen, in denen er ein ähnliches Problemverhalten gezeigt hat. Für einen Lernprozeß nach dem Muster Changing History ist es deshalb sinnvoll, nicht nur die jüngste Problemsituation zu bearbeiten, sondern wichtige Glieder der Erfahrungskette miteinzubeziehen. Im folgenden Übungsmuster finden Sie deshalb zusätzlich zu den Schritten des obigen Change-History-Musters diejenigen Vorgehensweisen, die bei A die Kette aufdecken und ihre Glieder bearbeiten. Wichtig ist dabei, daß Sie auch die zuerst präsentierte Problemsituation ankern. Denn Sie brauchen diesen Anker, um A im Rückgang der Erinnerung zu den Lebenssituationen zu führen, die für ihn oder sie von ähnlicher erfahrungsmäßiger Qualität sind. Jede dieser aus der Erinnerung neu auftauchenden Situationen ankern Sie separat. Dazu können Sie beispielsweise die Fingerknöchelchen benutzen. Bei der Veränderung der Situation drücken Sie dann zwei Anker, den Problemanker und den Ressourcenanker gemeinsam.

Changing History als Kette, Übung:

0. Anker testen
(Neutrale Stellen finden und überprüfen)

1a. Problem genau bestimmen lassen
„Du möchtest etwas verändern in Deinem Leben. Was ist das? Wann tritt dieses Problem auf? Wo? Mit wem? Wie oft? Unter welchen Bedingungen? Wie verhältst Du Dich dabei?"

1b. Kurzreframing
„Unter welchen Bedingungen möchtest Du lieber das alte Verhalten zur Verfügung haben?"

1c. Ökologie-Check
„Wenn Du gelernt haben wirst, dieses Problem zu bewältigen, könnten sich aus dieser Fähigkeit negative Konsequenzen ergeben? Wenn ja, wie wirst Du damit umgehen?"

1d. Problemsituation vergegenwärtigen lassen und ankern
„Wo bist Du in dieser Situation?
Wie ist Deine Körperhaltung dabei?
- visuell (‚Was siehst Du?')
- auditiv (‚Was hörst Du?')
- kinästhetisch (‚Welche Gefühle hast Du?')"

(„Problemaussehen" merken! Wichtige Formulierungen festhalten!)

2. Separator (Rausholen in die Gegenwart)
abfragen: „Einmalige Situation? oder Kette von Erfahrungen?"

Changing History als Kette, Übung:

3. Glieder der Kette aufdecken und ankern
„Vergegenwärtige Dir das Gefühl (Anker drücken und halten) und gehe zurück in der Zeit und achte darauf, ob es vorher noch ähnliche Situationen gegeben hat ..."
(Jede neu auftauchende Problemsituation vergegenwärtigen lassen und an separater Stelle – z. B. Fingerknöcheln – ankern und wichtige Formulierungen merken!)

4a. Ressourcen suchen
„Was hättest Du tun können, um mit diesen Situationen besser fertig zu werden? Welche Erfahrungen, Kenntnisse, Fähigkeiten, Stärken, welche Mittel und Wege stehen Dir zur Verfügung, die Du hättest benutzen können, um die Situationen besser zu bewältigen?"
(fünf Ressourcen suchen lassen)

4b. Ressourcen testen
„Geh mal mit Deinen Ressourcen in die jüngste Problemsituation und probiere, welche Dir am besten hilft, die Situation zu bewältigen."

4c. Beste Ressource vergegenwärtigen und ankern
„In welcher Situation hast Du diese Ressource schon eingesetzt und die Situation gut bewältigt?"
Situation genau beschreiben lassen:
„Wo bist Du in dieser Situation?
Wie ist Deine Körperhaltung dabei?
- visuell (‚Was siehst Du?')
- auditiv (‚Was hörst Du?')
- kinästhetisch (‚Welche Gefühle hast Du?')"

(Ressourcenphysiologie und wichtige Formulierungen merken!)

5. Situationen verändern lassen
(Mit der jüngsten Situation beginnen:)
„Ich möchte, daß Du Dir Deine beste Ressource vergegenwärtigst (Ressourcenanker drücken und halten, wichtige Formulierungen wiederholen) und mit diesem Gefühl in die jüngste Problemsituation (Problemanker drücken) hineingehst (wichtige Formulierungen wiederholen), und daß Du im Bewußtsein Deiner Fähig-

Changing History als Kette, Übung:
keiten die Problemsituation so lange veränderst, bis Du ganz zufrieden bist. Wenn Du damit fertig bist, kommst Du hierher zurück." (Darauf achten, daß die Mischphysiologie auftritt.) (Danach alle anderen Situationen durcharbeiten. Eventuell neue Ressourcen einführen.) **6. Future-Pace (ohne Anker)** „Stelle Dir bitte eine zukünftige Situation vor, in der Du in die gleiche Lage gerätst. Schau Dir bitte an, wie Du Dich dort verhältst." (Mischphysiologie muß kommen.)

8. Phobietechnik mit Ressourcenanker

Wenn Sie Problemsituationen verändern wollen, in denen Menschen mit sehr starken negativen Gefühlen reagieren, sollten Sie nicht nur mit verankerten Ressourcen arbeiten sondern Elemente einer weiteren NLP-Lernstrategie einbeziehen, die systematisch erst in Kapitel 9 thematisiert werden. Es geht um das sogenannte Dissoziieren und Assoziieren.

Assoziiert sind Sie, wenn Sie ein vergangenes Erlebnis so wiedererinnern, wie Sie es mit Ihren Sinnen erlebt haben, sehend mit Ihren Augen, hörend mit Ihren Ohren und fühlend mit Ihrem Körper. Ihnen wird einleuchten, daß dabei die wiedererinnerten Gefühle sowohl nach Qualität wie auch nach Intensität nahezu identisch sein können. Aus diesem Grund verbietet es sich auch, Erlebnisse mit starkem negativem Gefühlsanteil assoziiert zu erinnern. Wenn Sie solche Erlebnisse verändern wollen, haben Sie demgegenüber die Möglichkeit, z. B. bei der Problembestimmung oder auch in der Veränderungsphase mit einem dissoziierten Zustand zu arbeiten.

Dissoziiert sind Sie, wenn Sie ein vergangenes Erleben so wiedererinnern wie ein Zuschauer, der das, was geschah, wie auf einer Bühne sich abspielend wahrnimmt, mit Augen, die das Geschehen beispielsweise aus einem anderen Blickwinkel betrachten, mit Ohren, die alles, was es zu hören gab, aus größerer Distanz aufnehmen, und einem Körper, der dadurch, daß er in das Geschehen nicht einbezogen ist, gefühlsmäßig ganz anders reagieren kann, sowohl in der Intensität des Gefühls, als auch qualitativ. In einen dissoziierten Zustand kann man einen Menschen ganz leicht hineinführen, indem man ihn bittet, sich das vergangene Erleben wie einen Film anzuschauen.

Die folgende Phobietechnik genannte Veränderungsstrategie bestimmt nach dem Ankertest die Problemsituation nur auf einer sehr allgemeinen Ebene, klärt jedoch in einem zweiten Schritt, für welche Situationen das starke Gefühl nicht verändert werden soll. Obwohl in unserer Gesellschaft der unmittelbare Kampf mit Naturgewalten an Bedeutung verloren hat, können starke negative Gefühle wie Angst oder gar Panik in bestimmten Situationen durchaus als Signale wie auch als Auslöser von Kraftreserven sinnvoll oder gar notwendig sein. Die Phobietechnik sollte deshalb in der Tat nur für echte Phobien, das sind sinn- und nutzlose starke Gefühlsreaktionen, eingesetzt werden. Nachdem eine Ressource gefunden, vergegenwärtigt und verankert wurde, geht es bei dieser Vorgehensweise darum, die Integration der Ressource in die Problemsituation zunächst im dissoziierten Zustand vornehmen zu lassen. Damit ist der Gesprächspartner einerseits geschützt, sollte die Ressource sich als zu schwach erweisen. Andrerseits fällt es ihm leichter, die Ressource einzubauen, weil er sich zunächst in schützender Entfernung aufhält. Erst, wenn die Integration der Ressource im dissoziierten Zustand gelungen ist, folgt die Re-Assoziation, das heißt das Erleben der durch die Ressource veränderten Problemsituation im direkten Geschehen.

Phobie-Technik mit Ressourcenanker, Übung:

0. Anker testen

1. Eine gefühlsmäßig stark unangenehme Situation finden
„Gibt es eine Situation, in der Du starke unangenehme Gefühle erlebt hast, die Du verändern möchtest?"
(Dafür sorgen, daß A nicht in die Problemsituation hineingeht!)

2. Kurzreframing
„In welchen Situationen ist es sinnvoll, gefühlsmäßig in dieser Weise und in diesem Ausmaß zu reagieren?"

Phobie-Technik mit Ressourcenanker, Übung:

3. Eine Ressource für die Problemsituation finden
„Welche Fähigkeit könnte Dir helfen, die Situation anders zu erleben?"

4. Ressource vergegenwärtigen lassen und ankern
„Wann hast Du diese Fähigkeit schon mal zur Verfügung gehabt? Was ist das für eine Situation ..
- was siehst Du?
- was hörst Du?
- was fühlst Du?

Vielleicht gibt es auch einen typischen Geruch oder Geschmack?"

5. A sich dissoziieren lassen
„Stell Dir vor, irgendjemand hätte die Problemszene mit der Filmkamera aufgenommen, und Du nimmst Dir jetzt vor, diesen Film anzusehen. Du sitzt gemütlich im Zuschauerraum eines Kinos...
und jetzt beginnt der Film ..."

Anker drücken!!!

„Und jetzt fängt der Film an zu laufen und Du schaust ihn Dir an ...
- Du siehst ... (Schilderung wiederholen)
- Du hörst ... (Schilderung wiederholen)
- und Du fühlst Dich dabei ganz .... (Ressource)"

(Wenn vorhanden, auf Geruchs- und Geschmacksdimensionen hinweisen.)

6. A sich assoziieren lassen
„Und jetzt stell Dir vor, es wäre möglich, in einen laufenden Film einzusteigen. Geh noch mal zurück an den Anfang. Der Film beginnt wieder zu laufen. Und Du entschließt Dich, noch mal mitzuspielen. Du gehst die kleine Treppe zur Bühne hoch ..."

Anker drücken!!!

„... und steigst einfach ein auf eine Art, die Dir gefällt. Nimm Beziehung auf oder gehe ganz hinein und erlebe die Situation noch einmal ganz neu ...

Phobie-Technik mit Ressourcenanker, Übung:
– Schau sie Dir an ... – Hör genau hin ... – Was fühlst Du jetzt ..." (Mischphysiologie muß kommen.) **7. Transfer in die Zukunft (Future-Pace) ohne Anker** „Kannst Du Dir vorstellen, daß Du in nächster Zeit in eine ähnliche Situation kommst ..." (Situation vorstellen lassen, auf Mischphysiologie achten.)

9. Integration zweier dissoziierter Physiologien

Changing History ist nach Thies Stahl die Spezialform einer allgemeinen Veränderungsstrategie, mit der zwei dissoziierte Zustände oder Physiologien integriert werden[6]. Physiologien oder Zustände werden im NLP immer als Grundlage und Voraussetzung für bestimmte Verhaltensmöglichkeiten aufgefaßt. Als dissoziiert werden zwei Physiologien begriffen, wenn der eine Zustand Verhaltensoptionen ausschließt, die im anderen Zustand zugänglich sind und umgekehrt. Dabei gibt es verschiedene Ausmaße der Dissoziation. Bei einem alkoholabhängigen Menschen wird nach NLP z. B. ein höherer Grad an Dissoziation zwischen nüchtern und betrunken angenommen als z. B. bei einem erfolgreich berufstätigen Manager das Ausmaß der Dissoziation zwischen müde und wach. Eine Integration zweier Physiologien bewirkt einen dritten Zustand, in dem die Verhaltensmöglichkeiten beider Ausgangsphysiologien, bzw. neue Verhaltensmöglichkeiten verfügbar werden, die sich entweder aus irgendeiner Kombination der zugrundeliegenden Verhaltensmöglichkeiten ergeben oder aus zurückliegenden Erfahrungen wiedererinnert werden. Die Integration von Physiologien bewirkt somit einen Zuwachs von Verhaltensmöglichkeiten in bestimmten Situationen. Der Prozeß, in dem sich diese Integration vollzieht, ist nach Auskunft der Praktiker aber desto drastischer, je dissoziierter zuvor die Physiologien waren.

Ausgangspunkt des Verfahrens „Changing History" ist eine Dissoziation von Problemzustand und Ressourcenzustand. Das Verfahren selbst bewirkt eine Integration von Problemphysiologie und Ressourcephysiologie mit der Wirkung, daß in Kontexten, in denen zuvor der Problemzustand auftrat, jetzt ein dritter Zustand sich einstellt, in dem der Betreffende über die Ressourcen verfügt.

Diese Form der Integration ist nach Thies Stahl durchführbar für praktisch alle dissoziiert auftretenden Zustände, wie z. B.: gute Laune – schlechte Laune, erregt – gelassen, betrunken – nüchtern, gierig – gestillt, manisch – depressiv, rauchen – nichtrauchen, müde – ausgeschlafen, hungrig – satt usw. oder ganz allgemein: X – Nicht-X. Wegen des Zuwachses an Verhaltensmöglichkeiten, der dadurch für aktuelle oder zukünftige Situationen bewirkt wird, schlägt Thies Stahl dieses Verfahren als eine einleitende Strategie vor, die jeder Veränderungsstrategie vom Muster des später vorzustellenden sogenannten Six-Step-Reframings vorangehen sollte.

Sie finden unten das Muster für die Integration zweier dissoziierter Zustände, wie Sie es mit den von Ihnen bisher erworbenen Beratungsfähigkeiten durchführen können. Ein erfahrener NLP-Berater wird diese Veränderungstrategie mit Hilfe von Trance durchführen. Beispiele, mit welchen sprachlichen Vorgehensweisen man die wesentlichen Schritte dieser Lernstrategie in Trance durchführen und die wesentlichen Prozesse damit unterstützen kann, finden Sie bei Thies Stahl im sechsten Kapitel seines Buches: *Triffst du 'nen Frosch unterwegs*[7].

Integration zweier dissoziierter Physiologien, Übung:

1. Rapportcheck
Z. B.: „Wie nennst Du den Zustand X? Und wie bezeichnest Du den Zustand Nicht-X? Wie weißt Du, daß X und Nicht-X unterschiedliche Zustände sind?"

2. Induktion der Physiologie I

2a. Identifikation der X-Situation
„Gehe bitte innerlich in eine Situation, die typisch ist für Dich im X-Zustand."

Integration zweier dissoziierter Physiologien, Übung:

2b. VAKO-Hypnose und ankern
„In welcher Körperhaltung bist Du in dieser Situation?
Und während Du in dieser Haltung bist, was siehst Du?
Und während Du das siehst, was hörst Du?
Welche Gefühlseindrücke hast Du in diesem Augenblick?
Und während Du das siehst, hörst und fühlst, gibt es auch noch einen Geruch oder einen Geschmack, den Du bemerkst?"
(In 2a und 2b fortwährend ankern, synchron zur Zu- und Abnahme der Physiologien!)

3. Separator-State

4. Induktion der Physiologie II

4a. Identifikation der Nicht-X-Situation
„Gehe bitte innerlich in eine Situation, die typisch ist für Dich im Nicht-X-Zustand."

4b. VAKO-Hypnose und ankern
„In welcher Körperhaltung bist Du in der Situation?
Und während Du diese Haltung zeigst, was siehst Du?
Und während Du das siehst, was hörst Du?
Welche Gefühlseindrücke hast Du in diesem Augenblick?
Und während Du das siehst, hörst und fühlst, gibt es auch noch einen Geruch oder einen Geschmack, den Du bemerkst?"
(In 4a und 4b fortwährend ankern, synchron zur Zu- und Abnahme der Physiologien.)

5. Separator-State und Test der Anker

6. Integration

6a. Instruktion/Vorankündigung/Erlaubnis
„Wärest Du neugierig, wie es wäre, diese Fähigkeiten zu kombinieren? Und zwar so, daß das Ganze mehr ist als die Summe seiner Teile? Bist Du einverstanden, daß wir so ein Experiment machen?"

6b. Integration unter Benutzung beider Anker
„Ich möchte (beide Anker benutzen, um dem Klienten zu helfen, beide Physiologien zu integrieren), daß Du Dir vorstellst, wie es wäre, wenn Du beide Zustände verbinden (eine sprachliche Ver-

Integration zweier dissoziierter Physiologien, Übung:

bindung der typischen Merkmale beider Zustände finden) ... könntest. Welche Wege würde Deine Phantasie einschlagen, um eine solche Fähigkeit zu entwickeln? Vielleicht gehst Du zurück in die Vergangenheit und entdeckst, daß Du von früher so etwas kennst, woran Du lange nicht gedacht hast. Vielleicht gehst Du aber auch an einen anderen Ort, und bemerkst erst jetzt, daß Du diese Fähigkeit kennst, ihr aber noch nicht genügend Beachtung geschenkt hast. Und vielleicht gefällt es Dir mehr, etwas ganz Neues zu machen, was es so noch nie gegeben hat. Und vielleicht kannst Du einen Moment darüber nachdenken, was passieren könnte, wenn Du die Fähigkeiten aus beiden Kontexten zusammenbringen würdest zu irgend etwas neuem Alten oder altem Neuen....."

(Beide Anker benutzen, um dem Gesprächspartner zu helfen, beide Physiologien zu integrieren.)

6c. Future-Pace

„... Und für diese Fähigkeit oder Fähigkeiten, an die Du jetzt denkst, an die Du lange nicht oder sogar noch nie dachtest, finde mal drei Situationen in Deiner Zukunft, wo Du sie einsetzen willst. Es kann in einem beruflichen Zusammenhang sein oder in einem anderen Kontext oder in einem völlig anderen. Und komme dann zurück zu uns hierher in diesen Raum, wenn Du mindestens drei Kontexte gefunden hast, in denen diese Fähigkeiten ihren Platz in Deinem Leben haben sollen."

6d. Ökocheck

„Laß Dir viel Zeit in den nächsten Tagen und in den kommenden Nächten, so daß Du nochmals darüber schlafen kannst. Und in der Zeit, die Du Dir zu diesem Zweck läßt, suche und überprüfe die drei Kontexte, in denen Du die Fähigkeit haben willst. Und verspreche Dir selbst, daß Du, bevor sie nicht gefunden sind, nichts aus dieser kleinen Arbeit umsetzt."

(Auf symmetrische Reorientierung achten. Wenn beim Öko-Check asymmetrische Elemente in der Physiologie gezeigt werden, Kurzreframings durchführen, andere Kontexte suchen lassen oder veranlassen, daß Einwände einbezogen oder Vorgehensweisen erwogen werden, die negativen Konsequenzen vorbeugen können.)

Siebtes Kapitel: Arbeiten auf der Metaebene – Reframings (Problemlösungen 2. Ordnung)

Kreatives Lernen beruht u. a. auf dem Prinzip, bei der Problemlösung den Rahmen bereits bekannter Lösungsalternativen zu sprengen, um von einer neuen Position aus andersgeartete Lösungsmöglichkeiten in den Blick zu bekommen. Auch wenn es in der Kommunikation zwischen Menschen zu Problemen und Konflikten kommt, ist es häufig sehr schwierig, eine Lösung zu finden, wenn man mit der Auseinandersetzung auf derselben Ebene fortfährt. Eine gemeinsame Verständigung über die vorhandenen Überzeugungen, Bedürfnisse, Interessen, Absichten oder Ziele schafft dann häufig die Distanz und den neuen Blickwinkel, von dem aus neue Sichtweisen und damit neue Lösungsmöglichkeiten sich eröffnen.

Viele wichtige Vorgehensweisen des NLP beruhen auf diesem Prinzip der „Problemlösung zweiter Ordnung", wie das Lösen von Problemen auf der Metaebene auch genannt wird. Sie werden zusammengefaßt unter dem Begriff „Reframing". Reframing heißt, etwas in einen anderen Rahmen stellen oder „umdeuten" und ist eine Vorgehensweise, in der ein Zusammenhang, ein Verhalten oder ein Problem in der Tat in einer anderen Art und Weise oder in einem anderen Rahmen wahrgenommen wird und damit eine neue Bedeutung erhält. Einfache Reframings können dabei auf einen kognitiven Prozeß beschränkt sein, der eine Veränderung von Gefühlen anstößt. Ein einfaches Beispiel für ein Reframing ist der bekannte Unterschied zwischen dem Optimisten und dem Pessimisten, die sich beide auf dieselbe Sache beziehen, nämlich ein Glas, das mit Wasser halb gefüllt ist. Für den Pessimisten ist das Glas schon halb leer, für den Optimisten noch halb voll. Reframings haben über die Wirkung gefühlsmäßiger Veränderungen hinaus häufig den Charakter von Überraschungen. Wenn Sie sich beispielsweise beim Ober über eine Fliege in der Suppe beschweren und die Antwort erhalten, man habe kein DDT mehr in der Küche, darum ertränke sie der Koch, werden Sie wahrscheinlich überrascht oder sogar verblüfft reagieren. Die Struktur von Reframings werden Sie häufig auch bei Witzen wiedererkennen. Andere Reframings dienen dazu, Problemlösungsprozesse einzuleiten. Wenn Sie sich beispielsweise klarmachen, daß Ihre spontanen heftigen Reaktionen auf Dinge, die Sie ärgern, auch bedeuten, daß Sie sich nicht so leicht von anderen zur Seite drängen oder unterbügeln lassen, können Sie lernen, eine nicht sehr geschätzte Verhaltensweise auch als Fähigkeit zu begreifen. Sie kennen solche Kurzreframings bereits als Vorgehensweise, mit der Sie Ziele eingrenzen und eine Versöhnungsphysiologie induzieren können.

Die berühmteste Reframing-Vorgehensweise des NLP gehört jedoch zu einer Kategorie von Problemlösungen, mit denen u. a. unangemessene Verhaltensweisen, störende Gefühlsreaktionen, zum Teil sogar psychosomatische Symptome überwunden werden können. Nach Auffassung der Begründer des NLP ist der sogenannte „Six-Step" ein ausgezeichnetes Allzweckmodell und funktioniert in sehr vielen Fällen[1].

I. Inhaltliches Reframing

Im Gegensatz zu anderen Reframingformen ist es beim sogenannten inhaltlichen Reframing[2] wichtig, den Inhalt eines Problems zu kennen, um eine Lösung zu finden. Deshalb heißt es auch inhaltliches Reframing. Es wird innerhalb einer Therapie sehr häufig angewandt. Es ist aber unabhängig davon als eine soziale Fähigkeit zu begreifen, die zu besitzen und anwenden zu können für Menschen ganz allgemein wichtig ist. Vor allem für Menschen, die aus beruflichen Gründen auf andere Menschen Einfluß nehmen müssen, in leitenden, lehrenden und helfenden Positionen, ist die Fähigkeit des inhaltlichen Reframings eine wichtige Qualifikation.

Beim inhaltlichen Reframing geht es immer darum, ein Gefühl, ein Verhalten, einen Umstand oder ein Geschehen, das ein anderer beklagt, positiv umzudeuten, d.h. einen Wechsel im Erleben zu bewirken. Wie wichtig das in therapeutischen Situationen ist, liegt auf der Hand. Ein solcher Erlebenswechsel stellt häufig die grundlegende Voraussetzung für die therapeutische Arbeit dar, ohne den negativ erlebte Persönlichkeitsmerkmale gar nicht bearbeitet wer-

Inhaltliches Reframing

den könnten, weil sie verdrängt oder abgespalten blieben. Aber auch der Erfolg pädagogischer Bemühungen bliebe ohne inhaltliche Reframings häufig aus, weil Lernprozesse ohne Reframings von Anfangsversagen, Fehlern und Mißerfolg blockiert werden. Dasselbe gilt für die Leitung, Unterstützung und Förderung von Mitarbeitern im Beruf. Sowohl normale sachbezogene wie auch kommunikative Verhaltensweisen, vor allem aber die Leistung steigernde und innovative Prozesse müssen ohne Reibungsverluste oder Blokkaden ablaufen können. Für einen solchen Ablauf sind Reframingfähigkeiten der Beteiligten, vor allem aber der Führungskraft, eine notwendige Voraussetzung. Darüber hinaus bezeichnen Bandler und Grinder das inhaltliche Reframing als das A und O in Verkaufsgesprächen[2].

Das inhaltliche Reframing bezieht sich in den häufigsten Fällen auf Klagen von Menschen. Es gibt dabei zwei Arten des inhaltlichen Reframings, das Bedeutungsreframing und das Kontextreframing. Das Bedeutungsreframing bezieht sich dabei auf Klagen in der Form: „Immer wenn X passiert, reagiere ich mit Y!", z. B. „Immer wenn ich putzen muß, ärgere ich mich!" Das Kontextreframing bezieht sich auf Klagen der Form: „Ich bin zu Z!", z. B. „Ich bin zu dick!"

Sätze der Form „Wenn X passiert, reagiere ich mit Y" unterstellen einen kausalen Zusammenhang zwischen X und Y. Mit einem solchen Erleben und Denken nehmen Menschen sich die Möglichkeit, etwas zu tun, um das eigene Erleben zu verändern. Das Bedeutungreframing hebt den unterstellten kausalen Zusammenhang zwischen X und Y auf, indem es X in einem anderen Zusammenhang betrachtet. Damit wird für den Betreffenden eine andere Reaktion auf X möglich als Y. Zum Beispiel, jemand sagt: „Ich fühle mich entsetzlich, weil mein Chef mich dauernd kritisiert." Diese Aussage kann mit der Feststellung: „Er scheint Ihre Arbeit wirklich zu beachten und mag Sie so sehr, daß er Ihnen helfen möchte, sich zu verbessern", umgedeutet werden. Der Rahmen „Meine Arbeit wird ständig kritisiert" wird ausgetauscht durch den Rahmen „Jemand beachtet mich und mag mich".

Sätze der Form „Ich bin zu Z!" enthalten eine Tilgung. Denn eigentlich müßten solche Sätze lauten: Ich bin zu Z im Vergleich zu Y. Dieses Y, also der genaue Maßstab setzende Kontext, wird nicht benannt, sondern so getan, als gelte „Ich bin zu Z" immer und in jedem Zusammenhang. Diese ungerechtfertigte Verallgemeinerung wird durch das Kontextreframing aufgehoben. Kontextreframing besteht darin, den Inhalt der Klage in einen Zusammenhang zu bringen, in dem er etwas Akzeptables, Positives ist, oder sogar „Spitze", sozusagen das Größte überhaupt. Zum Beispiel, jemand sagt: „Ich bin zu vorlaut!", kann mit der Bemerkung: „Kluge Köpfe haben eine schnelle Zunge!" umgedeutet werden. Im Zusammenhang von Intelligenz wird der Betreffende den Inhalt seiner Klage anders erleben.

Der Umgang mit dem inhaltlichen Reframing kann manchmal Schwierigkeiten machen, denn manche Reframings haben, wie bereits erwähnt, einen witzigen Charakter. Deshalb liegt der sprachliche Prozeß des Umdeutens auch vielen Witzen zugrunde. Dieser Charakter ist jedoch in Beratungssituationen selten angebracht und kann sogar den Rapport kosten, wenn der Gesprächspartner sich nicht ernst genommen fühlt.

Darüberhinaus muß ein Reframing, um erfolgreich zu sein, vom Berater ernst gemeint und ernst vorgetragen werden. Um eine Veränderung zu erreichen ist es nämlich wichtig, das Reframing auch nonverbal stimmig zu vermitteln. Ob ein Reframe ankommt, erkennt man immer am Feedback. Wenn das Umdeutungsangebot mit dem unbewußten System des Gesprächspartners übereinstimmt, wechselt seine Physiologie zur Versöhnungsphysiologie.

Es ist nicht immer sinnvoll, Reframes von außen anzubieten. Manchmal kann es wichtig sein, den Gesprächspartner durch einen Suchprozeß zu führen, der ihn selber einen Reframe finden läßt. In diesem Falle entspricht die gefundene Umdeutung automatisch den Ressourcen des Gesprächspartners und fordert vom Berater keine Anstrengungen bei der Suche nach einem inhaltlich und der Form nach stimmigen Angebot.

Reframing eröffnet immer die Chance zu einem erweiterten Blickfeld. Aber es zwingt niemanden dazu, etwas zu tun. Es wird aber immer dann zum aktiven Handeln führen, wenn die neue Sichtweise sinnvoller erscheint als die bisherige.

1. Bedeutungsreframing

Kein Verhalten und keine Reaktion bedeutet an sich schon etwas. Man kann ihnen viele Bedeutungen zuweisen. Die folgende Übung[3] können Sie zu zweit, aber auch in einer kleineren Gruppe durchführen. Sie alle haben dabei die Möglichkeit, als A Klagen der Form „Ich fühle mich Y, wenn X passiert“ vorzubringen. Alle anderen Gruppenmitglieder haben dann die Aufgabe, sich eine sogenannte ganzheitliche Repräsentation dieser Klage zu machen, d. h. eine innere Vorstellung, die sowohl visuelle, auditive, als auch kinästhetische

Elemente enthält. Danach überlegen Sie, ob es einen anderen Rahmen gibt, der der Klage eine positive Bedeutung beizumessen erlaubt. Wenn Sie einen solchen Rahmen gefunden haben, überlegen Sie eine passende Form, in der Sie dem Betreffenden Ihr Reframing anbieten wollen. Wenn Sie eine solche Form gefunden haben, bitten Sie A, die Klage zu wiederholen, bieten daraufhin Ihr Reframing an und beobachten die Wirkung an der Physiologie von A. Nicht alle Reframings kommen an. Lassen Sie sich davon als Anfänger nicht irritieren. Sobald Ihnen die logische Struktur von Reframings geläufig ist, wird auch Ihre Trefferquote, d.h. Reframings, die in das Persönlichkeitssystem Ihres Gesprächspartners passen, zunehmen.

Bedeutungsreframing, Übung:

A: bringt eine Klage vor von der Form: „Ich fühle mich Y, wenn X passiert!"
Vorgehensweise für B:

1. Ausbildung einer inneren Repräsentation der Klage
Sie machen sich ein Bild vom Inhalt der Klage, hören sich in sie hinein und fühlen ihr nach.

2. Reflexion
Sie fragen sich:
Gibt es einen größeren oder anderen Rahmen, in dem dieses Verhalten einen positiven Wert hätte?
Welcher andere Aspekt dieser gleichen Situation könnte einen anderen Bedeutungsrahmen liefern, der der betreffenden Person verborgen ist?
Wie sonst könnte ich genau die gleiche Situation beschreiben?

3. Auswahl der Darbietungsform
Denken Sie über alternative Darbietungsformen des Reframes nach und wählen eine aus, von der Sie denken, daß sie die maximale Reaktion bringt. Pacing und Leading sind dabei besonders wichtig.

4. Durchführung
Bitten Sie A, die Klage zu wiederholen.
Bieten Sie daraufhin Ihren Reframe an.
Beobachten Sie die nonverbalen Veränderungen bei A.

2. *Kontextreframing*

Kein Verhalten und kein Zustand ist an sich sinnvoll oder nicht. Jedes Verhalten ist irgendwo angebracht, jeder Zustand ist irgendwo passend. Die folgende Übung[4] können Sie wieder zu zweit oder in einer kleineren Gruppe durchführen. Jeder von Ihnen kann als A Klagen der Form, „Ich bin zu Z" vorbringen. Alle anderen Gruppenmitglieder haben dann die Aufgabe, sich wieder eine ganzheitliche Repräsentation dieser Klage zu machen, danach zu überlegen, in welchem Zusammenhang der Inhalt der Klage eine ganz hervorragende Sache ist, sozusagen Spitze. Wenn Sie einen solchen Zusammenhang oder Kontext gefunden haben, überlegen Sie eine passende Form, in der Sie Ihr Reframing anbieten wollen. Wenn Sie eine solche Form gefunden haben, bitten Sie A, die Klage zu wiederholen, bieten daraufhin Ihr Reframing an und beobachten die Wirkung an der Physiologie von A. Für Kontextreframings gilt dasselbe wie für Bedeutungsreframings. Ihre Wirkung hängt nicht allein von der Reframingstruktur ab sondern wesentlich davon, daß der angebotene Reframe in das Persönlichkeitssystem Ihres Gesprächspartners paßt.

Kontextreframing, Übung:
A: bringt eine Klage vor von der Form: „Ich bin zu Z!" Vorgehensweise für B: **1. Ausbildung einer inneren Repräsentation der Klage** Sie machen sich ein Bild vom Inhalt der Klage, hören sich in sie hinein und fühlen ihr nach. **2. Reflexion** Sie fragen sich: In welchem Kontext hätte dieses spezielle Verhalten, über das A sich beklagt, einen Wert? In welchem Kontext wäre dieses Verhalten sogar hervorragend?

Kontextreframing, Übung:
3. Auswahl der Darbietungsform Denken Sie über alternative Darbietungsformen des Reframes nach und wählen eine aus, von der Sie denken, daß sie die maximale Reaktion bringt. Pacing und Leading sind dabei besonders wichtig. **4. Durchführung** Bitten Sie A, die Klage zu wiederholen. Bieten Sie daraufhin Ihren Reframe an. Beobachten Sie die nonverbalen Veränderungen bei A.

II. Six-Step-Reframing

Im NLP haben sich einige grundsätzliche Annahmen herausgebildet, mit denen zu arbeiten für Veränderungsprozesse sinnvoll und wirkungsvoll ist. Eine dieser Grundannahmen ist folgende: Verhaltensweisen, die Menschen zeigen, sind in der Situation, in der sie sie zeigen, immer ihre besten Möglichkeiten, egal, wie unangemessen, unverständlich, ja bizarr sie Außenstehenden auch immer erscheinen mögen.

Die meisten unserer Verhaltensweisen sind erworben. Wir haben sie zu irgendeinem Zeitpunkt unseres Lebens gelernt. Und zumindest zu dem Zeitpunkt und in der Situation, in der wir sie gelernt haben, müssen sie für uns sinnvoll gewesen sein, einen positiven Zweck erfüllt haben, sonst hätten wir sie uns nicht angeeignet. Da unsere Entwicklung aber nicht stehenbleibt und äußere Lebensumstände sich ändern, kann später der positive Zweck unseres Verhaltens in den Hintergrund treten. Negative Folgen schieben sich in den Vordergrund, wirken eher störend und verleihen der Reaktionsweise einen eher unangemessenen, problematischen Charakter. Wenn dann noch dazukommt, daß wir für einen solchen speziellen Problemzusammenhang keine neuen Verhaltensweisen lernen oder andere verfügbare Verhaltensweisen für diese Problemsituation nicht benutzen lernen, weil wir ja eine haben, die die positive Absicht sicherstellt, finden wir uns in einer Sackgasse wieder. Wir sind festgefahren.

Six-Step - Reframing

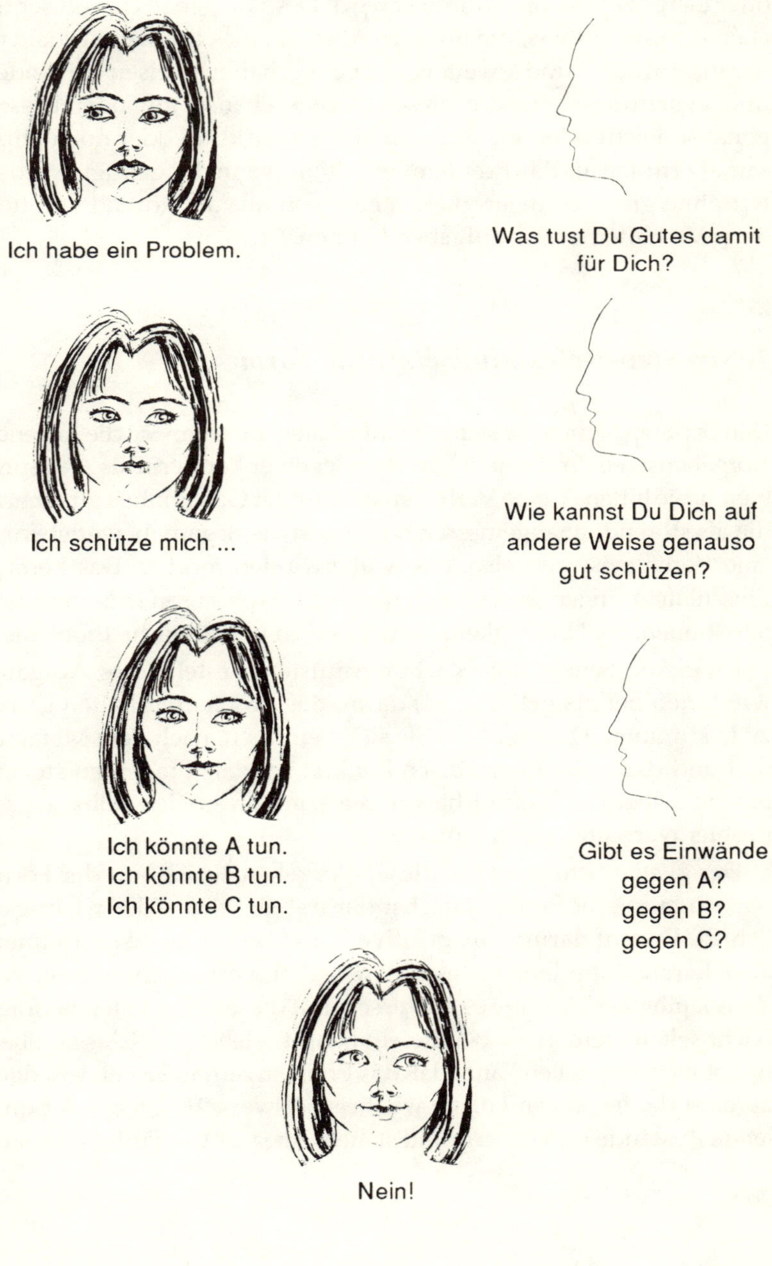

Solche unangemessenen und störenden Reaktionsweisen können wir aber bearbeiten. Wir müssen dafür nur sicherstellen, daß der positive Zweck durch etwas anderes, eine andere Verhaltensweise oder Gefühlsreaktion garantiert wird. Deshalb geht es im Wesentlichen darum: Erstens, die positive Absicht eines Problemverhaltens herauszufinden und zweitens, neue Verhaltensweisen zu finden und auszuprobieren, die diesen Zweck ebenso gut oder besser, genauso leicht oder leichter und ebenso wirksam oder noch wirksamer erfüllen als das Problemverhalten. Wenn das gelingt, werden wir ohne große Schwierigkeiten eine von uns als störend empfundene Verhaltensweise aufgeben können.

1. Six-Step-Reframing, einfache Form

Den Six-Step eignen Sie sich am einfachsten an, wenn Sie die folgende Vorgehensweise mit einem Partner oder einer Partnerin als A ausprobieren. Sie bitten A, eine Verhaltensweise oder Gewohnheit zu suchen, die als störend, unangemessen oder sonstwie negativ bewertet wird, eine Verhaltensweise also, die A überwinden möchte. Das können Einschlafstörungen sein, unangemessenes Aufbrausen in bestimmten Situationen, die Unfähigkeit, Nein zu sagen und ähnliche Probleme.

Im ersten Schritt dieses Übungsmusters besteht Ihre Aufgabe, wie Ihnen bereits geläufig ist, darin, das Problemverhalten genau zu bestimmen. Dabei sollten Sie sich bemühen, nach dem Metamodell und dann sinnesspezifisch konkret so viele Fragen zu stellen, bis Sie selbst das Gefühl haben, Sie könnten in sich selbst dieses Problemverhalten hervorrufen.

Der zweite Schritt ist bei dieser Vorgehensweise – in der Form, wie sie an dieser Stelle zunächst dargestellt wird – der wichtigste Schritt. Es geht darum, die positive Funktion genau zu bestimmen, also herauszufinden, ob es einen bisher verborgenen positiven Zweck gibt, den A, ohne es zu wissen, mit diesem Verhalten verfolgt. Nicht selten werden Sie bei diesem Schritt erleben, daß A sich überhaupt nicht vorstellen kann, daß das Problemverhalten, bei dem doch zumeist die negativen Folgen wie beispielsweise Schmerz oder quälende Zustände im Vordergrund stehen, eine positive Funktion haben soll. Geht es beim Arbeiten mit dem Six-Step doch häufig um so etwas wie „nicht einschlafen können" oder auch psychosomatische Symptome wie Migräne, Magenschmerzen und z. B. allergische Reaktionen. Ohne die positive Absicht des Problemverhaltens können Sie normalerweise nicht weiterarbeiten. Wenn A spontan keine positive Funktion bewußt wird, haben Sie aber noch die Möglichkeit, bei der Suche zu unterstützen. Sie könnten A auffordern, von sich selber abzusehen, ähnliche Verhaltensweisen bei anderen zu vergegenwärtigen und zu spekulieren, welche positive Funktion das bei denen haben könnte. Selbst wenn Sie an dieser Stelle das Bewußtwerden der positiven Funktion nicht bewirken können, müssen Sie Ihr Vorhaben nicht ganz aufgeben. Sie können davon ausgehen, daß eine unbewußte Instanz in A das Verhalten organisiert und von Ihnen erfahren kann, wie sie ihr Verhalten „umorganisieren" kann. Zu diesem Zweck brauchen Sie A lediglich die weiteren Schritte des Six-Step zu erläutern. Es gibt Erfahrungen, daß auch ein solches Vorgehen erfolgreich sein kann.

Das Problem, daß die positive Absicht, der sogenannte Sekundärgewinn, beim Six-Step bewußt werden muß, kann aber in Lernzusammenhängen umgangen werden: Wenn Sie den Six-Step zusammen mit einem Partner oder einer Partnerin ausprobieren, mit dem oder der Sie schon andere NLP-Lernstrategien erarbeitet haben, dann wählen Sie ganz einfach ein Problem, das Sie beispielsweise schon auf der Situationsebene bearbeitet und für das Sie somit bereits Lösungen gefunden haben. Seminarerfahrungen zeigen, daß Sekundärgewinne bewußt werden, wenn es bereits Lösungen irgendeiner Art gibt. Ich vermute, daß die von Thies Stahl entwickelte „Integration zweier dissoziierter Physiologien" in eben derselben Weise wirkt und damit die Erfolgschancen eines Six-Step erhöht. Damit haben Sie nicht nur im Lernzusammenhang, sondern auch für die spätere Praxis zwei Möglichkeiten, die Schwierigkeiten mit dem Sekundärgewinn beim Six-Step zu umgehen.

Beim zweiten Six-Step-Schritt ist aber noch ein weiterer Zusammenhang zu beachten. Es kann geschehen, daß A Ihnen eine positive Absicht nennt, diese jedoch negativ bewertet. Daß Sie mit einer vom Bewußtsein negativ bewerteten Absicht eines Problemverhaltens nicht weiterarbeiten können, macht das folgende Beispiel aus der Beratungspraxis deutlich. Eine Frau, deren Ziel die Bearbeitung von Frigidität war, nannte auf die Frage nach der positiven Funktion spontan: „Mich an meinem Mann rächen!“ Diese Funktion war für sie nicht annehmbar und der Logik des Six-Step nach auch nicht zur Weiterarbeit geeignet. Denn die Fortsetzung des Vorgehens nach dem Six-Step würde ja bedeuten, nach anderen Wegen zu suchen, wie diese Frau sich sonst noch an ihrem Mann rächen könnte. Wenn Sie auf Ihre Frage nach dem Sekundärgewinn eine dem Bewußtsein des Betreffenden nicht akzeptable Funktion genannt bekommen, dann fragen Sie einfach weiter: „Was meinen Sie, gibt es dafür einen positiven Zweck, den Sie damit (mit der Rache) verfolgen?“ In meinem Beispiel kam auch etwas: Die Frau wollte ein Kind. Der Mann war nach Auskunft der Frau aus bestimmten behebbaren Gründen zeugungsunfähig und tat nichts, um seine Gesundheit wiederherzustellen. Die Frau wollte mit ihrer sexuellen Weigerung den Mann bewegen, etwas zu unternehmen. Die positive und akzeptable Sekundärfunktion ihrer Frigidität war also: Ich will erreichen, daß mein Mann etwas unternimmt, um seine Gesundheit wiederherzustellen.

Wenn Sie eine positive, vom Bewußtsein akzeptierte Funktion des Problemverhaltens haben, dann fragen Sie im dritten Schritt nach der Bereitschaft zu neuen Wegen, wenn diese Wege für die Erreichung dieser positiven Absicht ebenso sicher, brauchbar und wirksam sind wie das Problemverhalten. Erfahrungsgemäß werden Sie an dieser Stelle keine Widerstände antreffen.

In Schritt vier veranlassen Sie A, drei neue Wege zu suchen oder drei Möglichkeiten zu finden, mit denen die positive Absicht ebenso sicher, leicht und wirksam zu erreichen ist wie mit dem Problemverhalten. Wenn A nichts einfällt, haben Sie die Möglichkeit der Unterstützung, z. B. durch die Aufforderung: „Spinnen Sie mal!“ oder „Was Sie sich jetzt einfallen lassen, müssen Sie ja nicht unbedingt tun. Das entscheiden Sie später.“ Oder: „Was würde denn jemand tun, den Sie in dieser Hinsicht für sehr kreativ halten und den Sie sehr schätzen?“

Wenn A gar nichts einfällt, haben Sie natürlich die Möglichkeit, von Ihrer Seite aus neue Wege anzubieten. Sie werden allerdings die Erfahrung machen, daß Angebote zur Problemlösung nichts beitragen, wenn sie von A nicht aus eigenem Antrieb kongruent angenommen werden.

Der fünfte Schritt ist ein Ökologie-Check. Sie bitten A, darüber nachzudenken, ob es nicht vielleicht irgendwelche Einwände dagegen gibt, die neuen Wege auszuprobieren. Diesen Schritt sollten Sie wieder sehr sorgfältig erarbeiten. Denn unökologische Verhaltensweisen erzeugen entweder Probleme, oder sie sabotieren den Erfolg Ihres Bemühens, denn Vorbehalte können auch dazu führen, daß die neuen Verhaltensweisen gar nicht ausprobiert werden. Wenn Einwände bewußt werden, geht es darum, die Wege so zu bearbeiten und zu modifizieren, bis alle Einwände berücksichtigt sind und keine neuen mehr auftauchen. Einen nonverbalen Hinweis auf einen gründlichen Ökocheck haben Sie sowohl an der Physiologie wie auch an der symmetrischen Körperhaltung von A bei dieser Aufgabe.

Der sechste Schritt ist ein Future-Pace von der Art, wie sie bei Reframingmodellen allgemein üblich sind. Sie veranlassen A, die Verantwortung dafür zu übernehmen, die neuen Wege auszuprobieren. Wenn A zustimmt, können Sie den Six-Step abschließen. Falls Sie an dieser Stelle ein Nein bekommen, müssen Sie weiterarbeiten, und zwar, indem Sie zum vierten Schritt zurückgehen und weiter nach neuen Wegen suchen.

Transkript

Im folgenden Transkript fehlt die Frage nach der Bereitschaft zu neuen Wegen, weil A in dem Augenblick selber einfällt, daß es andere Möglichkeiten gibt, die positive Funktion sicherzustellen.

B:
Gibt es etwas, was Du in Deinem Leben verändern möchtest?

A:
Oh, eine ganz wichtige Geschichte für mich, weil die mich doch ganz schön quält. Ich bekomme, wenn ich Seminare halten muß, ein paar Tage vorher richtige Angstzustände. Also es geht da nicht um Lampenfieber. Ich nenne das den Seminarkoller, und das was hinterher kommt, den Kater, aber der Koller ist eigentlich so das, was mich eigentlich am meisten pisackt.

B:
Und wann fängt das an? Kannst Du das so ungefähr festlegen?

A:
Es ist relativ kurz bevor die stattfinden. Es ist meistens einen Tag oder zwei Tage vorher. Und dann kommt wieder eine Phase, da bin ich eigentlich ganz ruhig. Und das normale Lampenfieber kommt kurz vorher, also am Morgen davor. Aber das finde ich nicht so problematisch. Aber daß es davor eine Phase gibt – und die kann also wirklich einen ganzen Tag dauern – wo ich unter extremen Ängsten leide, daß irgendetwas schief läuft oder sonstwas, daß ich mir alles Mögliche ausmale, was passieren kann.

B:
Also Du stellst Dir dann vor, was bei diesem Seminar so alles schiefgehen kann.

A:
Ja, genau.

B:
Hast Du dann da irgendwelche Bilder, daß Du Dir die Situation bildhaft vorstellst? Oder wie ist das?

A:
Ja. Also bei manchen Seminaren schon, daß ich mir vorstelle, entweder daß die Leute unzufrieden sind oder, daß auch sonst etwas schiefgehen kann, daß Konflikte auftauchen, mit denen ich vielleicht nicht so souverän umgehen kann. Also inhaltlich ist das ganz verschieden. Ich mache mir Vorstellungen, was schief laufen kann und stehe dann so richtig auch physisch ... Es tut überall weh.

B:
Es tut am ganzen Körper weh, oder ...

A:
Ja, es ist so ein Gefühl, so ein Druck. Also ich stehe unter Angstdruck.

B:
Und das kannst Du im ganzen Körper spüren, den Druck? Oder gibt es eine Stelle, wo das besonders spürbar ist?

A:
Also hier in dem Bereich (zeigt auf die Magengegend). Also jetzt, wo ich daran denke, mir wird ein bißchen kodderig zumute, so Anfänge von Übelkeit.

B:
Durch diese Angst ausgelöst. Kannst Du Dir vorstellen, daß es so einen Teil gibt in Dir, der das macht? Der diese Angst auslöst?

A:
Ja, es ist so ein ... Also so einen Teil direkt nicht. Aber es ist auf jeden Fall ... Also einen Teil, damit habe ich eher Schwierigkeiten.

B:
Hmm! Aber daß es in Dir da etwas gibt?

A:
Ja, es ist eine Instanz in mir, die mich offensichtlich unter Angstdruck setzt.

B:
Ja, und kannst Du Dir auch vorstellen, daß diese Instanz eigentlich für Dich etwas Positives erreichen möchte? Damit, daß sie Dich in diesen Angstzustand versetzt?

A:
Ja, ich gehe schon davon aus, daß die meisten Verhaltensweisen oder was mit einem geschieht, irgendwo eine positive Funktion haben.

B:
Und kannst Du Dir auch vorstellen, was das jetzt bei dieser Sache ist?

A:
Ich habe da eben schon einen Gedanken gehabt. Also es ist zumindest etwas, was sicherstellen will, daß ich alle schwierigen Situationen abtaste, damit ich, wenn sie wirklich mal auftauchen, dann auch ausgerüstet bin, was ich dann mache.

B:
Also daß Du dann schon reagieren kannst.

A:
Ja, daß ich Verhaltensweisen parat habe, um damit gut umgehen zu können. Ja, aber ich meine, dazu müßte man aber nicht Angst haben, das kann man ja auch ohne Angst machen.

B:
Das wäre sehr schön. Ja, kannst Du Dir das vorstellen, daß Du das auch so erreichen kannst? Daß diese Angst nicht da ist, daß Du trotzdem Dir aber zum Beispiel die Situationen vorstellst?

A:
Das bräuchte ich ja beispielsweise zu der Zeit auch bloß systematisch zu machen. Daß ich mir beispielsweise Aufstellungen mache: OK, was kann jetzt passieren.

B:
Also was kann schlimmstenfalls eintreten?

A:
Ja, oder mehrere Situationen, die passieren können. Und mir dafür genau überlegen: Wenn das eintrifft, dann kann ich mich so und so verhalten. Und das absolviere ich, und dann habe ich Ruhe und brauche keine Angst mehr zu haben. Das wäre eine Möglichkeit, ja.

B:
Also, Du überlegst Dir vorher ganz systematisch, was gibt es für verschiedene Situationen, die eintreten können, und wie willst Du darauf reagieren.

A:
Ja.

B:
Kannst Du Dir auch noch etwas anderes vorstellen? Könnte es noch etwas anderes geben?

A:
Ja, ich könnte mich mal auf meine Erfahrungen verlassen. Meine Erfahrungen sagen mir, daß mir eigentlich auch in allen Problemsituationen immer etwas eingefallen ist. Sozusagen meine kreative

Instanz, daß die dann, wenn es wirklich nottut, dann auch da bereithockt und mir dann hilft.

B:
Wie könntest Du die denn zur Verfügung haben?

A:
Die habe ich immer zur Verfügung.

B:
Und wie könntest Du Dich daran erinnern? Also Du weißt es jetzt. Aber Du mußt ja auch in der Situation dann wissen, daß Du diese Erfahrungen gemacht hast?

A:
Das ist ein bißchen schwieriger, ja. Also wenn es schwierige Situationen ... Aber die hatte ich bisher immer zur Verfügung. Offensichtlich gibt es auch so ein Zusammenspiel: wenn etwas Bestimmtes eintritt, dann fällt mir auch was dazu ein.

B:
Also Du meinst, Du kannst Dich dann in diesen Situationen auch daran erinnern, daß Du diese Erfahrungen hast.

A:
Also, ich habe eine Vorstellung davon, daß ich mich gar nicht daran erinnern muß. Wenn ich Problemsituationen sehe, dann habe ich auch sozusagen die Potenz zur Verfügung, mit denen umgehen zu können. Oder ich gehe auf der Metaebene damit um, sage: Oh, das ist jetzt eine schwierige Situation, jetzt weiß ich nicht, wie ich damit umgehen soll, helft mir mal oder sonst irgend etwas. Also mir fällt garantiert irgend etwas ein, wie ich mit einer Problemsituation umgehen kann.

B:
Da bist Du jetzt auch ganz sicher.

A:
Da bin ich ganz sicher, ja.

B:
Ja, gut! Dann überleg Dir doch bitte noch mal eine dritte Möglichkeit.

A:
Dritte Möglichkeit, mich auf diese Situationen vorzubereiten. Ach, ja, ich könnte beispielsweise vor jedem Seminar mit irgend jemandem die Sache wirklich auf Problemsituationen hin durchkaspern. Also beispielsweise, wenn ich mit einem Partner zusammenarbeite, dann könnte ich es mit dem machen. Oder wenn ich alleine arbeite und das Gefühl habe, ich brauche da noch zusätzlich Unterstützung, kann ich mir die irgendwo holen.

B:
Jetzt hast Du drei Möglichkeiten.

A:
Bin eigentlich auch schon zufrieden.

B:
Dann horche doch nochmal in Dich, und frage Dich oder Deine anderen Instanzen, die in Dir sind, ob es irgendwelche Einwände gibt.

A:
Systematisch vorzugehen, da spricht überhaupt nichts dagegen. Darauf zu vertrauen, daß mir meine Fähigkeiten verfügbar sind, wenn ich sie brauche, darauf habe ich mich eigentlich mein Leben lang verlassen können. Daran will ich auch jetzt nicht zweifeln.

B:
Und die dritte Möglichkeit, daß Du Dich an andere wenden kannst, die Dich dann unterstützen?

A.
Ja. Es könnte natürlich sein, daß die nicht immer Zeit haben und sich gestört fühlen, daß ich andere belästige. Aber da kann man ja auch fragen: Hast Du Zeit? Und wenn der keine Zeit hat, dann ist eben nichts.

B:
Und was ist dann, wenn da jemand sagt: Ich habe keine Zeit?

A:
Das ist auch OK. Dann habe ich ja noch zwei andere Möglichkeiten.

B:

Oder Du könntest noch jemand anderen fragen.

A:

Ja. Es gibt ja nicht nur einen, sondern mehrere. Ja, gut!

B:

Und meinst Du, daß Du das auch einsetzen wirst, diese drei neuen Möglichkeiten. Du hast ja die Auswahl zwischen den dreien.

A:

Klar, ich werde, wenn ich merke, es kommen Bedenken, es könnte etwas passieren, dann werde ich mich wirklich mit Bleistift und Papier hinsetzen: So, jetzt liste ich alles auf und gehe alles durch.

B:

Ja, gut!

A:

Danke!!

Six-Step-Reframing, Übung der einfachen Form:

0. Problemverhalten (= X) suchen lassen
„Gibt es ein Verhalten oder eine Gewohnheit in Deinem Leben, die Du ändern möchtest?"

1. Problemverhalten genau bestimmen
Z. B.:
„Ist es genau X, das Dich stört, oder ist X nur ein Teil des Problems?"
„Stört X Dich immer oder nur manchmal?"
„Ist X in bestimmten Situationen angemessen?"
„Worum geht es dabei genau?" (evtl. VAKO-Hypnose)

2. Positive Funktion erkennen
„Überlege bitte, gibt es vielleicht eine Dir bisher verborgene positive Absicht, die Du, ohne es zu wissen, mit diesem Verhalten verfolgst?"

Six-Step-Reframing, Übung der einfachen Form:

Bei „weiß nicht“:
„Was könnte Dir einfallen, wenn Du ganz allgemein darüber nachdenkst, welche positive Absicht ein Mensch mit so einem Verhalten verfolgen könnte?“
Bei negativ bewerteter Absicht weiterfragen, bis eine akzeptable Absicht gefunden ist.

3. Bereitschaft zu neuen Wegen zeigen
„Bist Du bereit, auch andere Wege zu gehen, um diese positive Absicht zu erreichen, wenn diese Wege ebenso gut, sicher und wirksam sind wie X?“

4. Neue Wege suchen
„Dann überlege Dir bitte drei Wege oder Möglichkeiten, mit denen Du Deine positive Absicht ebenso gut, sicher und wirksam erreichen kannst wie mit X!“

5. Evtl. Einwände überprüfen (Ökologie-Check)
„Überlege bitte jetzt, ob es irgendwelche Einwände gegen diese neuen Wege gibt!“
Bei Ja:
„Dann verändere diese Wege solange, bis Dir keine Einwände mehr einfallen!“

6. Verantwortung übernehmen (Future-pace)
„Traust Du Dir zu, diese Wege auszuprobieren, die Du eben erarbeitet hast?“
Bei Nein zurück zu Schritt 5 oder 4
Bei Ja: „Glaubst Du, daß es klappt?“
Bei Ja: „Dann sind wir am Ziel!“
Bei Nein: „Dann laß Dich überraschen!“

Das Six-Step-Reframing in der einfachen Form, wie es oben aufgebaut ist, werden Sie in keinem anderen NLP-Buch finden. Das obige Six-Step-Muster vermeidet alle sprachlichen Rituale, gegen die Gesprächspartner meiner praktischen Arbeit mit NLP Einwände erhoben haben. Was sich bei dieser Anpassung an die Formwünsche meiner Seminarteilnehmer/innen und Coachingpartner/innen herausgebildet hat, ist ein Gesprächsmuster, dessen Struktur für einen der abendländischen Denktradition verpflichteten Menschen logisch überzeugend wirkt. Dieses Gesprächsmuster kann in ganz normale Gesprächssituationen mit Beratungscharakter einbezogen werden, in beruflichen Kontexten ebenso wie in privaten Situationen. Voraussetzung ist natürlich eine vertrauensvolle Beziehung.

Die von Bandler und Grinder entwickelten Reframing-Muster[5] enthalten demgegenüber Elemente, die auf Annahmen theoretischer Art beruhen, die an dieser Stelle aufzuzeigen sind und die ein Berater mit seinem Gesprächspartner klären muß, bevor er einen Six-Step durchführt, wie er im NLP üblich ist.

Dabei ist ganz allgemein darauf hinzuweisen, daß von NLP-Anwendern (zumindest bislang) kein Anspruch erhoben wird, Arbeiten mit NLP gründe sich auf etwas, was man Theorie nennen könnte. Die Begründer gehen davon aus, daß sie mit Modellen arbeiten, die funktionieren[6]. Ihr Interesse gilt lediglich der Zielerreichung, und wenn sie feststellen, daß etwas nicht funktioniert, lautet ihre Maxime: „Probiere etwas anderes!" Ob ihre Annahmen wahr sind oder nicht, ob die Zusammenhänge und Prozesse, mit denen sie arbeiten, sowie deren Logik als richtig nachgewiesen werden können, ist ihnen völlig gleichgültig. Vielleicht kann man ihre Einstellung zurückführen auf den Satz: „Alle Generalisierungen sind Lügen!" NLP unterscheidet sich von anderen geistigen Konstrukten ausgehend von diesem Grundsatz nur dadurch, daß NLP-Lehrer keinen Anspruch auf Wahrheit erheben und ihre Schüler auch nicht darüber im Unklaren lassen, daß sie sie fortwährend belügen. Andere Lehrer glauben demgegenüber Bandler und Grinder zufolge an ihre Lügen. Einen weiteren Unterschied, der NLP charakterisiert, besteht nach Bandler und Grinder darin, daß ihre Lügen eben recht gut funktionieren, wenn man so tut, als wären sie wahr[7].

2. *Die Konzeption des Unbewußten im NLP*

Trotz der bewußten und gewollten Theorieabstinenz arbeitet auch NLP mit theoretischen Vorstellungen, denen ein gewisser Abstraktionsgrad nicht abzusprechen ist. So gibt es beispielsweise eine Annahme über unbewußte Strukturen und Prozesse, die in sprachliche Muster der Veränderungsstrategien eingehen, und deshalb auch dort vermittelt werden müssen, wo mit solchen sprachlichen Mustern gearbeitet wird. Und das geschieht zum Beispiel beim normalen Reframing. Zumindest kann man bei Reframingmustern nicht mehr vermeiden, vom Unbewußten zu reden.

Bewußte und unbewußte Strukturen und Prozesse anzunehmen, ist in der Psychologie und auch in populärpsychologischen Darstellungen allgemein üblich. Deshalb wird der Begriff des Unbewußten bei der praktischen Arbeit von den meisten Gesprächspartnern akzeptiert. Dabei ist es beim NLP in der Tat ohne Belang, was für eine Vorstellung vom Unbewußten Gesprächspartner/innen sich machen. Sie können diese Vorstellung an das Phänomen des Träumens binden oder an kreative Prozesse, das Vergessen und spontane Wiedererinnern von Dingen u. a. mehr. NLP selber geht davon aus, daß die meisten physischen und geistigen Lebensprozesse unbewußt ablaufen. Dabei nimmt NLP keine einschneidende Barriere an **zwischen unbewußten und bewußten Prozessen**, sondern eher **graduelle Unterschiede**[8].

Wichtig für die Arbeit mit NLP ist lediglich, auf einen **positiven** Begriff vom Wirken unbewußter Prozesse hinzuwirken als etwas, das für das Individuum wichtige Funktionen des Lebens und Wohlergehens ausübt. In diesem Zusammenhang gibt es auch die Vorstellung, daß das Unbewußte zuweilen den Menschen davor schützt, bestimmte Zusammenhänge seiner Lebenspraxis zu wissen und insofern Widerstand gegen Bemühungen leistet, solche Dinge bewußt werden zu lassen.

Daß das **Unbewußte mehr Macht über menschliche Lebenspraxis besitzt als das Bewußtsein**, ist eine weitere Annahme, mit der NLP arbeitet. Diese überlegene Macht geht nach NLP einmal davon aus, daß die meisten Lebensprozesse unbewußt gesteuert werden und zum anderen, daß auch die meisten Erfahrungen, die ein Mensch in seinem Leben macht, seinem Bewußtsein nicht unmittelbar zugänglich sind. Damit wird das Unbewußte im NLP zu einer Instanz, zu der eine gute Beziehung herzustellen von Vorteil ist, genauso wie es vorteilhaft sein kann, gute Freunde zu besitzen, die über Macht verfügen.

Eine für das Arbeiten mit NLP wichtige Annahme besteht darin, daß das Seelenleben des Menschen strukturiert ist. Ähnlich wie Freud für den von ihm konzipierten psychischen Apparat

Instanzen annahm, die inzwischen zum Bestand des Allgemeinwissens gezählt werden können: „Es", „Ich" und „Überich", Instanzen, die Verhalten organisieren, um Ziele zu erreichen, geht auch NLP davon aus, daß die Persönlichkeit des Menschen so aufzufassen ist, **daß „Teile" der Persönlichkeitsstruktur „Verhalten" organisieren, um für das Leben des Menschen „positive Absichten" oder „positive Funktionen" zu erfüllen**. Bei der praktischen Arbeit mit dieser Vorstellung wird so verfahren, daß, wo immer es um eine menschliche Lebensfunktion geht, die durch Verhalten aufrechterhalten wird, auch ein Teil angenommen wird, der dieses Verhalten organisiert, um die Funktion sicherzustellen. Dieses Konzept weist Ähnlichkeiten auf mit der Theorie des Multimind von Robert Ornstein[9].

Diese Annahme liegt fast allen Reframingmodellen zugrunde, ist aber in der Praxis manchmal nur schwer zu vermitteln, weil die Vorstellung, aus Teilen zusammengesetzt zu sein, oftmals negative mechanische Assoziationen auslöst, obwohl NLP einen systemischen Zusammenhang der Teile annimmt. Allerdings ist es auch hier für NLP nicht weiter von Bedeutung, ob der Begriff „Teile" vom Gesprächspartner akzeptiert wird. Man kann an seiner Stelle auch mit Begriffen wie „Instanz", „Persönlichkeitsanteil" oder „Bestrebung" arbeiten. Bei sprachlichen Verständigungsschwierigkeiten können Sie auf den Begriff „Teile" auch völlig verzichten, denn positive Absichten können Sie auch erfragen, ohne einen „Teil" anzusprechen, ebenso wie Sie Einwände ohne die Identifizierung des entsprechenden „Teils" überprüfen lassen können. Letztlich bleibt für erfolgreiches Arbeiten mit NLP die Empathie und Kreativität des Beraters verantwortlich, die sich auch und vor allem darin ausdrückt, die angemessene Sprache zu finden, die den individuellen Gesprächspartner zur Lösung individueller Probleme befähigen kann.

Für das Vorgehen von Reframing-Modellen ist darüberhinaus von Bedeutung, die Vorstellung zu akzeptieren, daß man **mit dem Unbewußten Verbindung aufnehmen**, mit ihm reden, es um etwas bitten und mit ihm verhandeln kann. Solche Vorstellungen werden in der Beratungspraxis manchmal nicht akzeptiert. Dann ist der Berater darauf angewiesen, den Six-Step in der obigen einfachen Form durchzuführen, die in der Sprache auf diese Kontaktaufnahme mit dem unbewußten Teil verzichtet. Dem

Erfolg scheint dieser Verzicht nicht abträglich zu sein. Wenn man darauf jedoch nicht verzichten will, hat man noch die Möglichkeit, auf die Erfahrung kreativer Prozesse zurückzugreifen, in denen den Menschen im Wachen wie im Träumen Bilder, Worte oder Ideen eingegeben werden oder in denen spontan Gefühle auftauchen, die zu Problemlösungen führen. Einstein beispielsweise hatte einen Traum von einem Ritt auf einem Sonnenstrahl, der ihn zur Konzeption der Relativitätstheorie führte. Der Erfinder des Benzolrings sah im Traum eine Schlange, die sich in den Schwanz biß, und hatte damit die Lösung für seine offenen Fragen. Wenn Sie einen Six-Step in der von den Begründern des NLP konzipierten Form durchführen wollen, müssen Ihre Gesprächspartner/innen etwas damit anfangen können und dazu bereit sein, wenn Sie sie bitten, „nach innen zu gehen und Kontakt aufzunehmen mit dem Teil, der sie zu dem problematischen Verhalten veranlaßt".

3. Six-Step-Reframing, Grundform

Das NLP-Grundmodell des Six-Step-Reframing enthält folgende sechs Schritte:

1. Problemverhalten x bestimmen.
2. Kontakt mit dem Teil X der Persönlichkeit aufnehmen, der das Problemverhalten x erzeugt.
3. Positive Funktion Y des Problemverhaltens x erfragen.
   (Dieser Schritt wird manchmal als Unterscheidung zwischen Absicht und Verhalten oder als Trennung von Bewußtem [Verhalten] und Unbewußtem [Absicht] bezeichnet.)
4. Kontakt mit dem kreativen Teil der Persönlichkeit aufnehmen und Verhaltensalternativen erbitten, die die positive Funktion Y ebenfalls erfüllen können.
5. Den Teil X ersuchen, die Verantwortung für die Umsetzung der Verhaltensalternativen zu übernehmen (Future-Pace).
6. Einwände gegen die neuen Verhaltensalternativen überprüfen (Ökologie-Check).

Ich persönlich ziehe es vor, den sechsten Schritt (Ökologie-Check) vor dem fünften (Future-Pace) zu tun, weil es m.E. sinnvoll ist, die

Veränderungsarbeit abgeschlossen zu haben, bevor der Transfer in eine zukünftige Situation stattfindet. In dieser Form werde ich deshalb im Folgenden auch den Six-Step in seiner NLP-Grundform darstellen.

Ein Muster des Six-Step-Reframing, das sprachliche Formulierungen vorgibt, wird wegen der alternativen Reaktionsmöglichkeiten der unbewußten Teile notwendigerweise einigen Raum beanspruchen. Ausbildungserfahrungen zeigen jedoch, daß die Aneignung der Gesprächsmuster sehr viel leichter möglich ist, wenn Lernende beim ersten Versuch auf einen sprachlich vorformulierten Text zurückgreifen können, um die Anweisungen an A dann im zweiten Schritt in eigene Worte zu kleiden.

Bevor Sie ein Six-Step-Reframing der Grundform beginnen, klären Sie mit A begriffliche Grundlagen, die in der Vorgehensweise auftauchen. Einigen Sie sich mit A über ein gemeinsames Verständnis „unbewußter" Strukturen und Prozesse. Wirken Sie darauf hin, daß A die Vorstellung von einer „positiven Absicht" unbewußter Prozesse (auch des Symptoms) akzeptiert. Klären Sie, wie eine dem Bewußtsein „überlegene Macht des Unbewußten" aufgefaßt werden könnte. Und einigen Sie sich darüber, ob, und wenn ja, wie jene Instanz benannt werden sollte, die nach der Auffassung von NLP Verhalten organisiert, um wichtige Funktionen im Leben von A aufrechtzuerhalten. Stellen Sie sicher, daß A etwas damit anfangen kann und bereit ist, dem zu folgen, wenn Sie ihn oder sie auffordern, „Verbindung mit dem Unbewußten aufzunehmen", „nach innen zu gehen" und „Kontakt mit einem unbewußten Teil oder einer unbewußten Instanz aufzunehmen", wie immer A das nennen will.

Wenn Sie Six-Steps der NLP-Grundform bereits als Anwender praktizieren, also nicht mehr in einem umfassenden Lernzusammenhang mit vertrauten Partner/innen NLP-Vorgehensweisen ständig üben, überlegen Sie, ob Sie, bevor Sie den eigentlichen Six-Step durchführen, eine Problemsituation aus dem angebotenen Problemzusammenhang „auf der Situationsebene" bearbeiten oder eine „Integration zweier dissoziierter Physiologien" nach dem Modell von Thies Stahl vornehmen. Sie erinnern sich, daß Sie mit dieser Vorarbeit die Chance vergrößern, daß die positive Absicht (der Sekundärgewinn) eines Problemverhaltens bewußt wird.

Schritt 1: Problemverhalten genau bestimmen

Wenn Sie mit einem Partner oder einer Partnerin als A zusammen üben, bitten Sie, bevor Sie beginnen, um die Suche nach einem Verhalten oder einer Gewohnheit, die A ändern möchte. Danach lassen Sie, wie Ihnen bereits geläufig ist, das Problemverhalten genau bestimmen. Abweichungen von der einfachen Form beginnen erst beim zweiten Schritt.

Schritt 2: Kontakt mit dem unbewußten Teil aufnehmen

Hier kündigen Sie zunächst an, was Sie vorhaben, nämlich A zu veranlassen, nach innen zu gehen und sich an Teil X zu wenden und zu fragen, ob er bereit ist, mit ihm oder ihr im Bewußtsein zu kommunizieren. Sie informieren A über die verschiedenen Möglichkeiten dieses Teils, Botschaften zu senden, nämlich Bilder, Worte oder Klänge, oder Körperempfindungen. Danach sprechen Sie die Bitte aus: „Gehe nach innen und wende Dich an Teil X und frage, bist Du bereit, mit mir in meinem Bewußtsein jetzt zu kommunizieren?"

Auf diese Frage können Sie mit verschiedenen Möglichkeiten konfrontiert werden: Es kann

- a. gar **kein Signal** kommen, es kann ein
- b. **Nein-Signal** kommen, ein
- c. **„Jein"-Signal**, das Zweifel ankündigt, es können
- d. **mehrere Signale** kommen,
- e. **das Symptom** (bei psychosomatischen Beschwerden) kann auftauchen, und Sie können ein
- f. **Ja-Signal** bekommen.

Je nach Signal müssen Sie unterschiedlich reagieren.

ad a)

Wenn kein Signal kommt, lassen Sie A die Frage wiederholen. Wenn auch daraufhin nichts kommt, bieten Sie ein Bedeutungsreframing an. Dieses können Sie folgendermaßen formulieren: „Es ist sicher nicht der Zeitpunkt, dies Problem anzugehen. Dein unbewußter Teil hat sicher guten Grund, sich zu weigern, mit Dir zu sprechen. Vielleicht will er Dich schützen. Es ist sicher besser, es später noch einmal zu versuchen."

ad b)

Wenn ein Signal kommt, das A als Nein begreift, machen Sie einen sogenannten Zitatencheck. Sie fragen damit nach der kommunikativen Form, in der A den unbewußten Teil angeredet hat: „Wie hast Du eben den unbewußten Teil angeredet?" Wenn A auf eine wenig respektvolle Weise Kontakt aufgenommen hat, weisen Sie darauf hin, daß eine solche Anrede verständlicherweise zu einer Weigerung führt und fordern A auf, zu seinem oder ihrem Unbewußten wie zu einem guten Freund zu sprechen oder einem Menschen, den er oder sie liebt. Bitten Sie A, noch mal nach innen zu gehen und noch einmal respektvoll zu fragen, ob jetzt Bereitschaft besteht. Wenn auf die erneute (jetzt respektvolle) Frage wieder ein Nein kommt, bieten Sie ein Bedeutungsreframing an wie ad a) und beenden die Arbeit.

ad c)

Wenn ein Signal kommt, das A als Zögern oder „Jein" oder Zweifel begreift, veranlassen Sie A, diese Unstimmigkeit zu klären, d.h. den entsprechenden Teil nochmals anzusprechen, zu fragen, ob es solche Bedenken gibt, und um ein eindeutiges Signal zu bitten.

ad d)

Wenn mehrere Signale kommen, bieten Sie wieder ein Reframing an, indem Sie feststellen, daß da offenbar mehrere Teile involviert sind. Veranlassen Sie A, die Teile zu bitten, als Team zusammenzuarbeiten und als eine Stimme zu reden.

ad e)

Wenn das beklagte Körpersymptom als (ein schmerzhaftes) Signal kommt, weisen Sie A an, Teil X zu fragen, welche Absicht er damit verfolgt und ihn zu bitten, ob er dieses Signal so abschwächen kann, daß A mit ihm darüber kommunizieren kann.

ad f)

Wenn ein Signal kommt, das A als eindeutiges Ja begreift, lassen Sie ein Ja-Signal und ein Nein-Signal etablieren, indem Sie A zu folgendem Vorgehen veranlassen: A soll Teil X sein oder ihr Interesse an seinen Botschaften versichern und ihn bitten, für ein JA dieses Signal zu verstärken und für ein NEIN dieses Signal abzuschwächen. Wenn danach unklare Signale kommen, lassen Sie A nochmals um eindeutige Signale bitten.

Schritt 3: Positive Funktion erkennen

Auch beim dritten Schritt gibt es bei dieser Six-Step-Grundform mehrere Möglichkeiten der Reaktion des unbewußten Teils, auf die Sie unterschiedlich reagieren müssen. Sobald Sie Kommunikationsmöglichkeiten zwischen dem bewußten Teil von A und ihrem/seinem unbewußten Teil erarbeitet haben, veranlassen Sie A zunächst, nach innen zu gehen und Teil X zu fragen, ob er bereit ist, seine Absicht mitzuteilen, die er mit dem Verhalten x verfolgt. Hier kann erfahrungsgemäß a) ein Ja-Signal oder b) ein Nein-Signal kommen.

ad a)

Wenn ein Ja-Signal kommt, dann veranlassen Sie A, den Teil X jetzt zu bitten, seine Absicht mitzuteilen. Nach der Mitteilung fragen Sie A, ob die Absicht akzeptabel ist. Bei Nein veranlassen Sie A, den Dialog mit Teil X weiterzuführen und Teil X zu bitten, Auskunft zu geben, was er Gutes für A tut, wenn er diese Absicht verfolgt. Fahren Sie damit solange fort, bis eine akzeptierte positive Funktion gefunden und damit eine gemeinsame Basis für das Unbewußte und das Bewußte von A vorhanden ist.

Wenn diese positive Funktion bewußt geworden und akzeptiert ist, lassen Sie von A die Bereitschaft von Teil X zu neuen Wegen erfragen. Bei Ja fahren Sie mit Punkt 4 fort.

ad b)

Wenn ein Nein-Signal kommt, bieten Sie ein Bedeutungsreframing an, das Sie folgendermaßen formulieren können: „Dein Unbewußtes hat sicher einen guten Grund, Dir seine Absicht nicht mitzuteilen. Es will Dich wahrscheinlich schützen oder es möchte nicht, daß Du in sein Handeln eingreifst." Auch wenn Sie hier ein Nein bekommen, können Sie fortfahren.

Schritt 4: Kontakt mit dem kreativen Teil aufnehmen und um neue Wege bitten

Auch der vierte Schritt des Six-Step-Grundmusters ist kompliziert und erfordert kreatives Reaktionsvermögen von Ihnen als Berater, um die Kommunikation zwischen dem bewußten Teil von A und unbewußten Teilen aufrechtzuerhalten. Zunächst fragen Sie A, ob sie oder er meint, über kreative Fähigkeiten zu verfügen. Dabei werden Sie die Erfahrung machen können, daß manche Menschen sich für überhaupt nicht kreativ halten. Sie können auf diese Frage also a) ein Nein oder b) ein Ja bekommen.

ad a)
Wenn A auf obige Frage mit Nein antwortet, haben Sie die Möglichkeit, fünf kreative Situationen, in denen A Lösungen für Probleme gefunden hat, vergegenwärtigen zu lassen und zu ankern. Sie können A dann versichern, daß A damit einen kreativen Teil besitzt und bitten, das zu akzeptieren.

Wenn A auf obige Frage mit Nein antwortet, können Sie versuchen, A einen kreativen Teil unterzuschieben. Sie bringen A dazu, sich klarzumachen, daß kein Mensch sich immer rezeptiv verhält mit der Schlußfolgerung, daß jeder Mensch auch immer auswählt und damit einen kreativen Teil, der das bewerkstelligt, haben muß. Arbeiten Sie aber nicht weiter, bevor A das akzeptiert hat.

Wenn A auf obige Frage mit Nein antwortet, können Sie auch versuchen, zu modellieren. Das tun Sie, indem Sie A fragen, ob sie oder er jemanden kennt, der kreativ ist. Dann bitten Sie A, dieses Modell zu nutzen, d.h. sich diesen Menschen vorzustellen, wie er drei andere Möglichkeiten nennt, wie man die positive Absicht auch anders sicherstellen könnte als mit dem Verhalten x.

ad b)
Wenn A auf die Frage, ob er oder sie über einen kreativen Teil verfügt, mit Ja antwortet, lassen Sie A eine weitere Frage an Teil X stellen, nämlich die nach der Bereitschaft, sich vom kreativen Teil drei Wege nennen zu lassen, die das Verhalten x ersetzen, aber genau so sicher, brauchbar und effektiv sind wie x, um seine Absicht zu erfüllen. Auch hier können Sie wieder mit zwei Möglichkeiten konfrontiert werden. Sie können b1) ein Nein bekommen oder b2) ein Ja.

ad b1)
Wenn auf diese Frage ein Nein kommt, fahren Sie fort, indem Sie A mit Teil X über bestimmte Bedingungen für seine Zustimmung verhandeln lassen: Lassen Sie A beispielsweise Teil X fragen, ob es solche Bedingungen gibt, z. B. ob und wenn ja welche Zusicherungen er braucht, um zustimmen zu können. Andere Verhandlungsmöglichkeiten könnten sein, ob und wenn ja welche Teile es gibt, mit denen Teil X sich verbünden möchte. Vielleicht wäre beispielsweise ein Kontakt mit dem listigen Teil angebracht. Hier ist sehr viel Kreativität des Beraters gefragt, um die Gründe für die Weigerung von Teil X herauszufinden und Möglichkeiten zu finden, die dessen Einverständnis bewirken. Gehen Sie in der praktischen Arbeit mit NLP von der Überzeugung aus oder tun Sie so, als ob man mit „Teilen“ wie mit Menschen kommunizieren kann und dabei alles einsetzen, was in schwierigen Verhandlungen hilft, Ziele zu erreichen. Nötig ist aber auf jeden Fall ein respektvoller Umgang. Unterstellen Sie, daß die „Teile“ im Sinne der Gesamtpersönlichkeit arbeiten und über Macht verfügen. Kooperativer Verhandlungsstil ist deshalb hier gefragt!

ad b2)
Wenn auf die Frage nach der Bereitschaft, sich vom kreativen Teil neue Wege nennen zu lassen, ein Ja kommt, dann bitten Sie A, wieder nach innen zu gehen und Teil X zu bitten, sich drei neue Wege nennen zu lassen, die das Verhalten x ersetzen, die aber genau so sicher, verfügbar und wirksam sind wie das Verhalten x. Bitten Sie weiterhin um ein Ja-Signal, sobald die drei Wege übermittelt wurden. Warten Sie, bis das Ja-Signal kommt, und fahren Sie dann bei Schritt 5 fort.

Wenn sich bei diesem Schritt trotzdem Widerstände geltend machen, weisen Sie A an, X zu bitten, mit dem kreativen Teil über die Wege zu verhandeln und diese solange zu modifizieren, bis Teil X einverstanden ist.

Schritt 5: Einwände überprüfen (Ökologie-Check)

Obwohl nach dem Six-Step-Grundmuster an dieser Stelle die Übernahme der Verantwortung, also ein Future-Pace folgt, biete ich

Ihnen an, zunächst den Ökologie-Check durchzuführen und damit die Veränderungsarbeit abzuschließen. Ein Ökocheck kann gerade beim Six-Step sehr lange dauern. Machen Sie sich aber die Mühe, immer wieder penetrant nachzufragen, ob es noch Teile gibt, die Einwände erheben, und achten Sie dabei sorgfältig sowohl auf die Physiologie als auch auf die symmetrische Körperorganisation.

Beim Ökockeck in der Six-Step-Grundform bitten Sie A, nach innen zu gehen und mit allen Sinnen aufmerksam Nachforschungen anzustellen, sich umzusehen, sich umzuhören oder alle Fühler auszustrecken, ob es Teile gibt, die Einwände gegen die neuen Verhaltensweisen erheben. Wenn ein Signal kommt, lassen Sie A fragen, ob das ein Einwand ist. Bei Ja lassen Sie A um die Bereitschaft bitten, die positive Funktion mitzuteilen. Danach fordern Sie über die Bitte von A den Einwand erhebenden Teil auf, zu Teil X und zum kreativen Teil zu gehen, um gemeinsam mit denen die Alternativen so zu modifizieren, bis der Einwand berücksichtigt ist. Auf diese Weise erforschen und bearbeiten Sie weitere Einwände, bis es keine Einwände mehr gibt.

Schritt 6: Verantwortung übernehmen (Future-Pace)

Future-Pace bei Six-Step-Modellen wird zumeist dadurch sichergestellt, daß einem unbewußten Teil der Persönlichkeit die Verantwortung für die praktische Umsetzung der Ergebnisse aus der Veränderungsarbeit übertragen wird. Häufig wird dabei auch geklärt, in welcher Zeitspanne das Problem gelöst sein könnte. Im Wesentlichen geht es bei diesem Six-Step-Grundmodell darum, A zu veranlassen, Teil X zu fragen, ob er bereit ist, dafür die Verantwortung zu übernehmen, diese drei neuen Wege in der von ihm vorgeschlagenen Zeitspanne auszuprobieren. Auch bei diesem abschließenden Schritt können Sie wieder mit verschiedenen Signalen konfrontiert werden, mit a) einem Nein-Signal und b) einem Ja-Signal.

ad a)

Bei Nein veranlassen Sie A, Teil X weitere Vorschläge zu machen, z. B. die Zeitspanne zu modifizieren, oder sich mit Teilen zu verbünden, die mithelfen könnten, das Problem zu lösen. Vielleicht wird von Teil X bei der Problemlösung auch die Unterstützung durch das

Bewußtsein gewünscht. Auch an dieser Stelle ist Einfühlungsvermögen und Kreativität des Beraters gefragt. Wenn es trotz Ihrer Bemühungen bei Nein bleibt, müssen Sie zurück zu Schritt 5 und die Einwände nochmals überprüfen oder sogar zurück zu Schritt 4, um neue Wege suchen zu lassen.

ad b)

Wenn Sie ein Ja bekommen, sind Sie am Ziel. Sie können dann A noch fragen, ob sie oder er dem unbewußten Teil X zutraut, diese Wege auszuprobieren, die soeben erarbeitet wurden. Wenn Sie an dieser Stelle ein Nein bekommen, können Sie schlicht reagieren mit: „Dann laß Dich überraschen!"

Six-Step-Reframing, Übung der Grundform:
0. Problemverhalten (= X) suchen lassen „Gibt es ein Verhalten oder eine Gewohnheit in Deinem Leben, die Du ändern möchtest?" **1. Problemverhalten genau bestimmen** Z. B. „Ist es genau x, das Dich stört, oder ist x nur ein Teil des Problems?" „Stört x Dich immer oder nur manchmal?" „Ist x in bestimmten Situationen angemessen?" „Worum geht es dabei genau?" (evtl. VAKO-Hypnose) **2. Kontakt mit dem unbewußten Teil aufnehmen** „Ich werde Dich gleich bitten, nach innen zu gehen und Dich an Teil X zu wenden und zu fragen, ob er bereit ist, mit Dir in Deinem Bewußtsein jetzt zu kommunizieren? Du kennst die verschiedenen Möglichkeiten dieses Teils, Dir Botschaften zu senden: – Bilder können kommen, – Worte oder Klänge, die Du hören kannst, oder – Körperempfindungen. Dann bitte ich Dich jetzt: Gehe nach innen und wende Dich an Teil X und frage ihn, bist Du bereit, mit mir in meinem Bewußtsein jetzt zu kommunizieren?"

Six-Step-Reframing, Übung der Grundform:

Verschiedene Möglichkeiten:

2a. Kein Signal
Wenn kein Signal kommt, A die Frage wiederholen lassen!
Wenn auch daraufhin nichts kommt, Bedeutungsreframing anbieten: „Es ist sicher nicht der Zeitpunkt, dies Problem anzugehen. Dein unbewußter Teil hat sicher guten Grund, sich zu weigern, mit Dir zu sprechen. Vielleicht will er Dich schützen. Es ist sicher besser, es später noch einmal zu versuchen."

2b. Nein-Signal
Wenn ein Signal kommt, das A als Nein begreift, nachfragen: „Wie hast Du eben den unbewußten Teil angeredet?" Wenn A auf eine wenig respektvolle Weise Kontakt aufgenommen hat, hinweisen: „Wenn Du so mit Deinem Unbewußten geredet hast, ist es nicht verwunderlich, daß es sich weigert." Auffordern: „Sprich zu Deinem Unbewußten wie zu einem guten Freund oder einem Menschen, den Du liebst. Gehe noch mal nach innen und frage, ob es bereit ist."
Wenn auf die erneute Frage wieder ein Nein kommt, dann Bedeutungsreframing anbieten wie bei a.

2c. „Jein-Signal"
Wenn ein Signal kommt, das A als Zögern oder „Jein" oder Zweifel begreift, klären: „Offenbar bestehen Bedenken. Wende Dich bitte an den Teil und frage, ob es solche Bedenken gibt. Dann bitte um ein eindeutiges Signal."

2d. Mehrere Signale
Wenn mehrere Signale kommen, reframen: „Da sind offenbar mehrere Teile involviert. Bitte die Teile, als Team zusammenzuarbeiten und als eine Stimme zu reden."

2e. Symptom als Signal
Wenn das beklagte Körpersymptom als (ein schmerzhaftes) Signal kommt, anweisen: „Frage Teil X, welche Absicht er damit verfolgt und bitte ihn, ob er dieses Signal so abschwächen kann, daß Du mit ihm darüber kommunizieren kannst."

Six-Step-Reframing, Übung der Grundform:

2f. Ja-Signal
Wenn ein Signal kommt, das A als eindeutiges Ja begreift, Ja-Signal und Nein-Signal etablieren: „Sage Teil X, daß Du seine Botschaften genau verstehen möchtest und bitte ihn dann darum, für ein JA dieses Signal zu verstärken und für ein NEIN dieses Signal abzuschwächen."
Wenn unklare Signale kommen, nochmals um eindeutige Signale bitten lassen.

3. Positive Funktion erkennen
„Dann gehe jetzt nach innen und frage Teil X, ob er bereit ist, seine Absicht mitzuteilen, die er mit dem Verhalten x verfolgt."

Verschiedene Möglichkeiten:

3a. Ja-Signal
„Dann bitte Teil X jetzt, Dir seine Absicht mitzuteilen."
Nach der Mitteilung, Frage ans Bewußtsein: „Kannst Du das akzeptieren?" Bei Nein, weiterfragen lassen: „Dann frage Teil X bitte, was er Gutes für Dich tut, wenn er diese Absicht verfolgt." So lange fortfahren, bis in einer akzeptierten positiven Funktion eine gemeinsame Basis für das Unbewußte und das Bewußte von A vorhanden ist.

Wenn diese positive Funktion bewußt geworden und akzeptiert ist, Bereitschaft zu neuen Wegen erfragen lassen: „Gehe nach innen und frage Teil X, ob er bereit ist, auch andere Wege zu gehen, wenn diese Wege ebenso sicher, brauchbar und effektiv sind wie x." Bei Ja mit Punkt 4 fortfahren.

3b. Nein-Signal
Wenn ein Nein-Signal kommt, Bedeutungsreframing anbieten: „Dein Unbewußtes hat sicher einen guten Grund, Dir seine Absicht nicht mitzuteilen. Es will Dich wahrscheinlich schützen oder es möchte nicht, daß Du in sein Handeln eingreifst."

4. Kontakt mit dem kreativen Teil aufnehmen und um neue Wege bitten

„Hast Du so etwas wie einen kreativen Teil, der Ideen für Dich entwickelt?"

Six-Step-Reframing, Übung der Grundform:

Verschiedene Möglichkeiten:

4a. Bei Nein

Wenn A auf obige Frage mit Nein antwortet, haben Sie die Möglichkeit, fünf kreative Situationen, in denen A Lösungen für Probleme gefunden hat, vergegenwärtigen zu lassen und zu ankern. Sie können A dann versichern, daß A damit einen kreativen Teil besitzt und bitten, das zu akzeptieren.

Wenn A auf obige Frage mit Nein antwortet, können Sie versuchen, A einen kreativen Teil unterzuschieben mit der Frage: „Verhältst Du Dich immer rezeptiv?" (Da kommt immer ein Nein), und der Schlußfolgerung daraus: „Das heißt, Du wählst aus, also hast Du einen kreativen Teil!" Fragen Sie A, ob diese Schlußfolgerung akzeptabel ist.

Wenn A auf obige Frage mit Nein antwortet, können Sie versuchen, zu modellieren: „Kennst du jemanden, der kreativ ist? Stelle ihn Dir vor, wie er drei andere Möglichkeiten nennt, wie man die positive Absicht auch anders sicherstellen könnte als mit dem Verhalten x."

4b. Bei Ja

„Dann geh bitte nach innen und frage Teil X, ob er bereit ist, zum kreativen Teil zu gehen und sich drei Wege nennen zu lassen, die das Verhalten x ersetzen, aber genau so sicher, brauchbar und effektiv sind wie x, um seine Absicht zu erfüllen." Bei Ja fortfahren mit 4b2.

4b1. Nein-Signal

Wenn auf diese Frage ein Nein kommt, fortfahren: „Geh nach innen und frage Teil X, welche Zusicherungen er braucht, um das tun zu können." Oder: „Gehe nach innen und frage Teil X, ob es Teile gibt, mit denen er sich verbünden möchte. Vielleicht wäre beispielsweise ein Kontakt mit dem listigen Teil angebracht."

4b2. Ja-Signal

„Dann geh wieder nach innen und bitte Teil X, sich drei neue Wege nennen zu lassen, die das Verhalten x ersetzen, die aber genau so sicher, verfügbar und wirksam sind wie das Verhalten x. Und wenn Du sie bekommen hast, sende mir bitte ein Ja-Signal." Warten bis das Ja-Signal kommt, dann weiter bei Schritt 5.

Six-Step-Reframing, Übung der Grundform:

(Wenn sich bei diesem Schritt Widerstände geltend machen, A anweisen, Teil X zu bitten, mit dem kreativen Teil über die Wege zu verhandeln und diese solange zu modifizieren, bis Teil X einverstanden ist.)

5. Einwände überprüfen (Ökologie-Check)
„Gehe noch mal nach innen und prüfe aufmerksam mit allen Sinnen, sieh Dich um, hör Dich um und streck Deine Fühler aus, ob es Teile gibt, die Einwände gegen die neuen Verhaltensweisen erheben!"
Wenn ein Signal kommt, fragen lassen, ob das ein Einwand ist. Bei Ja zu Teil X und zum kreativen Teil schicken, um die Alternativen so modifizieren zu lassen, bis der Einwand berücksichtigt ist. Auf diese Weise nach weiteren Einwänden forschen und bearbeiten, bis es keine Einwände mehr gibt.

6. Verantwortung übernehmen (Future-Pace)
„Gehe noch einmal nach innen und frage Teil X, ob er eine Vorstellung hat, in welcher Zeitspanne das Problem gelöst sein könnte. Frage ihn dann, ob er bereit ist, dafür die Verantwortung zu übernehmen, diese drei neuen Wege in der von ihm vorgeschlagenen Zeitspanne auszuprobieren."

6a. Nein-Signal
Bei Nein veranlassen Sie A zunächst, Teil X weitere Vorschläge zu machen, z. B. die Zeitspanne zu modifizieren, oder sich mit Teilen zu verbünden, die mithelfen könnten, das Problem zu lösen. Vielleicht wird von Teil X bei der Problemlösung auch die Unterstützung durch das Bewußtsein gewünscht.
Wenn es trotz Ihrer Bemühungen bei Nein bleibt, müssen Sie zurück zu Schritt 5 und die Einwände nochmals überprüfen oder sogar zurück zu Schritt 4, um neue Wege suchen zu lassen.

6b. Ja-Signal
„Traust Du Deinem unbewußten Teil X zu, diese Wege auszuprobieren, die Ihr eben erarbeitet habt?"
Bei Nein: „Dann laß Dich überraschen!"

III. Das Verhandlungsmodell

Aus Goethes Faust stammt der Ausspruch: „Zwei Seelen wohnen, ach, in meiner Brust!" Solche Zustände sind besonders dann mißlich, wenn diese Seelen in ihrem Streben in Konflikt geraten und sich gegenseitig behindern, stören oder sogar blockieren. Zustände dieser Art gibt es im menschlichen Leben jedoch ziemlich häufig. Das beginnt bei Alltagsproblemen: Jemand will seine Steuererklärung fertigmachen, wobei ihm immer wieder die Lust, Schwimmen zu gehen, dazwischenkommt. Jemand möchte schlafen, aber seine Gedanken lassen ihn nicht in Ruhe. Jemand versucht zu sparen, aber erwischt sich ständig beim Geldausgeben. Eine solche Struktur, daß zwei Persönlichkeitsanteile sich gegenseitig stören oder blockieren, kann aber auch der Hintergrund schwererwiegender Probleme sein, wie zum Beispiel Konzentrationsschwäche oder Impotenz.

Wenn wir annehmen können, daß hinter einem Problemzustand zwei unterschiedliche Seelen, Tendenzen, Kräfte, Bestrebungen oder Antriebe oder nach NLP kurz: Teile stecken, die sich in dem, was sie für die betreffende Person erreichen wollen, behindern, dann gibt es einen einfacheren Lösungsweg als das Six-Step-Reframing. Dieser Lösungsweg besteht darin, eine Vereinbarung aushandeln zu lassen, die darauf zielt, daß Teil X und Teil Y sich wechselseitig bei ihrer Aufgabenerfüllung nicht mehr in die Quere kommen.

1. *Das Verhandlungsmodell, Grundform*

Wenn Sie mit dem folgenden Muster arbeiten, müssen Sie sich vor Beginn dieser Arbeit wieder mit A über theoretische Grundannahmen verständigen.

Um eine Verhandlungsstrategie durchzuführen, ist es zunächst wichtig, herauszufinden, ob zwei Persönlichkeitsanteile am Problemzusammenhang beteiligt sind, und ob sie sich tatsächlich wechselseitig stören. Zu diesem Zweck stellen Sie A die Frage, ob es Situationen gibt, in denen A x tun möchte, aber y macht. Dabei prüfen Sie dann sehr genau, ob auch die Umkehrung dieses Problems auftritt, daß A y tun möchte, aber x macht. Wenn diese Umkehrung nicht vorliegt, führen Sie einen Six-Step durch oder etwas anderes.

Im zweiten Schritt werden dann wie beim Six-Step-Reframing die Funktionen der beiden Teile gesucht, die die miteinander in Konflikt stehenden Verhaltensweisen organisieren.

Danach weicht das Verhandlungsmodell vom Six-Step ab. Sie erarbeiten mit A keine alternativen Verhaltensweisen für x oder y, sondern lediglich eine Vereinbarung zwischen Teil X und Teil Y, gegen die von keiner Seite Einwände erhoben werden.

Mit dem Ökologie-Check klären Sie dann, ob vielleicht noch weitere Teile in den Konflikt verwickelt sind, oder davon in irgendeiner Art und Weise berührt werden. Wenn das der Fall sein sollte, arbeiten Sie solange weiter, bis keine Einwände gegen das Verhandlungsergebnis mehr auftauchen. Zuweilen werden Sie – zumal bei mehreren involvierten Teilen – besondere Bedingungen erarbeiten müssen, um zu einem von allen akzeptierten Kompromiß zu kommen. Dabei gehen Sie ähnlich vor wie ein geschickter Vermittler bei zwischenmenschlichen Konflikten, der sowohl über Kreativität, Empathie und sprachliches Feingefühl verfügt.

Zum Abschluß holen Sie von allen involvierten Teilen die Einwilligung ein, die Vereinbarung für einen bestimmten Zeitraum durchzuführen. Falls einer der Teile aus irgendeinem Grund unzufrieden ist, soll er signalisieren, daß es ein Bedürfnis für eine zusätzliche Verhandlung gibt.

Verhandlungsmodell, Übung der Grundform:

für Probleme der Struktur: „Immer wenn ich x tue, stört mich y, und umgekehrt."

1. Problembestimmung
„Gibt es Situationen in Deinem Leben, in denen Du x tun möchtest, aber y machst?"
„Tritt dabei auch die Umkehrung dieses Problems auf: Du möchtest y tun, und machst x?"

2. Bestimmung von Teil X
Teil X benennen: „Wie würdest Du den Teil oder die Bestrebung nennen, der Dich x machen läßt?"

Verhandlungsmodell, Übung der Grundform:
Positive Absicht von Teil X bestimmen: „Geh nach innen und versuche herauszufinden, welche Funktion Teil X für Dich erfüllt." **3. Bestimmung von Teil Y** Teil Y benennen: „Wie würdest Du den Teil benennen, der Dich y machen läßt?" Positive Absicht von Teil Y bestimmen: „Geh nach innen und versuche herauszufinden, welche Funktion Teil Y für Dich erfüllt." **4. Vereinbarung** An Teil Y wenden lassen: „Versuche herauszufinden, ob dem Teil Y seine Funktion so wichtig ist, daß er bereit wäre, Teil X nicht zu stören, wenn Teil X als Gegenleistung ihn ebenfalls nicht unterbricht!" An Teil X wenden: „Dann versuche herauszufinden, ob Teil X bereit ist, Teil Y nicht zu stören, wenn Teil Y ihn seinerseits nicht unterbricht! **5. Ökocheck** „Sind noch weitere Teile in die Sache verwickelt? Gibt es andere Teile, die Teil X unterbrechen oder die diese Unterbrechung benutzen?" Wenn das der Fall ist, weiter verhandeln! **6. Übernahme von Verantwortung (Future-Pace)** „Hole von Teil X und Teil Y (und evtl. verwickelten anderen Teilen) die Einwilligung ein, die Vereinbarung für einen bestimmten Zeitraum durchzuführen. Falls einer der Teile aus irgendeinem Grund unzufrieden ist, soll er signalisieren, daß es ein Bedürfnis für eine zusätzliche Verhandlung gibt."

2. *Verhandlungsmodell, einfache Form*

Für die Arbeit mit Gesprächspartner/innen, die das „Teile"-Konzept und eine ausdrückliche Kommunikation mit dem Unbewußten nicht akzeptieren, können Sie das folgende sprachliche Muster verwenden: Allerdings werden Sie dabei bemerken, daß die NLP-Grundannahme, nach der Teile Verhalten organisieren, um positive Funktionen zu erfüllen, die Arbeit mit dem Verhandlungsmodell sehr erleichtert. Ohne den Begriff der „Teile“ sind die Aufgaben des vierten Schrittes nur schwer zu formulieren.

Verhandlungsmodell, Übung der einfachen Form:

für Probleme der Struktur: „Immer wenn ich x tue, stört mich y, und umgekehrt.“

1. Problembestimmung
„Gibt es Situationen in Deinem Leben, in denen Du x tun möchtest, aber y machst?“
„Tritt dabei auch die Umkehrung dieses Problems auf: Du möchtest y tun, und machst x?“

2. Bestimmung von Teil X
„Wie würdest Du die Tendenz, den Antrieb oder die Bestrebung nennen, die Dich veranlaßt, x zu machen?“
„Was willst Du mit dieser Bestrebung (dieser Tendenz oder diesem Antrieb) erreichen? Könntest Du Dir eine Dir bisher verborgen gebliebene positive Absicht vorstellen, die Du, ohne es zu wissen, mit dem Verhalten x verfolgst?“

3. Bestimmung von Teil Y
„Wie würdest Du die Tendenz, den Antrieb oder die Bestrebung nennen, die Dich veranlaßt, y zu machen?“
„Was willst Du mit dieser Bestrebung (dieser Tendenz oder diesem Antrieb) erreichen? Könntest Du Dir eine Dir bisher verborgen gebliebene positive Absicht vorstellen, die Du, ohne es zu wissen, mit dem Verhalten y verfolgst?“

4. Vereinbarung
„Dann versuche bitte mal darüber nachzudenken, ob Dir die positive Funktion von Y so wichtig ist, daß Du bereit sein könntest, mit dem Verhalten y dem Verhalten x nicht in die Quere zu kommen, wenn x als Gegenleistung y ebenfalls nicht unterbricht.“

Verhandlungsmodell, Übung der einfachen Form:

„Dann versuche bitte darüber nachzudenken, ob das auch umgekehrt funktionieren könnte, ob Du bereit sein könntest, mit dem Verhalten x dem Verhalten y nicht in die Quere zu kommen, wenn y als Gegenleistung x ebenfalls nicht unterbricht."

5. Ökocheck
„Überlege bitte, ob es irgendwelche Einwände gegen eine solche Vereinbarung gibt." Wenn das der Fall ist, weiter verhandeln, bis ein Ergebnis vorliegt, gegen das es keine Einwände mehr gibt!

„Falls zu einem späteren Zeitpunkt weitere Einwände auftauchen, könntest Du noch einmal darangehen, einen neuen Kompromiß zu finden, der diesen Einwand berücksichtigt."

6. Übernahme von Verantwortung (Future-Pace)
„Glaubst Du, daß Du Dich für eine bestimmte Zeitspanne an diese Vereinbarung halten kannst?"
Bei Ja: „Dann sind wir am Ziel!"
Bei Nein neu verhandeln oder ein anderes Lernmodell verwenden.

3. *Six-Step-Verhandlungsmodell*

NLP lernen bedeutet, sich grundlegende Gesprächsmuster anzueignen. NLP anwenden bedeutet, mit diesen Mustern kreativ umzugehen. Die folgende Mischung aus Six-Step und Verhandlungsmodell ist zustandegekommen, nachdem eine Vereinbarung nach dem einfachen Muster scheiterte.

Six-Step-Verhandlungsmodell, Übung:

für Probleme der Struktur: „Immer wenn ich x tue, stört mich y, und umgekehrt."

1. Problembestimmung
„Gibt es Situationen in Deinem Leben, in denen Du x tun möchtest, aber y machst?"
„Tritt dabei auch die Umkehrung dieses Problems auf: Du möchtest y tun, und machst x?"

Six-Step-Verhandlungsmodell, Übung:

2. Bestimmung von Teil X
Teil X benennen: „Wie würdest Du den Teil oder die Bestrebung nennen, der Dich x machen läßt?"
Positive Absicht von Teil X bestimmen: „Geh nach innen und versuche herauszufinden, welche Funktion Teil X für Dich erfüllt."

3. Bestimmung von Teil Y
Teil Y benennen: „Wie würdest Du den Teil benennen, der Dich y machen läßt."
Positive Absicht von Teil Y bestimmen: „Geh nach innen und versuche herauszufinden, welche Funktion Teil Y für Dich erfüllt."

4. Kontakt mit dem kreativen Teil aufnehmen und um neue Wege eines störungsfreien Miteinanders bitten
„Geh nach innen und bitte Deinen kreativen Teil, sich mit Teil X und Teil Y zusammenzusetzen und ihnen neue Möglichkeiten zu nennen, wie sie ihre Funktionen sicherstellen können, ohne sich in ihren Verhaltensweisen zu stören."

5. Einwände überprüfen (Ökologie-Check)
„Geh noch mal nach innen und prüfe aufmerksam mit allen Sinnen, sieh Dich um, hör Dich um und streck Deine Fühler aus, ob es Teile gibt, die Einwände gegen die neuen Möglichkeiten erheben! Wenn das der Fall ist, bitte sie um Mitteilung ihrer Funktion und lasse sie zusammen mit Teil X, Teil Y und dem kreativen Teil die neuen Möglichkeiten solange verändern, bis keine Einwände mehr auftauchen."

6. Übernahme von Verantwortung (Future-Pace)
„Hole von Teil X und Teil Y (und evtl. verwickelten anderen Teilen) die Einwilligung ein, die neuen Möglichkeiten für einen bestimmten Zeitraum auszuprobieren. Falls einer der Teile aus irgendeinem Grund unzufrieden ist, soll er signalisieren, daß es ein Bedürfnis für eine zusätzliche Verhandlung gibt."

IV. Aneignung neuer Fähigkeiten (Teile bauen)

Wenn Menschen etwas nicht können, was sie können wollen, kann diese Unfähigkeit verschiedene Hintergründe haben. Wenn ich beispielsweise nicht in der Lage bin, nein zu sagen, kann hinter dieser Unfähigkeit die Befürchtung stecken, die Liebe eines mir wichtigen Menschen zu verlieren. Ein starker Persönlichkeitsanteil, der dafür sorgt, daß ich geliebt werde, hält mich systematisch davon ab, nein zu sagen. Wenn ich beispielsweise nachts nicht in der Lage bin, spontan einzuschlafen, kann eine solche Fähigkeit zwar vorhanden sein, aber etwas anderes stört mich beim Einschlafen. Hier behindern zwei verschiedene Persönlichkeitsanteile einander, einer, der mich einschlafen läßt, und einer, der dafür sorgt, daß ich wichtige Sachen nicht vergesse.

Wenn man die Hintergründe solcher Probleme aufgedeckt hat, wird man im ersten Fall ein Six-Step-Reframing machen, im zweiten Fall das Verhandlungsmodell anwenden. Es gibt aber einen dritten möglichen Hintergrund für die Unfähigkeit, etwas zu tun. Es kann sein, daß die Person nicht gelernt hat, es zu tun. In der Sprache des NLP: Es gibt keinen Persönlichkeitsanteil, dessen Aufgabe es ist, dieses Verhalten zu organisieren. In diesem Fall ist es sinnvoll, sich eine solche Fähigkeit anzueignen, indem man einen Teil aufbaut, der die Aufgabe hat, dieses Verhalten zu organisieren. „Teile bauen" nennt man diese Vorgehensweise im NLP[10].

Wichtig bei dieser NLP-Strategie ist nach Bandler und Grinder, daß die Konstruktionsarbeit auf drei Ebenen stattfindet. Es muß erstens ein Teil geschaffen werden, der zweitens ein bestimmtes Verhalten organisiert, das drittens auf das Erreichen eines spezifischen Zieles zugeschnitten ist. Der letzte Punkt ist dabei der wichtigste. Denn es geht darum, ein Verhalten zu lernen, dessen Absicht (Ziel) nicht mit den vielfältigen anderen Absichten der Gesamtpersönlichkeit in Widerstreit gerät und dadurch zu unerwünschten Nebenwirkungen führt. Deshalb ist für diese NLP-Strategie die genaue Unterscheidung zwischen Verhalten und Funktion (bzw. Absicht, Ziel) wichtig.

1. Aneignung neuer Fähigkeiten, Grundform

Wenn Sie mit dem folgenden Muster[11] arbeiten, müssen Sie sich vor Beginn dieser Arbeit wieder mit A über theoretische Grundannahmen verständigen. „Teilebauen" können Sie zwar auch durchführen, ohne das ansprechen zu müssen, was Sie dabei tun. Die sprachliche Vorgehensweise für diese einfachere Variante finden Sie unten. Die praktische Erfahrung zeigt aber, daß das Arbeiten sehr viel leichter ist, wenn Sie und Ihre Gesprächspartner/innen, wenn auch nur für die Dauer dieses Verfahrens, die theoretischen Grundannahmen akzeptieren und sich über die entsprechenden sprachlichen Muster beim Arbeiten verständigen können.

Erster Schritt:
Sie bitten A im ersten Schritt, darüber nachzudenken, was sie oder er gerne tun können möchte, über welche Fähigkeit sie oder er verfügen möchte. Bitten Sie A dann, zu überlegen, was für eine Funktion dieses gewünschte Verhalten oder die erstrebte Fähigkeit für A erfüllt. A soll sich eine möglichst genaue Vorstellung von dem Verhalten, dessen Funktion in seinem/ihrem Leben machen und die Annahme akzeptieren, daß es einen Persönlichkeitsanteil zu schaffen gilt, der dieses Verhalten zur Erfüllung besagter Funktion organisieren wird.

Zweiter Schritt:
Im zweiten Schritt veranlassen Sie A, sich Zugang zu allen zurückliegenden Erlebnissen zu schaffen, in denen er oder sie das gewünschte Verhalten gezeigt hat oder etwas Ähnliches gemacht hat. Fordern Sie A auf, sich alle Erfahrungen zugänglich zu machen, in denen er oder sie das getan hat, was jetzt systematisch oder häufiger zu tun gewünscht wird. Lassen Sie A sich jedes Erlebnis vergegenwärtigen und sich Zugang zu allen Aspekten des gewünschten Verhaltens oder Elementen davon verschaffen. Lassen Sie A diese Erinnerungen in allen Sinneskanälen durchleben. Damit bewirken Sie, daß A sich Bausteine für die gewünschten Fähigkeiten zugänglich macht.

Dritter Schritt:
Im dritten Schritt beginnen Sie mit der Konstruktionsarbeit einer Phantasie. Sie lassen A einen Entwurf machen. Es geht dabei darum, daß A eine Szene für einen Film entwirft, die zeigt, wie A gerade

das Verhalten demonstriert, was der zu schaffende Persönlichkeitsanteil A tun lassen wird, um das Ziel Y zu erreichen. Sie fordern A auf, zunächst diesen Film entstehen zu lassen, also einen Entwurf zu machen, in dem A selbst dissoziiert bleibt und lediglich sieht und hört, wie sie oder er selbst das Verhalten zeigt. Wenn A eine Szene geschaffen hat, die vollständiges Gefallen findet, bitten Sie A, die Dissoziation aufzuheben, in das Bild hineinzugehen, die ganze Sequenz noch einmal von innen zu durchlaufen und zu fühlen, wie das ist, wenn er oder sie sich so verhält. Sollte sich dabei zeigen, daß A mit dem Erleben nicht ganz zufrieden ist, veranlassen Sie die Korrektur des Entwurfs. Dabei soll A so vorgehen, daß der Entwurf immer zunächst als filmische Szene verändert wird, bevor die Veränderung gefühlsmäßig überprüft wird durch Aufhebung der Dissoziation. Die Korrekturarbeit soll solange fortgeführt werden, bis A mit der Phantasie von außen und von innen vollständig zufrieden ist.

Vierter Schritt:

Der vierte Schritt bei dieser Vorgehensweise besteht in einer sehr sorgfältigen Überprüfung, ob die Verwirklichung der bisher nur in der Phantasie vorhandenen Vorstellungen in die Realität nicht negative Konsequenzen haben könnte.

Dabei gehen Sie so vor, daß Sie A veranlassen, nach innen zu gehen und aufmerksam nachzuforschen, ob irgendein anderer Teil von A's Persönlichkeit etwas dagegen einzuwenden hat, daß A einen Teil haben wird, der verantwortlich dafür sein wird, aus der Phantasie Wirklichkeit zu machen. Stellen Sie sicher, daß A diese Überprüfung in allen Sinneskanälen vornimmt, damit alle Teile gefunden werden können, die Einwände haben. Beachten Sie alle Signale, die kommen, während A diese Nachforschungen anstellt.

Veranlassen Sie A, mit jedem einwanderhebenden Teil Ja/Nein-Signale zu etablieren. A kann das tun, indem er oder sie jeden einwanderhebenden Teil bittet, das bewußt wahrgenommene Signal für „ja" zu intensivieren und für „nein" abzuschwächen. Lassen Sie A danach weitere Informationen erbitten über die Funktion des einwanderhebenden Teils. Falls die Funktion auf diese Art und Weise nicht bewußt wird, lassen Sie A erfragen, welchen Einwand oder welche Befürchtung der entsprechende Teil hat.

Sie selber sollten bei diesem Prozeß eine komplette Liste aller Teile, die Einwände haben, aufstellen und deren Funktionen, bzw. Einwände oder Befürchtungen notieren.

Fünfter Schritt:
Im fünften Schritt geht es darum, systematisch alle Einwände zu berücksichtigen, indem die Phantasie über das gewünschte Verhalten und die Konzeption des verantwortlichen Teils verändert wird.

Sie beginnen damit, daß Sie A veranlassen, den verantwortlichen Teil neu zu bestimmen. In dieser Neubestimmung sollen alle Funktionen und Befürchtungen der Teile, die Einwände haben, berücksichtigt werden. Danach lassen Sie A eine neue oder modifizierte Phantasie entwickeln, die die Befürchtungen aller Teile, die etwas einzuwenden haben, berücksichtigt.

Im Anschluß daran führen Sie eine sorgfältige Endkontrolle durch. Anhand Ihrer Liste aller einwanderhebenden Teile lassen Sie A die Vereinbarkeit der modifizierten Phantasie mit diesen Teilen überprüfen. Sie fahren mit dieser Lernstrategie erst dann fort, wenn es keine Einwände gegen die Verwirklichung dieser Phantasie mehr gibt. Verlassen Sie sich dabei nicht nur auf verbale Äußerungen von A, sondern achten Sie sorgfältig auf die Physiologie und eine symmetrische Körperhaltung.

Sechster Schritt:
Erst nach einer sorgfältigen ökologischen Überprüfung veranlassen Sie A, den entsprechenden Teil zu konstruieren. Das können Sie bewirken, indem Sie A anweisen, seine oder ihre unbewußten Ressourcen zu bitten, diese Phantasie zu analysieren und die wesentlichen Bestandteile festzustellen. Das Unbewußte von A soll diese Informationen für den Bau des Teils benutzen.

Siebter Schritt:
Zum Abschluß überprüfen Sie, ob es diesen Teil jetzt wirklich gibt. Sie tun das, indem Sie A bitten, nach innen zu gehen und um ein Signal seiner Existenz zu geben. Danach lassen Sie A mehrmals in zukünftige Situationen gehen und erleben, ob und wie der neue Teil wirksam wird. A wird die Aktivitäten des Teils erfahren im entsprechenden Verhalten von A in den zukünftigen Situationen.

Aneignung neuer Fähigkeiten, Übung der Grundform:

1. Zielbestimmung
„Was möchtest Du gerne tun können?"
„Welche Fähigkeit (x) möchtest Du besitzen?"
„Formuliere ein Ziel (Y), d.h. die Funktion eines Persönlichkeitsanteils (X), der für Dich automatisch Verhaltensweisen organisiert, um dieses Ziel zu erreichen!"

2. Vergegenwärtigung früherer Erfahrungen
„Verschaffe Dir Zugang zu allen zurückliegenden Erlebnissen, in denen Du x oder etwas Ähnliches gemacht hast. Mache Dir alle Erfahrungen zugänglich, in denen Du das getan hast, was Du jetzt systematisch oder häufiger tun willst. Vergegenwärtige Dir jedes Erlebnis und verschaffe Dir Zugang zu allen Aspekten des Verhaltens x oder den Elementen von x. Durchlebe diese Erinnerungen in allen Sinneskanälen."

3. Aufbau eines Entwurfs
„Mache Dir bildhafte Vorstellungen darüber, wie Du Dich verhalten würdest, wenn Du gerade das Verhalten demonstrierst, was dieser Persönlichkeitsanteil Dich tun lassen wird, um das Ziel Y zu erreichen."

a. visuell-auditiver Entwurf
„Als erstes lasse einen dissoziierten, visuell und auditiv konstruierten Film entstehen."

b. visuell-auditiv-kinästhetischer Entwurf
„Sobald Du eine ganze Sequenz vor Augen hast, mit der Du zufrieden bist, gehe in das Bild hinein, durchlaufe die ganze Sequenz noch einmal von innen und fühle, wie das ist, wenn Du Dich so verhältst."

c. Korrektur des Entwurfs
„Wenn Du unzufrieden bist, gehe zurück zu Schritt 3a und verändere den Film. Setze das solange fort, bis Du mit der Phantasie von außen und von innen zufrieden bist."

Aneignung neuer Fähigkeiten, Übung der Grundform:

4. Ökologie-Check
„Überprüfe, ob irgendein anderer Teil Deiner Persönlichkeit etwas dagegen einzuwenden hat, daß Du einen Teil haben wirst, der verantwortlich dafür sein wird, aus der Phantasie Wirklichkeit zu machen. Stelle sicher, daß Du in allen Sinneskanälen überprüfst, damit Du alle Teile findest, die Einwände haben."

a. Signal verdeutlichen
„Dann bitte jeden einwanderhebenden Teil, das Signal für ‚ja' zu intensivieren und für ‚nein' abzuschwächen."

b. Positive Funktion erfragen
„Frage, welches die Funktion des einwanderhebenden Teiles ist, was er für Dich tut."

c. Einwand oder Befürchtung erfragen
„Falls die Funktion Dich nicht erkennen läßt, welchen Einwand der Teil hat, frage nach, was genau der Einwand oder die Befürchtung ist."

d. Schriftlicher Überblick über einwanderhebende Teile, Funktionen, Einwände und Befürchtungen
Stellen Sie eine komplette Liste aller Teile auf, die Einwände haben, und notieren Sie ihre Funktionen!

5. Berücksichtigung aller Einwände
„Stelle alle Teile, die Einwände haben, zufrieden."

a. Reformulierung des neuen Teils
„Definiere den Teil, den Du schaffen willst, neu, so daß Du alle Funktionen und Befürchtungen der Teile, die Einwände haben, berücksichtigst."

b. Entwicklung einer modifizierten visuell-auditiv-kinästhetischen Phantasie
„Gehe zurück zu Schritt 3 (Aufbau eines Entwurfs) und entwickle eine neue oder veränderte Phantasie, die die Befürchtungen aller Teile, die etwas einzuwenden haben, berücksichtigt."

Aneignung neuer Fähigkeiten, Übung der Grundform:
c. Endkontrolle „Überprüfe mit jedem Teil, daß diese neue Repräsentation des Verhaltens des neuen Teils nicht mit einer der Funktionen kollidiert, und stelle sicher, daß alle zufriedengestellt sind." **6. Übernahme von Verantwortung** „Bitte Deine unbewußten Ressourcen, diese Phantasie zu analysieren und die wesentlichen Bestandteile zu extrahieren. Dein Unbewußtes soll diese Information für den Bau des Teils benutzen und ihm Existenz verleihen: Hole Dir alles, was Du brauchst, aus dieser Phantasie, damit Du einen Teil von Dir bauen kannst, der das mit Leichtigkeit und hervorragend tun kann und auch zu jedem Zeitpunkt, in dem es notwendig ist." **7. Future-Pace** „Prüfe den Teil, um sicherzustellen, daß er vorhanden ist:" **a. Test 1** „Gehe nach innen und frage ihn, ob er da ist." **b. Test 2** „Stelle Dir eine zukünftige Situation vor und überprüfe, ob der neue Teil Dich das neue Verhalten zeigen läßt." Überbrücken Sie in alle Zukunft, mehrmals. Sorgen Sie dafür, daß sich der Teil verhaltensmäßig engagiert, um herauszufinden, ob er angemessen reagiert.

2. *Aneignung neuer Fähigkeiten, einfache Form*

Wie oben bereits angedeutet, kann man auch Teile bauen, ohne den Begriff Teile zu benutzen und ohne von Gesprächspartnern erwarten zu müssen, daß sie mit Willen und Bewußtsein eine Kommunikation mit dem Unbewußten aufnehmen. Solche Gesprächspartner, die Wünsche nach dem Erwerb neuer Fähigkeiten vorbringen, aber die für NLP typische Sprache bei einem solchen Lernprozeß ablehnen, sind meistens durchaus bereit, mit der Vorstellungskraft zu arbeiten, wenn man ihnen vermitteln konnte, daß es keinen drastischen Unterschied zwischen Phantasie und Wirklichkeit gibt, und daß man deshalb Phantasien für Lernprozesse nutzbar machen kann. Mit solchen Gesprächspartnern können Sie die folgende Vorgehensweise durchführen. Diese eignet sich übrigens auch für die Arbeit mit Gruppen, wenn Sie vorweg sichergestellt haben, daß alle Teilnehmer/innen in ihrer Phantasie Filme konstruieren können, in denen Sie sich selber sehen, und dann in ihrer Phantasie die konstruierten Szenen selber durchleben können. In der unten dargestellten Fassung sind darüberhinaus noch einige Elemente enthalten, mit denen Sie u. a. auch die Lernmotivation unterstützen können.

Sie beginnen diese Lernstrategie, indem Sie A auffordern, Wünsche zu formulieren, die Fähigkeiten betreffen, über die A verfügen möchte. Wenn solche Wünsche aufgetaucht sind, lassen Sie A einen Wunsch aussuchen.

Danach fragen Sie A, welche Verhaltensweisen entwickelt werden müssen, damit eine Person sich diese Fähigkeit zuschreiben kann. Im Anschluß daran lassen Sie A, wie in obiger Fassung, einen Film von dem gewünschten Verhalten entwerfen, den Entwurf überprüfen, bei Bedarf korrigieren und bei völliger Zufriedenheit in die Szene hineingehen, um auch die Gefühle zu erleben, die sich mit diesem Verhalten verbinden. Bei diesem Vorgehen wird die Überprüfung des Entwurfs fortgeführt, solange, bis die Phantasie über das gewünschte Verhalten in allen Sinneskanälen Zufriedenheit auslöst. Dabei lassen Sie A auch sorgfältig beachten, ob es sonst noch irgendwelche Einwände gegen das neue Verhalten gibt, die berücksichtigt werden müssen.

Neu in diesem Lernmodell sind Fragen zur Bedeutung des neuen Verhaltens. Mit solchen Fragen können Sie die Motivation unterstützen. Zur Stärkung der erarbeiteten Phantasie trägt auch die folgende Vergegenwärtigung des Weges bei, den A bis zur Erreichung des gewünschtes Ziels zurückgelegt hat.

Einen weiteren Ökocheck enthält der nächste Schritt, in dem es darum geht, sich verschiedene Situationen vorzustellen, in denen andere im privaten, im beruflichen oder im gesellschaftlichen Bereich auf das neue Verhalten unerwünschte Reaktionen zeigen. Veranlassen Sie A, zu überprüfen, wie er oder sie in solchen Situationen für das eigene Wohlbefinden sorgen kann.

Danach können Sie eine weitere Unterstützung der Motivation durchführen, indem Sie A veranlassen, sich positive Reaktionen anderer Menschen vorzustellen, und sich zu überlegen, was von A's Seite aus getan werden kann, daß solche Reaktionen eintreten.

Das erarbeitete Verhalten für die Zukunft sichern können Sie, indem Sie es mit einem Auslösereiz verbinden, bevor Sie A in mehrere zukünftige Situationen schicken, um das neue Verhalten zu testen.

Aneignung neuer Fähigkeiten, Übung der einfachen Form:

1. Wünsche formulieren
Was möchtest Du gerne können?
Welche Fähigkeiten möchtest Du besitzen?
(Wähle eine aus!)

2. Verhalten bestimmen
Welche Verhaltensweise mußt Du entwickeln, um Dir diese Fähigkeit zuschreiben zu können?

3. Verhalten entwerfen (visuell-auditive Phantasie bilden)
Stelle Dir vor, Du bist z. B. 5 Jahre älter. Und Du hast in dieser Zeit die gewünschte Fähigkeit entwickelt. Entwirf vor Deinem inneren Auge einen Film, der Dich in dieser Zukunft zeigt, wie Du diese von Dir gewünschte Fähigkeit in Deinem Verhalten, in Deinem Tun zum Ausdruck bringst.
Schau Dir diesen Film genau an. Was siehst Du dort auf der inneren Leinwand? Was tust Du dort? Wie verhältst Du Dich? Was hörst Du Dich sagen? Was hörst Du andere sagen? Sieh und höre genau hin!

(3a. Bei Bedarf Modellieren)
(Solltest Du Schwierigkeiten haben, Dir Dich selbst vorzustellen, wie Du diese neuen Verhaltensweisen zeigst, dann überlege Dir, ob Du jemanden kennst, der ein solches Verhalten zeigen kann, oder von dem Du glaubst, daß er ein solches Verhalten entwickeln kann. Entwirf also zunächst vor Deinem inneren Auge einen Film, der diese Person zeigt, bevor Du Dir denselben Film vorstellst, der jetzt Dich in der Rolle der anderen Person zeigt.)

Aneignung neuer Fähigkeiten, Übung der einfachen Form:

4. Entwurf überprüfen und bei Bedarf korrigieren
Prüfe diesen Film. Wenn darin etwas geschieht, was Dir nicht gefällt, dann verändere den Ablauf. Wenn Du darin etwas hörst, was Dir nicht gefällt, dann ändere den Text. Überprüfe und verändere den Film so lange, bis er Dir ganz und gar gefällt!

5. Phantasie ganzheitlich vorstellen
Sobald Du eine ganze Szene vor Augen hast, mit der Du völlig zufrieden bist, gehe in das Bild hinein, durchlaufe die ganze Szene noch einmal von innen, und fühle wie das ist, wenn Du Dich so verhältst.

6. Entwurf überprüfen und bei Bedarf korrigieren
Solltest Du jetzt etwas bemerken, was Dir nicht gefällt, so gehe noch Mal zurück zu der Stufe, auf der Du den Film vor Deinem inneren Auge hast ablaufen lassen, und verändere ihn nochmals. Überprüfe dann, ob Du jetzt zufrieden bist, wenn Du in das Bild hineingehst und fühlst, wie das ist, wenn Du Dich so verhältst. Setze diesen Prozeß der Veränderung so lange fort, bis Du mit diesem Film von außen und von innen zufrieden bist. Überprüfe, ob es sonst noch irgendwelche Einwände gegen das neue Verhalten gibt. Wenn ja, setze den Prozeß der Veränderung fort, bis auch diese Einwände berücksichtigt sind.

7. Bedeutung des neuen Verhaltens klarmachen
Mache Dir jetzt klar, was es für Dich bedeutet, wenn Du dieses Ziel erreicht haben wirst.

8. Weg zum Ziel vergegenwärtigen
Bleibe in diesem Zukunftsbild drin und schaue von da aus zurück auf den Weg, den Du zurückgelegt hast. Führe Dir alle Schritte vor Augen, die Dich in diese erwünschte Zukunft geführt haben.

9. Ökologie-Check
Stelle Dir jetzt verschiedene Situationen vor, in denen andere im privaten, im beruflichen oder im gesellschaftlichen Bereich auf Dein neues Verhalten unerwünschte Reaktionen zeigen. Überprüfe, wie Du in solchen Situationen dafür sorgen kannst, daß es Dir gut geht.

Aneignung neuer Fähigkeiten, Übung der einfachen Form:

10. Motivieren
Stelle Dir jetzt Reaktionen anderer Menschen vor, die Du Dir wünschst. Überlege, was Du dazu tun kannst, daß solche Reaktionen eintreten.

11. Auslösereiz festlegen
Weißt Du, wann die Situation da ist, in der das neue Verhalten angezeigt ist? Überlege, woran Du bemerkst, daß das neue Verhalten angezeigt ist.

12. Future-Pace
Überlege, wann Du wieder in eine Situation kommst, in der das neue Verhalten angezeigt ist. Gehe in diese Situation hinein, und erlebe, wie das ist, wenn Du Dich so verhältst, wie Du es wünschst. Wenn Du mehrere Situationen auf Dich zukommen siehst, erlebe das neue Verhalten auch in diesen.

Achtes Kapitel: Arbeiten mit Strategien

Wenn Sie zu den Menschen gehören, die in beruflichen Zusammenhängen immer mehr Informationen aufnehmen und verarbeiten müssen, können Sie, ohne etwas von NLP zu verstehen, Erfahrungen mit der Bedeutung von Strategien machen. Sie können nämlich auf die Idee kommen, einen Kursus in Schnell-Lesen zu besuchen. Dabei können Sie die Beobachtung machen, daß einige Teilnehmer enorme Steigerungen ihrer Lesegeschwindigkeit erzielen. Es gibt aber auch Teilnehmer, die in einem solchen Kurs gar nichts erreichen. Die Ursache für dieses Defizit hat auch einen Fachausdruck bekommen: die betreffenden Teilnehmer subvokalisieren beim Lesen. Das heißt: Sie nehmen das gedruckte Wort visuell auf, sprechen es sich dann intern vor und machen sich erst daraufhin die Bedeutung des gelesenen Wortes zugänglich. Diese Vorgehensweise ist eine schlechte Strategie, wenn Sie schnell lesen wollen. Sehr viel erfolgreicher im schnellen Lesen sind Menschen, die sich als direkte Reaktion auf das Sehen des gedruckten Wortes dessen Bedeutung zugänglich machen können.

NLP begreift menschliches Verhalten generell als eine Reihe von Grundelementen, die aus Aktivitäten unserer Sinnessysteme bestehen: Sehen, Hören, Fühlen, Riechen, und Schmecken[1]. Diese Annahme leitet sich von keiner Theorie her, sondern war zunächst Resultat von aufmerksamer Beobachtung der Art und Weise, wie Menschen bisweilen über das, was sie tun, reden. Jemand sagt z. B.: „Ich habe mir Ihr Angebot genau angesehen und mich gefragt, ob das in unser Programm hineinpaßt. Da ich jedoch feststellen mußte, daß andere Angebote eher die Dinge ins Zentrum rücken, die auch wir perspektivisch anstreben, hätte ich kein gutes Gefühl, Sie da mit ins Spiel zu bringen." NLP geht davon aus, daß diese Person nicht nur ein Angebot ablehnt, sondern auch ausdrückt, wie sie zu ihrer Entscheidung kam. Sie machte sich ein Bild, stellte sich dann eine Frage, verglich daraufhin mehrere Bilder und bekam dann ein Gefühl. An dieser Entscheidung waren die drei wichtigsten Repräsentationssysteme beteiligt: Sehen, Hören und Fühlen.

Arbeiten mit Strategien

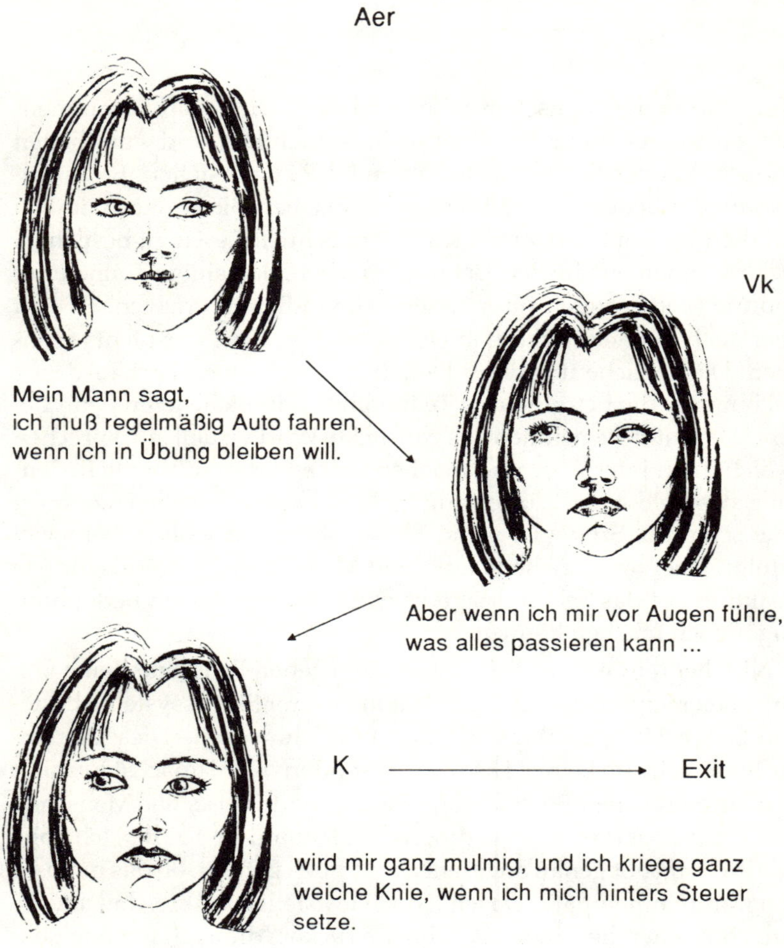

Unsere Sinnessysteme können auf drei Weisen tätig werden: sie können Reize von außen aufnehmen, diese intern verarbeiten und speichern, und sie können sich mit Signalen nach außen richten, das heißt, sichtbar, hörbar oder fühlbar werden. Die Sinnes- oder Repräsentationssysteme zeigen also Input-, Verarbeitungs- und Outputaktivitäten.

Der für die Veränderungsarbeit wichtigste Punkt ist nun folgender: Die Reihe der sinnesspezifischen Aktivitäten, die nach NLP Verhalten ausmachen, weist charakteristische Strukturen auf. Der Ablauf der sinnesspezifischen Aktivitäten ist also geordnet, er stellt Verhaltensmuster dar, sozusagen Verhaltens-„Sätze", die eine spezifische Bedeutung haben. Man kann sich solche Verhaltens-„Sätze" vorstellen wie Sätze in einer Sprache: Die Wörter werden nach bestimmten grammatischen Regeln in Muster geordnet, die einen Sinn ergeben. Beim NLP werden solche nach Regeln geordnete Sequenzen von sinnesspezifischen Aktivitäten Strategien genannt[2].

Menschen haben in ihrer Lerngeschichte unzählige Strategien für ein umfangreiches Verhaltensrepertoire ausgebildet. In diesem Repertoire gibt es viele gute und wirksame Strategien, z. B. um ein Buch zu lesen, zu einer Entscheidung zu kommen oder die Fenster zu putzen. Da die Lernprozesse in unseren Bildungseinrichtungen aber hauptsächlich auf die Vermittlung von Inhalten orientiert sind und das „Wie" des Lernens nur selten angemessen berücksichtigen, haben wir für einige Verhaltensweisen auch unangemessene Strategien entwickelt oder gar keine. Das ist immer dann der Fall, wenn wir etwas nicht gut oder gar nicht können.

Mit solchen Annahmen zu arbeiten, hat nach den NLP-Begründern folgenden Nutzen: Wenn wir Verhaltensweisen analysieren können auf Elemente und Strukturen, die die bisherige Verhaltenswissenschaft als Entscheidungsvariablen nicht in Betracht gezogen hat, dann gewinnen wir neue Möglichkeiten, Verhalten bewußt und gezielt zu beeinflussen. Wir können unangemessene Verhaltens-Strategien verbessern, und wir können neue Verhaltens-Strategien lernen. Bei dieser Arbeit mit Strategien können wir uns an Menschen orientieren, die die angestrebte Verhaltensfähigkeit optimal ausgebildet haben. Und wir können in der Kommunikation mit anderen Menschen in deren Strategien einsteigen und sie benutzen zu eigenem Vorteil, zum Vorteil des anderen oder zu beider Vorteil.

I. Darstellung von Strategien

Um Strategien darzustellen, brauchen wir Zeichen für die Grundelemente und für die Beziehungen, in denen diese zueinander stehen.

Aus dem ersten Kapitel kennen Sie die Abkürzungen für die wichtigsten Sinnessysteme, die beim NLP meistens als Repräsentationssysteme bezeichnet werden:

V = visuell/sehen

A = auditiv/hören

K = kinästhetisch/Körpergefühle/Emotionen

O = olfaktorisch/gustatorisch//riechen/schmecken

Aus dem Zusammenhang des Themas Augenbewegungen kennen Sie außerdem die Unterscheidung zwischen sinnesspezifischen Aktivitäten der Erinnerung (er) und denen der Konstruktion (k). Die wesentlichen Unterscheidungen waren dabei folgende:

Vk und Ver

Ak und Aer

K

Ad (A digital = innerer Dialog)

Im Zusammenhang der Darstellung von Strategien müssen zusätzliche Unterscheidungen vorgenommen werden, um deutlich zu machen, ob die Sinnesaktivitäten darin bestehen, daß Reize aus externen Quellen (e) aufgenommen werden oder darin, daß die Repräsentationen intern (i) erzeugt werden. Die wesentlichen Unterscheidungen sind dabei folgende:

Ve und Vi

Ae und Ai

Ke und Ki

Mit diesen Unterscheidungen können bereits sehr viele Strategien dargestellt werden. Zum Beispiel die folgende Entscheidungsstrategie eines Richters, die Dilts u. a. in ihrem Buch: „Strukturen subjektiver Erfahrung"[3] wiedergeben. Der Richter äußerte sich dem Angeklagten gegenüber folgendermaßen: „Nun, Mr. X, wenn ich mir diese Akte anschaue, dann sehe ich, daß Sie nicht zum ersten Mal hier im Gerichtssaal stehen. Ich muß mich fragen: Wie lange soll das noch so weiter gehen? ... Ich fühle mich verantwortlich, dafür zu sorgen, daß dies nicht wieder passiert." Die Entscheidungsstrategie dieses Richters hatte also die folgende Form:

Ve → Aid → Ki → EXIT.

Der EXIT-Punkt bedeutet dabei immer, daß eine Strategie verlassen wird, um zur nächsten überzugehen. Viele Strategien werden jedoch nicht nach einmaligem Durchlauf verlassen, sondern mehrmals wiederholt. Ein Grund für einen erneuten Durchlauf durch eine Strategie kann sein, daß das auf die interne auditive Prüfung ausgelöste Gefühl unbefriedigend ausfällt und deshalb den Betreffenden zu einer Wiederholung veranlaßt: Eine Entscheidungsstrategie, in der sich jemand zuerst die Sache ansieht, dann darüber mit sich redet und ein Gefühl darüber entwickelt, bei positivem Gefühl weitergeht, bei negativem Gefühl die Strategie jedoch nochmals durchläuft, sieht dann folgendermaßen aus:

Ve → Aid → Ki → Exit
↑__________________|− +

Durch diese zwei Alternativen, die sich ergeben, je nachdem, welches Gefühl ausgelöst wurde, bekommt die Entscheidungsstrategie zusätzlich einen sogenannten Operationspunkt. Ein Operationspunkt ist ganz allgemein dadurch definiert, daß es in der Folge auf ihn mehrere Alternativen gibt.

Um Strategien angemessen darzustellen, ist es nicht nur wichtig, festzuhalten, welche sinnesspezifischen Aktivitäten aufeinander folgen. Manchmal ergibt sich die Notwendigkeit, zusätzlich zu notieren, „wie" sich die einzelnen sinnesspezifischen Aktivitäten aufeinander beziehen. Es gibt dabei eine kongruente, eine polare und eine Meta-Beziehung einer sinnesspezifischen Reaktion auf die andere.

Eine kongruente Reaktion setzt eine vorhergehende Repräsentation in einer anderen Sinnesmodalität fort. Wenn ich schwimmen gehen möchte und mir ein Bild davon vergegenwärtige, wäre eine kongruente Reaktion, das Plätschern des Wassers zu hören, seine Temperatur und das Gleiten des Körpers in diesem Element zu fühlen. Eine kongruente Reaktion wird nur durch einen Pfeil dargestellt.

Ver → Ai → Ki

Eine polare Reaktion kehrt den Inhalt des vorhergehenden Schrittes um. Wenn ich schwimmen gehen möchte, wäre eine polare Reaktion, auf das Erinnerungsbild davon traurig zu werden, weil ich mir sage, daß ich meine Arbeit fortsetzen muß. Eine polare Reaktion wird notiert, indem man ein p unter den Pfeil setzt.

Ver	→	Ai	→	Ki
	p			

Eine Metareaktion ist eine Reaktion über den vorhergehenden Schritt. Wenn ich schwimmen gehen möchte und auf das Erinnerungsbild davon nicht traurig werde, wenn ich mir sage, daß ich weiterarbeiten muß, wäre eine Metareaktion, wenn ich mich dann frage, was dieses Gefühl bedeutet. Eine Metareaktion wird notiert, indem man ein m unter den Pfeil setzt.

Ver	→	Ai	→	Ki	→	Ai
	p		p		m	

Strategien darstellen, Übungen:

Stellen Sie die Strategien des erfolgreichen und die des nicht erfolgreichen Absolventen eines Schnellesekurses dar, wie sie am Anfang dieses Kapitels beschrieben wurden.

1.
„Ich hasse es zu putzen. Aber wenn ich mir vorstelle, wie gut das aussieht, wenn ich damit fertig bin, sage ich mir: ‚Komm, stell Dich nicht so an!', gebe mir einen Schubs und fange an."

2.
„Wenn Sie mich fragen, wie wir den Raum einrichten sollen, kann ich Ihnen sagen, ich sehe da verschiedene Möglichkeiten. Wenn wir genügend Zeit haben, sollten wir eine ausgewählte Ausstattung in Betracht ziehen. Wenn es schnell gehen muß, sollten wir zunächst ein Provisorium ins Auge fassen und später nach einer endgültigen Lösung suchen."

Strategien darstellen, Übungen:
3. „Wenn ich sehe, wie Du mit Freundschaften umgehst, ohne Skrupel einen verläßt, um Dich dem nächsten an den Hals zu werfen! Dabei wird mir ganz übel! Ich kann Dir nur sagen: ‚Mit mir machst Du das nicht!'"

II. Analyse von Strategien (Strategien evozieren und auspacken)

Die Analyse einer persönlichen Strategie wird beim NLP „Auspacken" genannt. Um herauszufinden, wie die Reihe sinnesspezifischer Aktivitäten, die eine bestimmte Strategie ausmachen, aussieht, gibt es mehrere Möglichkeiten, die Sie bereits kennen:

a. Auspacken mit Hilfe von Prädikaten
Sie hören auf das, was Ihr Gegenüber sagt und richten Ihre Aufmerksamkeit auf die verwendeten Prädikate.

b. Auspacken mit Hilfe von Augenbewegungen
Sie verfolgen die Augenbewegungen Ihres Gegenüber als Zugangssignale zu den betreffenden Repräsentationssystemen. Sie können auch Gesten, Atemveränderungen und Veränderungen der Körperhaltung und des Muskeltonus als Zugangssignale zu den entsprechenden Repräsentationssystemen benutzen[4].

c. Auspacken mit Hilfe von Fragen
Wenn Sie am Anfang Ihrer Arbeit mit NLP noch nicht hinreichend geübt sind, Prädikate und Augenbewegungen exakt wahrzunehmen, können Sie, um eine Strategie auszupacken, auch ganz einfach Fragen stellen: „Was passiert zuerst?", „Was machen Sie danach?" oder „Was passierte kurz vor diesem Gefühl?"

Strategien auspacken, Übungen:

Packen Sie die beiden folgenden Verhaltenssequenzen aus[5]!

Beispiel A:

Eine Verwaltungsdirektorin hat eine Entscheidung zu treffen. Sie hat gerade einen schriftlichen Bericht gelesen und muß auf der Basis dieser Information eine Entscheidung treffen:

„Wenn ich mir das ansehe ... (die Augen sehen auf das Papier, dann hält sie inne und atmet tief durch, wobei ihre Augen kurz nach rechts unten sehen und dann nach links wandern) ... habe ich das Gefühl, daß etwas ausgelassen wurde ... (streicht sich mit der Hand das Kinn) ... und ich muß mich fragen: Wie könnte das diese Entscheidung beeinflussen, wo es doch so wichtig ist, daß wir ein klares Verständnis von der Sache entwickeln? (Die Augen richten sich nach rechts oben, machen kleine seitliche Bewegungen, richten sich dann nach rechts unten und nehmen darauf Kontakt mit der vor ihr stehenden Person auf.) Ich weiß nicht, was ich dazu sagen soll.“[6]

Notieren Sie diese Strategie:

Beispiel B:

Ein Gesprächspartner äußert sich folgendermaßen über eine anstehende Änderung in seinem Leben:

„Ich weiß, daß ich es tun sollte (Kopf und Augen nach links unten, dann nach rechts) ... ich habe wirklich das Gefühl, daß es richtig ist, aber ...(hebt die Hand und reibt sich die Augen) gleichzeitig sehe ich alle Situationen vor mir, in denen ich es versucht habe (hört auf zu reiben, öffnet die Augen, sieht nach links oben, aber mit gesenktem Kopf) und nicht geschafft habe ... (seufzt), es ist wirklich ein Kampf.“[7]

Notieren Sie diese Strategie:

2. *Strategien evozieren*

Bevor Sie jedoch eine Strategie untersuchen können, müssen Sie Ihr Gegenüber dazu bringen, sich die Strategie zu vergegenwärtigen. Eine solche Vergegenwärtigung wird im NLP Evokation genannt. Es gibt mehrere Möglichkeiten, eine Strategie zu evozieren:[8]

a. Tatort-Evokation
Sie können Ihr Gegenüber physisch in die Situation bringen, in der die betreffende Strategie ausgelöst wird.

b. Evokation durch Simulation
Sie können z. B. im Rollenspiel einen Teil der Situation, die bei Ihrem Gegenüber die Strategie auslöst, simulieren.

c. Evokation durch Übertreibung
Sie können einen Menschen auch einen Teil der Strategie übertreiben lassen. Dadurch kann er leichter Zugang zum Rest der Strategie finden.

d. Evokation durch Fragen
Sie können auch Fragen stellen, die Ihr Gegenüber veranlassen, bei der Suche nach der Antwort die betreffende Strategie auszulösen. Fragen, die Strategien mit dem Verhaltensresultat X evozieren, können Sie folgendermaßen formulieren:

- „Können Sie mir sagen, wann Sie schon einmal zu X fähig waren?"
- „Wie ist das, zu Xen?"
- „Können Sie X?"
- „Wie machen Sie X?"
- „Haben Sie schon mal X gemacht?"
- „Wann konnten Sie X am besten?"
- „Woher wissen Sie, ob Sie X können?"
- „Was brauchen Sie, um X zu machen?"
- „Was passiert, wenn Sie X machen?"
- „Wann haben Sie zuletzt X gemacht?"

3. Strategien evozieren und auspacken lernen, Übung

Erarbeiten Sie zusammen mit einem Partner oder einer Partnerin eine für Ihre berufliche Praxis wichtige Strategie. Das Übungsmuster bezieht sich auf eine Entscheidungsstrategie. Sie können dieses Muster jedoch auf alle anderen Strategien übertragen. Gehen Sie dabei in folgenden Schritten vor:

1. **Entscheidungsstrategie evozieren**
   (Wählen Sie eine Situation, in der es leicht zu einer Entscheidung kam.)
2. **Entscheidungsstrategie auspacken**
3. **Strategie des Nicht-Entscheidens evozieren**
   (Wählen Sie eine Situation, in der A sich entscheiden wollte, aber nicht dazu kam.)
4. **Strategie des Nicht-Entscheidens auspacken**
5. **Unterschiede überprüfen**
6. **Entscheidungsstrategie testen**

Strategien evozieren und auspacken, Übung:
1. Entscheidungsstrategie evozieren „Was passiert, wenn Du Dich entscheidest? Wann hast Du zuletzt eine Entscheidung (bezogen auf X) getroffen?" Stellen Sie A Fragen, die A veranlassen, auf der Suche nach der Antwort die persönliche Entscheidungsstrategie auszulösen. **2. Entscheidungsstrategie auspacken** Lassen Sie sich von A erzählen, wie A sich entscheidet. Achten Sie dabei auf die Prädikate und beobachten Sie die Augenbewegungen. Wenn Sie weitere Informationen brauchen, lassen Sie A weitere Beispiele vergegenwärtigen. Stellen Sie Fragen zur Klärung der beteiligten sinnesspezifischen Aktivitäten und ihrer Reihenfolge.

Strategien evozieren und auspacken, Übung:

3. Strategie des Nicht-Entscheidens evozieren
„Kannst Du Dich an eine Situation erinnern, in der Du zu einer Entscheidung (bezogen auf Y) kommen wolltest, es aber nicht geschafft hast?
Wie hast Du das gemacht?"
Stellen Sie A Fragen, die A veranlassen, auf der Suche nach der Antwort die persönliche Strategie des Nicht-Entscheidens auszulösen.

4. Strategie des Nicht-Entscheidens auspacken
Achten Sie bei dem Bericht von A auf die Prädikate und beobachten Sie die Augenbewegungen. Zur weiteren Information bitten Sie um weitere Beispiele und stellen entsprechende Fragen wie unter Punkt 2.

5. Unterschiede überprüfen
„Wende bitte mal Deine Entscheidungsstrategie auf Y an. Und dann möchte ich Dich bitten, Deine Strategie des Nicht-Entscheidens auf X zu beziehen."
Lassen Sie A die Entscheidungsstrategie an Y, und die Strategie des Nicht-Entscheidens an X ausprobieren und prüfen Sie die jeweilige Wirkung.

6. Entscheidungsstrategie testen
„Gibt es etwas, woran Du Deine Entscheidungsstrategie testen könntest?"

Erarbeiten Sie nach diesem Muster folgende Strategien:

a. Ihre Entscheidungsstrategie
b. Ihre Motivationsstrategie
c. Ihre Kreativitätsstrategie
d. Ihre Glaubensstrategie
e. Ihre Lernstrategie
f. Ihre Erinnerungsstrategie
g. Ihre Kaufstrategie
h. weitere für Ihre Berufspraxis wichtigen Strategien

III. Utilisation von Strategien

Ihre Fähigkeit, Strategien zu erarbeiten, können Sie auf mehrfache Art und Weise nutzen. Sie können gute Strategien auf neue Inhalte übertragen. Sie können Strategien über Prozesse des Spiegelns zur Beeinflussung anderer Menschen benutzen. Sie können Strategien ankern und geankerte Strategien in andere einbeziehen, um für sich oder andere bestimmte Ziele zu erreichen.

1. Strategien anwenden

Strategien sind Beschreibungen formaler Verhaltensoperationen und damit an keine spezifischen Inhalte gebunden. Wenn Sie daher Strategien analysiert haben, die bezogen auf bestimmte Inhalte gut funktionieren, können Sie sie auf andere Inhalte übertragen. Ein besonders gutes Beispiel, an dem Sie das ausprobieren können, ist Ihre Motivationsstrategie. Wenn Sie sich für bestimmte Dinge gut motivieren können, können Sie diese Fähigkeit auf andere sinnvolle Dinge übertragen, an die Sie bisher nicht so gerne herangehen mochten.

– Das folgende Übungsmuster enthält sieben Schritte:

1. Motivationsstrategie evozieren
2. Motivationsstrategie auspacken
3. Strategie der Demotivierung evozieren
4. Strategie der Demotivierung auspacken
5. Unterschiede überprüfen
6. Motivationsstrategie anwenden
7. Test

Strategien anwenden, Übung:
1. Motivationsstrategie evozieren „Wozu (X) kannst Du Dich besonders gut motivieren?“ „Wie machst Du das?“ Stellen Sie A Fragen, die A veranlassen, auf der Suche nach der Antwort die persönliche Motivationsstrategie auszulösen.

Strategien anwenden, Übung:

2. Motivationsstrategie auspacken
Lassen Sie sich von A erzählen, wie A sich motiviert. Achten Sie dabei auf die Prädikate und beobachten Sie die Augenbewegungen. Wenn Sie weitere Informationen brauchen, lassen Sie A weitere Beispiele vergegenwärtigen. Stellen Sie Fragen zur Klärung der beteiligten sinnesspezifischen Aktivitäten und ihrer Reihenfolge.

3. Strategie der Demotivierung evozieren
„Wozu (Y) kannst Du Dich überhaupt nicht motivieren?"
„Wie machst Du das?"
Stellen Sie A Fragen, die A veranlassen, auf der Suche nach der Antwort die persönliche Demotivierungsstrategie auszulösen.

4. Strategie der Demotivierung auspacken
Achten Sie bei dem Bericht von A auf die Prädikate und beobachten Sie die Augenbewegungen. Zur weiteren Information bitten Sie um weitere Beispiele und stellen entsprechende Fragen wie unter Punkt 2.

5. Unterschiede überprüfen
„Wende bitte mal Deine Motivationsstrategie auf Y an. Und jetzt möchte ich Dich bitten, Deine Demotivationsstrategie auf X zu beziehen."
Lassen Sie A die Motivationsstrategie an Y und die Demotivationsstrategie an X ausprobieren und prüfen Sie die jeweilige Wirkung.

6. Motivationsstrategie anwenden
„Gibt es etwas, wozu Du Dich nur schwer motivieren kannst, obwohl es gut wäre, wenn Du es könntest? Dann probiere Deine Motivationsstrategie an diesem Inhalt aus."
Führen Sie A mit dem genannten Inhalt durch die Motivationsstrategie.

7. Test
„Könntest Du Dich hier und jetzt motivieren, einen Kopfstand zu machen?"

Strategien anwenden, Übung:
Überprüfen Sie die Wirkung der erarbeiteten Motivationsstrategie anhand eines Inhalts, an dem die Wirksamkeit der Strategie sogleich überprüft werden kann.

2. Strategien anderer spiegeln

Die Vorgehensweise des Spiegelns und seine Bedeutung für die Herstellung von Rapport kennen Sie aus dem ersten Kapitel. Pacen von Strategien zielt auf ganz andere Resultate als das verbale und nonverbale Spiegeln. Das letztere benutze ich als NLP-Berater hauptsächlich deshalb, um in die Welt meines Gegenüber einzusteigen und diese so zu erleben, wie er sie erlebt. Wenn mir das gelingt, habe ich nicht nur Zugang zur inneren Welt meines Gegenüber sondern signalisiere diesem auch, daß ich diesen Zugang habe, und das heißt, bei dem kommt an, daß ich ihn verstehe. Dieses Signalisieren kann mir bewußt sein, die meisten Signale kommen aber, wenn ich mich kongruent verhalte, ohne mein Bemerken beim anderen an. Aber ich kann, ausgestattet mit dem Wissen der Pacingresultate diese Resultate auch gezielt anstreben, das heißt, Pacing als Mittel zu dem Zweck einsetzen, um Rapport und Vertrauen herzustellen. Aber auch das geschieht zumeist, um die Resultate des Pacing zum Nutzen auch des anderen hervorzurufen.

Was beim partnerzentrierten verbalen und nonverbalen Pacen eine Möglichkeit ist, nämlich Spiegeln als Mittel zum Zweck einzusetzen, stellt sich beim Pacen von Strategien in berufsspezifischen Kontexten nahezu allgemein her. Strategien werden in diesen Zusammenhängen nicht in erster Linie deshalb analysiert und gespiegelt, um in die Welt des anderen einzusteigen. Beim Spiegeln von Strategien machen die Betreffenden ihr Vorgehen deshalb mit dem eines anderen synchron, um die Basis für eine Beeinflussung herzustellen, die dem anderen zumeist nicht bewußt wird und die nicht selten auch nicht in seinem Interesse ist, zumindest seinem Interesse widersprechen kann. Für dieses Vorgehen benutze ich den Begriff Manipulation in einem negativen Sinne.

Unter Manipulation verstehen Menschen nicht immer dasselbe Vorgehen. Für manche ist jede Form der Beeinflussung anderer Manipulation. Aus diesem Grunde wird Manipulation von ihnen zumeist auch nicht negativ bewertet. Andere wiederum trennen positiv akzentuierten Einfluß von negativ bewerteter Manipulation, wobei der Unterschied darin liegt, daß Einflußnahme auf einen anderen Menschen diesem nicht verborgen bleibt, während Manipulation verdeckte Einflußnahme ist, dem der andere sich in der Regel nicht entziehen kann. Verdeckte Einflußnahme kann aber immer noch mit guten Gründen vertretbar sein, da sie z. B. in pädagogischen und therapeutischen Zusammenhängen nicht nur häufig unumgänglich sondern unter bestimmten Bedingungen sogar geboten sein kann. Ein dritter Begriff von Manipulation wird durch zwei Bestimmungen definiert: der andere weiß nichts von der Einflußnahme und diese geschieht zu seinem Nachteil.

Die Ablehnung der Manipulationsmöglichkeiten, die im NLP stecken, haben mich am Anfang meiner Praxis mit NLP offenbar so vorprogrammiert, daß ich Ankern und Arbeiten mit Strategien ausgeblendet habe. Lange Zeit konnte ich mit Erfolg auch so vorgehen, daß ich meinen Coachingpartner/innen ähnlich wie in Seminarzusammenhängen immer die Logik meines Vorgehens erläuterte, d.h. ihnen genau erklärte, wie ich mit ihnen arbeiten würde, bis ich an eine Klientin geriet, die das von mir vermittelte Wissen benutzte, um Lernprozesse rückgängig zu machen. Heute kann ich verdeckt arbeiten, wenn es eine Vereinbarung darüber gibt und zum Nutzen des anderen geschieht.

Aber NLP macht verdeckte Beeinflussung anderer zu deren Nachteil möglich, und ich vermittle NLP. Die Begründer von NLP sagen dazu, man könne sowieso nicht nicht manipulieren, deshalb solle man es doch möglichst bewußt machen. Allerdings berücksichtigen sie dabei nicht, daß sie ihr Wissen den Mitgliedern einer Welt vermitteln, in der Macht ungleich verteilt ist und Zugang zu Wissen nicht allen gleichermaßen offen steht. Die Chance, daß ihr Wissen die Macht der Mächtigen stärkt, ist deshalb sehr groß. Da gäbe es natürlich gute Gründe, gerade die weniger Mächtigen zumindest zu ihrem Schutz mit diesem Wissen auszustatten. Mir ist klar, daß ich NLP keinem gewieften Porno-Verkäufer vermitteln würde, um diesen zu befähigen, noch mehr solcher Produkte an den Mann zu bringen. Gar nicht so ungern würde ich jedoch die Mitarbeiter eines inkompetenten Vorgesetzten befähigen, dessen Entscheidungsstrategie zu pacen und zu ihrem Nutzen oder dem des Unternehmens zu utilisieren.

Wie alle anderen hervorragenden Fähigkeiten kann NLP guten Zwecken dienen oder mißbraucht werden. In den höchsten Lehr-Institutionen bilden Professoren aller Fakultäten Leute darin aus, die besseren Argumente für ihre Thesen zu haben, Rhetoriker entwikkeln die Fähigkeit, diese besser zu präsentieren als andere. Die Menschen, die mit diesen Fähigkeiten ausgestattet in der realen Welt tätig werden, wenden diese ganz sicher nicht immer an, um irgendeiner Wahrheit oder Gerechtigkeit oder dem Guten zur Geltung oder auch nur zur Berücksichtigung zu verhelfen. NLP kann die Leute ausbilden, ihre Thesen besser zu kommunizieren als andere. Das ist qualitativ nichts anderes, als was Fachprofessoren und Rhetoriker auch tun. Es gibt also ebenso gute Gründe pro und contra, NLP zu vermitteln wie Rhetorik oder irgendeine andere sachbezogene Wissenschaft. Menschen, die Fähigkeiten vermitteln, sind deshalb aber nicht aus der Verantwortung entlassen für das, was andere aus diesen Fähigkeiten machen. Dem kann sich kein Lehrender entziehen.

Aber: Es gibt einen anderen Gesichtspunkt, der für NLP spricht. Mit NLP zu arbeiten, enthält die Chance des persönlichen Wachstums. Viele der jenseits objektiver gesellschaftlicher Strukturen im Alltag zur Wirkung kommenden Gehässigkeiten, Verletzungen, Benachteiligungen, fast alles Schmerzhafte, was Menschen einander antun, erwächst nicht aus Bosheit oder Rücksichtslosigkeit, sondern zumeist aus Unaufmerksamkeit, Unwissen, Unfähigkeit oder Beschränkungen und sehr häufig: aus Selbstschutz. NLP vergrößert das Verhaltensrepertoire von Menschen und steigert ihre vorhandenen Fähigkeiten. Wenn man mit NLP davon ausgeht, daß das aktuelle Verhalten von Menschen immer die beste Möglichkeit ist, über die sie zu dem Zeitpunkt verfügen, dann impliziert Lernen mit NLP ein Stück der Utopie „Hoffnung". NLP lehrt Menschen, über mehr und bessere Möglichkeiten zu verfügen.

Eine Entscheidungsstrategie spiegeln, Übung

Gerade im beruflichen Leben ist Ihr Erfolg häufig abhängig von Entscheidungen anderer Menschen. In solchen Zusammenhängen können Sie ein Stück weit die Bedingungen Ihres eigenen Erfolgs wieder in die eigenen Hände bekommen, wenn Sie die Entscheidungsstrategie der betreffenden Person evozieren und analysieren können. Dieses Wissen können Sie dann nutzen, indem Sie im weiteren Verlauf des Gesprächs Ihre Beiträge, Informationen und Vorschläge in der Form anbieten, die der Entscheidungsstrategie des anderen entspricht. Damit pacen Sie seine Strategie verbal. Ihre Spiegelung der Denkprozesse der anderen Person wird in vielen Fällen, so die Begründer des NLP, das von Ihnen vorgeschlagene Resultat für diesen Menschen unwiderstehlich machen: „Ein Mensch kann nicht nicht auf seine eigenen Strategien reagieren."[9]

Das folgende Beispiel soll Ihnen ein erfolgversprechendes Pacing einer Entscheidungsstrategie verdeutlichen:

Vorgesetzter:
„Ich habe mir Ihren Entwurf angesehen und mich bei jedem der darin enthaltenen Vorschläge gefragt, welche Vorteile wir dadurch haben und welche Nachteile daraus entstehen könnten. Ich habe das Gefühl, daß Sie da eine gute Arbeit geleistet haben."

Strategie:

Ve → Aid → Ki → Exit

Pacing der Strategie durch den Mitarbeiter:
„Ich denke, Sie sollten sich den Entwurf auch daraufhin ansehen, wie er in die Gesamtstrategie unseres Unternehmens hineinpaßt. Ich glaube nämlich, daß er für die wichtigsten Fragen, auf die wir bisher noch keine Antworten gefunden haben, stimmige Lösungen enthält. Ich könnte mir vorstellen, daß auch Sie dabei das Gefühl haben, daß dieses Konzept nicht nur gewichtige Vorteile hat, sondern auch insgesamt schwerwiegende Probleme löst."[10]

Eine Entscheidungsstrategie spiegeln, Übung:

1. Entscheidungsstrategie evozieren
   (Wählen Sie eine Situation, in der A leicht zu einer Entscheidung kam.)
2. Entscheidungsstrategie auspacken
3. Strategie des Nicht-Entscheidens evozieren
   (Wählen Sie eine Situation, in der A sich entscheiden wollte, aber nicht dazu kam.)
4. Strategie des Nicht-Entscheidens auspacken
5. Unterschiede überprüfen
6. Entscheidungsstrategie pacen
   Geben Sie Informationen oder machen Sie Vorschläge, indem Sie Ihren Beitrag in der Form der Entscheidungsstrategie von A senden.

Eine kreative Strategie spiegeln, Übung

„Ein Menschen kann nicht nicht auf seine inneren Prozesse reagieren!" Überprüfen Sie diese These in der folgenden Übung:

Hierbei erarbeiten Sie die kreative Strategie eines Menschen, um sie diesem als Ressource zur Verfügung zu stellen, wenn der sie in Situationen des Blockiertseins braucht, um solche Blockaden zu überwinden. Wenn Sie die kreative Strategie erarbeitet haben, schicken Sie A auf die Suche nach einer Lösung für ein ungelöstes Problem und lassen Sie A dabei die kreative Strategie durchlaufen. Das tun Sie, indem Sie A mit dem Problem durch die Repräsentationssequenz führen, die A anwendet, wenn er oder sie kreativ ist. Eine kreative Strategie können Sie A auch immer dann anbieten, wenn A durch irgend etwas in einer Situation blockiert ist. Lassen Sie A dann diese Situation so bearbeiten, indem Sie ihn oder sie die eigene kreative Strategie durchlaufen lassen. Diesen Prozeß können Sie außerdem dadurch unterstützen, indem Sie mit Ihren Händen oder durch Worte die Augen von A in die Positionen dirigieren, in denen ihm oder ihr die entsprechenden Repräsentationen zugänglich sind.

Eine kreative Strategie spiegeln, Übung:

1. Kreative Strategie evozieren
   (Wählen Sie eine Situation, in der A sehr kreativ war und viele Lösungsmöglichkeiten für ein Problem X fand.)
2. Kreative Strategie auspacken
3. Strategie des Blockiert-Seins evozieren
   (Wählen Sie eine Situation, in der A auf der Suche nach einer Lösung für ein Problem Y steckenblieb.)
4. Strategie des Blockiert-Seins auspacken
5. Unterschiede überprüfen
6. Kreative Strategie pacen
   Benutzen Sie die erarbeitete kreative Strategie als Ressource für diese Situation. Schicken Sie A auf die Suche nach einer Lösung für das Problem, Y oder ein anderes aktuelles ungelöstes Problem und lassen Sie A dabei die kreative Strategie durchlaufen, indem Sie A das Problem durch die Repräsentationssequenz führen, die A anwendet, wenn er oder sie kreativ ist.

Eine Motivationsstrategie spiegeln, Übung

Erfolgreiches Pacen sei unwiderstehlich. Diese These der NLP-Begründer können Sie auch noch auf eine andere Weise ausprobieren. Wenn Sie die Motivationsstrategie von A erarbeitet haben, können Sie sich eine einfache und relativ harmlose Tätigkeit aussuchen, gegen die A sich sträubt. Bieten Sie A dann aber keine Argumente an, sondern veranlassen Sie A, die Sache doch noch einmal zu erwägen. Bei diesem Prozeß des Erwägens führen Sie A durch Fragen und Aufforderungen durch die eigene Motivationsstrategie. Wichtig ist dabei, daß alle Schritte in der richtigen Reihenfolge vorkommen und daß bei jedem Schritt die richtige Repräsentation erfolgt.

Eine Motivationsstrategie spiegeln, Übung:

1. Motivationsstrategie evozieren
2. Motivationsstrategie auspacken
3. Strategie der Demotivierung evozieren

Eine Motivationsstrategie spiegeln, Übung:
4. Strategie der Demotivierung auspacken 5. Unterschiede überprüfen 6. Testinhalt finden Finden Sie eine einfache und relativ harmlose Tätigkeit heraus, gegen die A sich sträubt. Es könnte sich dabei um einen Kopfstand handeln, um das Fahren um den Häuserblock, das Anheben eines Stuhls, das Wegbringen des Abfalls usw. ... 7. Motivationsstrategie pacen Lassen Sie A die Tätigkeit in der Abfolge noch einmal erwägen, die ihre/seine Motivationsstrategie paced. Dirigieren Sie A in der Erwägung des Ausführens dieser Tätigkeit so, das dieser Prozeß der Motivationsstrategie entspricht. Diesen Prozeß können Sie wiederum dadurch unterstützen, indem Sie mit Ihren Händen oder durch Worte die Augen von A in die Positionen dirigieren, in denen ihm oder ihr die entsprechenden Repräsentationen zugänglich sind.

3. Strategien ankern

Die letzten beiden Übungen haben gezeigt, daß Sie das Spiegeln von Strategien dazu einsetzen können, um andere dabei zu unterstützen, sich diese Strategien zugänglich zu machen, wenn sie sie brauchen. Pacen ist also ein wichtiges Instrument, um Strategien zu utilisieren. Der zweite wichtige Weg, um bereits ausgebildete gute Strategien zu nutzen, besteht im Ankern von Strategien.

Auf das Ankern von Strategien müssen wir in diesem Zusammenhang nur kurz eingehen, weil es über die Zusammenhänge, die im Kapitel über das Ankern ausgeführt wurden, hinaus keine grundsätzlich neuen Gesichtspunkte zu berücksichtigen gibt. Denn Strategien ankern Sie zwar als Sequenzen von sinnesspezifischen Aktivitäten, aber es ist dabei nicht von Bedeutung, daß Sie die konkrete Aufeinanderfolge dieser Aktivitäten kennen. Wenn Sie eine

Ressource ankern, müssen Sie nicht deren Strategie analysieren, um sie in einen Problemzusammenhang einbeziehen zu können.

Im Zusammenhang mit dem Prozeß des Ankerns Strategien als „Sequenzen" von sinnesspezifischen Aktivitäten genau wahrzunehmen, ist nur dann wesentlich, wenn Sie dabei verdeckt arbeiten. Dabei müssen Sie folgende Fähigkeiten entwickeln:

1. Sie müssen zum Beispiel Ressourcen verdeckt ankern können.
2. Sie müssen Strategien (zum Beispiel Problemstrategien) anhand von Prädikaten und Augenbewegungen als Zugangssignale analysieren können.
3. Sie müssen geankerte Strategien (zum Beispiel von Ressourcen) am richtigen Platz innerhalb einer ablaufenden (Problem-)Strategie auslösen können.

Verdeckt ankern, Übung

Um verdecktes Ankern zu üben, bieten Dilts u. a. in ihrem Buch über die „Strukturen subjektiver Erfahrung" folgende Übung an[11]:

Fragen Sie bitte Ihren Partner oder Ihre Partnerin, ob er oder sie bereit ist, eine kleine Übung mit Ihnen zu machen, wobei sie oder er erst später erfährt, worum es dabei geht.

Nach der Einwilligung bitten Sie A, sich an eine Reihe von Situationen zu erinnern, in denen sie oder er etwas vergessen hatte. Dabei beachten Sie am Gesichtsausdruck, an der Hautfarbe, der Atmung und der Veränderung der Stimmlage und des Sprechtempos, wann die Strategie für Vergessen aufkommt und ankern sie durch ein Räuspern!

Im zweiten Schritt fordern Sie A auf, sich an etwas Einfaches zu erinnern, z. B. an die eigene Telefonnummer, den Vornamen der Mutter etc., den Geburtstag des Partners oder der Partnerin oder ähnliche Dinge. Nach der jeweiligen Aufforderung an A räuspern Sie sich. Sie werden bemerken, daß Ihr Gegenüber ungewöhnliche Schwierigkeiten haben wird, Ihrer Aufforderung nachzukommen und sich die Dinge einfallen zu lassen, nach denen Sie fragen. Vergessen Sie bitte nicht, A nach einer solchen verdeckten Übung über das, was geschehen ist, aufzuklären.

Verdeckt ankern, Übung:

1. Strategie des Vergessens evozieren und verdeckt ankern
„Erinnerst Du Dich, daß Du schon einmal den Namen einer Person vergessen hast? Wie war das? Kannst Du Dir vorstellen, wie das ist, wenn Dir etwas Wichtiges auf der Zunge liegt, und Du kannst es nicht herausbringen? Kennst Du das Gefühl, zu wissen, daß Du etwas weißt, Dich aber nicht daran erinnern kannst?"

Bitten Sie A, sich an eine Reihe von Situationen zu erinnern, in denen sie oder er etwas vergessen hatte.
Beachten Sie am Gesichtsausdruck, an der Hautfarbe, der Atmung und der Veränderung der Stimmlage und des Sprechtempos, wann die Strategie für Vergessen aufkommt und ankern Sie durch ein Räuspern!

2. Eine Erinnerung abfordern und Anker auslösen
„Ich würde Dich gern morgen anrufen, kannst du mir Deine Telefonnummer geben?"
Fordern Sie A auf, sich an etwas Einfaches zu erinnern, z. B. an die eigene Telefonnummer, den Vornamen der Mutter etc. Nach der jeweiligen Aufforderung an A räuspern Sie sich.

3. Aufklären
Klären Sie A darüber auf, was Sie gemacht haben!

Strategien verdeckt analysieren

Wenn es für Sie in beruflichen Zusammenhängen wichtig ist, verdeckt in Strategien anderer einzugreifen, können Sie sich mit folgenden Übungen darin schulen. Analysieren Sie anhand von Prädikaten und Zugangssignalen der Augen folgende Strategien:

a. die Entscheidungsstrategie eines anderen Menschen
b. die Motivationsstrategie eines anderen Menschen
c. die kreative Strategie eines anderen Menschen
d. die Glaubensstrategie eines anderen Menschen
e. die Lernstrategie eines anderen Menschen
f. die Erinnerungsstrategie eines anderen Menschen
g. die Kaufstrategie eines anderen Menschen
h. weitere für Ihre Berufspraxis wichtigen Strategien anderer

Ihre Ergebnisse können Sie prüfen, indem Sie an geeigneten Stellen einen Anker abfeuern, den Sie vorher errichtet haben.[12]

IV. Veränderung von Strategien

Viele Problemsituationen bestehen darin, daß Menschen ihre Strategien nicht in den Kontexten zur Verfügung haben, in denen sie sie brauchen. Ober sie wenden, um ihre Ziele zu erreichen, die falschen Strategien an. Diesen beiden Fällen gemeinsam ist die Tatsache, daß Menschen bereits über die Strategien verfügen, die sie brauchen. Sie haben diese Potenzen nur unangemessen „kontextualisiert", das heißt, in falsche Zusammenhänge eingebunden. Die Arbeit eines Beraters besteht in solchen Fällen lediglich darin, den Partner zu unterstützen, seine Strategien angemessen einzubinden.

Andere Problemsituationen bestehen darin, daß Menschen Strategien ausgebildet haben, die für die Ziele, die sie damit erreichen wollen, nicht gut geeignet sind. In solchen Fällen besteht die Aufgabe des Beraters darin, diese Strategien zu verändern in solche, die für das zu erreichende Ergebnis besser geeignet sind. Auch bei dieser Veränderungsarbeit gibt es mehrere Möglichkeiten.

1. Im richtigen System agieren!

Wenn manche Menschen etwas gut können, was andere Menschen nicht so gut können, dann kann das manchmal daran liegen, daß letztere für die Fähigkeit, um die es dabei geht, das falsche Sinnessystem benutzen. Das inzwischen schon fast klassische Beispiel für diesen Fall sind die zwei verschiedenen Buchstabierstrategien: die visuelle und die sogenannte phonetische, bzw. auditive Strategie. Ein visueller Buchstabierer konstruiert sich auf das Hören oder Lesen eines Wortes intern ein Bild von den Buchstaben dieses Wortes und vergleicht dieses Bild mit einem anderen Bild von den Buchstaben dieses Wortes, wie er es irgendwo schon einmal gelesen hat. Er vergleicht also das konstruierte Bild der Buchstabenfolge mit einem erinnerten Bild davon. Die Übereinstimmung oder Nicht-

Übereinstimmung der beiden Bilder wird daraufhin gefühlsmäßig festgestellt. Wenn das konstruierte Bild richtig aussieht, entwickelt der Betreffende ein gutes Gefühl. Sieht es nicht richtig aus, entwikkelt er ein negatives Gefühl und bearbeitet das konstruierte Bild in der Folge so lange, bis es mit dem erinnerten übereinstimmt und ein gutes Gefühl erzeugt.

Der auditive Buchstabierer dagegen testet seine Buchstabenkonstruktion, indem er herausfindet, ob sie richtig klingt. Er vergleicht den Klang des von ihm konstruierten Wortes mit dem Klang des Wortes, wie er es schon mal gehört hat. Da aber die Schreibweise nicht nur im Englischen sondern auch im Deutschen nicht den phonetischen Regeln folgt, ist der auditive Buchstabierer im Nachteil.

Wenn eines Ihrer Kinder im Diktat keine guten Noten mit nach Hause bringt, oder wenn Sie Lehrer sind, und einige Ihrer Schüler Ihre Bemühungen nicht mit entsprechenden Leistungen honorieren, können Sie nachprüfen, ob die Betreffenden beim Buchstabieren eine auditive Strategie benutzen. Gehen Sie beim Evozieren und Auspacken dieser Strategie vor wie oben bereits dargestellt wurde. Wenn Sie in der Tat eine auditive Strategie entdecken, haben Sie die Möglichkeit, die Strategie zu verändern, indem Sie mit dem Schüler eine visuelle Form des Testens einüben.

Nagel u. a. haben in ihren Buch „Megateaching"[13] eine Vorgehensweise für das Einüben einer visuellen Strategie für Rechtschreibung entwickelt, an der Sie sich orientieren können.

Diese folgende Übung lehnt sich an die bei Nagel u. a. dargestellte Vorgehensweise an. Sie besteht im Wesentlichen darin, den Schüler an die visuelle Ebene zu gewöhnen und enthält mehrere Stufen:

Im richtigen System agieren, Übung:
Erste Stufe: Ve – Vki an Bildern Sie zeigen dem Schüler nacheinander mehrere Bilder. Sie lassen ihn jedes Bild etwa fünf Sekunden betrachten. Danach legen Sie es fort und fordern den Schüler auf, zu beschreiben, was er auf dem Bild gesehen hat. Stellen Sie dabei die Augenposition beim visuellen Erinnern fest.

Im richtigen System agieren, Übung:

Zweite Stufe: Ve – Vki an Wörtern
Sie zeigen dem Schüler nacheinander Karten mit Wörtern. Sie präsentieren ihm diese Karten in dem Bereich seines Gesichtsfeldes, in das seine Augen beim visuellen Erinnern blicken. Sie lassen ihn jede Karte buchstabieren. Danach legen Sie die Karte fort und fordern den Schüler zum Buchstabieren aus dem Gedächtnis auf. Achten Sie dabei darauf, daß seine Augen in die gleiche Richtung, nämlich die des visuellen Erinnerns, schauen.

Dritte Stufe: vor und zurück
Wiederholen Sie die Übungen der Stufe 2. Lassen Sie dabei den Schüler vorwärts und rückwärts buchstabieren.

2. *Mehrere Systeme nutzen!*

Wenn sich Menschen in ihren Fähigkeiten unterscheiden, kann das auch daran liegen, daß eine gute Fähigkeit darin besteht, mehrere Systeme zu benutzen, um ein Resultat zu erzielen, während andere, die etwas nicht so gut können, nur ein System benutzen. Ein schönes Beispiel dafür ist die Fähigkeit, sich Namen zu merken. Die meisten Menschen können sich gut an Gesichter erinnern. Häufig hapert es aber daran, daß sie die dazugehörigen Namen nicht gespeichert haben. In seinem Buch „Veränderung des subjektiven Erlebens" hat Richard Bandler folgende Übung[14] entworfen, die Sie ausprobieren können, wenn Sie bislang nicht zufrieden waren mit Ihrer Erinnerungsleistung in bezug auf die Namen Ihnen bekannter Personen.

Namen merken, Übung:

1. Visuelle Konzentration
Beim visuellen Wahrnehmen der Person konzentrieren Sie sich auf etwas, was Ihnen sehr auffällt.

2. Auditive Konzentration
Wenn Sie dann den Namen der Person hören, konzentrieren Sie sich wiederum auf das herausragende Merkmal (wodurch beide miteinander verbunden werden).

Namen merken, Übung:

2a. Zusätzliches visuelles Merkmal
Wenn Sie den Namen hören, können Sie zusätzlich zu dem herausragenden Merkmal, auf das Sie sich konzentrieren, der Person auch ein Schild mit dem geschriebenen Namen an die Brust heften.

2b. Zusatz bei VIPs
Wenn Sie sich ganz dringend an einen Namen erinnern wollen, verbinden Sie ihn mit einem herausragenden Merkmal in allen drei Repräsentationssystemen: auditiv, visuell und kinästhetisch. Zum Beispiel: Während Sie den Klang des Namens mit dem zugehörigen Tonfall hören, achten Sie beim Anblick der Person auf etwas, das besonders kennzeichnend ist, und nehmen das spezielle Gefühl beim Händeschütteln wahr.

3. Test
Schauen Sie kurz weg, visualisieren Sie das Merkmal und lauschen Sie auf den Namen, um sich zu vergewissern, daß die Verbindung hergestellt ist.

3. Das System wechseln!

Kennen Sie das? Der kleine Junge, der bei Dunkelheit mit einer Taschenlampe in den unbeleuchteten Keller geschickt wird, um Bier zu holen, pfeift ein Lied, um seine Angst zu beschwichtigen. Er überwindet dieses Gefühl, indem er sich auf Töne konzentriert. Mit einer solchen Konzentration in einem anderen Sinneskanal kann man häufig unangenehme Gefühle wie z. B. Angst auflösen.

Allerdings ist es wichtig, herauszufinden, „wie“ es jemand macht, Angst zu bekommen.

Der kleine Junge reagiert auf den Anblick dunkler Ecken und Schatten mit Angst. Manche Menschen erinnern sich an angstauslösende Bilder, bevor sie ängstlich werden. Andere wiederum stellen sich erschreckende Bilder vor, bevor sie mit Angst reagieren. Wieder andere erinnern sich an fürchterliche Drohungen, oder sagen sich furchterregende Dinge, bevor sie vor Angst erstarren.

Eine Veränderungsarbeit kann nun darin bestehen: Wenn visuelle Repräsentationen der Angstreaktion vorhergehen, kann man sich auf auditive Repräsentionen konzentrieren, um die Angst loszuwerden, und umgekehrt, wenn auditive Repräsentationen Angst auslösen, kann man sich auf Bilder konzentrieren, um die Angst zu überwinden.

Unangemessene Ängste überwinden, Übung:
1. Unangemessene Angstreaktion identifizieren „Erinnere Dich bitte an Situationen, in denen Du mit Angst reagierst. Prüfe in der jeweiligen Situation, ob die auftretenden Angstgefühle sinnvoll sind, z. B. Dich auf mögliche Gefahren in der Situation hinweisen und für die Bewältigung dieser Gefahren vorbereiten. Wähle dann bitte eine Situation aus, in der Deine Angstreaktion unangemessen ist, weil keine reale Gefahr besteht." Identifizieren Sie eine Angstreaktion in einer Situation, in der keine reale Gefahr besteht. **2. Angststrategie erarbeiten** „Wie machst Du das, daß Du Angst bekommst?" Evozieren Sie eine Angststrategie und packen Sie sie aus. **3. Angstauslösende Repräsentation feststellen** „Welche sinnesspezifische Aktivität geht der Angst unmittelbar voraus?" Identifizieren Sie das Repräsentationssystem, das dem negativen Gefühl unmittelbar vorausgeht. **4. Repräsentationssystem wechseln** „Was könntest Du statt dessen tun?" Suchen Sie nach sinnesspezifischen Aktivitäten in einem anderen Sinneskanal, die positive Gefühle auslösen. **5. Einüben der neuen Strategie** Lassen Sie A die neue Strategie mehrmals Schritt für Schritt intern durchlaufen.

Phobietechnik mit Entscheidungspunkt

Für manche phobische Reaktionen kann es sinnvoll sein, nicht einfach das Sinnessystem zu wechseln, sondern eine neue Strategie zu entwickeln, die erstens Tests enthält, mit dem die Situation auf Gefahren hin geprüft wird und zweitens Entscheidungspunkte, die mehrere alternative Verhaltensweisen in der Folge ermöglichen. Dilts u. a. beschreiben eine solche Veränderungsarbeit[15]. Bei einer solchen Arbeit können Sie folgendermaßen vorgehen. Nachdem Sie eine phobische Reaktion erarbeitet und die angstauslösende Repräsentation identifiziert haben, bauen Sie an deren Stelle einen Test ein, mit dem geprüft werden kann, ob eine reale Gefahr vorhanden ist. Das kann eine innere Stimme sein, die dazu auffordert, die Situation genau zu prüfen, beispielsweise genau hinzusehen oder hinzuhören und danach zu entscheiden, welches die richtige Reaktion ist. Damit etablieren Sie einen sogenannten Entscheidungspunkt, der je nach Testergebnis entsprechende Reaktionen auslöst, bei Gefahr z. B. Rückzug, bei nicht vorhandener Gefahr beispielsweise ein Gefühl der Entspannung.

Phobietechnik mit Entscheidungspunkt, Übung:

1. Angststrategie erarbeiten
Evozieren Sie eine Angststrategie und packen Sie sie aus.

2. Angstauslösende Repräsentation feststellen
Identifizieren Sie das Repräsentationssystem, das dem negativen Gefühl unmittelbar vorausgeht.

3. Test etablieren
Etablieren Sie beispielsweise eine innere Stimme, die sagt: „Schau hin und prüfe, ob Gefahr besteht (Aid)“ und danach eine visuelle Repräsentation, mit der überprüft werden kann, ob es eine Gefahr gibt (Ve).

4. Entscheidungspunkt etablieren
Etablieren Sie dann eine Repräsentation, die alternative Verhaltensweisen auslöst, einmal für den Fall, daß Gefahr besteht, und zweitens für den Fall, daß keine Gefahr besteht. Das kann wieder

Phobietechnik mit Entscheidungspunkt, Übung:
eine innere Stimme (Aid) sein, die bei Gefahr sagt: „Ziehe Dich zurück! (Ke)“ und für den Fall, daß keine Gefahr besteht, sagt: „Es ist in Ordnung, daß ich mich entspanne (Ki).“ **5. Neue Strategie proben** Lassen Sie A die neue Strategie einige Male testen und ausprobieren.

Wahrnehmungswechsel im Selbstmanagement

Veränderungsarbeiten, bei denen Sie das System wechseln, können Sie auch im Selbstmanagement durchzuführen. Meine erste Erfahrung mit einer NLP-Veränderungsarbeit war die Überwindung einer Phobie. Dabei reichte es aus, die angstauslösende Repräsentation zu erkennen und mir vorzunehmen, an deren Stelle etwas anderes zu tun, nämlich statt mir Bilder von einer gefährlichen Situation zu konstruieren doch lieber intern ein bestimmtes Lied zu singen. Um zu meinem Ziel zu kommen, mußte ich die neue Strategie nicht einmal besonders intensiv proben. Die folgende Übung, die Josef Weiß in seinem Buch „Selbst-Coaching“ darstellt, ist gleichfalls eine Möglichkeit, mit einem Wechsel des Repräsentationssystems im Selbstmanagement zu einer neuen Strategie zu kommen[16].

Falls Sie zu den Menschen gehören, die in bestimmten Lebensphasen Schwierigkeiten haben, einzuschlafen, können Sie diese Einschlafstörungen folgendermaßen überwinden.

Beobachten Sie sich selbst zunächst, während Sie nicht einschlafen können. Machen Sie sich innere Bilder? Hören Sie gerade inneren Monologen oder Dialogen zu? Achten Sie dabei auch darauf, wie sich Ihr Körper gerade anfühlt?

Wenn Sie die Repräsentationssysteme herausgefunden haben, mit denen Sie sich beschäftigen statt einzuschlafen, konzentrieren Sie sich ganz bewußt auf ein anderes System!

Wenn Sie nur innere Bilder bemerken, konzentrieren Sie sich auf auditive Repräsentationen. Das berühmte „Schäfchen zählen“ stellt einen solchen Wahrnehmungswechsel dar. Wenn Sie nur innere Dialoge bemerken, konzentrieren Sie sich darauf, alle Gedanken nur noch in Bildern – ohne Ton – erscheinen zu lassen. Wenn Sie innere Dialoge beobachten, die hin und wieder mit Bildern verbunden sind, konzentrieren Sie sich darauf, nur körperlich wahrzunehmen, z. B. wie Sie einatmen und ausatmen. Sie können sich auch auf das kinästhetische System konzentrieren, indem Sie die Oberfläche Ihres Körpers von den Zehen bis zu den Fingerspitzen „durchfühlen".

Einschlafstörungen überwinden, Übung:

1. Erkenntnis der auslösenden Repräsentationssysteme
Beobachten Sie Ihre Wahrnehmungsebenen beim Nicht-Einschlafen-können. Machen Sie sich innere Bilder? Hören Sie gerade inneren Monologen oder Dialogen zu? Achten Sie in der Situation darauf, wie sich Ihr Körper gerade anfühlt? Sind Sie mit Riechen oder Schmecken beschäftigt? Verbinden Sie zwei Ebenen wie z. B. das Sehen und Hören in Form eines Tonfilmes? Beobachten Sie sich selbst am besten mehrmals!

2. Konzentration in einem anderen Sinneskanal
Wenn Sie die bevorzugte(n) Ebene(n) herausgefunden haben, konzentrieren Sie sich ganz bewußt auf eine andere Ebene!

3. Beispiele
Wenn Sie bei sich selbst nur innere Dialoge bemerken, konzentrieren Sie sich darauf, in Schritt 2 alle Gedanken nur noch in Bildern – ohne Ton – erscheinen zu lassen. Bleiben Sie möglichst lange nur bei den Bildern. Und wenn Sie merken, daß plötzlich wieder ein Ton dabei ist, drehen Sie ihn innerlich einfach wieder ab.
Wenn Sie bei sich selbst innere Dialoge beobachten, die hin und wieder mit Bildern verbunden sind, konzentrieren Sie sich in Schritt 2 vollständig darauf, nur körperlich wahrzunehmen, z. B. Ihren Atem. Spüren Sie, wie er durch den Mund oder die Nase in Sie hineinkommt, wie er an den Nasenflügeln vorbeistreicht, wie sich der Brustkorb und/oder der Bauchraum hebt, und wie Ihr Atem den Körper wieder verläßt. Bleiben Sie mit Ihrer Wahrnehmung bei Ihrem Atem, und lassen Sie Bilder, die auftauchen, oder Stimmen, die zu hören sind, einfach mit dem nächsten Aus-

Einschlafstörungen überwinden, Übung:
atmen wieder weiterziehen. Einen ähnlichen Prozeß intensiver körperlicher Wahrnehmung können Sie auf Ihre Haut beziehen: Fühlen Sie jede Stelle Ihres Körpers wie eine Liebkosung von den Zehenspitzen bis zu den Fingerspitzen!

4. *Eine Strategie begradigen*

Wenn Menschen manche Dinge nicht gut können, kann das auch daran liegen, daß sie für ihre Ziele Strategien benutzen, die ineffiziente Teile enthalten und deshalb zu schwerfällig sind, um gute Ergebnisse zu erreichen. Ein Beispiel dafür ist eine Lesestrategie, die nach dem visuellen Wahrnehmen des gedruckten Wortes einen auditiven Schritt enthält, bevor die Betreffenden sich den Sinn des Wortes zugänglich machen. Die Lesestrategie eines solchen Menschen sieht folgendermaßen aus:

Ved → Aid → (Ai, Vi, Ki, Oi)

wobei (Ai, Vi, Ki, Oi) für die gespeicherte Erfahrung steht, die dem Wort seine Bedeutung verleiht. Die Strategie eines Schnell-Lesers enthält kein auditives Element, bevor dem Betreffenden die Bedeutung des Wortes zugänglich wird. Er subvokalisiert nicht. Seine Strategie sieht folgendermaßen aus:

Ved → (Ai, Vi, Ki, Oi)

Wenn ein Mensch eine auditive Lesestrategie ausgebildet hat, aber Schnellesen lernen möchte, ist es notwendig, den Subvokalisierungsschritt aus seiner Strategie herauszunehmen.

Strategien zu begradigen, ist in vielen Fällen unkompliziert. Es reicht aus, eine neue Strategie zu entwerfen und diese intern auszuprobieren. Eine Lesestrategie mit einem Subvokalisationschritt zu begradigen ist in den meisten Fällen jedoch ein schwieriges Unternehmen, weil bei den Betreffenden in der Regel der Zusammenhang zwischen den Schritten Aid und (Ai, Vi, Ki, Oi) so stark ausgebildet ist, daß sie sich die Bedeutung eines Wortes durch bloßes Ansehen nicht zugänglich machen können. Hier sind wirksamere Techniken der Strategiemodifikation gefordert.

V. Techniken der Strategiemodifikation

Wenn eine existierende Strategie ungewöhnlich stark eingeschliffen ist, ist es nötig, diese Strategie zu unterbrechen, bevor Sie eine neue Strategie etablieren. Dilts, Bandler und Grinder stellen drei Methoden dar, um eine Strategie zu unterbrechen. An dieser Stelle möchte ich zwei davon aufzeigen. Sie können Strategien unterbrechen, indem Sie sie an einer bestimmten Stelle überlasten oder umlenken.

1. Unterbrechen durch Überlastung

Wie man Strategien überlasten und damit unterbrechen kann, darüber geben ganz bestimmte Redewendungen Auskunft. Jemand „fühlt sich von einem Schlag wie betäubt", von einer Nachricht „überwältigt" oder „weiß beim Anblick einer Überraschung nicht, was er sagen soll". Auch Alltagserfahrungen ermöglichen einen Einblick in solche Vorgänge: An einem lauten Ort kann man sich nicht auf seine Gedanken konzentrieren.

Überlastung wirkt so, daß eine Person die gerade ablaufende Strategie nicht zu Ende führen kann und damit verhaltensmäßig im Nichts hängt. Sie wird deshalb aus diesem Nichts heraus auf das nächste Angebot eingehen, das ihr aus der Situation heraus erwächst. Diese Konstellation kann ein Berater nutzen, um einen Anker anzubieten. Wichtig ist dabei jedoch, diesen Anker zeitlich genau abzustimmen. In ihrem Buch „Strukturen subjektiver Erfahrung" geben Dilts u. a. ein Beispiel für eine solche Unterbrechung einer depressiven Strategie[17].

2. *Unterbrechen durch Ablenkung*

Wie Strategien abgelenkt und damit unterbrochen werden können, darüber geben auch Alltagserfahrungen ausgiebig Auskunft. Ein in Gedanken versunkener Mensch kann von einem Geräusch unterbrochen werden. Auch eine Bewegung in seiner Umgebung kann seine Aufmerksamkeit von internen Prozessen ablenken und auf externe Wahrnehmung orientieren. Nach einer solchen Unterbrechung gibt es häufig Schwierigkeiten, den Faden da wieder aufzunehmen, wo man ihn fallengelassen hat. Bei jeder konzentrierten Arbeit oder in jedem intensiven Gespräch können Sie die Erfahrung machen, daß eine solche Störung es Ihnen schwer macht, zu Ihrer alten Strategie zurückzukehren: „Wo waren wir stehengeblieben?" Manchmal vergißt man sie sogar.

Strategien durch Ablenkung unterbrechen kann man auf direkte Art und Weise, wenn man die Augenpositionen beeinflußt. Eine allgemeine Störung kann man erreichen, indem man die Hände vor den Augen einer Person hin- und herbewegt. Man kann die Augen aber auch in Positionen dirigieren, die die ablaufende Strategie unterbricht. Der Volksmund kennt die Aufforderung „Kopf hoch!" an Menschen, die trauern oder verzweifelt sind. Wenn Sie eine depressive Strategie unterbrechen wollen, können Sie die Person direkt auffordern, die Augen in eine andere, z. B. visuelle Position zu bringen.

Eine weitere Möglichkeit der Ablenkung besteht in der Aufforderung zu einer externen Orientierung. NLP geht davon aus, daß externe und interne Prozesse im gleichen Repräsentationssystem sich stören, wenn sie gleichzeitig ablaufen: Wenn man intern dialogisiert, fällt es einem schwer, zu hören, was in der Umgebung gesprochen wird. Wenn man Erinnerungsbildern nachhängt, sieht man nicht, was um einem herum vor sich geht. Und wenn man sich Schmerz zufügt, zum Beispiel kneift, kann man bewirken, in Reaktion auf eine traurige Nachricht nicht zu weinen.

Im nächsten Kapitel werden Sie außerdem ein Verfahren kennenlernen, wie man über die Veränderung von Submodalitäten, dem sogenannten Swish, von einer Strategie in eine andere wechseln kann, mit bleibenden Resultaten.

VI. Kriterien beim Neuentwurf von Strategien

Um zu guten Strategien zu kommen, haben Sie die Möglichkeit, Modelle zu analysieren. Modelle für gute Strategien finden Sie bei Menschen, die die Fähigkeit, für die Sie die Strategie suchen, in hohem Ausmaße besitzen. Das sind Menschen mit einzigartigen Leistungen in der Wissenschaft, der Organisation, Topmanager, hervorragende Therapeuten, virtuose Verkäufer, Spitzensportler, musikalische Genies und viele andere Künstler.

Um die Qualität einer Strategie beurteilen zu können, gibt es jedoch bestimmte Kriterien, auf die hin Sie eine vorliegende Strategie oder einen Strategieentwurf untersuchen können:

Ganz allgemein gilt: Eine gute Strategie muß alle notwendigen Tests und Operationen enthalten, um ausreichend Informationen und Feedback zu sammeln. Sie muß das Verhalten außerdem in eine Reihenfolge bringen mit solchen Beziehungen zwischen den einzelnen sinnesspezifischen Aktivitäten, die das gewünschte Ergebnis garantieren. Zu beachten gilt dabei

- welche Informationen in welchen Repräsentationssystemen gesammelt werden müssen, sowohl für den Input wie auch für das Feedback
- welche Tests, Unterscheidungen, Verallgemeinerungen und Assoziationen bei der Verarbeitung dieser Informationen nötig sind
- welche besonderen Operationen und Outputs nötig sind, um das Resultat zu erzielen
- welches die effizienteste und effektivste Sequenz ist, in der alle Tests und Operationen stattfinden sollen und wie die einzelnen sinnesspezifischen Reaktionen aufeinander folgen.

Außerdem ist es wichtig zu wissen, über welches Repertoire an Fähigkeiten und Ressourcen jemand bereits verfügt, welche Fähigkeiten und Ressourcen fehlen und welche benötigt werden.

Darüber hinaus haben Dilts et al. vier Kriterien entwickelt, die bei der Entwicklung von effizienten und effektiven Strategien beachtet werden müssen[18]:

1. **Die Strategie muß eine explizite Repräsentation des erwünschten Resultats besitzen.**

   Wenn es bei einer Veränderungsarbeit mit NLP keine genaue und detaillierte Vorstellung des zu erreichendes Zieles gibt, bleibt auch die Veränderungsarbeit vage, unspezifisch und damit unüberprüfbar. Es ist wichtig, eine Zielvorstellung zu konstruieren, die genügend Anhaltspunkte visuellen, auditiven und kinästhetischen Charakters besitzt, an denen der Betreffende erkennen kann, daß er oder sie das Ziel erreicht hat.

2. **Die drei hauptsächlichen Repräsentationssysteme (V, A und K) müssen in der Strategie enthalten sein.**
   Dieses Kriterium soll sicherstellen, daß die Ressourcen jedes Systems potentiell verfügbar sind.
3. **Nach einer gewissen Anzahl von internen Strategieschritten sollte eine sinnesspezifische Aktivität nach außen gerichtet sein, um Feedback zu garantieren.**
   Hierbei geht es darum, sicherzustellen, daß der Betreffende sich nicht in inneren Prozessen verfängt, sondern erkennen kann, welche Reaktionen die eigene Strategie in der Umwelt auslöst.
4. **In der Strategie sollte es keine Schleifen um zwei (oder mehr) Elemente geben.**
   Dieses Kriterium hat zum Ziel, Endlosschleifen zu vermeiden. Diese bilden sich meistens um zwei Glieder einer Repräsentationskette. Zum Beispiel kann ein Mensch sich selbst intern kritisieren (Aid), was ein negatives Gefühl (Ki) auslöst. Dieses wiederum hat zur Folge, sich deswegen noch stärker anzuklagen (Aid), was zu noch intensiveren negativen Gefühlen (Ki) führt und so weiter. Ein solcher „Zwei-Punkte-Kreisprozeß" sollte durch Wechsel, beispielsweise von Aid zu Ae, oder von einer kongruenten Reaktion zu einer polaren oder Metareaktion aufgehoben werden.

Außerdem wäre es nützlich, auch folgende Gesichtspunkte zu beachten:

a. **Die Bedeutung einer Zielerreichung sollte mitrepräsentiert werden.**
   Wenn Menschen eine Vorstellung davon entwickeln, was es bedeutet, wenn sie ein bestimmtes Ziel erreichen, stellen sie diese Zielerreichung in einen größeren Zusammenhang und bewirken damit oft automatisch ein Reframing, das über den auf diese Weise vorgestellten sekundären Gewinn eine hohe Motivation auslösen kann.

b. **Die Strategie sollte möglichst wenige Schritte enthalten.**
Hierbei geht es um die von Bandler und Grinder favorisierte Eleganz des Modellierens, wobei eine Strategie nicht komplizierter sein sollte als nötig.

c. **Es ist in der Regel besser, eine Wahl zu haben, als keine Wahl zu haben.**
Dieser Gesichtspunkt bezieht sich auf die erforderliche Vielfalt und Flexibilität im Verhalten. Nur über ein Verhalten in einem bestimmten Kontext zu verfügen, legt Menschen fest, bindet sie manchmal sogar an Schwierigkeiten, wie z. B. bei phobischen Reaktionen, während nur eine einzige Alternative schon die Überwindung solcher Schwierigkeiten bedeutete.

d. **Wählen Sie beim Entwurf möglichst positive Motivationen.**
Mit diesem Gesichtspunkt berücksichtigen Sie im Wesentlichen ökologische Aspekte der Veränderungsarbeit. Negative Motivation läuft nämlich über kinästhetische Repräsentationen von Druck, Streß, Schmerz und ähnlichen Gefühlen, die physiologische Auswirkungen haben und die Gesundheit beeinträchtigen können. Darüberhinaus sind negative Faktoren auch weniger effektiv als positive Motivatoren. Während diese sich in ihrer eigenen Wirkung im Selbstlauf verstärken, haben negative Auslöser die Tendenz, zu erlöschen, wenn sie nicht immer wieder von außen verstärkt werden.

VII. Installieren von Strategien

Wenn Sie eine Strategie an einem Modell analysiert haben und diese einem Menschen zugänglich machen wollen, oder wenn Sie für eine bestimmte Fähigkeit eine Strategiesequenz entworfen haben, gibt es grundsätzlich zwei Möglichkeiten, diese Strategie zu installieren:

1. Sie ankern die Strategieschritte und setzen sie ein oder
2. Sie lassen Ihren Gesprächspartner die Strategiesequenz einüben.

Bevor Sie jedoch an die Installation einer für Ihren Partner oder für Ihre Partnerin neuen Strategie gehen, beachten Sie die allgemeine Regel des Arbeitens mit NLP: Installieren Sie keine Strategie, bevor Sie einen ökologischen Test gemacht haben.

1. Installieren mit Hilfe von Ankern

Mit Hilfe von Ankern können Sie eine ganze Strategiesequenz einbauen. Sie können aber auch unverbundene Strategieschritte ankern und beim Installieren zusammenfügen. In diesem Zusammenhang gibt es einen grundsätzlichen Unterschied zu der Art und Weise, wie Sie sonst mit Ankern arbeiten. Da Sie beim Installieren die Strategieschritte kontrollieren müssen, ist es wichtig, die einzelnen Strategieschritte genau zu kennen, um die richtigen zu ankern und sie an der richtigen Stelle einzufügen.

Auch beim Ankern einer ganzen Strategiesequenz ist es wichtig, diese von ihrem Auslöser zu trennen, um sie in einem anderen Zusammenhang an einen neuen Auslöser zu binden.

Beim Ankern von unverbundenen Strategieschritten nehmen Sie die einzelnen Repräsentationsschritte aus Strategiesequenzen heraus, ankern sie und fügen sie dann durch das Abfeuern in der entsprechenden Reihenfolge zusammen. Folgendes Beispiel soll das verdeutlichen. Stellen Sie sich vor, Sie haben für Ihren Gesprächspartner folgende Strategie entworfen und wollen diese installieren:

Ve → Aid → Ki → Exit

Nachdem Sie die neue Strategie ökologisch überprüft haben, gehen Sie folgendermaßen vor[19]:

Installieren mit Hilfe von Ankern, Übung:

A. Ankerstellen auf neutrale Reaktion prüfen
Testen Sie drei Körperstellen auf neutrale Reaktion für einen ersten, einen zweiten und einen dritten Anker.

B. Anker setzen

1. Ve ankern
„Denke bitte zunächst an einen Zeitpunkt, wo Du sehr klar sehen konntest, was in Deiner unmittelbaren Umgebung vor sich ging. (Ersten Anker setzen, sobald die Augen nach oben links gehen, und halten.) Sieh Dir jetzt alles an, was um Dich herum passiert, schau so lange, bis Du die Menschen, Bewegungen, Farben und andere Details sehr klar sehen kannst."

Installieren mit Hilfe von Ankern, Übung:

2. Aid ankern
„Denke jetzt an einen Zeitpunkt, an dem Du intern über irgend etwas zu Dir selbst gesprochen hast. (Zweiten Anker setzen, sobald die Augen nach unten links wandern, und halten.) Höre jetzt genau hin, wie Du über irgend etwas, was Du tust, sprichst."

3. Ki ankern
„Und jetzt denke an einen Zeitpunkt, an dem Du über etwas nachdachtest und dabei in Kontakt mit Deinen Gefühlen kommen mußtest, um etwas gefühlsmäßig zu überprüfen. (Dritten Anker setzen, sobald die Augen nach unten rechts wandern, und halten). Komm jetzt in Kontakt mit Deinen Gefühlen und prüfe weiter, bis Du ganz sicher bist."

C. Strategie installieren
Bieten Sie A einen Inhalt an, an dem Sie die Strategie installieren können.
„Ich möchte nun, daß Du Dir diesen Inhalt so lange anschaust, bis Du (ersten Anker feuern) die Dinge und deren Bedeutung klar sehen kannst ...und während Du Dir eine Sache nach der anderen anschaust, sollst Du intern zu Dir darüber sprechen (ersten Anker loslassen, zweiten Anker feuern), und Dir sagen, wie jede Sache aussieht und was sie bedeutet ... und während Du das tust, möchte ich, daß Du mit Deinen Gefühlen in Kontakt kommst und gefühlsmäßig prüfst (zweiten Anker loslassen, dritten Anker feuern), bis Du das Gefühl hast, daß Du alles richtig gesehen und beurteilt hast (dritten Anker loslassen)."

D. Strategie testen
Testen Sie die Strategiesequenz an einem weiteren Beispiel, ohne die Anker auszulösen.

2. Installieren durch Proben

Beim Proben übt die betreffende Person jeden Strategieschritt so lange, bis ihr die gesamte Strategie als automatisch ablaufende

Vorgehensweise verfügbar ist. Dabei instruiert der Berater den Gesprächspartner mit Worten, was dieser der Reihe nach tun soll. Häufig werden dazu nur wenige Minuten benötigt.

Eine weitere wirksame Methode des Probens von Strategien besteht darin, die Strategiesequenz durch die Zugangssignale zu installieren. Dabei instruiert der Berater den Gesprächspartner, wohin er seinen Kopf und seine Augen wenden soll. Diese Methode kann man auch verdeckt einsetzen, indem man die Augen der Person mit Gesten oder den eigenen Augenbewegungen in die entsprechende Zugangsposition lenkt.

Für manche Strategien ist es zudem wichtig, sogenannte Synästhesiemuster zu üben. Synästhesiemuster sind enge Verbindungen zwischen zwei Repräsentationssystemen, mit denen manche Menschen teilweise nicht vertraut sind. Synästhesiemuster kann man folgendermaßen üben[20].

Gesetzt den Fall, Sie wollten als Berater eine Strategie mit der Sequenz

Aid → Ki → Ait → Vi

installieren. Dann können Sie folgendermaßen vorgehen:

Synästhesiemuster, Übung:
1. Aid → Ki üben „Höre sorgfältig auf die Worte in Deinem Kopf, und achte auf die Körpergefühle, die von ihnen ausgehen. Wenn Du ein Gefühl identifiziert hast, dann höre wieder auf die Worte in Deinem Kopf und laß dann ein anderes Gefühl sich aus den Worten entwickeln. Mache dies so lange, bis Du sieben verschiedene Gefühle entwickelt hast.“ **2. Ki → Ait üben** „Wähle dasjenige Gefühl aus, das am besten zu Deinen intern ausgesprochenen Worten paßt. Komm mit diesem Gefühl in Berührung und laß es sich in einen Klang verwandeln. Wiederhole diesen Prozeß, bis Du sieben Klänge erzeugt hast.“

Synästhesiemuster, Übung:
3. Ait → Vi üben „Wähle einen Klang aus, der am besten zu dem Gefühl paßt, aus dem heraus er erzeugt wurde. Laß aus diesem Klang sieben Bilder entstehen.“

Neuntes Kapitel: Arbeiten mit Submodalitäten

Alle Menschen machen im Laufe ihres Lebens sowohl gute als auch schlechte Erfahrungen. Darin unterscheiden sie sich nicht so sehr. Es ist vielmehr die Art und Weise, wie sie diese Erfahrungen verarbeiten, ins Gedächtnis einprägen, sie dann wiedererinnern und zur Grundlage ihres Verhaltens machen, was den großen Unterschied zwischen Menschen ausmacht.

NLP blieb in der Untersuchung subjektiver Erfahrung bei der Analyse der fünf Sinnesmodalitäten und Strategien von sinnesspezifischen Aktivitäten nicht stehen. Metaphorische Aussagen im sprachlichen Ausdruck lenkten die Aufmerksamkeit auf eine mögliche Bedeutung auch der Submodalitäten für menschliches Erleben. Submodalitäten sind dabei bestimmte Formen oder Qualitäten, in denen die Resultate unserer Sinnestätigkeit sich darstellen. Sehen, visuelles Wahrnehmen, erzeugt Bilder. Bilder können schwarz/weiß oder farbig sein, hell oder dunkel, scharf oder unscharf. Das sind einige visuelle Submodalitäten. Entsprechend erzeugt Hören, auditives Wahrnehmen, Geräusche, die laut oder leise, hoch oder tief sein können. Das sind einige auditive Submodalitäten.

Wenn Menschen darüber sprechen, daß sie alles schwarz sehen, eine düstere oder glänzende Zukunft vor sich haben, keinen Durchblick mehr haben und keinen Ausweg sehen, mit einer Sache nicht mehr übereinstimmen oder abschalten, sich berührt, bedrückt oder überlastet fühlen, wenn sie sagen, daß ihnen etwas stinkt, oder etwas ihnen nicht schmeckt, dann geht NLP davon aus, daß diese Menschen sich nicht einfach angewöhnt haben, eine metaphorische Sprache zu benutzen, vielmehr beschreiben sie genau das, was sie innerlich erleben. NLP nimmt die Sprache wörtlich, die Menschen zur Beschreibung ihrer Erlebnisse verwenden.

NLP geht heute davon aus, daß die Submodalitäten die grundlegenden Komponenten der Hirnprozesse darstellen[1]. Was in unserem Gehirn vor sich geht, beruht auf einem Spiel mit den unterschiedlichen Formen der Informationen, die über unsere Sinnes-

Arbeiten mit Submodalitäten

Schau Dir Dein
Erinnerungsbild
bitte aufmerksam an!

- Bist Du assoziiert oder dissoziiert?
- Hat das Bild einen Rahmen?
- Ist es farbig oder schwarz/weiß?
- Ist es bewegt oder unbewegt?
- Ist es hell oder dunkel?
- Ist es scharf oder unscharf?
- Ist ...

kanäle zu uns gelangen. Nur läuft das Ganze als ein autonomer Prozeß ab, ohne daß unser Wille und unser Bewußtsein daran beteiligt ist. Ganz nach Belieben also spielt unser Gehirn seine eigenen Spiele, obwohl alle diese Dinge potentiell in unserer Hand sind. Diese Annahme bildet die Grundlage für weitere Lernstrategien, die hier unter dem Begriff des Arbeitens mit Submodalitäten zusammengefaßt werden. Wir können, wenn wir wollen, diese in unserem Gehirn ablaufenden Prozesse auch mit Willen und Bewußtsein steuern.

Bislang hat sich die Menschheit nur darum bemüht, mit Willen und Bewußtsein die Prozesse im sprachlichen Repräsentationssystem zu steuern, über deren Nutzen nicht nur die Wissenschaft vom Denken Auskunft gibt. Ich möchte an dieser Stelle nur mit wenigen Beispielen plausibel machen, daß ein bewußter Umgang mit unserer Gehirntätigkeit auch in den sinnesspezifischen Repräsentationssystemen sinnvoll sein kann. Wenn es zum Beispiel die Qualität eines bestimmten Erinnerungsbildes ist, die uns noch nach Jahrzehnten traurig macht, können wir das ändern. Wenn es ein bestimmter interner Kommentar ist, der uns an jeder Initiative hindert, können wir das überwinden. Wir können lernen, Zwänge zu eliminieren, uns zu motivieren, Ängste zu überwinden, uns zu entscheiden, Kritik anzunehmen und noch vieles andere mehr. Welche hervorragenden Fähigkeiten Menschen auch immer entwickeln, mit dieser Arbeitsweise können wir analysieren, wie jemand das macht, und mit dieser Arbeitsweise kann jeder sich diese Fähigkeit aneignen.

NLP wurde nicht als eigenständige psychologische Theorie und Praxis entwickelt. NLP beruht auf den Analysen der therapeutischen Arbeiten von Milton Erickson, Fritz Perls und Virginia Satir. In der Arbeit mit Submodalitäten erschließt NLP jedoch neue Bereiche. Diese Methode entwickelt zu haben, ist die eigenständige Leistung Richard Bandlers[2].

Die folgende Liste enthält die Submodalitäten des visuellen, auditiven und kinästhetischen Repräsentationssystems und Fragen, mit denen Sie diese Merkmale herausfinden können.

Submodalitäten

visuell:	**analytische Fragen:**
farbig/schwarz-weiß	Ist es farbig oder schwarz-weiß? Ist das ganze Farbspektrum vorhanden? Sind die Farben intensiv oder verwaschen?
Helligkeit	Ist es heller oder dunkler als normal?
Kontrast	Hat es viel Kontrast oder wenig?
Schärfe	Ist das Bild scharf oder unscharf?
Oberfläche	Ist die Oberfläche glatt oder rauh? (glänzend oder matt?)
Fokus	Ist es ein Gesamtüberblick, oder sind Einzelheiten hervorgehoben?
Größe	Wie groß ist das Bild?
Entfernung	Wie weit ist das Bild weg (in Metern)?
Form	Ist das Bild rund, quadratisch od. rechteckig?
Begrenzung/Rahmen	Hat das Bild einen Rahmen? Sind die Ränder undeutlich?
Position	Wo in Ihrem Gesichtsfeld sehen Sie das Bild?
Bewegung	Ist es ein Film oder ein Standbild?
Ausrichtung	Ist das Bild geneigt oder gekippt?
dissoziiert/assoziiert	Sehen Sie sich selbst im Bild oder sehen Sie die Ereignisse so, als ob Sie dort wären? Wenn dissoziiert: Sehen Sie sich von rechts oder links, von hinten, vorne, oben?
Proportionen	Stehen die Einzelheiten im Bild im richtigen Verhältnis zueinander oder sind einige Dinge größer oder kleiner als normal?
Dimensionen	Ist das Bild flach oder dreidimensional?
Singular/Plural	Gibt es ein Bild oder mehr als eines? Sehen Sie eines nach dem anderen oder alle gleichzeitig?

auditiv:

Position	Woher kommen die Laute, Geräusche oder Stimmen, von innen oder außen?
Tonlage	Ist die Tonlage höher oder niedriger als normalerweise?
Tonalität	Wie ist die Tonalität: nasal, volltönend, klangvoll, dünn, heiser?
Melodie	Ist es monoton oder gibt es eine Melodie?
Modulation	Welche Teile sind betont?
Lautstärke	Wie laut ist es?
Geschwindigkeit	Ist es schnell oder langsam?
Rhythmus	Gibt es einen bestimmten Rhythmus?
Dauer	Ist es stetig oder intermittierend?
Mono/Stereo	Hören Sie es einseitig oder ist der Klang überall?

kinästhetisch:

Qualität	Wie würden Sie die Körperempfindung beschreiben: prickelnd, warm, kalt, entspannt, gespannt, verkrampft, diffus, taub?
Intensität	Wie stark ist die Empfindung?
Position	Wo spüren Sie sie in Ihrem Körper?
Bewegung	Gibt es eine Bewegung der Empfindung? Ist diese Bewegung kontinuierlich und wenn ja in welcher Form (z. B. Wellen)?
Richtung	Wo beginnt die Empfindung und wohin bewegt sie sich?
Geschwindigkeit	Ist der Verlauf langsam, schnell oder sprunghaft?
Dauer	Ist sie stetig oder intermittierend?

I. Submodalitäten variieren lernen

Ein Gefühl für den Umgang und die Wirkung von Submodalitäten bekommen Sie am besten, wenn Sie zunächst selber mit sich experimentieren. Beachten Sie dabei, daß Menschen unterschiedliche Erfahrungen mit inneren Vorstellungen machen und dadurch unterschiedliche Fähigkeiten ausbilden, ihre Erinnerungen zu vergegenwärtigen und Phantasien hervorzubringen. Ein Maler beispielsweise hat seine Bilder so klar in der Vorstellung, wie andere sie nur auf der Leinwand sehen können. Mozart soll ganze Musikstücke im Kopf gehabt haben und sie aufschreiben können, bevor er sie spielte. Künstlerisch nicht ausgebildete Menschen besitzen diese Fähigkeiten nur in geringerem Maß. Aber man kann das Vorstellungsvermögen schulen, und Arbeiten mit Submodalitäten wird zwangsläufig das Ausmaß erhöhen, indem Sie innere Bilder wahrnehmen und variieren können. Auch in den anderen Repräsentationssystemen steigert der bewußte Umgang mit Submodalitäten die Vorstellungsfähigkeit. Manche Menschen haben am Anfang dieser Arbeit allerdings den Eindruck, bei Ihnen spielte sich überhaupt nichts ab, sie könnten sich zum Beispiel zwar visuell erinnern, aber dabei kein Bild sehen, geschweige denn, an diesem Bild etwas verändern. Wenn Sie selber einen solchen Eindruck haben, z. B. keine inneren Bilder sehen, keine internen Töne oder Worte hören zu können, dann tun Sie einfach so, als ob Sie es könnten. Dieses Verfahren verhilft in den meisten Fällen dazu, sich dieser durchaus vorhandenen Fähigkeiten bewußt zu werden und sie zu steigern.

Denken Sie zum Beispiel an eine Erfahrung aus der Vergangenheit, die sehr angenehm war, ... vielleicht an eine, an die Sie schon lange nicht mehr gedacht haben. Nehmen Sie sich einen Augenblick Zeit, um zu dieser Erinnerung zurückzugehen, und vergewissern Sie sich, daß Sie sehen können, was Sie damals sahen, als dieses angenehme Ereignis stattfand. Wenn es Ihnen dadurch leichter fällt, sich zu erinnern, können Sie die Augen schließen.

Während Sie dieses angenehme Ereignis betrachten, können Sie versuchen, die Helligkeit des Bildes zu verändern. Vielleicht werden Sie dabei bemerken, wie sich dadurch Ihre Gefühle verändern. Machen Sie zunächst das Bild heller und heller und achten Sie auf Ihre Gefühle. Dann machen Sie es dunkler, bis Sie es kaum noch sehen können und achten Sie darauf, wie sich jetzt Ihre Gefühle ändern.

Sie haben jetzt die Möglichkeit, Ihr Erinnerungsbild noch auf andere Art und Weise zu verändern[3]. Finden Sie heraus, welche Veränderungen Ihre Gefühle am wirksamsten in eine positive Richtung verwandeln:

Verändern Sie immer nur ein Element!

1. Größe:
Verändern Sie die Größe des Bildes. Machen Sie es zuerst größer, dann kleiner und achten Sie darauf, wie Ihre Gefühle sich entsprechend verändern.

2. Farbe:
Variieren Sie die Intensität der Farbe von intensiven hellen Farben bis zu schwarz-weiß.

3. Entfernung:
Verändern Sie von ganz nah bis weit entfernt.

4. Tiefenschärfe:
Verändern Sie das Bild von einem flachen zweidimensionalen Foto zu einem vollständig dreidimensionalen Bild.

5. Dauer:
Gehen Sie von einer kurzen vorbeihuschenden Erscheinung zu einem stehenden Bild, das einige Zeit unverändert bleibt.

6. Klarheit:
Verändern Sie das Bild von kristalliner Klarheit der Details zu verschwommener Ungenauigkeit.

7. Kontrast:
Regulieren Sie den Unterschied zwischen hell und dunkel, von scharfem Kontrast zu mehr fließenden Grauschattierungen.

8. Umfang:
Gehen Sie von einem begrenzten Bild in einem Rahmen zu einem Panoramabild, das sich auch hinter Ihrem Kopf ausbreitet, so daß Sie mehr davon sehen können, wenn Sie Ihren Kopf drehen.

9. Bewegung:
Verändern Sie das Bild von einem stillstehenden Foto oder Dia in einen Film.

10. Geschwindigkeit:
Variieren Sie die Geschwindigkeit des Filmablaufs von ganz langsam bis ganz schnell.

11. Farbton:
Verändern Sie das Farbverhältnis. Verstärken Sie zum Beispiel die Intensität von Rot und schwächen Sie Grün und Blau ab.

12. Durchsichtigkeit:
Machen Sie das Bild durchsichtig, so daß Sie sehen können, was unter der Oberfläche ist.

13. Proportionen:
Machen Sie ein gerahmtes Bild groß und schmal, dann kurz und breit.

14. Kipprichtung:
Kippen Sie den Oberrand des Bildes von sich weg, dann auf sich zu.

15. Vordergrund/Hintergrund:
Variieren Sie den Unterschied oder die Distanz zwischen Vordergrund (das, was Sie am meisten interessiert) und Hintergrund (die Umgebung, die einfach da ist). Dann versuchen Sie, dies umzukehren.

II. Arbeiten mit Assoziation und Dissoziation

Eine einfache Vorgehensweise des Arbeitens mit Submodalitäten kennen Sie bereits. Im fünften Kapitel fanden Sie in der Lernstrategie „Ziele erreichen" die Anweisung: „Sieh' Dir bitte die erwartete Situation wie einen Film an und versuche herauszufinden, an welchen Punkten es für Dich schwierig werden könnte." Wenn Sie dieses NLP-Muster ausprobiert haben, konnten Sie die Erfahrung machen, daß eine solche „Dissoziation" genannte Veränderung einer Vorstellung Auswirkungen auf die Gefühle hat.

Assoziation und Dissoziation

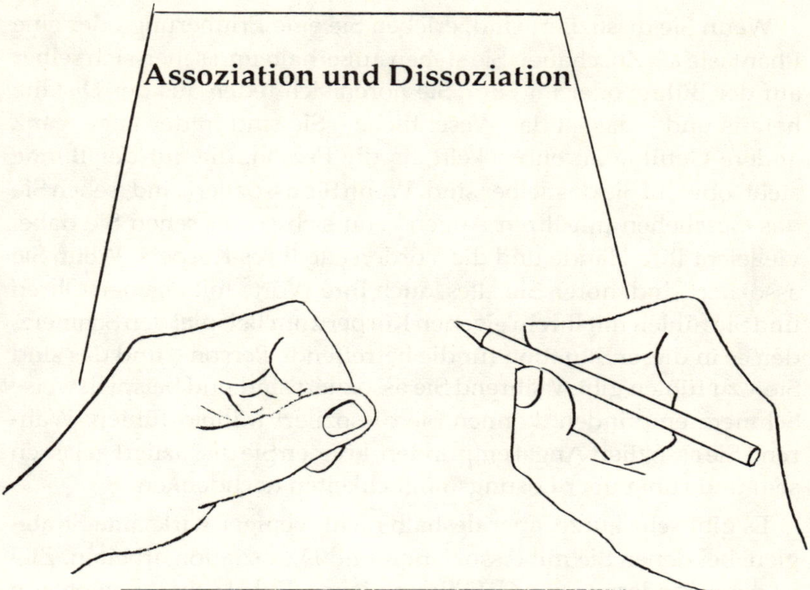

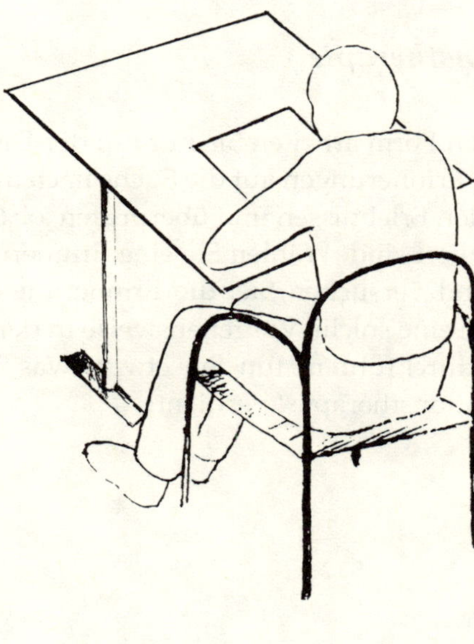

Wenn Sie dissoziiert sind, erleben Sie eine Erinnerung oder eine Phantasie als Zuschauer. Sie stehen außerhalb und sehen sich selber auf der Bühne oder im Film. Sie hören sich reden aus der Distanz heraus und – das ist das Wesentliche – Sie sind in der Lage, ganz andere Gefühle zu entwickeln als die Person, die auf der Bühne steht, obwohl Sie das selber sind. Wenn Sie assoziiert sind, sehen Sie das Geschehen mit Ihren Augen. Von sich selber sehen Sie dabei vielleicht Ihre Hände und die Vorderseite Ihres Körpers. Wenn Sie assoziiert sind, hören Sie alles, auch Ihre Worte mit eigenen Ohren und Sie fühlen mit Ihrem eigenen Körper zum Beispiel den Schmerz, den es in dieser Situation für die betreffende Person – und das sind Sie – zu fühlen gibt. Während Sie assoziiert sind und beispielsweise Schmerz empfinden, können Sie dissoziiert Mitleid fühlen. Während Sie assoziiert Angst empfinden, können Sie dissoziiert gelassen sein und ruhig über Lösungsmöglichkeiten nachdenken.

Es gibt sehr kurze, aber deshalb nicht weniger wirksame Strategien, bei denen Sie mit Assoziation und Dissoziation arbeiten. Ziel ist die Veränderung von Gefühlsreaktionen. Dabei geht es sowohl um Emotionen wie Angst oder Scham etc., aber auch um die Bearbeitung von Körpergefühlen, zum Beispiel bei der Schmerzkontrolle.

1. Dissoziationstherapie

Bei der einfachsten Form arbeiten Sie nur mit der Dissoziation. Sie gehen durch Ihre Erinnerungen auf die Suche nach unangenehmen oder schmerzhaften Erlebnissen und überprüfen, ob Sie darin assoziiert oder dissoziiert sind. Wählen Sie eine Erinnerung, in der Sie assoziiert sind und versuchen Sie, die Erinnerung dissoziiert zu erleben. Wenn Sie eine solche Vorgehensweise in der Beratung mit einem Klienten durchführen, tun Sie etwas, was durchaus den Namen „Dissoziationstherapie“ verdient.

Dissoziationstherapie, Übung:
1. Unangenehme Erinnerung wählen „Wähle eine unangenehme Erinnerung aus Deiner Vergangenheit." **2. Erinnerung auf Assoziation überprüfen** „Prüfe, ob Du bei dieser Erinnerung assoziiert bist. Falls Du in dieser Erinnerung nicht assoziiert bist sondern dissoziiert, wähle eine andere Erinnerung, in der Du assoziiert bist." **3. Dissoziieren** „Nun versuche, die Erinnerung dissoziiert zu erleben, um zu entdecken, wie dies Deine Erfahrung verändert. Tritt aus Deinem Körper heraus und betrachte das Ereignis aus einiger Entfernung vom Ort des Geschehens. Verändere die Entfernung und richte dabei Deine Aufmerksamkeit auf die Veränderung Deiner Gefühle."

2. *Umkehrtherapie*

Die Arbeit mit Submodalitäten, um Gefühlsreaktionen zu modifizieren, setzt der Kreativität des Beraters keine Grenzen. Sie können die Filme, die Sie aus vergangenen Erfahrungen durch Dissoziation „herstellen", in jeder Art und Weise verändern. Sie können die Bilder schneller oder langsamer ablaufen lassen, sie auf den Kopf stellen, heranholen oder entfernen, Farben verändern oder die Helligkeit, was immer Ihnen sinnvoll erscheint, um die angestrebte Gefühlsreaktion zu erreichen.

Die folgende, von Richard Bandler sogenannte „Umkehrtherapie"[4] kombiniert die Dissoziation mit der Möglichkeit, Bilder rückwärts ablaufen zu lassen. Dabei wählen Sie wieder irgendeine unangenehme Erinnerung, lassen sie als Film zuerst normal ablaufen und überprüfen, ob das Erleben immer noch unangenehm ist. Wenn ja, lassen Sie den Film rückwärts ablaufen, und zwar innerhalb von Sekunden. Danach überprüfen Sie, ob sich mit dieser Erinnerung jetzt ein anderes Gefühl verbindet.

Umkehrtherapie, Übung:

1. Unangenehme Erinnerung wählen und dissoziiert anschauen
„Nimm eine unangenehme Erinnerung. Lasse sie als Film ablaufen, um zu sehen, ob sie Dich noch stört."

2. Rückwärts ablaufen lassen
„Jetzt laß diese Erinnerung rückwärts ablaufen, vom Schluß bis zum Anfang, als ob Du den Film zurückspulen würdest, und mache dies sehr schnell, innerhalb von Sekunden."

3. Vorwärts ablaufen lassen
„Jetzt laß den Film wieder vorwärts laufen. Fühlt sich diese Erinnerung immer noch gleich an?"

3. Ultrakurzzeittherapie

Beim Arbeiten mit Submodalitäten können Sie auch in mehreren Sinneskanälen Änderungen vornehmen lassen. Dabei bietet sich neben dem visuellen System das auditive an. Denn ebenso, wie Sie mit Bildern zu spielen in der Lage sind, können Sie am Mischpult die hörbaren Komponenten eines Films ändern, um den gewünschten Effekt zu erzielen. Auch hierbei sind Ihrer Phantasie wieder keine Grenzen gesetzt. Sie können den Ton leiser oder lauter drehen, die Bänder schneller oder langsamer ablaufen lassen, Sie können den Film mit völlig anderen Dialogen oder Kommentaren ausstatten, andere Geräuschkulissen wählen oder mit Musik unterlegen. Die folgende, von Bandler „Ultrakurzzeittherapie" genannte Vorgehensweise[5] arbeitet mit Dissoziation im visuellen Repräsentationssystem und der Einführung von Musik im auditiven System. Es geht schlicht darum, ein in der Erinnerung als Film ablaufendes unangenehmes Ereignis mit Zirkusmusik zu unterlegen.

Ultrakurzzeittherapie, Übung:
1. Unangenehme Erinnerung wählen und dissoziiert anschauen „Denke an ein unangenehmes, peinliches Ereignis oder eine Enttäuschung und schau Dir den Film gut an, um zu sehen, ob Du Dich dabei immer noch schlecht fühlst. Wenn nicht, wähle etwas anderes."
2. Mit Zirkusmusik ausstatten „Als nächstes startest Du den Film wieder, und sobald er beginnt, unterlege ihn mit einer schönen lauten Zirkusmusik. Lausche dieser Zirkusmusik bis zum Ende des Films."
3. Originalfilm anschauen „Jetzt betrachte den Originalfilm noch einmal: Fühlst Du Dich besser dabei?"

4. Phobietechnik I

Mit Assoziation und Dissoziation haben Sie auch im sechsten Kapitel bei der „Phobietechnik mit Ressourcenanker" bereits gearbeitet. Sie haben die Integration der Ressource in die Problemsituation zunächst im dissoziierten Zustand vornehmen lassen, bevor Sie Ihren Gesprächspartner oder Ihre Gesprächspartnerin mit der Ressource in das assoziierte Erleben der Problemsituation geschickt haben. Dieses Vorgehen ist bei der Arbeit mit NLP verpflichtend, wann immer es um Probleme geht, die einen starken negativen Gefühlsanteil aufweisen. Bei Phobien arbeiten Sie immer zuerst mit einem dissoziierten Zustand.

Die folgende Phobietechnik[6] ist einfacher als die im 6. Kapitel dargestellte, weil hier keine Ressource integriert werden muß. Richard Bandler, von dem dieses NLP-Muster stammt, macht aus diesem Grunde für dessen Anwendung keine Einschränkungen. Man könne dieses Muster bei „Opfern von Vergewaltigung, Kindesmißhandlungen und Kriegserlebnissen", allgemein beim „posttraumatischen Streßsyndrom" anwenden[7]. Ich neige dazu, bei Phobien immer auch mit geankerten Ressourcen zu arbeiten. Jeder NLP-Anwender wird, veranlaßt durch ganz persönliche Einstellungen und resultierend aus praktischen Erfahrungen, einen eigenen Stil des Arbeitens mit NLP entwickeln. In der folgenden Übung haben Sie eine Gelegenheit, die Auswirkung des Arbeitens mit Submodalitäten in einem komplizierteren Muster kennenzulernen: neben einem Wechsel in den Farben und dem Vorgehen, etwas vorwärts und rückwärts ablaufen zu lassen, wird hier eine doppelte Dissoziation angewandt.

Die meisten Menschen kennen phobische Reaktionen, so daß Sie durchaus die Chance haben, auch zum Üben der folgenden Phobietechnik einen Partner oder eine Partnerin als A zu finden. Nachdem A Ihnen die betreffende phobische Reaktion genannt hat, veranlassen Sie eine erste Form der Dissoziation. Zu dem Zweck bitten Sie A, sich vorzustellen, er oder sie säße in der Mitte eines Kinos und könnte auf der Leinwand ein Schwarz-Weiß-Foto sehen, das A selbst zu einem Zeitpunkt unmittelbar vor Eintreten der phobischen Reaktion zeigt.

Im zweiten Schritt bewirken Sie eine weitere Form der Dissoziation. Dazu bitten Sie A, er oder sie möge aus seinem oder ihrem Körper heraustreten und zum Projektionsraum des Kinos hinaufschweben, von wo aus A sich selbst dabei beobachten kann, wie A sich selbst auf dem stehenden Bild anschaut.

Nachdem diese zweite Dissoziation erfolgt ist, lassen Sie A dieses Foto auf der Leinwand in einen Schwarzweißfilm verwandeln und diesen Film anschauen vom Anfang bis kurz nach dem Ende der unangenehmen Erfahrung.

Sobald A am Ende des Films ankommt, bitten Sie, den Film bei einem bestimmten Bild oder Dia anzuhalten. Sie veranlassen A, aus dem Projektionsraum zurück ins Kino zu schweben, von da zur Leinwand zu gehen und in das stehende Bild oder Dia hineinzuspringen. A soll danach das Geschehen rückwärts ablaufen lassen. Die Leute werden alle rückwärtslaufen, und alles wird in umgekehrter Reihenfolge ablaufen, genau wie wenn man einen Film zurückspult, mit dem einzigen Unterschied, daß A in dem Film drin sein wird. Lassen Sie A das Geschehen, wie es rückwärts abläuft, in Farbe erleben und veranlassen Sie A, dafür nur ein oder zwei Sekunden aufzuwenden. Es sollte blitzschnell gehen.

Als Test lassen Sie A nun überlegen, was die phobische Reaktion auslöst. Prüfen Sie, was A sehen würde, wenn er oder sie tatsächlich dort wäre. Falls Sie darüberhinaus in der Nähe einen Ort finden, wo Sie die Wirkung testen können, tun Sie das!

Phobietechnik I, Übung:

1. Erste Dissoziation
„Ich möchte, daß Du Dir vorstellst, Du säßest in der Mitte eines Kinos und könntest auf der Leinwand ein Schwarz/Weiß-Foto sehen, das Dich selbst zu einem Zeitpunkt unmittelbar vor Eintreten der phobischen Reaktion zeigt."

2. Zweite Dissoziation
„Dann möchte ich, daß Du aus Deinem Körper heraustrittst und zum Projektionsraum des Kinos hinaufschwebst, von wo aus Du Dich selbst dabei beobachten kannst, wie Du Dich selbst auf dem stehenden Bild anschaust. Von dieser Position aus kannst Du also sehen, wie Du selbst in der Mitte des Kinos sitzt, und Du kannst Dich selbst außerdem auf dem Foto auf der Leinwand sehen."

3. Film ab
„Nun möchte ich, daß Du dieses Foto auf der Leinwand in einen Schwarz-Weiß-Film verwandelst und diesen Film anschaust vom Anfang bis kurz nach dem Ende der unangenehmen Erfahrung."

4. Assoziation und Rücklauf in Farbe
„Wenn Du zum Ende kommst, möchte ich, daß Du den Film als Bild oder als Dia anhältst, in das Bild hineinspringst und den Film rückwärts ablaufen läßt. Die Leute werden alle rückwärtslaufen, und alles wird in umgekehrter Reihenfolge ablaufen, genau wie wenn man einen Film zurückspult – nur wirst Du in dem Film sein. Laß ihn in Farbe rückwärtslaufen und mach dies in nur ein oder zwei Sekunden."

5. Test 1
„Überlege nun, wovor Du eine Phobie hast. Siehst Du, was Du sehen würdest, wenn Du tatsächlich dort wärst?"

6. Test 2
„Kannst Du hier in der Nähe einen Ort finden, wo Du die Wirkung testen kannst?"

5. Phobietechnik II

Die folgende weitere Variante einer Phobietechnik soll Ihnen die Idee vermitteln, wie kreativ Berater die NLP-Lernmuster kombinieren können und Sie anstoßen, nach Erarbeitung von Grundmustern selber zielorientiert und phantasievoll vorzugehen. Die unten abgedruckte Phobietechnik II hat wiederum Richard Bandler für schwache Tierphobien entwickelt[8]. Sie können diese Vorgehensweise mit einem Partner oder einer Partnerin üben, wenn diese eine schwache Tierphobie (Angst vor Spinnen, etc.) ausgebildet hat.

Bitten Sie A im ersten Schritt, sich ein ausgesprochen angenehmes, aufregendes und amüsantes Erlebnis aus der Vergangenheit ins Gedächtnis zu rufen. Wichtig ist dabei ein klares visuelles Erinnerungsbild. Veranlassen Sie A im nächsten Schritt, das Erinnerungsbild etwas heller zu machen. Danach wird das angstauslösende Tier in das Erinnerungsbild eingeführt. Bitten Sie A, das Tier zunächst mitten durch das Bild laufen zu lassen und dann zu einem Teil des Bildes werden zu lassen. Während A das angstauslösende Tier in das Erinnerungsbild einbezieht, soll das Bild noch etwas heller werden. Danach veranlassen Sie A, sich vorzustellen, im selben Raum wie das Tier zu sein, um zu sehen, ob die phobische Reaktion noch vorhanden ist.

Phobietechnik II, Übung:

1. Ressourcenstarkes Erlebnis erinnern
„Erinnere Dich und rufe Dir ein ausgesprochen angenehmes, aufregendes und amüsantes Erlebnis aus Deiner Vergangenheit ins Gedächtnis, so daß Du vor Deinem geistigen Auge sehen kannst, was Du damals sahst."

2. Submodalitäten wechseln
„Mache jetzt das Erinnerungsbild etwas heller."

3. Angstauslöser einführen
„Halte jetzt das Bild fest und laß das Tier zunächst mitten durch das Bild laufen und dann zu einem Teil des Bildes werden."

Phobietechnik II, Übung:
4. Submodalitäten wechseln „Während das Tier dies tut, möchte ich, daß Du das Bild noch etwas heller machst.“ **5. Assoziieren** „Jetzt stelle Dir vor, Du bist im selben Raum wie das Tier, um zu sehen, ob Du noch phobisch reagierst.“

6. Umgang mit Kritik

Viele wünschenswerte Verhaltensweisen können wir nicht zeigen, weil automatische Gefühlsreaktionen uns daran hindern. Alle Verhaltensreaktionen, die in Streßsituationen auf emotionalen Druck hin auftreten, machen den Betreffenden klar, daß sie nicht frei sind für ein für sie im Augenblick angemessenes Vorgehen. So können die meisten erwachsenen Mitglieder unserer Gesellschaft nicht gelassen mit Kritik umgehen, obwohl ein souveräner Umgang mit kritischen Rückmeldungen eine äußerst sinnvolle Fähigkeit darstellt, die uns nicht nur häufig auftretende Situationen bewältigen hilft sondern darüberhinaus eine wertvolle Lernquelle darstellt. Um Fähigkeiten solcher Art zu erwerben, ist der dissoziierte Zustand ein hervorragend geeignetes Mittel, weil bei einem solchen Vorgehen die zuschauende Person gefühlsmäßig ganz anderes reagieren kann als die erlebende Person.

Mit dem folgenden Lernmuster[9] können Sie exemplarisch üben, Gesprächspartner durch für sie unangenehme Situationen zu führen, um es ihnen zu ermöglichen, automatische Gefühlsreaktionen zu modifizieren und sich angemessene Verhaltensweisen anzueignen. Mit Kritik umgehen lernen, eignet sich deshalb besonders gut zum Einstieg in eine solche Vorgehensweise, weil Sie auch im Lernzusammenhang Partner oder Partnerinnen finden werden, die froh sind, auf diese Weise die Chance zum Lernen sowohl auf der Sachebene wie auch auf der Metaebene zu bekommen.

Im folgenden Muster finden Sie ein „A" im Text. „A" steht dabei für den Vornamen Ihres Gesprächspartners oder Ihrer Gesprächspartnerin.

Im ersten Schritt veranlassen Sie A, einen dissoziierten Zustand herzustellen. Dabei bitten Sie A, ein bestmögliches Arrangement für diese Dissoziation herauszufinden. Bewährt hat sich dabei die Vorstellung einer Plexiglasscheibe zwischen A „auf der Bühne" und A als „Zuschauer". Manchmal können aber auch bestimmte Abstände zwischen beiden ausreichend für die Herstellung und Aufrechterhaltung eines dissoziierten Zustandes sein.

Der zweite Schritt besteht darin, A zu unterstützen, sich von der gleich ankommenden Kritik zu dissoziieren. Es gibt verschiedene Wege, dies zu tun. A kann eine weitere Dissoziation herstellen: sich selbst da drüben sehen als jemanden, der oder die sieht, daß er oder sie kritisiert wird. A kann aber auch in einem gewissen Abstand die Worte der Kritik im Raum geschrieben sehen. Hier ist wieder Kreativität gefragt, um Verfahren auszudenken, die die Kritik erträglich machen.

Danach weisen Sie A an, sich selber zu beobachten, während er oder sie hinter der Plexiglasscheibe sich einen Film über die Worte des Kritikers macht. A soll dabei so viele Informationen sammeln, bis er oder sie genau weiß, was der Kritiker meint. A soll aufmerksam feststellen, wie A hinter der Plexiglasscheibe fortfährt, Informationen zu sammeln, bis er oder sie sich eine klare und genaue Repräsentation der Kritik in allen Sinneskanälen machen kann.

Danach geht es um die Bewertung der Kritik. A soll genau beobachten, wie A hinter der Plexiglasscheibe die Repräsentation der Kritik mit allen anderen Informationen vergleicht, die er oder sie über die Situation hat, um herauszufinden, ob sie übereinstimmen oder nicht. A hinter der Plexiglasscheibe kann dabei die eigenen Erinnerungsfilme des Ereignisses nochmal ablaufen lassen und vergleichen. A kann Filme des Ereignisses aus verschiedenen Blickwinkeln verschiedener Zuschauer ablaufen lassen und vergleichen. Wenn die beiden Repräsentationen zusammenpassen, kann A hinter der Plexiglasscheibe zu dem Schluß kommen, daß die Kritik zur Kenntnis zu nehmen für ihn oder sie sehr nützlich ist. Wenn es nur wenig Übereinstimmung gibt, können Sie zurück zu Schritt 3 gehen, um A hinter der Plexiglasscheibe mehr Informationen sammeln zu lassen. Wenn es gar keine Übereinstimmung gibt, kann A hinter der Plexiglasscheibe zu dem Schluß kommen, einfach anderer Meinung zu sein als der Kritiker.

Nach der Bewertung der Kritik soll A hinter der Plexiglasscheibe sich entscheiden, was er oder sie tun will. A kann sich z. B. bedanken, daß der Kritiker ihn oder sie auf die Sache aufmerksam gemacht hat und sich vornehmen, noch genauer darüber nachzudenken. A kann sich auch vornehmen, sich zu entschuldigen oder irgendeine Wiedergutmachung anzubieten. Bei fehlender Übereinstimmung kann er oder sie einfach darauf hinweisen. Wenn die Kritik eine mögliche Interpretation des Verhaltens von A ist, kann A hinter der Plexiglasscheibe zurückmelden, daß eine solche Interpretation von ihm oder ihr nicht beabsichtigt wäre. A soll A hinter der Plexiglasscheibe beobachten, während er oder sie die Reaktion, zu der er oder sie sich entschlossen hat, ausführt.

Im Anschluß daran veranlassen Sie A, eine Verhaltensänderung für die Zukunft zu erwägen. A soll A hinter der Plexiglasscheibe nach einer solchen Absicht fragen und bei Zustimmung genau beobachten, wie A hinter der Plexiglasscheibe die Verhaltensänderung bestimmt und für eine zukünftige Situation erprobt.

Danach lassen Sie A die bisher ausgeführten Schritte dieses Lernmusters für eine andere Kritiksituation wiederholen, um dann von A hinter der Plexiglasscheibe zu erfragen, ob diese Methode, auf Kritik zu reagieren, gut genug sitzt, um sie jederzeit in der Zukunft bei kritischen Rückmeldungen automatisch anwenden zu können. Bei Nein haben Sie die Aufgabe, unverstandene Sequenzen herauszufinden und zu erarbeiten.

Bei einer positiven Rückmeldung veranlassen Sie A, den abgelaufenen Lernprozeß zu würdigen und die Dissoziation(en) wieder aufzuheben. Es gibt standardisierte Vorgehensweisen dafür, die Sie im folgenden Text finden. Sie können aber eigene Formulierungen finden, die Ihrem Gesprächspartner oder Ihrer Gesprächspartnerin gerecht werden. Wichtig ist nur, sicherzustellen, daß A den Lernprozeß mit einer Vorstellung des Einsseins abschließt.

Testen können Sie das Ergebnis dieses Lernprozesses, indem Sie A Ihrerseits mit Kritik konfrontieren und damit die Reaktion provozieren.

Umgang mit Kritik, Übung:
(A = Vorname der betreffenden Person)

1. Einen dissoziierten Zustand herstellen
„A, sieh Dich selbst da draußen vor Dir. Diese/r A steht kurz davor, einen neuen Weg zu lernen, auf Kritik zu reagieren. Du kannst A so weit entfernt sehen, wie Du willst, oder in schwarz/weiß, und Du kannst eine Plexiglasbarriere vor Dir aufstellen, wenn Dir das hilft, hier als Beobachter zu bleiben. (Wenn Du damit Schwierigkeiten hast, tu so, als ob Du Dich selbst da drüben sehen könntest. Bekomme ein Gefühl dafür, daß Du hinter einer Plexiglasscheibe bist.)"

2. Von der Kritik dissoziieren
„Diese/r A da drüben wird gleich kritisiert werden. Beobachte A und höre zu, wie A sich sofort von der Kritik dissoziiert. Es gibt verschiedene Wege, dies zu tun. A da drüben könnte sich selbst sehen, wie er oder sie kritisiert wird. A könnte auch die Worte der Kritik im Raum geschrieben sehen, z. B. in einem Abstand einer Armlänge."
(Oder andere Verfahren ausdenken, um die Kritik erträglich zu machen.)

3. Den Inhalt der Kritik dissoziiert repräsentieren
„Beobachte A, während er oder sie sich einen Film darüber macht, was der Kritiker sagt."
(Repräsentation so einrichten, daß die Kritik erträglich wird.)
„Bevor A die Kritik beurteilen kann, muß er oder sie sie verstehen. Was meint der Kritiker? Deshalb muß A dort viele Informationen sammeln, bis er oder sie genau weiß, was der Kritiker meint. Beobachte Du hier, wie A dort fortfährt, Informationen zu sammeln, bis er oder sie sich eine klare und genaue Repräsentation der Kritik in allen Sinneskanälen machen kann."

4. Die Kritik bewerten
„Beobachte A, während er oder sie die Repräsentation der Kritik mit allen anderen Informationen vergleicht, die er oder sie über die Situation hat, um herauszufinden, ob sie übereinstimmen oder nicht. A kann dabei die eigenen Erinnerungsfilme des Ereignisses nochmal ablaufen lassen und vergleichen.

Umgang mit Kritik, Übung:
(A = Vorname der betreffenden Person)

A kann Filme des Ereignisses aus verschiedenen Blickwinkeln verschiedener Zuschauer ablaufen lassen und vergleichen."
(Bei mangelhafter Übereinstimmung zurück zu Schritt 3, um mehr Informationen zu sammeln. Bei fehlender Übereinstimmung kann A zu dem Schluß kommen, einfach anderer Meinung zu sein als der Kritiker.)
„Soweit die beiden Repräsentationen zusammenpassen, kann A dort drüben zu dem Schluß kommen, daß die Kritik zur Kenntnis zu nehmen sehr nützlich ist."

5. Für eine Reaktion entscheiden
„Beobachte A, während er oder sie entscheidet, was er oder sie tun will. A kann sich z. B. bedanken, daß der Kritiker ihn oder sie auf die Sache aufmerksam gemacht hat und sich vornehmen, noch genauer darüber nachzudenken. A kann sich auch vornehmen, sich zu entschuldigen oder irgendeine Wiedergutmachung anzubieten. Bei fehlender Übereinstimmung kann A einfach sagen: „Was Du sagst, entspricht nicht dem, was ich in Erinnerung habe." Wenn die Kritik eine mögliche Interpretation des Verhaltens von A ist, kann A dort drüben sagen: ‚Wie Du mein Verhalten verstanden hast, war nicht meine Absicht. Ich wollte, ...' Beobachte A dort drüben, während A die Reaktion, zu der er oder sie sich entschlossen hat, ausführt."

6. Eine Verhaltensänderung für die Zukunft erwägen
„Frage A da drüben: Willst Du die Information, die Du in dieser Kritik erhalten hast, benutzen, um Dich in Zukunft anders zu verhalten? Wenn ja, dann beobachte, wie A das neue Verhalten auswählt und für eine zukünftige Situation erprobt."

7. Wiederholen
„Beobachte A da drüben in einer anderen Situation, wo er oder sie gleich kritisiert werden wird ..."
Wesentliche Elemente:
- Informationssammlung, wenn die Kritik unbestimmt ist
- Bewertung der Kritik
- Entscheidung für eine Reaktion

Umgang mit Kritik, Übung:
(A = Vorname der betreffenden Person)

– Verwendung der Informationen für eine zukünftige Verhaltensänderung mit Future-Pace

„Frage A da drüben, ob er oder sie diese Methode, auf Kritik zu reagieren, gut genug versteht, um sie jederzeit in der Zukunft, wenn er oder sie kritisiert wird, automatisch anwenden zu können."

(Bei Nein unverstandene Sequenzen herausfinden und erarbeiten.)

8. Re-Assoziieren

„Du hast gerade beobachtet, wie ein Teil von Dir einen neuen Weg gelernt hat, auf Kritik in einer nützlichen Art zu reagieren. Ich möchte, daß Du A da drüben dafür dankst, daß er oder sie für Dich in dieser Weise eine besondere Ressource ist ... Jetzt möchte ich, daß Du die Arme ausstreckst, und diese/n A da drüben wieder zu Dir herholst und in Dich aufnimmst. Nimm Dir so viel Zeit, wie Du brauchst, so daß all das Gelernte Dir sofort und unbewußt verfügbar sein wird, zu jeder Zeit, in der Du künftig kritisiert wirst."

9. Test

„Ich habe diesen Prozeß vielen Menschen beigebracht, aber so dumme Fragen wie Du hat noch keiner gestellt."

(Reaktion beachten!!!)

III. Arbeiten mit submodalen Strukturen und Strategien

Die folgenden Lernmuster haben eines gemeinsam: Sie beruhen darauf, persönliche Fähigkeiten auf ihre submodalen Strukturen und Strategien hin zu untersuchen und dieses Wissen so zu nutzen, daß diese Fähigkeiten auf zusätzliche Gegenstands- oder Tätigkeitsbereiche ausgedehnt werden können. Wenn Sie herausfinden, mit welchen submodalen Strategien Sie sich für bestimmte Dinge motivieren, können Sie diese Fähigkeit auf andere Dinge übertragen, die Sie nicht so gerne tun, die zu tun aber wichtig sein kann. Wenn Sie wissen, mit welchen submodalen Strukturen Sie feste Überzeugungen ausbilden oder Aussagen bezweifeln, können Sie lernen, sich sinnvolle oder erfolgversprechende Überzeugungen anzueignen oder negative Glaubenssätze in Zweifel zu ziehen. Wenn Sie wissen, wie Sie das machen, wenn Sie zaudern, dann aber die Schwelle überschreiten, um etwas ein für allemal hinter sich zu lassen, dann können Sie dieses Wissen anwenden, um negative Lebenserfahrungen rasch zu beenden.

1. Selbstmotivation

Motivation ist die Kraft, die Menschen in Bewegung setzt, um etwas zu tun, um etwas zu bekommen oder etwas zu erreichen. Ohne diese Kraft bleiben Menschen passiv oder inaktiv. Diese Antriebskraft kann ausgehen von der Tätigkeit selbst, weil ich sie gerne tue, von der Sache selbst, die ich haben möchte, oder von dem Ziel, das ich erreichen möchte. Aber sie kann auch ausgehen von einer dritten, der Tätigkeit, dem gewünschten Gegenstand oder dem Ziel äußerlichen Sache. Geld zum Beispiel kann ein solcher Antrieb sein, Macht, Ansehen, Sicherheit oder eine Person, deren Strafe ich befürchte, wenn ich untätig bleibe.

Motivation gehört zu den wichtigsten Aufgaben einer Führungskraft, ohne die ihre Mitarbeiter, besäßen sie keine eigenen Antriebe, untätig blieben. Früher gehörten gute Bezahlung auf der einen und Druck auf der anderen Seite zu den wichtigsten Mitteln der Motivation. Heute sind diese klassischen Mittel „Zuckerbrot und Peitsche“ nicht nur aus der Mode gekommen, sondern sie werden bewußt vermieden, weil sie sich als kontraproduktiv herausgestellt haben. Statt dessen gehören reizvolle Aufgaben, Überzeugung, Anerkennung und Selbstverantwortung zu den Mitteln, um Mitarbeiter zu motivieren. Eine Führungskraft muß lernen, Druck zu vermeiden und daraufhinzuwirken, daß Mitarbeiter sich selbst an die Sache binden, sie sich zu eigen machen und somit aus sich selbst heraus, aus eigenem Antrieb, tätig werden.

Selbstmotivation statt Fremdmotivation ist heute der Schlüssel zum Erfolg, wie vor allem die Sportpsychologie herausgefunden hat. Die Forschungen dieser Disziplin haben noch ein weiteres Ergebnis erarbeitet, das sich auf das Berufsleben übertragen läßt: Nicht Konkurrenz und Rivalität – „den anderen zu übertreffen" – führt zu Spitzenleistungen, sondern das Bestreben, sich selbst ständig zu übertreffen: „Diejenigen, die konsequent sich selbst übertreffen, werden letzten Endes ihre Konkurrenten schlagen."[10]

Folgende Imperative für ein erfolgreiches Training stellt die Sportpsychologie auf:

1. Sich selbst Motivieren!
Unabhängig sein von der psychischen Unterstützung des Trainers oder der sozialen Anerkennung in Form von Beifall oder materieller Belohnung. Unabhängig sein aber auch von Konkurrenten.

2. Positiv Motivieren!
Versagensängste, Furcht vor Mißerfolg, Rückschlägen, Kränkungen oder Verletzungen (= negative Motivatoren) führen letztlich nicht zum Erfolg.

3. Angemessen Motivieren!
Überhöhte Erwartungen und Zielsetzungen setzen uns unter hohen Leistungsdruck und programmieren eher den Mißerfolg als den Erfolg.

4. Stabil Motivieren!
Eine Einstellung zum Erfolg, die ständigen Schwankungen unterworfen ist, führt letztlich nicht zum Ziel.

5. Lustvoll Motivieren!
Es gibt keinen Leidensweg zum Erfolg. Wenn die einzelnen Schritte und Wegstrecken nicht auch Spaß machen, ist der Erfolg in Frage gestellt.

Diese Imperative der Sportpsychologie sind sinnvolle Helfer bei einem konsequenten Erfolgsmanagement im beruflichen Bereich. Wichtiger jedoch ist es, die persönliche Motivationsstruktur eines Menschen herauszufinden. Wenn jemand weiß, „wie er das macht", sich zu motivieren, kann er dieses Wissen anwenden, um jede Aufgabe, die auf seinem Weg zum Ziel bewältigt werden muß, mit bestmöglichem Erfolg zu tun.

Und darüber hinaus: Wenn jemand weiß, „wie einer das macht“, der sich gut motivieren kann, ist er in der Lage, eine gute Motivationsstruktur zu lernen!

a. Die eigene Motivation steigern, erste Variante

Wie bei allen weiteren Arbeitsformen mit submodalen Strukturen und Strategien besteht der erste Schritt dieses Lernmusters[11] in der genauen Untersuchung der individuellen Fähigkeit zur Selbstmotivation. Um die dabei wirksamen Submodalitäten herauszufinden, bitten Sie A, an irgendeine Sache zu denken, die A im Augenblick sehr wichtig ist. Wählen Sie beim ersten Durchgang durch dieses Lernmuster einen Gegenstand, also etwas, was A unbedingt „haben“ möchte, im Gegensatz zu einer Tätigkeit, etwas, was A unbedingt tun möchte.

Während A an diesen Gegenstand denkt und ihn sich genau vorstellt, bitten Sie zunächst um eine genaue Beschreibung dessen, was A sieht. Sie können A dabei unterstützen, indem Sie die Liste der Submodalitäten zur Hand nehmen, und diese Punkt für Punkt durchgehen, indem Sie A die entsprechenden Fragen stellen und die Antworten notieren. Nach den visuellen Submodalitäten vergessen Sie nicht, auch die auditiven und kinästhetischen abzuprüfen. Zumeist werden Sie nicht nur visuelle motivationsauslösende Submodalitäten finden, sondern auch auditive, wie z. B. eine verbale Aufforderung, ein inneres „Hopp, hopp!“ und kinästhetische, wie z. B. einen „inneren Ruck“. Damit haben Sie eine vollständige Liste davon, wie A einen wichtigen Gegenstand repräsentiert.

Dieselbe Vorgehensweise wenden Sie beim zweiten Schritt an, bei dem es um eine unbedeutende Sache geht. Bitten Sie A, an irgend etwas zu denken, das für ihn oder sie nicht wichtig ist. Vergewissern Sie sich, daß A etwas wählt, was neutral ist, nicht etwas, was ihn oder sie abstößt. Lassen Sie A irgend etwas Banales wählen, das in der Nähe ist, wie z. B. einen Plastikbecher, einen Bleistift oder eine Zeitung. Dann bitten Sie wieder um eine genaue Beschreibung der Repräsentation und notieren die Submodalitäten des visuellen, auditiven und kinästhetischen Sinnessystems. Wenn nötig, können Sie A wieder mit den entsprechenden Fragen unterstützen, bei denen Sie sich von der Liste der Submodalitäten leiten lassen.

Jetzt kommt die wichtigste Aufgabe, nämlich die Submodalitätsunterschiede zwischen der wichtigen Sache und der banalen Sache herauszufinden. Das können Sie zunächst anhand Ihrer Notizen machen, aber damit haben Sie noch keine Auskunft darüber, welche Unterschiede bedeutsam und welche nicht so bedeutsam sind. Fragen Sie deshalb A, welche Unterschiede wie stark wirken. Um die Unterschiede zu testen, können Sie A bitten, beide Repräsentationen zugleich abzurufen, um einen Vergleich anzustellen. Das hört sich kompliziert an, fällt aber vielen Menschen überhaupt nicht schwer. Auf diese Weise finden Sie am besten heraus, welche Submodalitäten in welchem Repräsentationssystem am stärksten wirken, um die unbedeutende Sache wichtig werden zu lassen. Achten Sie bei dieser Untersuchung auch aufmerksam auf nonverbale Veränderungen bei A. Diese können Ihnen zusätzlich wichtige Hinweise geben.

Mit diesem Schritt haben Sie die nötigen Informationen, um A herausfinden zu lassen, wie A eine bislang banale Sache wichtig werden lassen kann. Lassen Sie A die Submodalitäten der banalen Sache, die sich von der Repräsentation der wichtigen Sache unterscheiden, eine nach der anderen verändern. Machen Sie dazwischen Pausen, um zu überprüfen, ob der Wechsel zeitweilig oder beständig ist. Finden Sie auf diese Weise heraus, was nötig ist, um die banale Sache auf eine Weise wichtig werden zu lassen, die dauerhaft ist.

Überprüfen Sie das Ergebnis Ihrer Arbeit, indem Sie A bitten, sich vorzustellen, daß jemand anderes A die Sache verweigert, oder daß dieser andere die Sache besitzt und es A verkaufen würde, wenn A genug dafür bezahlte.

Hiermit haben Sie eine Vorgehensweise herausgefunden, wie A eine bislang unwichtige Sache wichtig werden lassen kann. Dieses Übungsmuster beschränkt sich also auf die Analyse der wirkenden Submodalitäten. Bevor Sie damit experimentieren, sollten Sie nicht vergessen, daß vor jeder Veränderungsarbeit mit NLP ein Ökologie-Check nötig ist. Bevor Sie also A dazu verhelfen, oder selber ausprobieren wollen, einer bislang unwichtigen Sache jetzt eine wichtige Bedeutung beizumessen, überprüfen Sie, ob es irgendeinen Einwand dagegen gibt. Berücksichtigen Sie jeden Einwand, bevor Sie weitergehen.

Die eigene Motivation steigern, Übung der Variante I:

1. Bedeutsame Sache repräsentieren
„Denke an irgend etwas, was Dir früher nicht viel bedeutete, im Augenblick aber sehr wichtig ist. Denke für diese Übung an irgendeine Sache (im Gegensatz zu einer Tätigkeit), die Du unbedingt ‚haben' mußt. Finde etwas, das Dich begeistert."

2. Unbedeutende Sache repräsentieren
„Denke an irgend etwas, das für Dich nicht wichtig ist. Vergewissere Dich, daß Du etwas wählst, was neutral ist, nicht etwas, was Dich abstößt. Nimm irgend etwas Banales, das in der Nähe ist, wie z. B. einen Plastikbecher, einen Bleistift oder eine Zeitung."

3. Kontraste untersuchen
„Finde die Submodalitätsunterschiede zwischen 1 und 2, und mache einen Test, um herauszufinden, welche von ihnen am stärksten wirken, um die unbedeutende Sache wichtig werden zu lassen."
(Wichtig ist dabei, aufmerksam auf nonverbale Veränderungen zu achten, die bei der beschreibenden Darstellung der bedeutsamen und der unbedeutenden Sache sichtbar werden!!!)

4. Ökologie-Check vor jeder Veränderungsarbeit
„Überprüfe, ob es irgendeinen Einwand dagegen gibt, einer bislang unwichtigen Sache mehr Bedeutung beizumessen. Berücksichtige jeden Einwand vollständig, bevor Du Veränderungen vornimmst."

b. Die eigene Motivation steigern, zweite Variante

Das oben dargestellte Lernmuster können Sie in einem weiteren Durchgang auch verwenden, um die Selbstmotivation bezogen auf eine Tätigkeit zu steigern. Connirae und Steve Andreas, die dieses Lernmuster entwickelt haben, benutzen noch eine andere menschliche Fähigkeit, um ein weiteres Lernmuster[12] zur Steigerung der Selbstmotivation zu entwickeln.

Zu den Besonderheiten von Menschen gehört nämlich die Möglichkeit, sich die Zukunft vorzustellen. Und Zukunftsrepräsentationen sind oft sehr motivierend: sie können uns dazu bringen, in der Gegenwart bestimmte Dinge zu tun, um die Art von Zukunft zu schaffen, die wir haben wollen.

Wenn Sie von dieser menschlichen Besonderheit ausgehen, besteht Ihre Aufgabe zunächst darin, eine persönliche Zukunftsvorstellung X genau zu untersuchen, die Ihr gegenwärtiges Verhalten stark beeinflußt. Das könnte eine unangenehme Folge sein, z. B. der Gedanke an einen Autounfall, der Sie dazu bringt, Ihren Sicherheitsgurt regelmäßig anzulegen. Da jedoch ein solcher Negativmotivator nicht so erfolgversprechend ist wie ein positiver Motivator, wählen Sie vielleicht lieber eine Zukunftsvorstellung, die Ihr gegenwärtiges Verhalten über eine positive Folge beeinflußt. Das könnte zum Beispiel eine Vision Ihres blühenden Gartens im Sommer sein, die Sie veranlaßt, im Frühjahr die nötige Arbeit zu verrichten. Wenn Sie mit A arbeiten, analysieren Sie auf die gewohnte Art die Submodalitäten in allen relevanten Repräsentationssystemen, dem visuellen, dem auditiven und dem kinästhetischen und fertigen eine Liste an.

Um die Submodalitäten zu finden, die Ihre Motivation auslösen, ist im nächsten Schritt wieder die genaue Untersuchung einer kontrastierenden Zukunftsvorstellung Y nötig. Dabei wählen Sie eine Zukunftsvorstellung desselben Typs, nämlich wieder eine, die in ihrer Qualität als positive Folge auf ihr Verhalten wirkt, die allerdings auch dadurch gekennzeichnet ist, daß sie Ihr gegenwärtiges Verhalten nicht beeinflußt, von der Sie aber glauben, daß es nützlich wäre, wenn sie das täte. Sie könnten beispielsweise die Zukunftsvorstellung eines aufgeräumten Schreibtisches wählen, die Sie nicht dazu bringt, aufzuräumen, obwohl es nützlich wäre, wenn sie das täte. Fertigen Sie auch hier wieder eine vollständige Liste der Submodalitäten an.

Wenn Sie beide Repräsentationen vollständig untersucht und das Ergebnis auf dem Papier haben, vergleichen Sie die zwei Repräsentationen, um die Submodalitätsunterschiede zu bestimmen. Testen Sie, wie oben dargestellt, jeden Unterschied, um zu entdecken, welche Submodalitätswechsel verwendet werden können, um die Zukunftsvorstellung Y verlockend oder zwingend zu machen.

Bevor Sie die Zukunftsvorstellung Y verwandeln, überprüfen Sie, ob es irgendeinen Einwand dagegen gibt, daß Y in eine Folge umgewandelt wird, die Ihr Verhalten in der Gegenwart im gewünschten Sinne beeinflussen wird, und berücksichtigen Sie jeden Einwand. Erst dann verwenden Sie die Submodalitätsunterschiede, die Sie identifiziert haben, um Y in eine Repräsentation umzuwandeln, die Ihr Verhalten in der Gegenwart beeinflußt. Danach testen Sie das Ergebnis Ihrer Arbeit.

Die eigene Motivation steigern, Übung der Variante II:
1. Zwingende, unwiderstehliche Zukunftsvision „Denke an eine zukünftige Folge (X), die Dein gegenwärtiges Verhalten stark beeinflußt. Dies sollte eine angenehme Folge sein." **2. Nicht zwingende, d.h. unverbindliche Zukunftsvision** „Denke an eine zukünftige Folge (Y) desselben angenehmen Charakters, die Dein gegenwärtiges Verhalten nicht beeinflußt, und von der Du glaubst, daß es nützlich wäre, wenn sie das täte." **3. Kontrastierende Analyse** „Vergleiche die zwei Repräsentationen, um die Submodalitätsunterschiede zu bestimmen. Teste jeden Unterschied, um zu entdecken, welche Submodalitätswechsel verwendet werden können, um Y verlockend oder zwingend zu machen." **4. Ökologie-Check** „Überprüfe, ob Dir irgendein Einwand deutlich wird dagegen, daß Du Y in eine Folge umwandelst, die Dein Verhalten in der Gegenwart dahingehend beeinflussen wird, die erwünschte Folge zu erzielen! Berücksichtige jeden Einwand oder jede Sorge mit Bedacht und vollständig, bevor Du weitergehst." **5. Übersetzen** „Verwende die Submodalitätsunterschiede, die Du identifiziert hast, um Y in eine Repräsentation umzuwandeln, die Dein Verhalten in der Gegenwart beeinflußt." **6. Test** „Prüfe, ob diese Zukunftsrepräsentation Dich nun zu dem entsprechenden Verhalten motiviert."

2. *Interne und externe Referenz*

Menschen, die ihre Entscheidungen auf der Grundlage der Meinung anderer treffen, werden als außengeleitet oder als Konformisten bezeichnet. Sie haben eine externe Referenz. Für sie gilt, was andere für gut, schlecht, richtig, falsch, schön oder abscheulich halten. Sie fragen andere, was sie tun sollen, z. B. den Pfarrer oder den Lehrer, oder sie halten sich in ihrem Lebenswandel an vorgegebene Systeme, z. B. an eine Religion oder an das, was comme il faut ist oder die Nachbarn denken.

Im Gegensatz dazu werden Menschen, die ihre Entscheidungen auf der Grundlage eigener Erfahrungen und eigener Maßstäbe treffen, als innengeleitet oder als Nonkonformisten bezeichnet. Sie besitzen eine interne Referenz. Für sie gilt, was sie selber für gut, schlecht, richtig, falsch, schön oder abscheulich halten. Sie entscheiden selber über ihr Handeln und halten sich in ihrem Lebenswandel an die eigenen Maßstäbe. Das bedeutet nicht, daß sie überhaupt nicht in Betracht zögen, was andere sagen oder meinen. Sie holen durchaus viele Informationen von anderen ein, aber sie bilden sich in bezug auf all diese Fakten und Meinungen ein eigenes Urteil und fällen eine eigene Entscheidung, was zu tun sei.

Eine externe und eine interne Referenz kann man anhand von Submodalitäten erkennen. Wenn Menschen einer Autorität bedingungslos glauben, repräsentieren sie dies ganz anders als wenn sie sich konsequent ihr eigenes Urteil bilden.

Wenn sie eine starke externe Referenz entwickeln, machen sie sich sehr häufig über das, was ein Experte sagt, große, helle und nahe Bilder, so daß in ihrem Gesichtsfeld kein Platz für andere Bilder übrig ist. Wenn sie dabei auch etwas hören, ist es die Stimme des Experten, oder die eigene, die wiederholt, was der Experte sagt. Autoritäre Führer jeder Art sorgen dafür, daß ihre Anhänger sich ihr überlebensgroßes Bild einprägen und halten sie davon ab, über andere Wahrheiten als der von ihnen verkündeten nachzudenken.

Wenn Menschen eine interne Referenz entwickeln, machen sie sich eher kleine und ferne Bilder oder häufig mehrere Bilder, eins über das, was der Experte sagt und andere, die eigene Erfahrungen repräsentieren, um Vergleichsmöglichkeiten zu haben. Wenn sie

Externe Referenzen

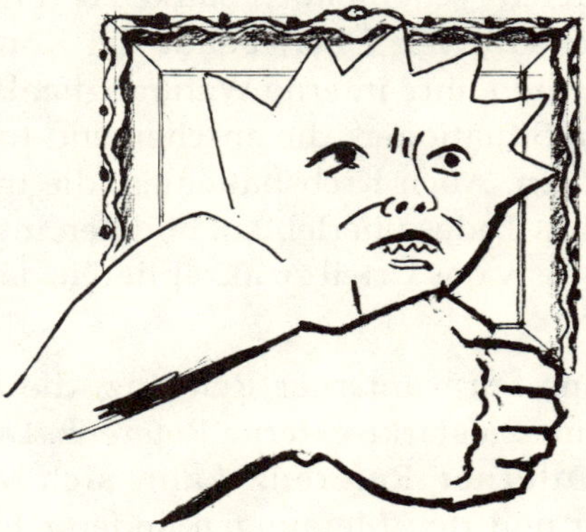

dabei auch etwas hören, sind es zumeist mehrere Stimmen, die des Experten und die eigene, die kritische Kommentare abgibt.

Eine externe Referenz ist sinnvoll in Lebensbereichen, in denen ein Experte wirklich über mehr Informationen verfügt. Z. B. ist es in einer Notsituation sinnvoll, dem Notarzt zu vertrauen oder dem Installateur. Es kann auch sinnvoller sein, dem Steuerberater oder dem Rechtsanwalt zu glauben, als daß man sich selber daran macht, Rechtswissenschaft zu studieren. Auch wenn jemand ein sehr selbstkritischer oder pessimistischer Mensch ist, kann es zuweilen nützlich für ihn sein, das Urteil anderer Menschen über seine Leistung oder seine Zukunftsaussichten stärker in Betracht zu ziehen.

Eine interne Referenz garantiert die Möglichkeit zu eigenen Entscheidungen auf der Grundlage eigener Werte und der besten zur Verfügung stehenden Informationen. Interne Referenz macht Menschen unabhängig von verordneten oder selbstgesuchten Autoritäten. Interne Referenz scheint auch Stärke zu vermitteln. Viktor Frankl entdeckte, daß viele Überlebende der Konzentrationslager in der Lage waren, ihre interne Wahlmöglichkeit aufrechtzuerhalten, auch in Situationen, die anscheinend total von anderen kontrolliert waren. Auch Krebspatienten, die trotz der Ankündigung eines nahes Todes überlebten, bildeten intern Alternativen aus, anstatt passiv das Urteil zu akzeptieren, das ihnen die Experten verkündeten.

Es gibt aber auch eine Form interner Referenz, die ähnlich problematisch ist wie eine zu starke externe Referenz. Denn ein Mensch mit starker interner Referenz kann sich von Informationen von außen und den Meinungen anderer total abschließen. Er ist dann nicht offen und empfänglich für Rückmeldungen. In seinem internen Gesichtsfeld hat auch nur ein Bild, das seine Meinung repräsentiert, Platz und kein weiteres. Er hört auch nur die eigene Stimme, seine eigene. Solche Menschen machen sich gewöhnlich so zwingende Bilder ihrer eigenen Meinungen, daß es keinen Raum mehr gibt, auch alternative Repräsentationen in Erwägung zu ziehen. Solche Menschen zu beeinflussen, ist nahezu unmöglich, weil sie sozusagen vorprogrammiert sind, die Ideen anderer nicht zu beachten!

Wenn Menschen ihre ganz persönlichen Formen, externe und interne Referenz zu repräsentieren, herausgefunden haben, können sie dieses Wissen in mehrfacher Hinsicht verwenden: Sie können z. B. Autoritätsangst abbauen, wenn sie in dieser Weise gegenüber Autoritätspersonen reagieren. Sie können zwanghaften Altruismus mildern, wenn sie übermäßig empfänglich sind für die Bedürfnisse anderer und dabei ihre eigenen ignorieren. Sie können ein negatives Selbstbild korrigieren, das ihnen eine rigide Moral aufherrscht. Und ganz allgemein: Sie können mit Bewußtsein ihre Entscheidungen programmieren und überprüfen, welches Verhältnis von interner und externer Referenz in jedem Einzelfall die richtige Mischung ist.

a. Interne und externe Referenz untersuchen und utilisieren

Die Submodalitäten, mit denen jemand interne und externe Referenz repräsentiert, herauszufinden, ist nicht immer ganz einfach. Sie können dabei auf Erfahrungen zurückgreifen und Ihren Gesprächspartner oder Ihre Gesprächspartnerin A veranlassen, aufmerksam wahrzunehmen, erstens: wie sie oder er eine Botschaft intern abgebildet hat, die von einer Person ausging, der A in dem betreffenden Zusammenhang bedingungslos vertraute. Danach bitten Sie A, genauso aufmerksam zu prüfen, wie sie oder er eine Botschaft repräsentiert hat, die von einer Person ausging, deren Äußerungen von A stets kritisch überprüft werden. Achten Sie dabei darauf, daß A die repräsentierten Botschaften überprüft und nicht die Gesamterfahrung, in der die Botschaften gesendet wurden.

Eine andere Möglichkeit, interne und externe Referenz einer Person auf ihre Submodalitäten zu untersuchen, ist die von Connirae und Steve Andreas vorgeschlagene, die Sie in dem folgenden Lernmuster[13] finden. Sie selber stellen sich dabei als Referenzperson zur Verfügung und kündigen A an, daß Sie gleich etwas sagen werden. A soll dabei zunächst so tun, als ob sie oder er eine interne Referenz hat. Das heißt, A soll sich darüber klar sein, daß er oder sie selber die Person ist, die entscheidet oder bewertet, was Sie sagen. Wenn Sie das angekündigt haben, machen Sie die Äußerung.

Als Äußerung, anhand der A die Submodalitäten der persönlichen internen Referenz herausfinden soll, bieten Connirae und Steve Andreas folgenden Satz an: „Wenn Sie jeden Tag eine halbe Stunde lang einen Kopfstand in Richtung Norden machen, wird das Ihre Lebensqualität sehr verbessern." Einige meiner Seminarteilnehmer/innen hatten mit diesem Satz Schwierigkeiten, weil sie wußten, daß er zu meinen Überzeugungen nicht paßt. Wenn Sie ähnliche Schwierigkeiten erleben, wählen Sie andere Aussagen, mit denen Sie übereinstimmen. Wichtig ist, daß A die typischen Erfahrungen herausfinden kann, die die Vorstellung Ihrer Äußerung als einer von A selbst beurteilten Aussage kennzeichnen. Diese Erfahrungen prüfen Sie bitte in den drei wichtigen Sinnessystemen ab.

Wenn Sie auf diese Weise herausgefunden haben, wie A interne Referenz repräsentiert, untersuchen Sie, welche Submodalitäten Repräsentationen von Botschaften auszeichnen, an die A ungeprüft glaubt. Kündigen Sie A an, daß Sie gleich wieder etwas sagen werden, und daß A vorübergehend so tun soll, als ob sie oder er eine externe Referenz hat und SIE diese externe Referenz sind. Machen Sie A klar, daß dies nur für eine gewisse Zeit der Fall ist, daß A die eigene Entscheidungsfähigkeit leicht zurückbekommen wird, sobald Sie dies ausprobiert haben. A soll nur für diesen kleinen Augenblick davon ausgehen, daß Sie seine oder ihre externe Referenz sind, also nur für einen Moment so tun, als ob sie oder er im voraus weiß, was immer Sie auch sagen, ist wahr. Danach tun Sie die entsprechende Äußerung.

Connirae und Steve Andreas bieten für die Überprüfung der externen Referenz den Satz an: „Wenn Sie jeden Morgen mindestens fünf Minuten lang das mittlere C summen, wird Sie das in größere Harmonie mit dem Universum bringen." Auch hier können Sie wieder einen für Sie und Ihre/n Gesprächspartner/in passenderen Satz verwenden, wichtig ist nur, daß Sie es A ermöglichen, diejenigen Erfahrungen zu machen, die charakteristisch sind dafür, daß A die Äußerung eines anderen bedingungslos glaubt.

Danach stellen Sie die Unterschiede in den Submodalitäten fest und versuchen herauszufinden, welches die wirksamsten Faktoren sind, um eine bedingungslos geglaubte Äußerung in eine selbst beurteilte zu überführen. Bitten Sie A zu diesem Zweck, beide Repräsentationen zu vergleichen. Typisch im visuellen Repräsentationssystem sind Position, Größe und Helligkeit, mehrere Stimmen im auditiven und Anspannung im kinästhetischen System. Für eine sorgfältige Überprüfung können Sie wieder die Liste der Submodalitäten verwenden.

Wenn A für bestimmte Situationen eine stärkere interne Referenz aufbauen möchte, bitten Sie A zunächst, eine solche zu identifizieren. Danach überprüfen Sie, ob eine solche Veränderung in die bestehende Lebenssituation von A hineinpaßt oder ob sich Einwände dagegen ergeben. Wenn die geklärt beziehungsweise berücksichtigt sind, bitten Sie A, zu der betreffenden Situation zurückzugehen und die Repräsentation abzurufen, die A sich von dem gemacht hat, was die andere Person ihm oder ihr sagte. Bitten Sie A dann, diese Repräsentation so zu verändern, daß sie in den Submodalitäten von A's interner Referenz dargestellt ist.

Lassen Sie A dann ein Future-Pace machen, indem Sie abfragen, ob A in näherer Zukunft wieder in eine ähnliche Situation kommen wird. Bitten Sie A, sich eine Repräsentation von dem zu machen, was der andere in dieser Situation zu ihr oder ihm sagt, und lassen Sie sie oder ihn überprüfen, ob diese Repräsentation der internen Referenz von A entspricht. Wenn das nicht der Fall ist, weisen Sie A darauf hin, daß man sorgfältig einüben kann, zukünftige Situationen auf eine gewünschte Weise zu repräsentieren.

Interne und externe Referenz, Übung:

1. Interne Referenz

„Tu zunächst so, als ob Du eine interne Referenz hast. Ich werde gleich etwas zu Dir sagen, und da Du ein internes Referenzsystem hast, bist Du die Person, die entscheidet oder bewertet, was ich sage .... nämlich:

Wenn Du jeden Tag eine halbe Stunde lang einen Kopfstand in Richtung Norden machst, wird das Deine Lebensqualität sehr verbessern.

Beachte, welche Erfahrung Du machst, wenn Du dies von einem internen Referenzsystem aus betrachtest, beurteilst und entscheidest. Du beurteilst und entscheidest das!"

2. Externe Referenz

„Nun tu vorübergehend so, als ob Du eine externe Referenz hast und ICH bin diese externe Referenz. Denke daran, daß dies nur für eine gewisse Zeit der Fall ist. Du wirst Deine eigene Entscheidungsfähigkeit leicht zurückbekommen, sobald Du dies ausprobiert hast. Im Moment bin ICH Deine externe Referenz. Du weißt im voraus, was immer ICH auch sage, ist wahr .... nämlich:

Wenn Du jeden Morgen mindestens fünf Minuten lang das mittlere C summst, wird Dich das in größere Harmonie mit dem Universum bringen.

Beachte, welche Erfahrungen Du machst, während Du dies mit einer externen Referenz betrachtest, beurteilst und entscheidest."

Interne und externe Referenz, Übung:

3. Unterschiede in den Submodalitäten
„Überprüfe die Submodalitäten Deiner beiden Erfahrungen in allen drei Sinneskanälen. Typisch sind Position, Größe und Helligkeit im visuellen, mehrere Stimmen im auditiven und Anspannung im kinästhetischen System. Überprüfe jedoch aufmerksam!"

4. Aufbau einer internen Referenz

a. Entsprechende Situation identifizieren
„Denke an eine Situation, in der Du mehr external orientiert warst als es Dir lieb war, als Du z. B. dem Rat von jemandem folgtest und es nicht gut ausging."

b. Ökologie-Check
„Gibt es Einwände dagegen, in dieser Situation stärker internal orientiert zu sein?"
(Evtl. Einwände berücksichtigen)

c. Interne Referenz aufbauen
„Gehe zu dieser Zeit zurück und entwickle eine Repräsentation von dem, was die andere Person Dir sagte. Verwandle dann diese Repräsentation in die Formen, die den Submodalitäten Deiner internen Referenz entsprechen. (Laß z. B. das Bild schrumpfen, sich weiter weg und nach unten bewegen. Installiere eine kritische Stimme, die das Gesagte hinterfragt und prüft ...)

5. Future-Pace
„Überlege, ob Du in näherer Zukunft wieder in eine ähnliche Situation kommst. Mache Dir eine Repräsentation von dem, was der andere in dieser Situation zu Dir sagt. Überprüfe, ob diese Repräsentation Deiner internen Referenz entspricht!" (Wenn nicht, einüben!!!)

b. Abbau von Autoritätsangst

Wenn Sie mit einer Gesprächspartnerin oder einem Gesprächspartner arbeiten, der oder die bestimmten Menschen gegenüber mit Autoritätsangst reagiert, können Sie die Übung „Interne und externe Referenz" ab dem vierten Schritt folgendermaßen abändern: Nachdem Sie die Submodalitäten der beiden Erfahrungen (für interne und externe Referenz) herausgefunden und in ihrer Bedeutung festgestellt haben, können Sie A veranlassen, an eine Situation zu denken, in der A einer Autoritätsperson gegenüberstand, die ihm oder ihr Angst einjagte. Lassen Sie A daraufhin eine Repräsentation von dem entwickeln, was diese Person sagte. Danach bitten Sie A, diese Repräsentation in die Formen zu verwandeln, die den Submodalitäten von A's interner Referenz entsprechen. Es folgt als 5. Schritt der Future-Pace. Sollte die im Future-Pace abgerufene Repräsentation nicht der internen Referenz von A entsprechen, lassen Sie eine entsprechende Repräsentation einüben.

Abbau von Autoritätsangst, Übung:

Schritt 1 bis 3 wie oben

4. Abbau von Autoritätsangst

a. Entsprechende Situation identifizieren
„Denke an eine Situation, in der Du einer Autoritätsperson gegenüberstandest, die dir Angst einjagt."

b. Ökologie-Check
„Gibt es Einwände dagegen, in dieser Situation selbstbewußter zu reagieren?"
(Evtl. Einwände berücksichtigen)

c. Autoritätsangst abbauen
„Entwickle eine Repräsentation von dem, was diese Person Dir sagte. Verwandle dann diese Repräsentation in die Formen, die den Submodalitäten Deiner internen Referenz entsprechen. (Laß z. B. das Bild schrumpfen, evtl. dunkler werden, bewege es weiter weg und nach unten. Richte eine schützende Stimme ein, die die Worte des anderen auf Konsequenzen untersucht, messe die Worte an Deinen individuellen Werten und persönlichen Zielen und entwickle alternative Möglichkeiten zu dem, was diese Person sagt...)"

Abbau von Autoritätsangst, Übung:
5. Future-Pace „Überlege, ob Du in näherer Zukunft wieder in eine ähnliche Situation kommst. Mache Dir eine Repräsentation von dem, was der andere in dieser Situation zu Dir sagt. Überprüfe, ob diese Repräsentation der Deiner internen Referenz entspricht!“ (Wenn nicht, einüben!!!)

c. Abbau von zwanghaftem Altruismus

Ähnlich wie beim Abbau von Autoritätsangst können Sie verfahren, wenn es darum geht, übermäßige Empfänglichkeit für die Bedürfnisse anderer zu reduzieren. Wenn Sie ein Mensch sind, der die Wünsche anderer zu erfüllen nur schwer ablehnen kann, werden Sie bei der Überprüfung solcher Situationen häufig feststellen können, daß Ihre Repräsentationen von den Wünschen anderer in den Submodalitäten ähnlich ausgebildet sind wie Ihre externe Referenz. Übermäßig altruistische Menschen machen sich beispielsweise von den Wünschen anderer Leute große und nahe Bilder, die keinen Platz für andere lassen, hören deren Forderung als eine Stimme mit unwiderstehlichem Klang und fühlen sich wie hingezogen. Wenn Sie herausgefunden haben, wie Sie einen altruistischen Zwang repräsentieren, können Sie untersuchen, welche Submodalitäten Sie benutzen, wenn Sie einem solchen Zwang nicht ausgesetzt sind, sondern klar „Nein“ sagen können. Die so herausgefundenen Unterschiede in den Submodalitäten können sie nach ökologischer Überprüfung Ihrer Ziele für eine Veränderungsarbeit benutzen.

Es gibt jedoch Menschen, die es offensichtlich überhaupt nicht gelernt haben, gegenüber Anforderungen anderer Nein zu sagen. Solche Menschen haben somit keine selber ausgebildete submodale Struktur für einen selbstbestimmten Umgang mit den Wünschen anderer. Für solche Menschen kann es wichtig sein, erstmalig herauszufinden, was sie intern machen können, um auf Anforderungen anderer selbstbestimmt zu reagieren. Mit der folgenden Übung[14] können Sie lernen, einen Menschen dabei zu unterstützen, die Empfänglichkeit für die Bedürfnisse anderer mit Willen und Bewußtsein zu steuern.

Veranlassen Sie A in der Übung, an jemanden zu denken, auf dessen Bitten A übermäßig reagiert, während die eigenen Bedürfnisse verleugnet werden. Lassen Sie A dann aufmerksam darauf achten, wie sie oder er die Wünsche dieser Person vor dem geistigen Auge sieht. Stellen Sie dabei sowohl die visuellen, als auch die auditiven und kinästhetischen Submodalitäten fest. Falls A Schwierigkeiten hat, die wesentlichen Submodalitäten zu identifizieren, lassen Sie dieses Bild mit einem Bild von jemandem vergleichen, bei dem A nicht übermäßig empfänglich reagiert.

Lassen Sie A daraufhin kleine Experimente mit Submodalitäten machen. Bitten Sie A, das Bild von den Bedürfnissen dieser Person weiter wegzubewegen, es kleiner, dunkler, weniger farbig, etc. zu machen. Wenn es am Anfang panoramisch war, so lassen Sie den Blickwinkel reduzieren auf ein kleines gerahmtes Bild. Veranlassen Sie, die Stimme leiser zu machen, oder die Tonlage in nützlicher Weise zu verändern, bis A sich weniger von den Bedürfnissen dieser Person überwältigt fühlt.

Probieren Sie auch, A eigene Bedürfnisse repräsentieren zu lassen. Bitten Sie A, eine andere Leinwand, einen zusätzlichen Bildschirm zu schaffen in derselben Größe, mit derselben Helligkeit und Entfernung von A wie das Bild über die Bedürfnisse der anderen Person. Lassen Sie A die Überlegung anstellen, was sie oder er will, und sagen Sie ihm oder ihr, die Antwort zu visualisieren und in diesen neuen Rahmen zu setzen.

Ziel dieses Vorgehens soll sein, A zu befähigen, die eigenen Bedürfnisse mit denen der anderen Person zu vergleichen und zu einer Entscheidung zu kommen, in welchen Situationen und bei welchen Personen wessen Bedürfnisse wichtiger sind und in welchem Ausmaß. A soll in jedem Fall die beiden Bilder so einrichten, bis sich ein gutes Gefühl einstellt!

Danach machen Sie ein Future-Pace mit einer zukünftigen Situation, in der die andere Person erneut mit Bedürfnissen an A herantritt. Überprüfen Sie, wie A jetzt die Dinge sieht!

Abbau von zwanghaftem Altruismus, Übung:

1. Auswahl der Situation
„Denke an jemanden, auf dessen Bitten Du übermäßig reagierst, während Du Deine eigenen Bedürfnisse verleugnest."

2. Repräsentation der Situation
„Achte darauf, wie Du die Wünsche dieser Person vor Deinem geistigen Auge siehst. Ist das Bild groß und nah, vielleicht panoramisch? Hat die Stimme der Person vielleicht irgendeine Eigenschaft, die ein Ignorieren unmöglich macht?"

3. Wandel in den Submodalitäten
„Bewege das Bild von den Bedürfnissen dieser Person weiter weg, und mache es kleiner, dunkler, weniger farbig, etc.. Wenn es am Anfang panoramisch war, so reduziere den Blickwinkel auf ein kleines gerahmtes Bild vor Dir. Laß die Stimme leiser werden, oder verändere die Tonlage in nützlicher Weise, bis Du Dich weniger von den Bedürfnissen dieser Person überwältigt fühlst."

4. Repräsentation eigener Bedürfnisse
„Nun stelle eine andere Leinwand auf, oder einen zusätzlichen Bildschirm in derselben Größe, mit derselben Helligkeit und Entfernung von Dir wie das Bild über die Bedürfnisse der anderen Person. Frage Dich ‚Was will ich?' und setze Deine Antwort in diesen neuen Rahmen."

5. Abwägen der eigenen Bedürfnisse mit denen der anderen Person
„Nun blickst Du auf zwei Leinwände oder Bildschirme: ein Bild zeigt Deine Wünsche und das andere die Wünsche der anderen Person. Frage Dich: ‚Was würde die Bedürfnisse, bzw. Wünsche sowohl von mir als auch von der anderen Person am besten erfüllen?' In bestimmten Situationen, oder bei bestimmten Personen, kann es angemessener sein, Deine eigenen Bedürfnisse mehr (oder weniger) wichtig im Vergleich mit denen von anderen zu machen. Richte die beiden Bilder so ein, bis Du ein gutes Gefühl hast!"

Abbau von zwanghaftem Altruismus, Übung:
6. Future-Pace „Stelle Dir eine Situation in der Zukunft vor, in der die andere Person erneut mit Bedürfnissen an Dich herantritt. Überprüfe, wie Du jetzt die Dinge siehst."

d. Aufbau eines positiven Selbstbildes

Experimentell vorzugehen wie in der obigen Übung bietet sich auch an, wenn Sie sich selber oder andere Menschen unterstützen wollen, das eigene Selbstbild zu verbessern. Denn fast immer ist es so, daß Menschen mit einem unangemessen negativen Selbstbild keine innere Vorlage für eine angemessenere Selbstrepräsentanz haben und sich zumeist systematisch an der Ausbildung eines adäquaten Selbstbewußtseins hindern.

Sie beginnen, indem Sie sich Ihre Vorstellung von sich selber bewußt machen und aufmerksam die Submodalitäten in allen Sinneskanälen wahrnehmen. Danach gehen Sie vor wie in der Übung „Submodalitäten verändern lernen" und experimentieren mit Ihrem Selbstbild und der auditiven Dimension Ihrer Selbsteinschätzung, bis Sie das Gefühl haben, angemessen repräsentiert zu sein. Im Anschluß daran berücksichtigen Sie für Ihre eigene Selbsteinschätzung die Wahrnehmung Ihrer Person durch andere Ihnen wichtige Menschen, indem Sie diese in Ihrer inneren Vorstellung visuell und auditiv mitrepräsentieren. Sie können das am besten bewerkstelligen, indem Sie deren Bilder von Ihnen um Ihr Selbstbild herum plazieren und deren auditive Rückmeldungen neben Ihrer Stimme hörbar werden lassen. Auch an dieser Stelle können Sie nochmals mit Submodalitäten experimentieren, um die Bilder und Kommentare im Verhältnis zueinander so einzurichten, bis Sie ein gutes Gefühl haben. Nach einer ökologischen Überprüfung überbrücken Sie mehrmals in die Zukunft.

Aufbau eines positiven Selbstbildes, Übung:

1. Selbstrepräsentation
Machen Sie sich eine Vorstellung von sich selbst.

2. Feststellung der Submodalitäten
Achten Sie aufmerksam darauf, wie Sie sich selber in Ihrer Vorstellung wahrnehmen. Wie sehen Sie sich? Welche Haltung nehmen Sie ein? Geben Sie intern Kommentare ab, Ihre eigene Person betreffend? Wie klingt Ihre Stimme?

3. Wandel in den Submodalitäten
Verändern Sie das Bild von Ihrer eigenen Person. Vielleicht machen Sie es größer, farbiger, heller. Lassen Sie Ihre eigene Person eine angemessene Haltung einnehmen. Verändern Sie den internen Kommentar und den Klang und die Lautstärke der Stimme, bis Sie das Gefühl haben, angemessen repräsentiert zu sein.

4. Repräsentation von Fremdbildern
Nun denken Sie an Menschen, die Ihnen wichtig sind. Schaffen Sie andere Leinwände, zusätzliche Bildschirme in Ihrer inneren Vorstellung. Fragen Sie sich „Was für ein Bild haben diese Menschen von mir, wie denken sie über mich?", und setzen Sie die Antworten in diese neuen Rahmen.

5. Abwägen von Selbstbild und Fremdbildern
Nun blicken Sie auf die inneren Leinwände oder Bildschirme: ein Bild zeigt Ihr Selbstbild, die anderen Bilder Ihrer Person, die andere sich machen. Fragen Sie sich: „Welche Bedeutung will ich den einzelnen Bildern von mir und den Gedanken über mich beimessen?" Richten Sie die Bilder und Kommentare so ein, bis Sie ein gutes Gefühl haben!

6. Ökologie-Check
Überprüfen Sie, ob es Einwände gegen ein dermaßen verändertes Selbstbild gibt. Wenn ja, berücksichtigen Sie diese Einwände.

7. Future-Pace
Stellen Sie sich mehrere Situationen in der Zukunft vor, in denen Sie über dieses veränderte Selbstbild verfügen möchten. Überprüfen Sie Ihr Verhalten in diesen Situationen.

3. *Glaubenssätze ändern*

Glaubenssätze oder Überzeugungen üben eine nachhaltige Wirkung auf unser Leben aus, weil sie häufig unbemerkt unser Handeln so steuern, daß wir das, was wir glauben, auch verwirklichen. Dieser Zusammenhang ist günstig, wenn unsere Überzeugungen und das, was wir im Leben anstreben, übereinstimmen. Dieser Zusammenhang wirkt sich jedoch verhängnisvoll aus, wenn unsere Überzeugungen uns daran hindern, sinnvolle Ziele anzusteuern und erfolgreich zu handeln. Beispiele hierfür sind alle Glaubenssätze, die mit den Worten „Ich kann nicht ..." anfangen oder „Etwas ist nicht möglich" zum Inhalt haben.

Durch Arbeit mit Submodalitäten Glaubenssätze zu ändern beruht darauf, daß Menschen Erfahrungen und Erlebnisse, die sie für allgemeingültig halten, auf eine ganz bestimmte Art und Weise bildhaft repräsentieren, z. B. als Standbild, das schwarz/weiß und sehr scharf ist. Erfahrungen und Erlebnisse dagegen, bei denen sie im Zweifel sind, ob etwas zutrifft oder nicht, etwas wahr ist oder falsch, prägen sie sich zumeist auf eine andere Art und Weise bildhaft ein, z. B. als farbigen Film, der aber unscharf eingestellt ist. Glaubenssätze zu ändern funktioniert dann so, daß man sich eine zum Glaubenssatz gehörige Erfahrung in den bildhaften Formen einer bezweifelten Erfahrung vorstellt. Das heißt nichts anderes, als daß man diese Erfahrung jetzt bildhaft in Zweifel zieht. Auf die gleiche Art und Weise kann man sich etwas, worüber man noch im Zweifel ist, als festen Glauben einprägen. Wichtig ist dabei allerdings, wie bei allen Veränderungsarbeiten mit NLP, daß vorher genau geklärt ist, daß das, was neuer Glaube sein soll, in die gesamte Lebenssituation hineinpaßt.

Mit den Submodalitäten des eigenen Glaubenssatzes zu arbeiten gehört meines Erachtens zu den einfachsten und wirksamsten Selbstmanagementmethoden überhaupt. Welche Ziele auf der Verhaltensebene auch immer zu erreichen Ihnen sinnvoll erscheint, Sie können auf diese Art und Weise automatische Lernprozesse in Gang setzen, und zwar ohne bewußt aufgewendete Mühe. Sie sind dabei sicher abhängig von den Ressourcen, die Sie bisher in Ihrem Leben ausgebildet haben, aber für die meisten Ziele haben Sie die

Glaubenssätze ändern

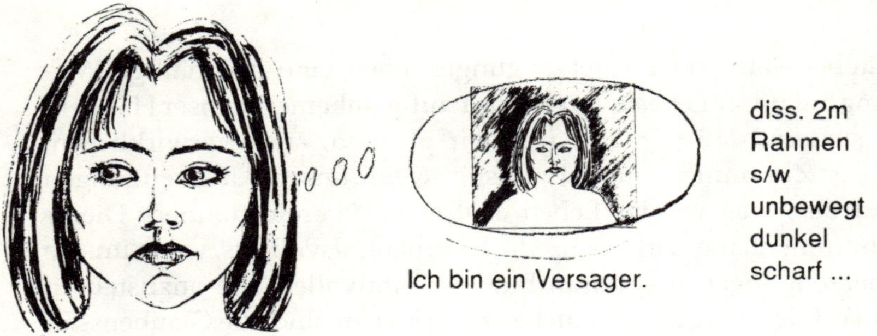

alter Glaubenssatz

Zweifelssatz

neuer Glaubenssatz

nötigen Ressourcen. Auch wenn Sie mit anderen Menschen arbeiten, kann der Umgang mit Glaubenssätzen zu den Veränderungsstrategien in Ihrem Repertoire gehören, auf die Sie häufig mit hohem Erfolg zurückgreifen können. Bei der Arbeit mit Glaubenssätzen arbeiten Sie auf einer allgemeinen Ebene. Sie müssen dabei selten schmerzhafte oder unangenehme Problemsituationen genau erarbeiten. Glaubenssatzarbeit bietet sich darüberhinaus als Einstieg in eine umfassendere Veränderungsarbeit an, nach dem Motto „Ich kann lernen, das Problem zu bewältigen". Und häufig können Sie bei einer anderweitig schon bearbeiteten Problematik mit einer Glaubenssatzarbeit noch „eins draufsetzen", um den Erfolg doppelt abzusichern.

a. Glaubenssätze ändern lernen

Das Übungsmuster, das Sie bei der Arbeit mit Glaubenssätzen verwenden[15], ist etwas umfangreicher als andere Vorgehensweisen bei der Arbeit mit Submodalitäten, besitzt aber eine inhärente Logik, die man sich leicht einprägen kann. Diese läßt sich in den folgenden Schritten darstellen.

Zunächst sammeln Sie Informationen und bereiten die Veränderungsarbeit vor:

1. Sie erarbeiten die Submodalitäten eines (alten, zu überwindenden) Glaubenssatzes.
2. Sie erarbeiten die Submodalitäten eines Zweifelssatzes.
3. Sie finden die Unterschiede in den Submodalitäten heraus und
4. stellen durch einen Test die wichtigsten Unterschiede fest. Daraufhin formulieren Sie
5. einen neuen, für Sie vorteilhaften Glaubenssatz und überprüfen ihn ökologisch.

Danach führen Sie die eigentliche Veränderungsarbeit durch:

6. Sie stellen sich vor Ihrem inneren Auge Ihren alten Glaubenssatz in den Submodalitäten des Zweifelssatzes vor.
7. Diese submodalen Repräsentationsformen behalten Sie bei, geben dem Bild aber einen neuen Inhalt, nämlich einen, der Ihrem neuen Glaubenssatz entspricht. Danach nehmen Sie

8. einen neuen Wechsel in den Submodalitäten vor: Sie stellen das Bild Ihres neuen Glaubenssatzes in den Submodalitäten Ihres alten Glaubenssatzes dar.
9. Zum Abschluß führen Sie einen Test durch.

Häufig stoßen Sie bei der Arbeit mit NLP automatisch auf Glaubenssätze wie „Ich bin ein Versager", oder „Ab vierzig geht es abwärts", oder „Jenseits der fünfzig wird man nie mehr richtig gesund" oder „Ohne Mann bist du als Frau doch nichts wert" oder „Ich schaffe dieses oder jenes nicht".

Sie können aber auch Glaubenssätze analysieren, wenn Sie mit Gesprächspartnern Situationen bearbeiten wollen, die Gefühle oder Reaktionsweisen auslösen, die die betreffende Person vermeiden oder überwinden möchte. Dabei fragen Sie genau nach der auslösenden Situation, decken die Gefühls- und Verhaltensreaktionen auf und fragen nach den Gedanken, die dazwischenstehen. Die Anwendung der Fragen nach dem Metamodell wird A dabei unterstützen, auf die elementare Form zu stoßen, die in solchen Gedanken steckt. Damit haben Sie einen Glaubenssatz, den Sie bearbeiten können, nachdem Sie A nochmals darum gebeten haben, zu überprüfen, ob es genau das ist, was sie oder er glaubt und überwinden möchte.

Wenn Sie diese Übung mit einem Partner oder einer Partnerin ausprobieren, gehen Sie so vor, daß Sie relativ „freihändig" einen unvorteilhaften Glaubenssatz identifizieren und formulieren. Gehen Sie einfach gemeinsam die Dinge durch, die A nicht kann. Den meisten Menschen ist bewußt, daß sie in bestimmten Lebensbereichen unvorteilhafte Glaubenssätze haben, die zu überwinden lohnend sein kann.

Lassen Sie von A den Glaubenssatz nochmals formulieren und überprüfen, und schreiben Sie ihn dann auf. Danach bitten Sie A, sich eine visuelle Vorstellung zu machen, die dem Glaubenssatz entspricht. A soll sich eine Situation vergegenwärtigen, in der ihm oder ihr klar ist, daß der Glaubenssatz gilt. Lenken Sie dann A's Aufmerksamkeit auf diese visuelle Vorstellung und fragen Sie nach den Submodalitäten.

Die unten aufgeführten Fragen haben sich für die meisten Fälle als ausreichend herausgestellt. Sie fragen danach, ob A im Bild ist oder außerhalb steht; wenn A außerhalb steht, wie weit das Bild entfernt ist, und ob das Bild die ganze Fläche ausfüllt, oder ob es einen Rand hat. Danach halten Sie fest, ob es farbig oder schwarz/weiß ist, einen Film oder ein Foto darstellt, also bewegt oder unbewegt ist; ob es hell oder dunkel, scharf oder unscharf ist. Wenn Sie diese Informationen haben, bitten Sie A, sich wieder extern zu orientieren.

Im zweiten Schritt gehen Sie mit der Untersuchung der Submodalitäten des Zweifelssatzes ebenso vor. Sie bitten A, an etwas zu denken, worüber A Zweifel hegt, etwas, von dem A nicht genau weiß, ob sie oder er es tun oder lassen soll, haben will oder nicht, ob es eintrifft oder nicht, etwas, dessen A sich unsicher ist, wo A dazwischen schwankt, ob etwas stimmt oder nicht stimmt. A weiß es einfach nicht. Achten Sie darauf, daß A etwas wählt, was in keinem inneren Zusammenhang mit dem zu überwindenden Glaubenssatz steht, aber doch so wichtig ist, daß A sich damit beschäftigt. Bitten Sie A dann, eine visuelle Vorstellung auszubilden, die diesem Zweifelssatz entspricht oder sich eine Situation zu vergegenwärtigen, in der A klar ist, daß diese Zweifel bestehen. Im Anschluß bitten Sie A wiederum, diese innere Vorstellung aufmerksam zu betrachten, und stellen dieselben Fragen wie bei Schritt 1, um die Submodalitäten des Zweifelssatzes herauszufinden.

Ihre Notizen informieren Sie jetzt darüber, welche Unterschiede es gibt zwischen den beiden inneren Vorstellungen, die für A Glauben, bzw. Zweifel darstellen. Dabei können Sie, wenn nötig, auch noch andere Submodalitäten durchprüfen, die Sie in der Liste der visuellen Submodalitäten aufgezählt finden.

Stellen Sie daraufhin fest, welche Unterschiede für einen Veränderungsprozeß bedeutsam sind. Bitten Sie A, wenn möglich, beide Repräsentationen gleichzeitig abzurufen, um durch einen Vergleich herauszufinden, welche Unterschiede am stärksten wirken, einen Glauben in Zweifel zu überführen und umgekehrt. Für den Veränderungsprozeß brauchen Sie mindestens zwei. Falls Sie nur einen Unterschied feststellen, müssen Sie weitere erarbeiten. Das können Sie erreichen, indem Sie A fragen „Woran merkst Du, daß die zweite Vorstellung eine Situation darstellt, in der Du Zweifel hegst?“ Halten Sie dieses Merkmal fest.

Die meisten Menschen können visuell sehr genau zwischen Glauben und Zweifel unterscheiden. Falls Ihr Gesprächspartner oder Ihre Gesprächspartnerin Schwierigkeiten damit hat, haben Sie immer noch die Möglichkeit, die auditive Repräsentationsebene miteinzubeziehen. Ich habe bislang nur einen Menschen getroffen, der zu dem betreffenden Zeitpunkt gar nicht zwischen Glauben und Zweifel unterscheiden konnte. Und das war typischerweise ein Mensch, der in der betreffenden Lebenssituation ganz allgemein nicht mehr wußte, woran er glauben sollte und woran nicht.

Wenn Sie die nötigen Informationen gesammelt haben, geht es jetzt darum, einen neuen Glaubenssatz zu konstruieren. Zu diesem Zweck fragen Sie A, was sie oder er gerne glauben möchte statt des alten Glaubenssatzes, welcher Gedanke A mehr Freude bereiten oder Vorteile einbringen würde. Achten Sie bei der Formulierung des neuen Glaubenssatzes darauf, daß dieser Satz innerhalb der Kompetenz des Betreffenden liegen muß. Er muß also mit „Ich" anfangen. Zum zweiten muß der Satz positiv und drittens als Prozeß formuliert sein. Am besten prägen Sie sich ein, daß funktionierende Glaubenssätze mit den Worten: Ich kann lernen, ... beginnen und keine Negationen oder Vergleiche beinhalten.

Wichtig ist dann, den neuen Glauben sorgfältig auf mögliche negative Konsequenzen zu überprüfen. Vergessen Sie nie, A zu veranlassen, nach möglichen Einwänden zu suchen und diese zu berücksichtigen. Verhindern Sie, daß A beispielsweise aus moralischem Rigorismus heraus sich unökologische Glaubenssätze aneignen will. Meistens können Sie sich darauf verlassen, daß unökologisches Lernen nicht funktioniert, weil unbewußte Persönlichkeitsanteile nach der Auffassung von NLP Lernprozesse sabotieren, wenn diese die eigene Funktionsfähigkeit beeinträchtigen. Meine Erfahrungen bestätigen diese Auffassung. Aber darauf können Sie sich nicht immer verlassen. Es können sich auch Probleme ergeben. Überprüfen Sie deshalb vor dem Veränderungsprozeß, daß der neue Glaube in die gesamte Lebenssituation von A hineinpaßt.

Wenn Sie die ökologische Überprüfung abgeschlossen haben, können Sie den Veränderungsprozeß beginnen. Der besteht zunächst darin, den alten Glauben in Zweifel zu ziehen. Das veranlassen Sie, indem Sie A bitten, sich jetzt wieder den alten Glaubenssatz vorzustellen, aber nicht in seiner alten Form, sondern mit den

Submodalitäten des Zweifelssatzes. Diese Submodalitäten nennen Sie A, indem Sie mit den am schwächsten wirkenden beginnen und zu den wirksamsten fortschreiten. Dann bitten Sie A, die bildliche Vorstellung in der jetzt ausgearbeiteten Form aufrechtzuerhalten, sich aber eine andere inhaltliche Vorstellung zu machen, nämlich eine vom neuen Glaubenssatz.

Dieses inhaltliche Umschalten kann beispielsweise folgendermaßen angewiesen werden. Sie können A bitten, sich vorzustellen, das eben betrachtete Bild sei eine Seite in einem Buch, das A jetzt umblättert, um auf der nächsten Seite ein Bild mit denselben Submodalitäten vorzufinden, das sich jedoch inhaltlich unterscheidet. Um zu einer inhaltlichen Änderung bei gleichzeitiger Aufrechterhaltung der Submodalitäten zu kommen, können Sie auch die Vorstellung eines Wendebildes benutzen oder einen Vorhang öffnen lassen. Für den Fall, daß es sich bei dem in Zweifel gezogenen alten Glauben um einen Film handelte, können Sie diesen Film ausblenden und einen neuen anderen Inhalts einblenden lassen.

Danach führen Sie die zweite entscheidende Veränderung durch: Sie verwandeln den neuen Glaubenssatz, der bislang noch bezweifelt wird, in eine echte Überzeugung, indem Sie ihn mit den Submodalitäten des alten Glaubenssatzes ausstatten lassen. Zu diesem Zweck bitten Sie A, das Bild des neuen Glaubenssatzes nach Ihren Anweisungen zu verändern. Falls sich Probleme und Einwände ergeben, gehen Sie zurück zu Schritt 5. Der Erfahrung nach ist die Ursache für Probleme bei Schritt 8 darin zu suchen, daß die Ökologie des neuen Glaubenssatzes nicht sorgfältig genug überprüft wurde. Falls es danach bei Schritt 8 wieder nicht funktioniert, müssen Sie neue Informationen sammeln.

Sie testen Ihre Arbeit, indem Sie A fragen, wie sie oder er jetzt über diese neue Überzeugung denkt. Wenn es geklappt hat, bekommen Sie Aussagen, die sich merklich von A's Äußerungen vor der Veränderungsarbeit unterscheiden. Sie können danach auch fragen, was A jetzt von der alten Überzeugung denkt. Seien Sie jedoch bei dieser Frage ganz aufmerksam, was A als Reaktion darauf intern tut. Verhindern Sie auf jeden Fall, daß A wieder in eine sinnesspezifisch konkrete Vorstellung des alten Glaubenssatzes hineingeht. Damit könnte der Veränderungsprozeß rückgängig gemacht werden.

Bestehen Sie auf einer abstrakten Antwort im sprachlichen Repräsentationssystem.

Transkript

B:
Du hast einen Glaubenssatz, den hast Du zwar noch nicht so richtig formuliert; aber es ist etwas, wo Du vermutest, daß ein Glaubenssatz dahinter steht, der Dir Schwierigkeiten bereitet.

A:
Ja, also, ich habe gemerkt, ich bin seit einiger Zeit mit einem neuen Partner zusammen, und der verhält sich eben in einer bestimmten Art und Weise, so daß ich jetzt erst merke, daß mir da etwas fehlt, wo anscheinend ein Glaubenssatz dahintersteht. Der Partner unterstützt mich in vielfältiger Weise. Und wir haben auch viel Spaß so zusammen, aber er neigt nicht dazu, seine Gefühle zu artikulieren, wie ich das sonst eigentlich gewohnt bin, vor allem auch von dem Partner, mit dem ich vorher zusammen war. Und für mich ist es so: wenn ich nicht in bestimmten Abständen höre, daß mich jemand eben liebhat, oder liebt, oder gern hat, oder was auch immer, oder mir Komplimente macht, dann denke ich, jetzt liebt er mich nicht mehr. Und bei dem Partner habe ich jetzt festgestellt, er ist total erstaunt darüber. Es ist überhaupt nicht der Fall. Es ist einfach nur so, daß er es überhaupt nicht gewöhnt ist, sich so zu äußern.

B:
Ah, ja, der redet halt nicht darüber.

A:
Ja, genau.

B:
Tut er es denn?

A:
Ab und zu ja, aber nicht in dem Maße, wie ich das gewohnt bin und auch gerne hätte.

B:
Ah, ja, und was bedeutet das für Dich?

A:
Ja, ich habe gemerkt, da das bei mir immer auch gefühlsmäßig etwas auslöst – eben, daß ich dann denke: Oha, jetzt mag er Dich nicht mehr – daß da anscheinend ein Glaubenssatz dahintersteckt. Ich brauche anscheinend den akustischen Beweis...

B:
Sonst?

A:
Ja, sonst habe ich Angst, daß ich nicht mehr geliebt werde.

B:
Wenn Du das in einem Satz sagen solltest, was Du da befürchtest, unter bestimmten Bedingungen, wie würde der lauten?

A:
Ich mach mal so in die Tüte erstmal: Ich muß auch hören, daß mich jemand liebt, sonst glaube ich das nicht. Oder:

B:
Wenn mir jemand nicht sagt, daß er mich liebt, glaub ich das nicht.

A:
Wie hattest du das jetzt formuliert?

B:
Wenn mir jemand nicht sagt, daß er mich liebt, kann ich es nicht glauben.

A:
Oder vielleicht drehe ich es sogar noch um: Ich glaube nur dann, daß ich geliebt werde, wenn ich es auch höre, oder wenn es die Person auch sagt.

B:
Wenn ich es höre, oder ist es besser: Wenn es die Person auch sagt?

A:
Wenn es die Person auch sagt.

B:
Also: Ich glaube nur dann, daß ich geliebt werde, wenn diese Person es mir auch sagt. Ist es das?

A:
Und da ist auch ein Stück weit nicht nur das „Ich liebe dich", da ist auch Anerkennung.

B:
Also beim Sagen geht es nicht nur um „Ich liebe Dich", sondern auch um Anerkennung ...

A:
Ja, Komplimente, und daß das, was ich mache oder was ich anhabe, daß das schön ist; was auch immer, das ist für mich da mit drin.

B:
Ich glaube nur dann, daß ich geliebt werde, wenn diese Person es mir auch sagt.

A:
Ja, geliebt und anerkannt.

B:
Daß ich geliebt und anerkannt werde, ...ist es das jetzt?

A:
Ja, das ist es jetzt.

B:
OK. Gut! Kannst Du Dir eine Situation – das kann ein Bild sein oder eine Szene – vorstellen, die sozusagen der Inbegriff dieses Glaubenssatzes ist? Wo Dir deutlich wird, an dieser Szene oder an diesem Bild, das gilt: Ich glaube nur dann, daß ich geliebt und anerkannt werde, wenn diese Person es mir auch sagt. Also irgendeine Szene, die diesem Glaubenssatz entspricht, wo Du ganz genau weißt: In dieser Situation, die ich da sehe, gilt dieser Glaubenssatz.

A:
Hmmm ...

B:
Hast du eine?

A:
Ja.

B:
Dann guck Dir diese Situation oder dieses Bild mal genau an.

A:
Dann mache ich mal die Augen zu.

B:
Ja, kannst Du machen. Bist Du im Bild drin oder draußen? Bist Du assoziiert oder dissoziiert?

A:
Ich bin draußen.

B:
Das heißt, Du guckst Dich selber an?

A:
Ich guck mich selber an.

B:
Wie weit ist das Bild denn entfernt von Deinem Standpunkt?

A:
Oh, nicht sehr weit, vielleicht einen halben Meter.

B:
Füllt das Bild die ganze Fläche aus, oder ...?

A:
Ja.

B:
Ist es farbig oder schwarz/weiß?

A:
Es ist vielleicht ein bißchen farbig, aber nicht sehr, so an der Schwelle schon zu schwarz/weiß. Also eher gedämpft, gedämpfte Farben.

B:
Ist es ein Film oder ist es unbewegt?

A:
Es ist unbewegt.

B:
So unbewegt, daß es fast wie ein Foto aussieht?

A:
Ja.

B:
Ist es hell oder dunkel?

A:
Eher dunkel.

B:
Ist es scharf oder unscharf?

A:
Eher unscharf.

B:
OK. Ich hoffe, daß wir genügend Informationen haben. Kommst Du mal raus? Machst die Augen wieder auf? Bist wieder hier?

A:
Wauauau!

B:
OK. Gut. Als nächstes der Zweifelssatz. Gibt es irgend etwas, worüber Du im Zweifel bist, wo Du nicht genau weißt, ob es zutrifft oder nicht zutrifft, ob Du es tun sollst oder lassen sollst, ob Du es haben willst oder nicht, ob es eintrifft oder nicht. Etwas ganz Banales. Hast Du was?

A:
Also, ich weiß noch nicht genau, was ich in der ersten Woche meiner Ferien mache. Sagen wir mal, ich hab mich schon entschieden, alleine wegzufahren, aber ich weiß noch nicht genau, wohin.

B:
OK. Kannst Du Dir jetzt ein Bild oder eine Szene vorstellen, die diesem Zweifelssatz entspricht, wo Du noch nicht genau weißt, was Du da machst? Du hast es schon. OK. Dann guck Dir das mal genau an: Bist Du drin oder außerhalb?

A:
Ich bin da nicht drin.

B:
Heißt das, Du bist dissoziiert?

A:
Ja, aber diesmal sehe ich auch mich selbst nicht. Also ich bin nicht in dem Bild drin. Aber ich glaube, da sind noch andere Kriterien. Ich sehe mich nicht unbedingt selbst in dem Bild, aber ich bin auch draußen.

B:
Wie weit ist das von Dir entfernt?

A:
Na, schon ein Stückchen weiter, so 50 Meter.

B:
Füllt das die ganze Fläche aus, oder hat das einen Rahmen?

A:
Ganze Fläche.

B:
Wie ist es mit der Farbe?

A:
Hell.

B:
Farbig oder schwarz/weiß?

A:
Farbig, kräftig farbig. Und auch hell.

B:
Kräftig farbig, hell ..

A:
Und bewegt.

B:
Und bewegt. Oh, das sind ja schon vier Unterschiede, sehr schön!

A:
Ja, es unterscheidet sich.

B:
Und wie ist es mit der Schärfe?

A:
Ja, es ist auch gut scharf.

B:
Ja, das reicht, wir haben genügend. Also einmal, die Entfernung ist unterschieden, dann einmal fast an der Grenze zu schwarz/weiß und kräftig farbig, dann bewegt und unbewegt, das eine ist ein Film, das andere unbewegt, eher dunkel und hell, eher unscharf und gut scharf. Also das sind sogar fünf Unterschiede. Laß uns mal testen: Guck Dir mal die beiden Situationen nebeneinander an, wenn das möglich ist, und überprüfe mal, welche von diesen Unterschieden besonders wichtig sind. Ist es die Schärfe?

A:
Nein, es ist eher die Helligkeit, und die Farbigkeit und die Bewegtheit.

B:
Ah, ja. Gut! Dann haben wir die drei wichtigsten!

A:
Ja, ich glaube so auf Anhieb, ja.

B:
OK. So! Jetzt brauchen wir einen neuen Glauben. Und zwar einen Glaubenssatz, der so geartet ist, daß er für Dein Wohlbefinden in dieser Beziehung nützlicher ist als der alte. Was möchtest Du denn glauben?

A:
Ja, was ich glauben möchte, ist ... es ist ein bißchen schwierig, erst mal einen zu finden.

B:
Er muß mit „Ich" anfangen und es muß ein Prozeß sein: Ich kann lernen ...

A:
Ich kann lernen, vielleicht, ich probier mal so: Ich kann lernen, die Anerkennung und Liebe auch aus anderen Bereichen wahrzunehmen und anzuerkennen. Das heißt, wahrnehmen tue ich es ja meistens, aber es ist für mich dann nicht so wichtig.

B:
Ich bin für die Wahrnehmung der Liebe und Anerkennung in allen Sinneskanälen offen.

A:
Stimmt, Du hast vorhin gesagt, es wäre auch ein anderer Sinneskanal. Was ich sehe, hat für mich scheinbar nicht so die Beweiskraft wie das, was ich höre. Obwohl die Konsequenz ja eigentlich viel größer ist.

B:
Die meisten Menschen verlangen sichtbare Beweise.

A:
Ja. Ich kann lernen, Liebe und Anerkennung ...

B:
meiner Person...

A:
Ja, meiner Person in allen Sinneskanälen wahrzunehmen. Und dann auch als solche zu bewerten. Weil ich glaube, wahrnehmen tu ich es schon. Aber das fällt dann nicht so in den Bereich. Ich denke, das ist schön und prima, so...

B:
Ungefähr so: Du kannst mir ja viele sichtbare Beweise bieten, das heißt noch lange nicht, daß ich geliebt werde.

A:
Genau!

B:
Also in allen Sinneskanälen wahrzunehmen und auch so zu werten.

A:
Ja. Und auch so zu werten.

B:
Ich habe das jetzt mal aufgeschrieben. Vielleicht können wir noch eine elegantere Formulierung finden: Ich kann lernen, Liebe und Anerkennung meiner Person in allen Sinneskanälen wahrzunehmen und auch so zu werten. Ist es für Dich OK so.

A:
Ja.

B:
OK. Jetzt stelle Dir mal vor, Du glaubtest schon, daß Du das kannst, könnten sich da irgendwelche Probleme oder Nachteile ergeben. Glaubenssätze beeinflussen ja auch Dein Handeln.

A:
Kann ich mir eigentlich nicht vorstellen. Je mehr ich mich anerkannt und geliebt fühle, desto besser geht es mir ja. Selbst, wenn ich jetzt mal was mißinterpretiere, kann eigentlich nicht schlimm sein. Auch wenn mir dann mal jemand sagt, so war das nicht gemeint. Aber das kann man ja dann richtigstellen.

B:
OK. Also jemand kann schon mal sagen, so war das eigentlich nicht gemeint.

A:
Gut, dann sage ich: Ja, OK, das war ein Mißverständnis.

B:
Du willst aber deswegen den Glaubenssatz nicht verändern.

A:
Nein. Also etwas in den falschen Hals zu kriegen, zu meinen, jetzt liebt mich eine Person, weil ich was gemacht habe, ich denke, das ist nicht so ein Problem. Also das Umgekehrte ist schlimmer.

B:
Und auch wenn Du so etwas wahrnimmst, das war doch nicht so, könnte da die Enttäuschung nicht groß sein?

A:
Ja, vielleicht bin ich dann ein bißchen geknickt.

B:
Aber das würde Dich auch nicht veranlassen, den Glaubenssatz zu ändern.

A:
Nein.

B:
Oder daß so jemand denkt, wie dieser schöne Schlager geht: Was willst Du denn, was willst Du denn, du Berliner Pflanze, daß ich schon verliebt bin, wenn ich mit Dir tanze?

A:
Auch das finde ich nicht tragisch. Das ist immer eine Sache, über die man sprechen kann.

B:
Ja, das ist eigentlich Super.

A:
Eben, der Effekt ist, daß ich, wenn ich mich öfter geliebt fühle als vorher, dann bin ich ja auch irgendwie sehr positiv gestimmt. Um so besser kann ich auch handeln und in der Welt sein. Und wenn es das eine Mal so ist, daß das eben nicht der Fall ist. Ich meine, vielleicht kommt das ja eh nie heraus und ich fühle mich trotzdem ganz wohl (Lachen).

B:
(Lachen) Du holst Dir mehr, als Dir zusteht.

A:
Ja genau!

B:
Aber wenn das für Dich OK ist, gut!
Dann kommt jetzt der Veränderungsprozeß. Ich möchte, daß Du Dich noch mal an die Vorstellung, die mit dem alten Glaubenssatz verbunden war, erinnerst.

A:
Das war ein Bild.

B:
Ja, das war ein Bild. Und jetzt möchte ich aber, daß Du dieses Bild veränderst. Und mach mal erstens einen Film daraus. Laß das als Film abfahren.

A:
Ich sage Bescheid, wenn es soweit ist. Ich muß mich erstmal darauf konzentrieren. Den alten Glaubenssatz soll ich jetzt bewegt machen?

B:
Ja, das war ein Standbild, und das läuft jetzt als Film los.
(Pause)

A:
Hmmm!

B:
Und jetzt mach ihn mal kräftig farbig.

A:
Hmmm, das ist schwierig. (Pause)

B:
Und hell!

A:
Hmm! (Pause) Hmm.

B:
Und gut scharf!

A:
Ich habe ihn auch gleichzeitig ein bißchen weiter weg gemacht.

B:
Ja, richtig, und weiter weg, nämlich 50 Meter weit wegschieben.

A:
Hmm!

B:
Und jetzt tu mal so, als wäre das letzte Bild von diesem Film eine Seite in einem Buch, die Du umblätterst. Und jetzt läuft von da ab ein neuer Film los, der hat aber einen anderen Inhalt, und zwar einen Inhalt, der Deinem neuen Glaubenssatz entspricht. Und zwar lautet der neue Glaubenssatz: Ich kann lernen, Liebe und Anerkennung meiner Person in allen Sinneskanälen wahrzunehmen und auch so zu werten. Das ist jetzt der Inhalt dieses Films, den Du jetzt siehst.

A:
Hmm!

B:
OK, den hast Du in 50 Metern Entfernung, kräftig farbig, hell und gut scharf.

A:
Hmm!

B:
Der wird jetzt verändert. Als erstes hole den mal ganz nahe heran bis auf einen halben Meter.

A:
Hmm!

B:
Dann nimm die Farben raus, so daß es schon fast an der Schwelle zu schwarz/weiß ist.

A:
Hmm!

B:
Mach ihn eher dunkel!

A:
Hmm!

B:
Und scharf.

A:
Hmm!

B:
Und jetzt halt ihn an! Hast Du das?

A:
Hmm!

B:
Dann kannst Du rauskommen.

A:
Aaaah!!!

B:
OK. Wie denkst Du eigentlich jetzt über die neue Überzeugung?

A:
Äh, die neue Überzeugung? Ja, ach so, ich mußte einen Moment überlegen. Also das ist wirklich erstaunlich, was da im Kopf passiert. Das ist wirklich anstrengend, also eine Konzentrationssache. Ich mußte mich wirklich jetzt anstrengen, an den neuen Glaubenssatz zu denken. Genau! Ich kann in allen Sinneskanälen ...

B:
Ja, wie stellt die alte Überzeugung sich jetzt dar? ... Hol es nicht wieder!

A:
Ach so. Wenn ich es nicht wiederhole, ist es schwierig ...

B:
Nicht im Bild!

A:
Ääh!

B:
OK. Es ist schon gut, hör auf!

A:
Weil, ich muß jetzt wirklich überlegen, wie der jetzt war.

B:
Super! Danke!

Glaubenssätze ändern, Übung:
A. Informationssammlung und Vorbereitung **1. Glaube (oder Überzeugung)** **a. Negativen Glaubenssatz formulieren** „Wie lautet ein Glaubenssatz von Dir, den Du verändern möchtest?“ (aufschreiben!)

Glaubenssätze ändern, Übung:

b. Negativen Glaubenssatz repräsentieren
„Stelle Dir bitte ein Bild oder eine Szene vor, die Deinem Glaubenssatz entspricht. Oder vergegenwärtige Dir eine Situation, in der Dir klar ist, daß Dein Glaubenssatz gilt. Schau Dir diese innere Vorstellung aufmerksam an!"

c. Submodalitäten feststellen
„Bist Du im Bild oder außerhalb?
Wenn Du außerhalb bist, wie weit ist das Bild entfernt?
Wenn Du außerhalb bist, füllt das Bild die ganze Fläche aus, oder hat es einen Rand?
Ist es farbig oder schwarz/weiß?
Ist es bewegt (Film) oder unbewegt (Foto)?
Ist es hell oder dunkel?
Ist es scharf oder unscharf?"
(aufschreiben!)

2. Zweifel

a. Zweifelssatz formulieren
„Denke bitte nun an etwas, über das Du Zweifel hegst. Etwas, von dem Du nicht genau weißt, ob Du es tun oder lassen willst, ob Du es haben willst oder nicht, ob es eintrifft oder nicht, ob Du das oder jenes sollst, etwas, dessen Du Dir unsicher bist, wo Du dazwischen schwankst, ob etwas stimmt, oder ob es nicht stimmt. Du weißt es einfach nicht."

b. Zweifelssatz repräsentieren
„Stelle Dir jetzt ein Bild oder eine Szene vor, die diesem Zweifelssatz entspricht. Oder vergegenwärtige Dir eine Situation, in der Dir klar ist, daß Du diesen Zweifel hegst. Schau Dir diese innere Vorstellung aufmerksam an!"

c. Submodalitäten feststellen
„Bist Du im Bild oder außerhalb?
Wenn Du außerhalb bist, wie weit ist das Bild entfernt?
Wenn Du außerhalb bist, füllt das Bild die ganze Fläche aus, oder hat es einen Rand?
Ist es farbig oder schwarz/weiß?
Ist es bewegt (Film) oder unbewegt (Foto)?

Glaubenssätze ändern, Übung:

Ist es hell oder dunkel?
Ist es scharf oder unscharf?"
(aufschreiben!)

3. Unterschiede in den Submodalitäten

„Stelle jetzt bitte die Unterschiede fest zwischen den beiden inneren Vorstellungen, die für Dich Glauben, bzw. Zweifel darstellen. Dabei kannst Du, wenn nötig, auch noch andere Submodalitäten durchprüfen."
(Liste der visuellen Submodalitäten verwenden!)
(Unterschiede schriftlich festhalten!)

4. Testen

„Schau Dir bitte, wenn möglich, die beiden Repräsentationen nebeneinander an und stelle fest, welche Unterschiede für Dich die wichtigsten sind. Für den Veränderungsprozeß brauchst Du mindestens zwei. Falls Du nur einen Unterschied feststellen konntest, überprüfe jetzt mal, woran merkst Du, daß die zweite Vorstellung eine Situation darstellt, in der Du Zweifel hegst?"
(aufschreiben!)

5. Neuen Glaubenssatz konstruieren

a. Neuen Glauben oder neue Überzeugung formulieren
„Was würdest Du gerne statt des alten Glaubenssatzes glauben? Welcher Gedanke würde Dir mehr Freude bereiten oder Vorteile einbringen?"
1.
Der Satz muß mit ICH anfangen!
2.
Der Satz muß positiv formuliert sein!
(Statt „Ich will lernen, mich nicht zu ärgern" „Ich will lernen, gelassen zu sein".)
3.
Der Satz muß als Prozeß formuliert sein, nicht als Endziel!
(Statt „Ich bin charmant" „Ich kann lernen, charmant zu sein".)

Glaubenssätze ändern, Übung:

b. Öko-Check des neuen Glaubens

„Stelle Dir vor, Du denkst diesen Gedanken, und er ist schon fest in Dir verankert:

- Was würde sich ändern?
- Wie würdest Du reagieren, wie würdest Du Dich verhalten?
- Welche Probleme könnten sich ergeben?
  Für Dich oder für andere, mit denen Du lebst und arbeitest?"

Wenn Probleme auftauchen:

- „Wie könnten die Probleme umgangen werden?
- Wie könnte der Satz verändert werden, damit keine Probleme auftauchen?"

B. Glaubens-Veränderungs-Prozeß

6. Glaube in Zweifel ziehen

„Stelle Dir jetzt bitte wieder Deinen alten Glaubenssatz vor, aber nicht in seiner alten Form, sondern mit den Submodalitäten Deines Zweifelssatzes!"
(Submodalitäten des Zweifelssatzes nennen!)

7. Inhaltsänderung

„Tu jetzt mal so, als sei das Bild eine Seite in einem Buch. Und Du blätterst jetzt um. Auf der nächsten Seite findest Du ein Bild mit denselben Submodalitäten des Zweifels, aber es ist ein Bild, das Deinen neuen Glaubenssatz darstellt."
(Falls der alte Glaubenssatz durch einen Film dargestellt wurde:)
„Halte den Film an, und laß einen neuen Film beginnen, der Deinen neuen Glaubenssatz darstellt!"
(Für die Inhaltsänderung können Sie z. B. auch benutzen:

- ausblenden – einblenden
- das Alte verdunkeln – das Neue aus dem Dunkel holen
- als Wendebild kippen lassen
- Vorhang öffnen
- Irismuster etc.)

Glaubenssätze ändern, Übung:
8. Zweifel in Glauben überführen „Verändere jetzt das Bild, indem Du es in den Submodalitäten des alten Glaubenssatzes darstellst!" (Submodalitäten des alten Glaubenssatzes nennen) (Bei Problemen und Einwänden Informationen sammeln und zurück zu Schritt 5.) **9. Testen** „Wie denkst Du jetzt über diese neue Überzeugung?"

b. Selbstmanagement mit den Submodalitäten des Glaubenssatzes

Wenn Sie selber bei der oben dargestellten NLP-Übung in der Rolle des Partners oder der Partnerin waren, haben Sie sich die Voraussetzungen für ein ebenso einfaches wie wirksames Selbstmanagement erarbeitet: Sie kennen die wichtigsten Submodalitäten, die alle ökologischen Sätze über sinnvolle Fähigkeiten, die Sie zu erwerben den Wunsch haben, in Überzeugungen verwandeln können. Wenn Sie die Submodalitäten kennen, die Ihre Überzeugungen ausmachen, brauchen Sie nur noch wünschenswerte Glaubenssätze zu formulieren, zu überprüfen, bildhafte Vorstellungen auszubilden und diese vor Ihrem inneren Auge mit den entsprechenden Submodalitäten auszustatten. Das kann man jeden Abend vor dem Einschlafen tun, wenn der folgende Tag die Bewältigung einer wichtigen Aufgabe fordert, für die man sich in dieser Weise vorbereiten kann.

Wenn Sie Glaubenssatzarbeit im Wesentlichen für ein positives Selbstmanagement einsetzen möchten, dann können Sie sich die Submodalitäten Ihres Glaubens auch an positiven Glaubenssätzen erarbeiten. Manche Seminarteilnehmer/innen haben diese Vorgehensweise als angenehmer empfunden, als bei der Informationssammlung negative Glaubenssätze zu untersuchen. Die folgende Variante „Glaubenssätze aufbauen" eignet sich besonders für ein positives Selbstmanagement.

Bei diesem Vorgehen wird es Ihnen auch nicht schwerfallen, für die Informationssammlung einen passenden Glauben zu finden. Alle Fähigkeiten, von denen Sie überzeugt sind, daß Sie sie besitzen, eignen sich als Vorlage, um auf die oben bereits dargestellte Weise die entsprechenden Submodalitäten herauszufinden, die Ihren Glauben ausmachen. Im weiteren verfahren Sie wie oben: Sie untersuchen die Submodalitäten eines Zweifelssatzes, finden die Unterschiede zwischen Glauben und Zweifel heraus und stellen durch Vergleich die wichtigsten fest. Danach formulieren Sie einen neuen wünschenswerten Glauben, den Sie noch nicht besitzen und überprüfen ihn ökologisch.

Lediglich die Veränderungsarbeit läuft bei diesem Glaubenssatz-Muster anders ab: Sie beginnen diese, indem Sie sich ein Bild oder eine Szene vorstellen, die Ihrem gewünschten Glaubenssatz entspricht, oder Sie vergegenwärtigen sich eine Situation, in der Ihr gewünschter Glaubenssatz gilt. Danach überprüfen Sie die Submodalitäten Ihres gewünschten Glaubenssatzes und verändern diese so lange, bis Ihre innere Repräsentation Ihres gewünschten Glaubenssatzes in den Submodalitäten des Glaubenssatzes erscheint, den Sie eingangs analysiert haben. Sie schließen diese Veränderungsarbeit mit dem bereits dargestellten Test ab.

Glaubenssätze aufbauen, Übung:

A. Informationssammlung und Vorbereitung

1. Glaube (oder Überzeugung)

a. Positiven Glaubenssatz formulieren
„Nenne mir bitte etwas, was Du gut kannst, eine Fähigkeit, von der Du überzeugt bist, daß sie zu Deinen Stärken gehört."
(aufschreiben!)

b. Positiven Glaubenssatz repräsentieren
„Stelle Dir bitte ein Bild oder eine Szene vor, die Deinem Glaubenssatz entspricht. Oder vergegenwärtige Dir eine Situation, in der Dir klar ist, daß Dein Glaubenssatz gilt. Schau Dir diese innere Vorstellung aufmerksam an!"

c. Submodalitäten feststellen
„Bist Du im Bild oder außerhalb?
Wenn Du außerhalb bist, wie weit ist das Bild entfernt?

Glaubenssätze aufbauen, Übung:

Wenn Du außerhalb bist, füllt das Bild die ganze Fläche aus, oder hat es einen Rand?
Ist es farbig oder schwarz/weiß?
Ist es bewegt (Film) oder unbewegt (Foto)?
Ist es hell oder dunkel?
Ist es scharf oder unscharf?"
(aufschreiben!)

2. Zweifel

a. Zweifelssatz formulieren
„Denke bitte nun an etwas, über das Du Zweifel hegst. Etwas, von dem Du nicht genau weißt, ob Du es tun oder lassen willst, ob Du es haben willst oder nicht, ob es eintrifft oder nicht, ob Du das oder jenes sollst, etwas, dessen Du Dir unsicher bist, wo Du dazwischen schwankst, ob etwas stimmt, oder ob es nicht stimmt. Du weißt es einfach nicht."

b. Zweifelssatz repräsentieren
„Stelle Dir jetzt ein Bild oder eine Szene vor, die diesem Zweifelssatz entspricht. Oder vergegenwärtige Dir eine Situation, in der Dir klar ist, daß Du diesen Zweifel hegst. Schau Dir diese innere Vorstellung aufmerksam an!"

c. Submodalitäten feststellen
„Bist Du im Bild oder außerhalb?
Wenn Du außerhalb bist, wie weit ist das Bild entfernt?
Wenn Du außerhalb bist, füllt das Bild die ganze Fläche aus, oder hat es einen Rand?
Ist es farbig oder schwarz/weiß?
Ist es bewegt (Film) oder unbewegt (Foto)?
Ist es hell oder dunkel?
Ist es scharf oder unscharf?"
(aufschreiben!)

3. Unterschiede in den Submodalitäten

„Stelle jetzt bitte die Unterschiede fest zwischen den beiden inneren Vorstellungen, die für Dich Glauben, bzw. Zweifel dar-

Glaubenssätze aufbauen, Übung:

stellen. Dabei kannst Du, wenn nötig, auch noch andere Submodalitäten durchprüfen."
(Liste der visuellen Submodalitäten verwenden!)
(Unterschiede schriftlich festhalten!)

4. Testen

„Schau Dir bitte, wenn möglich, die beiden Repräsentationen nebeneinander an und stelle fest, welche Unterschiede für Dich die wichtigsten sind. Für den Veränderungsprozeß brauchst Du mindestens zwei. Falls Du nur einen Unterschied feststellen konntest, überprüfe jetzt mal, woran merkst Du, daß die zweite Vorstellung eine Situation darstellt, in der Du Zweifel hegst?"
(aufschreiben!)

5. Neuen Glaubenssatz konstruieren

a. Neuen Glauben oder neue Überzeugung formulieren
„Was würdest Du jetzt gerne glauben? Welcher Gedanke würde für Dich von Vorteil sein?"
1.
Der Satz muß mit ICH anfangen!
2.
Der Satz muß positiv formuliert sein!
(Statt „Ich will lernen, mich nicht zu ärgern" „Ich will lernen, gelassen zu sein".)
3.
Der Satz muß als Prozeß formuliert sein, nicht als Endziel!
(Statt „Ich bin charmant" „Ich kann lernen, charmant zu sein".)

b. Öko-Check des neuen Glaubens
„Stelle Dir vor, Du denkst diesen Gedanken, und er ist schon fest in Dir verankert:
- Was würde sich ändern?
- Wie würdest Du reagieren, wie würdest Du Dich verhalten?
- Welche Probleme könnten sich ergeben?
  Für Dich oder für andere, mit denen Du lebst und arbeitest?"

Glaubenssätze aufbauen, Übung:

Wenn Probleme auftauchen:
- „Wie könnten die Probleme umgangen werden?
- Wie könnte der Satz verändert werden, damit keine Probleme auftauchen?"

B. Aufbau des neuen Glaubenssatzes

6. Inhaltlicher Aufbau des neuen Glaubenssatzes

„Stelle Dir bitte eine Szene vor, die Deinem gewünschten Glaubenssatz entspricht, oder vergegenwärtige Dir eine Situation, in der Dein gewünschter Glaubenssatz gilt."

7. Formaler Aufbau des neuen Glaubenssatzes (Submodalitäten)

„Überprüfe jetzt die Submodalitäten Deines gewünschten Glaubenssatzes und verändere diese so lange, bis Deine innere Repräsentation des gewünschten Glaubenssatzes in den Submodalitäten des Glaubenssatzes erscheint, den Du eingangs analysiert hast."

8. Test

„Wie denkst Du jetzt über diese neue Überzeugung?"

4. Das Schwellenmuster

Ein alter James-Bond-Film hatte den Titel „Never say never again", zu deutsch: „Sag niemals Nie". Die NLP-Strategie, um die es an dieser Stelle geht, könnte den Titel haben: Sag öfter „Niemals wieder!". Es geht hierbei um eine Fähigkeit, negative Lebenserfahrungen ein für allemal zu beenden. Manche Menschen können sich von einem Partner nicht trennen, obwohl der sie quält. Manche harren an einem Arbeitsplatz aus, obwohl es eigentlich sinnvoller wäre, zu kündigen und sich eine bessere Beschäftigung zu suchen. Für diese Fähigkeit, „Niemals wieder!" zu sagen und die Sache hinter sich zu lassen, gibt es charakteristische Bilder: das von dem letzten Tropfen, der das Faß zum Überlaufen bringt, das von dem überspannten Bogen, der bricht und andere. Auch bestimmte Sätze kennzeichnen diesen Prozeß, in dem ein Mensch eine bestimmte Schwelle überschreitet und etwas ein für allemal hinter sich läßt, z.B.: „Bis hierher und nicht weiter!" oder „Jetzt reichts!" oder „Das wars!".

Der Prozeß, mit einer ungewünschten negativen Erfahrung oder Gewohnheit abzuschließen, hat so viele Ausprägungen, wie es Menschen gibt. Häufig kann man jedoch grob verallgemeinernd drei Phasen finden:

In der ersten Phase geht es darum, die Schwelle zu erreichen. Typisch ist dafür, daß intern etwas abläuft, was sich anhäuft, ansammelt oder stapelt, bis eine „kritische Masse" erreicht wird. Dieser Prozeß des Anhäufens findet statt in analogen Submodalitäten. Etwas steigert sich quantitativ oder graduell.

In der zweiten Phase wird die Schwelle überschritten. Es gibt einen qualitativen Sprung oder einen digitalen Wechsel in einer Submodalität, z. B. eine Stimme sagt laut „Nein", irgend etwas zerreißt, oder es wird dunkel. Häufig kommt es zu einem digitalen Wechsel erst dann, wenn die Betreffenden nicht nur Erfahrungen der Vergangenheit anhäufen, sondern diese Anhäufung in die Zukunft hineinprojizieren als bildliche Repräsentation der Überlegung: „Das Leben könnte ja immer so weiter gehen, bis zum Tod." Manchen Menschen reicht übrigens schon eine Erfahrung, die sie, in die Zukunft projiziert, zum „Nicht noch einmal!" oder „Nicht mit mir!" veranlassen.

In der dritten Phase wird eine neue Alternative repräsentiert, die irgendeine Vorstellung von einem neuen Leben beinhaltet. Diese Vorstellung davon, was im Leben anders, besser wird, wenn die Schwelle überschritten ist, hat eine wesentliche Bedeutung. Entweder sind die Betreffenden gar nicht bereit, die Schwelle zu überschreiten, wenn sie keinen Zugang zu einem positiven Zukunftsbild haben, oder sie laufen Gefahr, depressiv zu reagieren. Das Schwellenmuster ist also gefährlich, wenn nicht sichergestellt werden kann, daß der Betreffende irgendeine Vorstellung eines möglichen, besseren anderen Lebens zur Verfügung hat, bevor er über die Schwelle geht.

Manche Menschen haben keinen Weg gelernt, um über die Schwelle zu kommen. Das kann daran liegen, daß sie Erfahrungen nicht ansammeln und in der Anhäufung repräsentieren. Auf diese Weise halten sie

Schwellenmuster

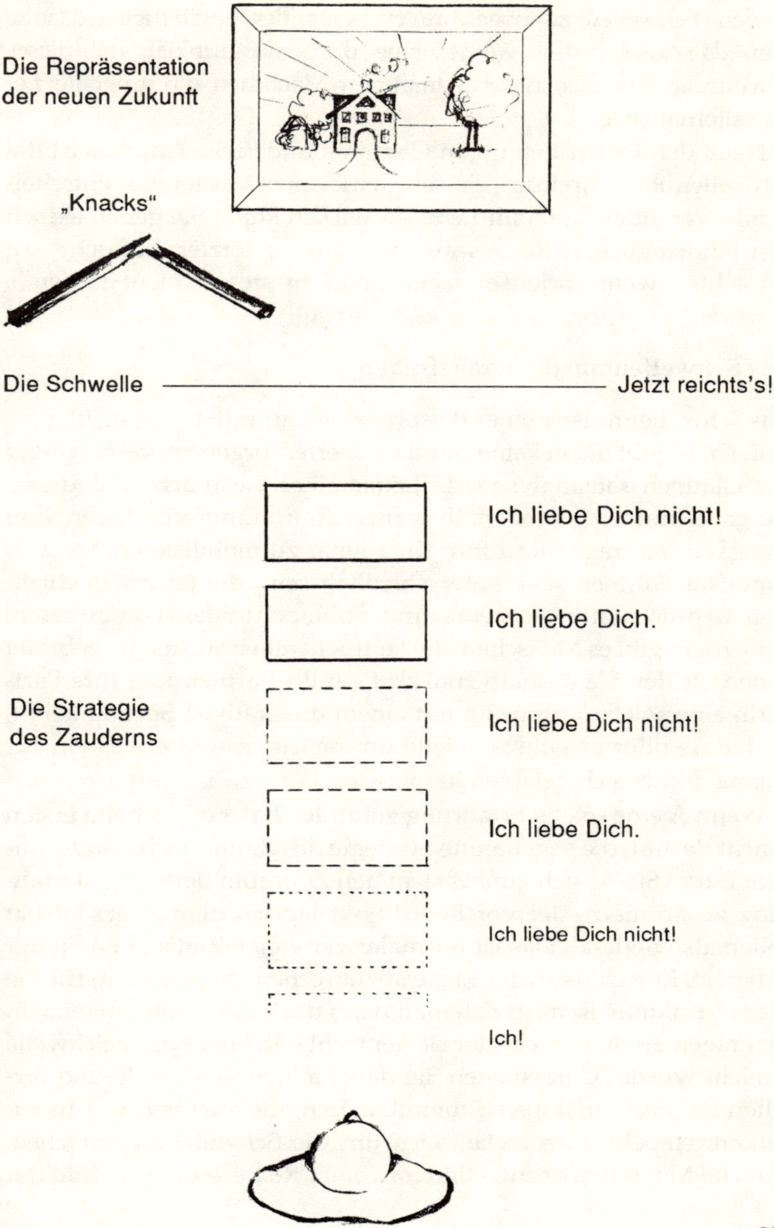

auch das Ausmaß ihrer Reaktion auf die Erfahrung zu gering, um zum Handeln zu kommen. Eine andere Möglichkeit für das Unvermögen, Schwellen zu überschreiten, kann der beständige Gedanke sein, daß alles besser werde. Eine dritte Möglichkeit, die dieses Unvermögen erklärt, ist, daß manchen Menschen die greifbare Lebensalternative fehlt.

Nach den Erfahrungen von Connirae und Steve Andreas ist die Schwellenüberschreitung ein sehr wirksames Muster, das entscheidende Veränderungen im Leben bewirken kann. Sie geben jedoch den eindringlichen Rat, es als ein „Muster letzter Zuflucht" zu betrachten, wenn andere einfachere NLP-Strategien nicht greifen[16].

Das Schwellenmuster herausfinden

Das Schwellenmuster einer Person herauszufinden[17], ist nicht ganz einfach. Es gibt dabei keine standardisierte Vorgehensweise wie bei der Glaubenssatzanalyse. Als Leiter eines Gesprächs mit dieser Aufgabe sind Sie gefordert, Ihr ganzes Einfühlungsvermögen, Ihre Fähigkeit, zu fragen und Ihre Kreativität zu mobilisieren. Schwellenmuster können sehr unterschiedlich sein, die unterschiedlichsten Repräsentationssysteme und Submodalitäten kombinieren. Außerdem gibt es Menschen, die kein Schwellenmuster ausgebildet haben. Prüfen Sie deshalb zunächst, ob Ihr Partner oder Ihre Partnerin eine solche Erfahrung mit einem qualitativen Sprung kennt, in der sie oder er eine Schwelle überschritten und etwas ein für allemal hinter sich gelassen hat.

Wenn A eine solche Erfahrung gefunden hat, geht es beim ersten Schritt darum, die sogenannte Strategie des Zauderns herauszufinden. Bitten Sie A, sich zunächst an den Zeitraum der Gesamterfahrung zu erinnern, der vor dem Punkt lag, an dem A gesagt hat „Niemals wieder!". Das ist normalerweise eine Zeitspanne, in der es bereits Entschlüsse, die Sache abzubrechen, gegeben hat, für die aber charakteristisch ist, daß man dann doch noch mal umgefallen ist. Fragen Sie A, was er oder sie gemacht hat, bevor diese Schwelle erreicht wurde. Untersuchen Sie dabei alle Sinneskanäle und forschen Sie nach analogen Submodalitäten, die sich verändern, anhäufen, stapeln, hinstrecken etc., um die Schwelle zu erreichen. Manche Menschen ordnen Bilder in einer Reihe, wobei ein Bild der

Hoffnung mit einem der Enttäuschung abwechselt, andere ordnen solche Bilder in zwei Reihen, wieder andere vergleichen verschiedene Aussagen miteinander oder Worte mit visualisierten Handlungen, es gibt aber auch sehr phantasievolle Strategien des Zauderns: eine Frau hielt Erfahrungsbilder an Fäden in den Händen und spulte die Rolle ab, während sie immer lockerer ließ.

Wenn Sie für die Zeitspanne vor dem kritischen Punkt Submodalitäten, die den ablaufenden Prozeß des Zauderns repräsentieren, gefunden haben, versuchen Sie die Submodalitäten zu entdecken, die sich beim Überschreiten der Schwelle verändern. Zu diesem Zweck veranlassen Sie A, sich genau an den kritischen Zeitpunkt zu erinnern, an dem der Entschluß des „Niemals wieder“ fiel und herauszufinden, was an dem Punkt intern passierte, an dem es kein Zurück mehr gab. Dieser Punkt des „Niemals wieder“ ist häufig nicht so schwer zu entdecken. Es kann ein Satz sein, der sich dem Gedächtnis einprägt, oder es wird dunkel, ein Vorhang zerreißt, ein Faß platzt. Jene Frau mit den Fäden ließ diese fallen. Bei der Analyse des kritischen Punktes können Sie auch Verschiebungen der entsprechenden Bilder im inneren Gesichtsfeld feststellen. Manchmal findet ein Wechsel von assoziiert zu dissoziiert statt. Nicht selten werden am Schwellenpunkt Bilder mit Sätzen kombiniert. Manche überschreiten die Schwelle, indem Sie ihre unangenehmen Erfahrungen visuell in die Zukunft projizieren, und sich dann sagen „So will ich nicht leben!“

Ein ökologischer Prozeß des „Über-die-Schwelle-Gehens“ setzt die Repräsentation einer neuen Zukunft voraus, die annehmbar ist, etwas Besseres darstellt als die Fortsetzung der Vergangenheit. Seminarerfahrungen mit dem Schwellenmuster haben gezeigt, daß gar nicht selten Menschen ohne eine solche Zukunftsrepräsentation über die Schwelle gehen. Charakteristisch für ein solches Vorgehen ist in der Tat, was Connirae und Steve Andreas vermuten, nämlich depressive Erfahrungen, bis aus der neuen Lebenspraxis selbst sich neue Zukunftsvorstellungen ergeben, und das kann manchmal lange dauern. Insofern führte die Analyse des Schwellenmusters für die Betreffenden zu einem positiven Ergebnis, nämlich zu der Einsicht in die Konsequenzen einer persönlichen Verhaltensstrategie und zu der Schlußfolgerung, in Zukunft bei solchen Prozessen für einen alternativen Lebensentwurf zu sorgen, bevor sie mit einer wichtigen Sache Schluß machen.

In den überwiegenden Fällen treffen Sie aber beim nächsten Schritt der Schwellenmusteranalyse auf eine Zukunftsrepräsentation. Sie veranlassen A, diese zu entdecken, indem Sie danach fragen, was auf das „Niemals wieder" folgte und wie dieses repräsentiert wurde. Wenn Sie ein vollständiges Schwellenmuster erarbeitet haben, können Sie es an einem neuen Inhalt ausprobieren. Denken Sie dabei jedoch daran, daß Connirae und Steve Andreas dieses Veränderungsmodell als ein „Muster letzter Zuflucht" bezeichnet haben. Wenden Sie es niemals an, ohne einen sorgfältigen Ökologie-Check durchgeführt zu haben. Wenden Sie es gar nicht an, wenn Sie keine alternative Zukunftsrepräsentation erarbeitet haben. Wenden Sie es auch nicht an, wenn Sie mit anderen NLP-Vorgehensweisen arbeiten könnten. Das Arbeiten mit dem Schwellenmuster nimmt einem Menschen ersatzlos etwas weg!!! Wenden Sie es deshalb nur dann an, wenn sonst nichts geht!

Schwellenmuster, Übung:
1. Die Strategie des Zauderns „Erinnere Dich zunächst an eine Situation in der Vergangenheit, in der Du zu dem Punkt gekommen bist, an dem Du gesagt hast ‚Niemals wieder!' und dann doch noch mal umgefallen bist. Was machst Du, um die Schwelle zu erreichen?" (Alle Sinneskanäle untersuchen!!! Entdecken Sie die analogen Submodalitäten, die sich verändern, bis A die Schwelle erreicht.) **2. Die Strategie des „Niemals wieder"** „Erinnere Dich dann an die Situation, in der Du den Punkt überschritten hast, jenseits dessen es kein ZURÜCK mehr gab. Was machst Du an der Übergangsstelle?" (Alle Sinneskanäle untersuchen!!! Entdecken Sie die digitalen Submodalitätsveränderungen, die auftreten, während A die Schwelle überschreitet und zu dem „Niemals wieder!" kommt.) **3. Die Repräsentation der neuen Zukunft** „Was folgte auf das ‚Niemals wieder'? Wie repräsentierst Du die neue Alternative?" (Stellen Sie fest, wie A das neue, alternative Leben repräsentiert, auf das er oder sie sich zubewegt.)

Schwellenmuster, Übung:
4. Identifizierung einer negativen Erfahrung „Wähle eine Situation, in der Du über die Schwelle des ‚Niemals wieder' gehen möchtest." **5. Ökologie-Check** „Prüfe sehr genau, ob es Einwände dagegen gibt, diese negative Erfahrung auf diese Art und Weise zu beenden. Mach Dir eine Vorstellung, wie Du nach Beendigung dieser Erfahrung leben wirst und sorge dafür, daß dieses Leben besser für Dich sein wird, als die Fortsetzung der negativen Erfahrung." (Stellen Sie sicher, daß es keine Einwände gegen den Veränderungsprozeß gibt, und stellen Sie sicher, daß A eine positive Zukunftsrepräsentation hat, bevor Sie den Veränderungsprozeß beginnen!!!) **6. Überschreiten der Schwelle** „Durchlaufe jetzt den ganzen Prozeß nach den Stadien Deines Schwellenmusters!"

5. Wertewandel

Jeder Lebensalltag fordert von einem Menschen, Tatsachen zur Kenntnis zu nehmen, sich eine Meinung zu bilden, sich zu entscheiden und zu handeln. Diese Aktivitäten laufen überwiegend bewußt ab. Hinter den Meinungen, die Menschen sich bilden, hinter ihren Entscheidungen und ihrem Handeln stehen ihre Einstellungen, Überzeugungen oder Werthaltungen. „Werte" machen wir Menschen uns jedoch nur selten bewußt, obwohl diese die Richtschnur für unsere Orientierung im Leben darstellen und den Maßstab bilden für unsere Beziehungen zu unserem eigenen Verhalten, zu den äußeren Dingen des Lebens und anderen Menschen.

Die Kultur unserer Gesellschaft, Familie, Erziehung und Ausbildung beeinflussen die Werte, die wir uns zu eigen machen, erheblich. Aber auch die persönlichen Erfahrungen der eigenen Lebensgeschichte prägen unser Wertsystem. Deshalb ist das Wertsystem eines Menschen nicht nur mit der individuellen Persönlichkeit fest verwoben, sondern das individuelle Wertsystem eines Menschen unterscheidet sich häufig erheblich vom Wertsystem eines anderen, obwohl beide in derselben Gesellschaft aufgewachsen sind.

Aber nicht nur zwei Menschen können unterschiedliche Wertsysteme aufweisen, auch im Wertsystem eines einzelnen kann es Unstimmigkeiten und Widersprüche geben. Diese können in konkreten Situationen zu Verhaltensunsicherheiten beitragen oder dazu führen, sich selbst und auch andere zu täuschen. Nicht selten können wir uns selber dabei ertappen, daß wir anders handeln, als wir denken und zuweilen sogar anderen Menschen gegenüber ein Verhalten zeigen, das wir mit Empörung ablehnen würden, wenn es uns beträfe.

Wertewandel

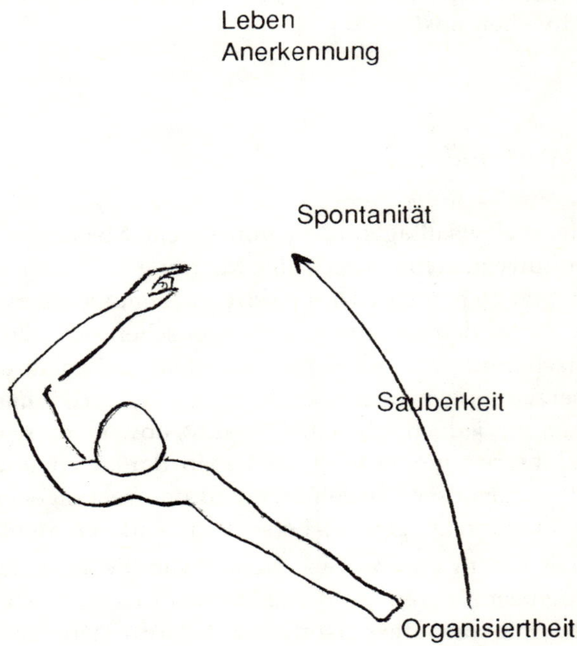

Selten jedoch veranlassen solche Unstimmigkeiten im eigenen Wertsystem Menschen zu Bemühungen, irgend etwas in ihrem Leben zu ändern. Bedürfnisse nach einer Umorientierung entstehen zumeist auf der Verhaltens- oder Zielebene, wenn bestimmte Verhaltensweisen ungewünschte Resultate zur Folge haben oder gleichermaßen wichtige Ziele nicht miteinander vereinbar sind. Für manche Menschen ist zum Beispiel das eigene Vergnügen so wichtig, daß sie es nicht schaffen, beruflich voranzukommen. Für andere ist Ordnung, Fleiß, Sicherheit und Pflichtbewußtsein so bedeutsam, daß sie nicht nur ihr eigenes Leben, sondern auch das ihnen nahestehender Personen dem unterzuordnen wünschen und damit Konflikte heraufbeschwören.

Im eigenen Wertsystem Veränderungen vorzunehmen, kann sich lohnen. Wenn Ihnen deutlich wird, daß es nicht einzelne Verhaltensweisen sind, die Sie stören, sondern daß hinter verschiedenen für Sie ungünstigen Lebensäußerungen ein allgemeiner Wert steht, der Sie dazu veranlaßt, können Sie Ihr Wertsystem überprüfen und zu dem Entschluß kommen, einen Wert im Gesamtsystem wichtiger oder weniger wichtig werden zu lassen. Menschen können bemerken, daß ihnen z. B. Perfektion so viel bedeutet, daß sie sehr viel mehr Zeit auf die Erfüllung ihrer Aufgaben verwenden, als nötig wäre, und dann feststellen, daß diese Zeit ihnen in anderen Lebensbereichen fehlt. Auch wenn z. B. Recht haben ein sehr bedeutendes Kriterium in Ihrem Wertsystem ist, kann das zur Folge haben, mit anderen Menschen Schwierigkeiten zu bekommen, die Sie nicht wollen. Typisch ist für viele Führungskräfte und Menschen, denen Erfolg sehr wichtig ist, daß sie dadurch z. B. Gesundheit zu gering schätzen, mit langfristig schwerwiegenden Konsequenzen. Es gibt also gute Beispiele für eine Veränderung von Werten, die zu einer Neuorientierung und zu mehr Zufriedenheit im Leben führt.

Die Wertehierarchie herausfinden

Bevor Sie Werte in ihrer Bedeutsamkeit ändern[18] können, müssen Sie sich Ihre innere Repräsentation Ihrer Wertehierarchie erarbeiten. Um diese herauszufinden, brauchen Sie im ersten Schritt drei persönliche Werte, einen, dem Sie eine hohe Bedeutung beimessen, einen zweiten von mittlerer Bedeutung und einen dritten, dem sie nur geringe Bedeutung beimessen.

Es gibt mehrere Verfahren, das persönliche Wertsystem und seine Rangfolge zu analysieren. Connirae und Steve Andreas schlagen ein analytisches Verfahren[19] vor, mit dem man über die Untersuchung eines Handlungskontextes zu drei bis fünf Werten kommt, die in einer eindeutigen Hierarchie stehen. Andere analytische Verfahren decken ein viel breiteres Wertespektrum auf, beruhen jedoch auf der Untersuchung mehrerer Kontexte und lassen damit keine eindeutige hierarchische Einordnung zu. Um drei Werte zu finden, denen Sie eine hohe, eine mittlere und eine geringe Bedeutung beimessen, halte ich jedoch keine aufwendige Untersuchung für nötig. Menschen haben ein Gefühl für die Bedeutung ihrer Werte, das für unsere Aufgabe ausreicht. Falls es Ihnen wider Erwarten nicht so leicht fällt, einen Wert hoher, einen mittlerer und einen geringer Bedeutung zu finden, können Sie die folgende Liste durchmustern:

Werte von A bis Z

Achtung
Aktivität
Altruismus
Anerkennung
Ausgeglichenheit
Bildung
Charisma
Demokratie
Distanz
Disziplin
Ehre
Ehrlichkeit
Einfluß
Erfolg
Familie
Freiheit
Freude
Freundschaft
Frieden
Gastlichkeit
Gerechtigkeit
Geschmack
Geselligkeit
Gesundheit
Glaube
Gleichheit
Glück
gehobener Lebensstil
gute Laune
Harmonie
Heiterkeit
Herkunft
Höflichkeit
Identität
Individualismus
Jungfräulichkeit

Kameradschaft
Klugheit
Kompetenz
Kreativität
Lässigkeit
Liebe
Macht
Menschlichkeit
Mitgefühl
Mut
Nachkommen
Nachsicht
Nähe
Natur
Objektivität
Offenheit
Ordnung
Persönlichkeit
Pflichtbewußtsein
Phantasie
Pracht
Pragmatismus
Pünktlichkeit
Rechtmäßigkeit
Redegewandtheit
Reichtum
Ruhe
Ruhm
Sauberkeit
Selbstverwirklichung
Sexualität
Sicherheit
Sparsamkeit
Stärke
Tapferkeit
Tatkraft
Toleranz
Treue
Überlegenheit
Überzeugung
Umweltschutz
Unabhängigkeit
Unparteilichkeit
Verantwortung
Vergnügen
Vernunft
Vertrauen
Wahrheit
Wechsel
Weisheit
Weitblick
Zärtlichkeit
Zeitlosigkeit
Zugehörigkeit

Wenn Sie drei Werte haben, besteht Ihre nächste Aufgabe darin, das Repräsentationssystem zu identifizieren, in dem Sie Ihre Werte vorstellen. Denken Sie nacheinander an diese Werte. Machen Sie sich eine innere Vorstellung von ihnen und achten Sie aufmerksam darauf, ob Sie etwas sehen, hören oder fühlen, wenn Sie an diese Werte denken? Es kann übrigens möglich sein, daß Sie Ihre Werte nicht nur in einem System repräsentieren. Eine audiovisuelle Repräsentation der Wertehierarchie ist gar nicht selten.

Finden Sie im nächsten Schritt heraus, wie Sie wissen, daß ein Wert von großer, der andere von mittlerer, und der dritte von geringer Bedeutung ist. Suchen Sie nach den charakteristischen Submodalitäten, mit denen Sie die relative Bedeutung Ihrer Werte auf einem Kontinuum darstellen. Viele Menschen stellen die Bedeutung ihrer Werte durch deren Höhe im inneren Blickfeld dar. Andere ordnen ihre Werte nach Größe oder Nähe. Wieder andere benutzen das auditive Repräsentationssystem und nehmen die Lautstärke oder Tonhöhe als Ordnungskriterium.

Wenn Sie das wichtigste Repräsentationssystem Ihrer Werte und die wesentliche Submodalität identifiziert haben, die Ihre Werte auf einem Kontinuum einordnet, haben Sie ein Muster gefunden, innerhalb dessen Sie eine Veränderung der Bedeutung von Werten vornehmen können. Wenn Sie ein solches Muster nicht finden, haben Sie keine Anhaltspunkte, um Veränderungen nach Maß durchzuführen.

Vielleicht wird Ihnen an dieser Stelle auch klar, daß Sie mit Ihrem Wertsystem in seiner bisherigen Ordnung zufrieden sind. Dann sollten Sie sich auch genau überlegen, ob Sie experimentieren. Veränderungen im Wertsystem bewirken nicht nur Modifikationen einzelner Verhaltensweisen, sondern führen zu einer Umorientierung, die in allgemeinerer Weise Verhaltensänderungen nach sich zieht.

Haben Sie jedoch einen Wert gefunden, den entweder wichtiger oder weniger wichtig werden zu lassen auf einer rationalen Ebene sinnvoll erscheint, dann stellen Sie zunächst fest, wo sich dieser Wert in Ihrer Wertrangfolge befindet. Nachdem Sie dessen Position in Ihrer Wertrangfolge identifiziert haben, stellen Sie fest, welche Stelle Ihrer Meinung nach die angemessenere Position für diesen Wert darstellt. Möchten Sie ihn wichtiger, gleich wichtig oder weniger wichtig als irgendeinen anderen Wert werden lassen? Finden Sie heraus, an welcher Stelle Ihrer Wertrangfolge dieser zweite Wert steht.

Bevor Sie eine Verschiebung des zu verändernden Werts in Richtung auf die angemessenere Position vornehmen, überprüfen Sie sorgfältig, ob sich Einwände oder Probleme in Ihrem privaten, beruflichen oder sozialen Lebensbereich ergeben könnten.

Wenn Sie diesen Ökologie-Check sorgfältig durchgeführt haben, verändern Sie langsam den Wert in der geeigneten Weise, durch Veränderung der entsprechenden Submodalitäten, die Sie herausgefunden haben, z. B. Nähe, Höhe, Größe, Helligkeit, Farbe, etc.. Berichtigen Sie die Submodalitäten, so daß der Wert entsprechend dem Grad von Wichtigkeit kodiert ist, den Sie ihm beimessen möchten. Wenn z. B. eine höhere räumliche Position einen Wert wichtiger werden läßt, dann lassen Sie ihn weiter emporsteigen, bis er Ihrer Meinung nach die richtige Stelle einnimmt. Falls Sie Ihre Wertrangfolge vermittels der Größe sortieren, vergrößern oder verkleinern Sie ihn so lange, bis er Ihrer Meinung nach die richtige Größe hat. Wenn Sie Ihre Werte im auditiven System z. B. mittels Lautstärke sortieren, können Sie diese verändern, bis er genau den richtigen Ton abgibt.

Überprüfen Sie zum Abschluß, ob die Veränderung des Werts zu Verhaltensweisen führt, mit denen Sie einverstanden sind. Stellen Sie sich Situationen vor, in denen die Veränderung dieses Werts von Bedeutung ist und überprüfen Sie, was in diesen Situationen jetzt anders abläuft als vorher. Wenn Sie mit den veränderten Abläufen nicht einverstanden sind, gehen Sie zurück.

Wertewandel, Übung:

1. Auswahl einer Wertrangfolge
„Welches ist ein Wert mit hoher Bedeutung in Deiner Wertrangfolge? Welches ist ein Wert mit mittlerer Bedeutung, welcher hat eine geringe Bedeutung? Wähle bitte drei Werte aus."
Wählen Sie aus Ihrer Wertrangfolge drei Werte aus: einen von hoher Bedeutung, einen von mittlerer Bedeutung und einen von geringer Bedeutung.

2. Identifizierung des Repräsentationssystems
„Wenn Du an Deinen höchsten Wert denkst, was siehst Du? Vielleicht hörst Du auch etwas oder bekommst ein Gefühl? Mach dasselbe mit Deinem mittleren Wert und dann mit dem Wert von geringer Bedeutung. Bekommst Du Bilder, wenn Du darüber nachdenkst oder etwas, was man hören kann oder fühlst Du sie?"
Denken Sie nacheinander an diese Werte. Machen Sie sich eine innere Vorstellung von ihnen. Was sehen, hören oder fühlen Sie, wenn Sie an diese Werte denken? Achten Sie aufmerksam darauf, in welchem Repräsentationssystem Ihre Werte sich darstellen.

Wertewandel, Übung:

3. Identifizierung der Submodalitäten, die die Werte auf einem Kontinuum einordnen

„Wenn Du jetzt gleichzeitig an diese Werte denkst, woran erkennst Du, daß sie eine Rangfolge von großer bis geringer Bedeutung bilden?"

Finden Sie heraus, wie Sie wissen, daß ein Wert von großer, der andere von mittlerer und der dritte von geringer Bedeutung ist. Suchen Sie nach den Submodalitäten, mit denen Sie die relative Bedeutung Ihrer Werte darstellen.

4. Identifizierung eines zu verändernden Werts

„Welchen Wert möchtest Du verändern und in welcher Richtung?"

Finden Sie heraus, welchen Wert Sie entweder wichtiger oder weniger wichtig werden lassen wollen, und stellen Sie fest, wo sich dieser Wert in Ihrer Wertrangfolge befindet.

5. Ökologie-Check

„Stelle Dir vor, du hättest diesen Wert bereits verändert in der Weise, wie Du eben beschrieben hast, was würde sich in Deinem Leben ändern? Gibt es irgendwelche Probleme mit dieser Art zu leben?"

Überprüfen Sie sorgfältig, ob sich Einwände oder Probleme in Ihrem privaten, beruflichen oder sozialen Lebensbereich ergeben könnten, wenn Sie diesen Wert verändern.

6. Identifizierung der angemessenen Position

„Überprüfe bitte, was Deiner Meinung nach eine angemessene Position für diesen Wert auf Deiner Wertrangfolge wäre. Welches wäre die richtige Stelle? Wähle einen anderen Wert als Bezugspunkt, um die neue Position herauszufinden."

Nachdem Sie den Wert identifiziert haben, dessen Position in Ihrer Wertrangfolge Sie ändern wollen, stellen Sie fest, welche Stelle Ihrer Meinung nach die angemessene Position für diesen Wert darstellt. Möchten Sie ihn wichtiger, gleich wichtig oder weniger wichtig als irgendeinen anderen Wert werden lassen. Finden Sie heraus, an welcher Stelle Ihrer Wertrangfolge dieser zweite Wert steht.

Wertewandel, Übung:

7. Veränderung
„Nimm jetzt die Repräsentation des zu verändernden Werts und verändere sie entsprechend. Denke daran, diesen Wechsel langsam und vorsichtig vorzunehmen. Orientiere Dich dabei an Deiner Intuition. Achte sorgfältig darauf, welche Auswirkung dieser Wechsel auf andere Werte hat! Wenn Du mit diesen Auswirkungen nicht einverstanden bist, nimm zusätzliche Berichtigungen vor. Verändere das Arrangement solange, bis Du ganz zufrieden bist."
Daraufhin verändern Sie langsam den Wert in der geeigneten Weise durch Veränderung der entsprechenden Submodalitäten, die Sie herausgefunden haben.

8. Testen
„Stelle Dir vor, Du bist in einer Situation, in der diese Veränderung von Bedeutung ist, was läuft da jetzt anders ab als vorher? Nimm dann eine zweite und dritte Situation und überprüfe die Wirkung dieser Veränderung."
Überprüfen Sie, ob die Veränderung des Werts zu Verhaltensweisen führt, mit denen Sie einverstanden sind. Wenn das nicht der Fall ist, gehen Sie zurück.

6. Der Swish

Unsere Aufmerksamkeit kann abgelenkt und angezogen werden. Wovon sie abgelenkt wird und wovon sie angezogen wird, hängt ab von bestimmten Eigenschaften dessen, was wir sehen, hören oder fühlen. Im Bereich des Sehens sind es häufig die Größe, die Helligkeit oder auch die Nähe, die uns aufmerksam machen und hinlenken auf die Dinge, die diese Eigenschaften haben.

Diesen Zusammenhang macht sich ein NLP-Veränderungsmuster zunutze, das Swish genannt wird. Mit diesem Veränderungsmuster können wir eine bestimmte Verhaltensstrategie, z. B. einen Zwang, der uns zum Rauchen treibt, an einem bestimmten Punkt unterbrechen, unsere Aufmerksamkeit ablenken und auf etwas hinlenken, das ein Verhalten zur Konsequenz hat, das sinnvoller ist als Rauchen.

Der Swish

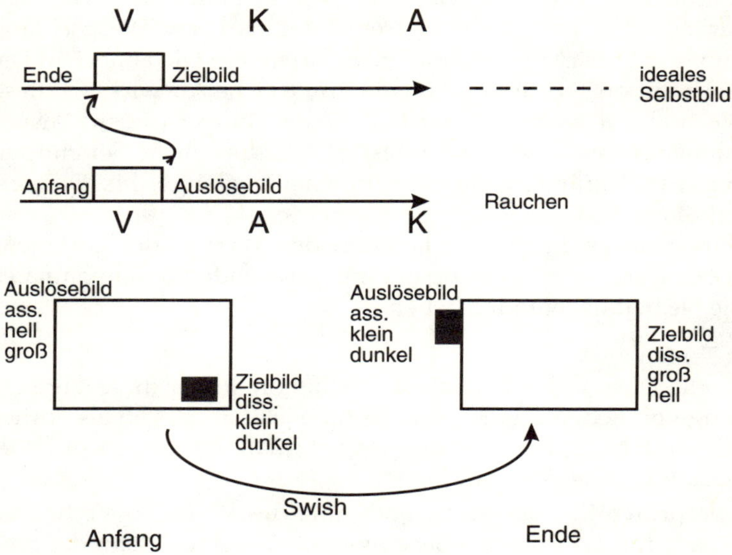

Beim Standard-Swish ist dieser bestimmte Punkt, an dem die Aufmerksamkeit abgelenkt wird, ein Bild. Um eine Veränderung zu erreichen, ist es notwendig herauszufinden, wie das innere Bild aussieht, das einem unerwünschten Verhaltensablauf vorausgeht. Statt das Verhalten in seiner ursprünglichen Form weiterlaufen zu lassen, wird das innere Bild so verändert, daß es sich als Auslösebild für das folgende Verhalten nicht mehr eignet. Man kann es z. B. kleiner und dunkler werden, und dann verschwinden lassen. In Verbindung mit dieser Veränderung der Submodalitäten des Auslösebildes läuft ein anderer Prozeß ab, mit dem ein neues Bild sich über zunehmende Helligkeit und Größe unserer Aufmerksamkeit aufdrängt, ein Bild, das uns und unser Verhalten in eine andere Richtung drängt. Dieses sogenannte Zielbild wird so ausgestattet, das es geeignet ist, ein Verhalten auszulösen, das uns einem idealen Selbstkonzept näherbringt.

Eine solche Veränderung intern ablaufender Prozesse wird sich in verändertes Verhalten umsetzen. Nach einem erfolgreichen Swish wird das unerwünschte Verhalten nicht mehr wie früher ablaufen, sondern an dem betreffenden Punkt in eine andere Richtung gelenkt. Dabei setzt nicht ein bestimmtes anderes Verhalten ein, sondern irgendein Verhalten, das den Wunschvorstellungen der betreffenden Person besser entspricht. Es gibt an diesem Punkt viele neue Verhaltensmöglichkeiten. Das heißt, der Swish ist eine Veränderungsarbeit, die einem Menschen ganz neue Bereiche der Selbstentwicklung ermöglicht. Der Erfinder des Swish, Richard Bandler, hält dieses Veränderungsmuster für das wirkungsvollste aller Techniken, mit denen er gearbeitet hat[20].

Standard-Swish üben

Der Swish ist ein Muster[21], das Sie auch mit sich selber üben können. Aber so, wie alle Lernprozesse erfolgreicher ablaufen, wenn Sie sie in einer guten zwischenmenschlichen Beziehung durchführen, lernen Sie auch den Swish am besten, wenn Sie paarweise arbeiten. Beim Swish verwenden Sie den größten Anteil der benötigten Zeit auf die Sammlung von Informationen und die Zielkonzeption. Der eigentliche Swish geht sehr schnell.

Überlegen Sie sich zunächst, an was Sie den Swish ausprobieren können. Alles, was Sie zwanghaft zu einem Verhalten führt, das Sie nicht möchten, eignet sich, um mit dem Swish zu experimentieren. Sie könnten etwas wie Rauchen oder Naschen wählen. Auch Nägelkauen eignet sich ebenso wie Kratzen und andere unangemessene Formen der Selbstberührung, auch so etwas wie Wutanfälle, die Sie auf Ihren Partner bekommen.

Wenn Sie herausgefunden und geprüft haben, was Sie mit dem Swish überwinden möchten, haben Sie die Aufgabe, genau zu untersuchen, was Sie in dem Moment tatsächlich sehen, der dem unerwünschten Verhalten unmittelbar vorausgeht. Wenn Ihnen das schwerfällt, können Sie sich eventuell helfen, indem Sie tatsächlich das tun, was dem zu verändernden Verhalten vorausgeht, um herauszufinden, wie das aussieht. Falls Sie den Swish mit einem Bild erfolgreich durchgeführt haben und sich daraufhin keine Veränderungen einstellen, dann gehen Sie zurück zu diesem Punkt und machen sich nochmals auf die Suche nach dem auslösenden Kontextbild. Erfahrungen haben ergeben, daß nicht alle möglichen visuellen Repräsentationen unmittelbar vor dem unerwünschten Verhalten gleichermaßen Swish-geeignet sind. Das Auslösebild, mit dem Sie dann im Swish arbeiten, sollte assoziiert sein.

Dieselbe Mühe verwenden Sie jetzt darauf, ein Zielbild zu konstruieren. Machen Sie sich ein zweites Bild, und zwar davon, wie Sie in Ihren eigenen Augen anders aussehen würden, wenn Sie die gewünschte Veränderung bereits erreicht hätten. Verändern Sie dieses Bild so lange, bis es für Sie außerordentlich attraktiv ist. Probieren Sie dabei ein Reihe von Submodalitäten aus, bis Sie ein Bild von sich geschaffen haben, das Sie sehr stark anzieht. Dieses zweite Bild sollte dissoziiert sein.

Bevor Sie den Swish ausführen, überprüfen Sie bitte, ob es irgendwelche Einwände gibt, das unerwünschte Verhalten auf diese Weise zu überwinden. Häufig haben unerwünschte Verhaltensweisen starke Sekundärgewinne, die entweder verhindern, daß eine Veränderungsarbeit funktioniert, oder dahingehend wirksam werden, daß andere Probleme auftauchen. Wenn Einwände kommen, sollten Sie an dieser Stelle auf den Swish verzichten. Arbeiten Sie zunächst mit Methoden weiter, die die Berücksichtigung von Einwänden sicherstellen. Erst wenn es keine Einwände mehr gibt, können Sie einen Swish durchführen. Wenn Ihnen jedoch daran liegt, den Swish auszuprobieren, dann suchen Sie sich ein anderes unerwünschtes Verhalten, das Sie, ohne auf Einwände zu stoßen, mit dem Swish bearbeiten können.

Wenn Sie Ihr Auslösebild und Ihr Zielbild haben und keine Einwände aufgetaucht sind, können Sie den Swish durchführen. Sie beginnen, indem Sie das auslösende Bild des Kontextes groß und hell sehen. Setzen Sie dann ein kleines dunkles Bild der Zielvorstellung in die untere rechte Ecke. Das ist das Arrangement des Anfangs. Danach folgt der Veränderungsprozeß: Das kleine dunkle Bild wird größer werden und das erste Bild ganz bedecken, welches gleichzeitig ebenso schnell verblassen und schrumpfen wird, wie Sie S w i s h sagen können. Löschen Sie dann die ganze Bildfläche oder öffnen Sie die Augen. Diesen Prozeß wiederholen Sie insgesamt fünfmal:

1. Anfangsarrangement:
   Das assoziierte Auslösebild groß und hell, das dissoziierte Zielbild in der unteren Ecke klein und dunkel.

2. Veränderungsprozeß:
   Das kleine, dunkle Zielbild wird groß und hell und bedeckt das Auslösebild, während das große, helle Auslösebild verblaßt und schrumpft.

2. Abschlußkonstellation:
   Großes, helles Zielbild wird gelöscht.

Achten Sie darauf, daß das Bild wirklich nach jedem Mal innerlich gelöscht wird! Beginnen Sie dann den nächsten Swish wieder mit dem Anfangsarrangement!! (Vermeiden Sie auf jeden Fall, daß der Prozeß in umgekehrter Reihenfolge abläuft!!!). Führen Sie den Swish fünfmal durch! Und machen Sie das wirklich so schnell, wie Sie Swish sagen können!

Testen Sie Ihre Arbeit, indem Sie versuchen, sich das erste Bild vorzustellen. Wenn das schwierig ist, hat es funktioniert. Wenn es möglich ist, können Sie sich auch den Reizen aussetzen, die in dem auslösenden Kontextbild dargestellt sind. Falls das alte Verhalten beim Test noch vorhanden ist, sollten Sie das Swish-Muster erneut durchführen. Falls das wieder nicht klappt, suchen Sie nach einem anderen Auslösebild. Finden Sie heraus, was Sie noch tun könnten, um den Prozeß erfolgreich ablaufen zu lassen.

Der Standard-Swish, Übung:
1. Identifizierung des Kontextes „Stelle bitte einmal fest, wo etwas bei Dir nicht in Ordnung ist, oder wo Du in der Klemme steckst. Wo oder wann würdest Du Dich gerne anders verhalten oder anders reagieren als bisher? Du könntest etwas wie Nägelkauen wählen, oder auch so etwas wie Wutanfälle, die Du auf Deinen Partner bekommst.“

Der Standard-Swish, Übung:

2. Identifizierung des auslösenden Kontextbildes
„Jetzt möchte ich, daß Du herausfindest, was Du in dem Moment tatsächlich siehst, der dem unerwünschten Verhalten unmittelbar vorausgeht. Wenn Dir das schwerfällt, kannst Du Dir eventuell helfen, indem Du tatsächlich das tust, was dem zu verändernden Verhalten vorausgeht, um herauszufinden, wie das aussieht."
(Das Bild sollte assoziiert sein.)

3. Schaffung eines Zielbildes
„Mache Dir nun ein zweites Bild davon, wie Du in Deinen eigenen Augen anders aussehen würdest, wenn Du die gewünschte Veränderung bereits erreicht hättest. Ich möchte, daß Du dieses Bild so lange abänderst, bis es für Dich außerordentlich attraktiv ist – ein Bild, das Dich sehr stark anzieht."
(Das Bild sollte dissoziiert sein.)
(Die Physiologie sollte strahlend sein.)

4. Ökologie-Check
„Bevor Du den Swish ausführst, überprüfe bitte, ob es irgendwelche Einwände gibt, das unerwünschte Verhalten auf diese Weise zu überwinden. Wenn ja, verzichte auf die Veränderungsarbeit oder suche Dir ein anderes unerwünschtes Verhalten, mit dem Du einen Swish machen könntest!"

5. Swish
„Mache nun mit den beiden Bildern den S w i s h. Beginne damit, daß Du das auslösende Bild des Kontextes groß und hell siehst. Setze dann ein kleines dunkles Bild der Zielvorstellung in die untere rechte Ecke. Das kleine dunkle Bild wird größer werden und das erste Bild ganz bedecken, welches gleichzeitig ebenso schnell verblassen und schrumpfen wird, wie Du S w i s h sagen kannst. Lösche dann die ganze Bildfläche oder öffne die Augen.
„Wiederhole den Swish insgesamt fünfmal. Vergewissere Dich, daß Du nach jedem Mal das innere Bild löschst."
(Der Prozeß sollte schnell ablaufen.)

6. Test 1
„Stelle Dir nun das erste Bild vor. Was passiert?"
(Wenn das schwierig ist, hat es funktioniert.)

Der Standard-Swish, Übung:
7. Test 2 „Wenn es möglich ist, solltest Du Dich jetzt den Reizen aussetzen, die in dem auslösenden Kontextbild dargestellt sind. Falls das alte Verhalten beim Test noch vorhanden ist, solltest Du ein paar Schritte zurückgehen und das Swish-Muster erneut durchführen. Versuche herauszubekommen, was Du noch tun könntest, um den Prozeß erfolgreich ablaufen zu lassen.“

7. *Die Zeitlinie*

Von manchen Menschen haben wir den Eindruck, daß sie „eine glänzende Zukunft vor sich“ haben. Von anderen hören wir sagen, sie haben „die Vergangenheit hinter sich gelassen“. Mancher Mensch „lebt nur so in den Tag hinein“, ein anderer „hat immer nur seine Zukunft vor Augen“, ein dritter „kann sich von der Vergangenheit nicht lösen“. Diese Redensarten sind wie die meisten Redensarten auch nicht einfach so dahergeredet. Sie enthalten Informationen über innere Vorgänge eines Menschen. In solchen Redensarten wie diesen geht es um die Zeit, mit der Menschen sich intern beschäftigen oder von der sie sich abwenden. In diesen Redensarten ist häufig auch enthalten, wie sie intern mit ihrer Zeit umgehen: „Eine glänzende Zukunft vor Augen haben“ heißt, in inneren Bildern leben, die voller Glanz sind und auf irgendeine Weise intern der Zukunft zugeordnet werden. „Die Vergangenheit hinter sich lassen“ heißt, die Erinnerungsbilder dieses Erlebens irgendwo hinter dem Rücken so zu deponieren, wo man sie nicht sehen kann.

Menschen machen ihre Erfahrungen in Raum und Zeit. Wenn sie diese Erfahrungen ordnen, tun sie es im Wesentlichen zeitlich. Die Zeitbegriffe Vergangenheit, Gegenwart und Zukunft und die ihnen entsprechenden grammatischen Formen geben den Rahmen ab, in dem jeder Mensch sein Leben in Gedanken oder im Gespräch mit anderen einordnen kann. Die Zeit ist aber etwas, was wir mit unseren Sinnen nicht wahrnehmen können. Wenn wir uns deshalb in unseren Vorstellungen, die ja immer sinnesspezifisch sind, mit einem zeitlichen Aspekt unseres Erlebens beschäftigen, werden wir feststellen können, daß die meisten von uns Zeit im visuellen Sinnessystem repräsentieren, und dort in erster Linie durch die Position im Raum. Menschen haben Zeitlinien. Erlebnisse aus der Vergangenheit, der Gegenwart und Vorstellungen von der Zukunft bringen sie vor ihrem inneren Auge „räumlich" in eine Reihe.

Außer der Position kann auch die Größe eine wichtige Submodalität der visuellen Zeitvorstellung sein. Detailschärfe, Transparenz, Helligkeit und Farbe sind weitere Submodalitäten, die Menschen benutzen, um ihre Erfahrungen zeitlich zu ordnen. Darüber hinaus ist jedoch vor allem die Form interessant, die Menschen ihrer zeitlichen Erfahrung geben:

Bei den meisten Menschen beginnt die Zeitlinie mit der Vergangenheit irgendwo im linken Bereich des inneren Gesichtsfeldes, läuft mit der Gegenwart vor den Augen vorbei in den rechten Bereich des inneren Gesichtsfeldes, wo Zukünftiges repräsentiert wird. Selten ist die Zeitlinie jedoch eine Gerade. Meist ist sie abgebogen oder geschwungen, steigt an oder fällt ab. Bei manchen Menschen beginnt die Zeitlinie sogar hinter ihnen. Sie haben in der Tat ihre Vergangenheitsbilder so deponiert, daß sie sie nicht mehr sehen können: im Rücken. Bei manchen Menschen hört die Zeitlinie vor der Nase auf. Sie haben keine Vorstellung ihrer Zukunft.

Diese Beispiele machen deutlich, daß es günstige und ungünstige Zeitlinien geben kann, je nachdem, wie ein Mensch leben will. Seine vergangenen Erfahrungen nicht mehr ansehen können, bedeutet, aus ihnen nicht mehr zu lernen. Keine Zukunft vor Augen zu haben, bedeutet auch, die eigenen Fähigkeiten und Kräfte nicht planvoll einsetzen zu können, um wichtige Ziele zu erreichen.

Der erste Schritt zu einer erfolgsorientierten Zukunftsgestaltung ist deshalb, zu überprüfen, ob die persönliche Zeitlinie eine für Erfolgsorientierung günstige Form hat. Der erste Schritt zu einem lustvollen Leben im Hier und Jetzt der Gegenwart ist deshalb, zu überprüfen, ob die persönliche Zeitlinie eine für Gegenwartsorientierung günstige Form hat. Der erste Schritt zu einem angemessenen Bewußtsein der mitgebrachten und erworbenen Fähigkeiten und Kräfte ist deshalb, zu überprüfen, ob auf der persönlichen Zeitlinie

Die Zeitlinie

alle wichtigen Erinnerungsbilder der persönlichen Leistung angemessen repräsentiert sind.

Die Zeitlinie herausfinden

Zeitlinien zu analysieren[22] ist relativ leicht, zumal dann, wenn Sie schon über Erfahrungen in der Analyse von internen Strukturen und Prozessen verfügen und diese Übung zu zweit machen.

Zu diesem Zweck bitten Sie A, an irgendein einfaches alltägliches Verhalten zu denken, das A wiederholt in der Vergangenheit durchgeführt hat und wahrscheinlich in der Zukunft weitermachen wird.

A soll etwas wählen wie frühstücken, zur Arbeit gehen, Zähne putzen, abwaschen oder duschen.

Wenn A sich für ein bestimmtes Verhalten entschieden hat, bitten Sie A, an dieses alltägliche Verhalten zu denken, wie A es vor langer Zeit, vielleicht vor fünf Jahren, gemacht hat. Während A Zugang zu der Erinnerung sucht, beobachten Sie sorgfältig die Augenbewegungen.

Bitten Sie A daraufhin, daran zu denken, wie A diese Sache kürzlich, vor fünf Tagen, gemacht hat und beobachten Sie wieder sorgfältig die Augenbewegungen von A.

Sie wiederholen Ihre Aufforderungen an die Adresse von A noch zwei weitere Male, einmal bezogen auf eine nähere Zukunft, z. B. in einer Woche, dann bezogen auf eine fernere Zukunft, bezogen auf die Zeit etwa in fünf Jahren. Während A diesen Aufforderungen nachkommt, beobachten Sie sorgfältig die Augenbewegungen.

Bitten Sie A nach diesen vier Schritten, alle eben einzeln vergegenwärtigten Vorstellungen zugleich abzurufen, um einen Vergleich anstellen zu können. Fragen Sie, woran A erkennt, daß ein Ereignis in der fernen Vergangenheit, das andere in naher Vergangenheit, das dritte in naher Zukunft und das vierte in fernerer Zukunft angesiedelt ist. Veranlassen Sie A dabei, nicht auf inhaltliche Unterschiede zu achten, z. B. wo A sich befindet, oder wie das Gesicht im Spiegel aussieht oder wie sich die Muskeln anfühlen. A soll auf die Submodalitäten der Bilder achten und eine Antwort auf die Frage finden, was sie oder ihn wissen läßt, daß die vier Bilder zu unterschiedlichen, aufeinander folgenden Zeiten gehören.

Wenn A Schwierigkeiten hat, alle Bilder auf einmal zu sehen, bitten Sie darum, den „Als-ob-Rahmen“ zu benutzen. Unterstützen Sie A auch mit Rückmeldungen über die Augenbewegungen, die Sie wahrgenommen haben. Um alle möglicherweise an der Ausformung der Zeitlinie beteiligten Submodalitäten herauszufinden, können Sie auch die Liste der Submodalitäten im visuellen Sinneskanal heranziehen. Position und Größe sind Submodalitäten, die fast jeder für die Sortierung seiner Erfahrungen in der Zeit benutzt. Daneben werden aber häufig auch solche Submodalitäten wie Genauigkeit der Details, Transparenz, Helligkeit, Bildschärfe und Farbe benutzt.

Um Vorteile oder Nachteile der persönlichen Zeitlinie herauszufinden, kann A nach dem unten folgenden Übungsmuster von

Connirae und Steve Andreas jetzt experimentieren. Dabei können die Submodalitäten verändert werden, die A schon benutzt, z. B. Größe, Position, Farbe, Transparenz etc.. Wenn Sie in der Gruppe arbeiten, kann A aber auch mit Submodalitäten experimentieren, die andere Mitglieder für sich herausgefunden haben. A kann auch versuchen, die vollständige Zeitlinie eines anderen auszuprobieren. Wenn A experimentiert, achten Sie darauf, daß das sehr vorsichtig geschieht und daß die Auswirkungen von Veränderungen aufmerksam geprüft werden. Vergewissern Sie sich, daß alle Änderungen vorsichtig und behutsam ausprobiert werden, und daß A sofort zurückgeht, wenn Signale für ökologische Probleme kommen. Ich neige dazu, Veränderungen nur dann vorzunehmen, wenn die Betreffenden nach der Analyse der persönlichen Zeitlinie mit dem Ergebnis nicht zufrieden sind. Gründe für eine solche Unzufriedenheit können sein, daß die Betreffenden beispielsweise festgestellt haben, daß ihre Zeitlinie in der Gegenwart aufhört, oder daß sie die Zukunft nicht sehen können, weil Bilder der nahen Zukunft den Ausblick auf fernere Zeiten verstellen.

Zeitlinie, Übung:

1. Ein alltägliches Verhalten wählen
„Denke bitte an irgendein einfaches alltägliches Verhalten, das Du wiederholt in der Vergangenheit durchgeführt hast und wahrscheinlich in der Zukunft weitermachen wirst. Wähle etwas wie frühstücken, zur Arbeit gehen, Zähne putzen, abwaschen oder duschen."

2. Verhalten vergegenwärtigen zu verschiedenen Zeitpunkten
„Denke bitte an dieses alltägliche Verhalten, wie Du es vor langer Zeit, vielleicht 5 Jahren, ausgeführt hast.
(Augenbewegungen beachten!)
Nun denke daran, wie Du es kürzlich, vor 5 Tagen, gemacht hast.
(Augenbewegungen beachten!)
Als nächstes denke daran, wie Du es in einer Woche machen wirst.
(Augenbewegungen beachten!)
Und dann denke daran, wie Du es in fernerer Zukunft, etwa in 5 Jahren, machen wirst."
(Augenbewegungen beachten!)

Zeitlinie, Übung:
3. Zeitverschiedene Repräsentationen gleichzeitig abrufen „Versuche, ein Gefühl dafür zu bekommen, all diese Erfahrungen gleichzeitig zur Verfügung zu haben, so daß Du bemerken kannst, welche Unterschiede es in der Art gibt, wie Du dieses gleiche Ereignis zu den verschiedenen Zeiten siehst. Woran erkennst Du, daß eines in der fernen Vergangenheit, das andere in naher Vergangenheit, das dritte in naher Zukunft und das vierte in fernerer Zukunft ist? Achte dabei nicht auf inhaltliche Unterschiede, z. B. wo Du Dich befindest, oder wie Dein Gesicht im Spiegel aussieht oder wie sich Deine Muskeln anfühlen. Achte auf die Submodalitäten der Bilder. Was läßt Dich wissen, daß die vier Bilder zu unterschiedlichen, aufeinander folgenden Zeiten gehören? Wenn Du Schwierigkeiten hast, alle Bilder auf einmal zu sehen, dann tu einfach so, als ob Du es könntest." (Für die detailliertere Analyse der Zeitlinie, z. B. in bezug auf Transparenz, Helligkeit, Bildschärfe, Farbe, benutzen Sie auch die Liste der Submodalitäten im visuellen Sinneskanal.) **4. Experimente mit der Zeitlinie** „Wenn Du möchtest, kannst Du jetzt experimentieren. Du kannst dabei die Submodalitäten variieren, die Du schon benutzt, z. B. Veränderung in der Größe, der Position, der Farbe, der Transparenz vornehmen. Beobachte dabei bitte die jeweilige Auswirkung und stelle Vorteile und Nachteile fest! Wenn Du möchtest, kannst Du auch mit den Submodalitäten experimentieren, die andere für sich herausgefunden haben. Du kannst auch die vollständige Zeitlinie eines anderen ausprobieren." „Geh bei diesen Experimenten aber sehr aufmerksam und behutsam vor! Stelle sicher, daß Du alle Änderungen vorsichtig und behutsam ausprobierst und zurückgehst, wenn Du Signale für ökologische Probleme, z. B. Signale der Desorientierung bekommst."

8. Visionen

Die Zeitlinie zu analysieren und mit ihr zu arbeiten, kann aus mehreren Gründen sinnvoll sein. In therapeutischen Zusammenhängen bietet eine Zeitlinienanalyse sich immer dann an, wenn es, um Heilungschancen zu eröffnen, wichtig wird, eine bislang fehlende Zukunftsorientierung zu entwickeln. Aber auch für erfolgreiches Selbstmanagement ist die Kenntnis der persönlichen Zeitlinie von hohem Wert. Wenn Menschen hochgesteckte Ziele erreichen wollen, brauchen sie eine Zeitlinie mit einer für Erfolgsorientierung günstigen Form. Jemand, der Goethes Aufforderung: „Greift nur hinein ins volle Menschenleben" der Jagd nach dem zukünftigen Gewinn vorzieht, braucht eine Zeitlinie mit einer für Gegenwartsorientierung günstigen Form. Und wenn mir ein angemessenes Bewußtsein meiner mitgebrachten und erworbenen Fähigkeiten fehlt, könnte eine Zeitlinie der Form für mich wichtig werden, die es mir erlaubt, bei Bedarf meine bisherigen Leistungen ins Blickfeld zu bekommen.

Im beruflichen Leben kann häufig eine Zeitlinie wichtig werden, deren Form eine Erfolgsorientierung begünstigt. Dabei spielt die Möglichkeit, Zukunftsbilder zu entwickeln und angemessen zu plazieren, eine große Rolle. Sogenannte feste Visionen zu haben, gehört nach Forschungen in den Biographien von Spitzenleuten in den Hochleistungsbereichen unserer Gesellschaft zu den unabdingbaren Voraussetzungen des Erfolgs. Ob man feste Visionen entwickeln kann, muß man jedoch nicht den Zufällen einer glücklichen Lerngeschichte überlassen. Diese Voraussetzung für Erfolg kann man mit NLP lernen.

Schon im Altertum kannten die Menschen die Wirkungskraft von Visionen. Sowohl im alten Ägypten, in Griechenland als auch im römischen Reich gab es Seher, die die Zukunft prophezeiten. Das waren Menschen, denen im Traum oder in Ekstase Bilder eingegeben wurden, die sie als Hinweis auf zukünftige Ereignisse deuteten. Weil viele dieser Prophezeiungen eintrafen, hielt man sie für göttlichen Ursprungs. Eine Vision wurde deshalb begriffen als eine Offenbarung an einzelne Menschen durch göttlich bewirktes Schauen.

Auch die moderne Wissenschaft kennt die Wirkungskraft von Visionen. Nur erklärt sie sie anders. Aus dem Amerikanischen stammt der Begriff der „selffullfilling prophecy", der sich selbst erfüllenden Prophezeiung. Dieser Begriff benennt einen psychologischen Zusammenhang, nachdem der feste Glaube an etwas unbewußt alle menschlichen Kräfte mobilisiert, die den Inhalt des Geglaubten zu verwirklichen geeignet sind. Das heißt, daß die feste

Überzeugung selbst zur Ursache für deren Verwirklichung wird. Beim NLP beruht das Arbeiten mit den Submodalitäten des Glaubenssatzes auf diesem Zusammenhang.

Auch das Alltagsbewußtsein kennt die Wirkung von Visionen. Wir sprechen von Vorbildern und Leitbildern, die Menschen, vor allem Jugendliche, brauchen, um aus ihrem Leben etwas Sinnvolles zu machen.

Alle Menschen haben innere Bilder, die ihr Handeln anleiten. Aber sie überlassen es dem Schicksal oder moderner: dem Zufall, ob diese Bilder mit dem übereinstimmen, was sie nach bewußter Prüfung und Entscheidung für ein erstrebenswertes Ziel in ihrem Leben halten würden. NLP-erfahrene Menschen müssen ihre inneren Bilder aber nicht dem Zufall überlassen. Wenn Sie NLP gelernt haben und mit Submodalitäten zu arbeiten in der Lage sind, dann können Sie Ihr „Schicksal" selber bestimmen, indem Sie eine Vision erarbeiten, die Ihnen die Perspektive eröffnet, den Weg ebnet und die Kräfte bereitstellt, um das zu erreichen, was Sie sich wünschen.

Visionen entwickeln lernen

Mit NLP Visionen aufzubauen, kombiniert zwei Arbeitsweisen mit Submodalitäten, die mit denen des Glaubenssatzes und die mit denen der Zeitlinie. Die Voraussetzungen dafür haben Sie sich in diesem Kapitel bereits angeeignet. Die folgende Übung können Sie mit sich selber ausprobieren oder zu zweit erarbeiten. Wenn Sie (und Ihr Partner oder Ihre Partnerin) die Submodalitäten des persönlichen Glaubenssatzes und der Zeitlinie bereits analysiert haben, erfordert die unten dargestellte Vorgehensweise nur einen geringen Zeitaufwand.

Der erste Schritt besteht darin, für eine bestimmte zukünftige Zeit ein Ziel zu formulieren, das Sie bis dahin erreicht haben möchten. Erfahrungen zeigen, daß fünf Jahre eine angemessene Zeitspanne darstellen. Aber Sie können sich bei der Festlegung des Termins Ihrer Zielerreichung von Ihrem Gefühl leiten lassen. Wichtig für die erste Zielformulierung sind Überlegungen zu folgenden Fragen: wer Sie dann sein wollen, in welchen Bereichen Sie etwas leisten wollen, welche Werte Sie verwirklichen wollen, wie Sie leben möchten, was gut ist für das eigene Wohl und was dem abträglich ist.

Eine erste Überprüfung dieses Ziel bezieht sich darauf, ob es überhaupt realistisch ist. Sie überlegen sich dabei auch, ob Sie es aus eigenen Kräften erreichen können, und ob alle Teilziele gemeinsam erreichbar sind. Wenn das nicht der Fall ist, besteht die Aufgabe darin, das Ziel dahingehend zu verändern, daß Sie sich nicht zuviel vornehmen, daß Sie mit Sicherheit andere Menschen einbeziehen können, wenn Ihre eigenen Kräfte nicht ausreichen. Weiterhin achten Sie darauf, daß alle Teilziele vereinbar sind.

Erst wenn Sie das Ziel so ausformuliert haben, daß es einer realistischen Überprüfung standhält, führen Sie einen sorgfältigen Ökologie-Check durch. Sie checken alle möglichen Einwände – Verträglichkeit mit Ihrer sozialen Lebensweise, mögliche Verzichte, negative Folgen ect. – und beziehen auftauchende Einwände in eine weitere Umformulierung des Ziels ein. Gehen Sie erst weiter, wenn sich gegen die Verwirklichung Ihres Ziels kein Einwand mehr erhebt.

Danach verwandeln Sie Ihr Ziel in ein Bild. Bedenken Sie dabei, daß alle wichtigen Elemente Ihres Zieles bildlich dargestellt sein sollen. Auch wenn in Ihrer Zielkonzeption eher auditiv darstellbare Anteile vorhanden sind, sollten diese auf irgendeine Weise bildlich zum Ausdruck kommen.

Wenn Sie diese erste Visualisierung fertiggestellt haben, nehmen Sie die Liste Ihrer Submodalitäten des Glaubenssatzes vor und statten Ihr Zielbild damit aus. Wenn diese nicht verfügbar sind, müssen Sie an dieser Stelle die Übung „Glaubenssätze aufbauen" durchführen und danach Ihrem Zielbild den Charakter einer festen Überzeugung geben. Bei dieser submodalen Veränderung gibt es manchmal Schwierigkeiten. Elemente der Zielvorstellung sind zuweilen mit den Submodalitäten des Glaubenssatzes nicht zu vereinbaren. Z. B. kann ein Element der Zielvorstellung „Freiheit" sein, die im Zielbild durch Bewegung in einem Tanz ausgedrückt wurde, was nicht vereinbar damit ist, daß das Glaubenssatzbild unbewegt ist. Solche Schwierigkeiten können Sie aber in der Regel durch Einsatz Ihrer Kreativität beheben, indem Sie beispielsweise mit Symbolen arbeiten, oder den kreativen Teil von A befragen, was diesem zur Lösung des Problems einfällt. Im angeführten Beispiel konnte das Problem dadurch gelöst werden, daß die betreffende Seminarteilnehmerin Freiheit auch durch einen Drachen darstellen konnte.

Wenn Sie Ihr Zielbild mit den Submodalitäten Ihres Glaubenssatzes ausgestattet haben, vergegenwärtigen Sie sich Ihre Zeitlinie, nehmen die Vision und setzen sie an die Stelle Ihrer Zeitlinie, an die sie Ihrem Gefühl nach hingehört. Wenn Sie Ihre persönliche Zeitlinie noch nicht erarbeitet haben, müssen Sie das an dieser Stelle tun, um Ihre Vision an die richtige Stelle Ihrer internen Zeitvorstellung zu rücken. Erfahrungen mit diesem NLP-Muster brachten ein überraschendes Ergebnis. Sehr häufig stellte sich heraus, daß der Zeitpunkt für die Verwirklichung des auf diese Weise erarbeiteten Zieles näher an der Gegenwart lag als zuvor angenommen.

Zum Abschluß testen Sie Ihre Arbeit.

Visionen entwickeln, Übung:

1. Ziel formulieren
„Formuliere ein Ziel, das Du in beispielsweise 5 Jahren erreicht haben möchtest. Überlege Dir dabei, wer Du dann sein willst, in welchen Bereichen Du etwas leisten möchtest, welches Deine wichtigsten Werte sind, wie Du leben möchtest, was für Dich gut und was nicht so gut ist."

2. Ziel überprüfen
„Überlege Dir bitte, ob Du Dein Ziel erreichen kannst, und ob Du es aus eigenen Kräften erreichen kannst. Achte sorgfältig darauf, ob alle Teilziele gemeinsam erreichbar sind. Wenn das nicht der Fall ist, verändere Dein Ziel dahingehend, daß Du Dir nicht zuviel vornimmst, daß Du andere mit Sicherheit einbeziehen kannst, wenn Deine eigenen Kräfte nicht ausreichen und daß alle Teilziele vereinbar sind. Sorge dafür, daß das Ziel, das Du erreichen möchtest, realistisch ist."

3. Ökologie-Check
„Überlege Dir jetzt genau, ob Dein Ziel in Deine soziale Lebensweise hineinpaßt. Welche Folgen ergeben sich aus der Zielerreichung? Mußt Du dabei auf etwas verzichten? Und willst Du das? Was bedeutet Deine Zielerreichung für Deine Familie, Partner und Freunde? Welche weiteren Einwände sprechen dagegen, daß Du Dein Ziel erreichst? Wenn sich Einwände ergeben, verändere Dein Ziel dahingehend, daß es in Deine soziale Lebensweise paßt, daß Du auf wichtige Dinge nicht verzichten mußt und auch alle weiteren möglichen negativen Konsequenzen ausgeschlossen werden können."

Visionen entwickeln, Übung:

4. Ziel visualisieren
„Mache Dir jetzt ein inneres Bild von Deinem Ziel. Bedenke, daß alle wichtigen Elemente Deines Zieles bildlich dargestellt sein sollen. Auch wenn Du in Deiner inneren Vorstellung etwas hörst, sollte das auf irgendeine Weise bildlich zum Ausdruck kommen. Z. B. wenn es um Erfolg geht, solltest Du nicht nur anerkennende Worte hören, sondern auch ohne die Worte sollte für Dich sichtbar sein, daß Du Erfolg hast."

6. Ziel als Glaubenssatz visualisieren
„Stelle jetzt Dein Zielbild in den Submodalitäten Deines Glaubenssatzes dar."

Wenn diese nicht verfügbar sind, muß an dieser Stelle die Übung „Glaubenssätze aufbauen" durchgeführt werden.

Bei auftauchenden Schwierigkeiten, Elemente des Zielbildes mit den Submodalitäten des Glaubenssatzes auszustatten, suchen Sie nach kreativen Lösungen.

7. Vision auf der Zeitlinie plazieren
„Gehe bitte nach innen und mache Dir Deine Zeitlinie zugänglich. Dann nimm die Vision und setze sie an die Stelle Deiner Zeitlinie, an die sie Deinem Gefühl nach hingehört."

Wenn die persönliche Zeitlinie noch nicht erarbeitet wurde, muß diese Übung an dieser Stelle durchgeführt werden, um die Vision an die richtige Stelle der internen Zeitvorstellung zu rücken.

8. Testen
„Wie denkst Du über Deine Zukunft in fünf Jahren?"

Zehntes Kapitel: Arbeiten mit allen Veränderungsstrategien Re-Imprinting nach Robert B. Dilts

Es gibt eine Veränderungsarbeit beim NLP, die die Beherrschung aller NLP-Methoden voraussetzt. Sie ist deshalb eine Herausforderung an jeden NLP-Berater: Re-Imprinting. Robert Dilts hat zusammen mit Leary diese Veränderungsarbeit entwickelt, nachdem er erkannte, daß Menschen traumatische Erlebnisse gehabt haben können, denen mit „einfachen" NLP-Veränderungsmethoden nicht beizukommen ist[1], weil diese die Persönlichkeit des Betreffenden, seine Identität, entscheidend geprägt haben.

Prägungen (imprints) sind nach Dilts bedeutsame Erfahrungen in der Vergangenheit eines Menschen, die zu einem festen Glauben von sich selber geführt haben. Typischerweise, jedoch nicht immer, sind an dieser bedeutsamen Erfahrung für den Betreffenden wichtige andere Menschen beteiligt, die auf diese Art und Weise zu dessen Identitätsbildung entscheidend beitragen. Prägungen finden in der Kindheit und häufig in der Pubertät statt. Wenn sie zu einem positiven Glauben über sich selber führen, hat diese Person damit eine gute Grundlage für die spätere Entfaltung ihrer Persönlichkeit erworben. Führt die Prägung jedoch zu einem einschränkenden Glaubenssatz, ist damit der Grundstein gelegt für Selbstzweifel, mangelndes Vertrauen in die eigenen Fähigkeiten und den eigenen Wert, die ein Leben lang anhalten können.

Re-Imprinting ist eine Vorgehensweise, mit der Sie solche Prägungen bearbeiten können[2]. Diese NLP-Methode bietet sich besonders für die therapeutische Arbeit an. Dilts hat sie vor allem auch für die Krebstherapie eingesetzt. Aber auch im Selbstmanagement kann ein Re-Imprinting von hohem Wert sein. Viele im negativen Sinne prägende Kindheits- und Jugenderlebnisse sind den Menschen bewußt. Die daraus resultierenden Glaubenssätze können mit dieser Methode leicht verändert werden, mit oft dramatischen Resultaten und bleibendem Wert.

Re-Imprinting nach Robert B. Dilts

Wie beim Six-Step nach der einfachen Form gibt es beim Re-Imprinting oftmals eine schwierige Hürde zu überwinden. Der Versuch eines einfachen Six-Step kann daran scheitern, daß die positive Funktion nicht bewußt wird. Ein Re-Imprinting kann daran scheitern, daß die bedeutsame Erfahrung nicht bewußt wird. Manche Menschen verarbeiten schmerzhafte Erfahrungen in ihrem Leben, indem sie das Erlebnis von den dazugehörigen Gefühlen trennen. Wenn Sie dann Fragen stellen, um das Erlebnis zu identifizieren, bekommen Sie von dem Betreffenden häufig die Information, er habe keine Ahnung, ihm falle nichts ein. Auch wenn Sie als Reaktion auf Ihre Frage bestimmte Augenmuster feststellen und danach fragen, werden Sie Antworten bekommen wie: Da ist nichts, ich sehe nichts und höre nichts. An dieser Stelle können Sie aufgeben. Sie können diese Situation aber auch als Schwelle in Ihrem eigenen Lernprozeß begreifen und sich herausgefordert fühlen, diese zu überschreiten. Robert Dilts versichert, daß Sie gerade dort, wo Sie in der NLP-Arbeit sogenannte „Sackgassen" oder „Leere im Kopf" identifizieren, an einem wichtigen Punkt Ihrer Arbeit angelangt sind. Die Suche nach dem prägenden Erlebnis erfordert manchmal Geduld und kreatives Vorgehen.

Wenn Sie auf Ihre Frage an A: „Was hindert Dich daran, Dein Ziel zu erreichen?" keine bewußte Information bekommen, achten Sie auf die Augenmuster. Wenn auch die Nachfrage auf diese Informationen nichts Konkretes ergibt, können Sie folgende Möglichkeiten ausprobieren:

1. Bitten Sie A, das mit dem Problemzustand verbundene Gefühl zu verstärken.
2. Bieten Sie eine Metapher an mit der Möglichkeit, aus der Sackgasse herauszukommen, z. B. das Zitat von Albert Einstein, das Dilts oft benutzt: „Alles sollte so einfach wie möglich gemacht werden, aber nicht einfacher!"[3]
3. Sie können die Arbeit an dieser Stelle unterbrechen und eine starke Ressource ankern wie Mut oder Kraft. Dann können Sie diesen Ressourcenanker in die Sackgasse mitnehmen.
4. Sie können auch die „Leere" oder die „Verwirrung" als Information begreifen, mit der Sie weiterarbeiten.

Im zweiten Schritt ankern Sie das Gefühl, die Worte oder die Bilder. Halten Sie den Anker und lassen Sie A zurückerinnern bis zu dem frühesten Erlebnis, das mit der Sackgasse verbunden ist. Möglicherweise sind die ersten Erinnerungen, die auftauchen, nicht so wichtig. Versuchen Sie weiterzugehen bis zu einem Punkt, an dem A verwirrt ist und nicht weiß, was da los ist. Auch wenn Sie keine Prägungserfahrung finden, die mit der Sackgasse in Verbindung steht, können Sie weiterarbeiten, indem Sie A auffordern, etwas zu erfinden, was mit der Sackgasse in Verbindung stehen könnte. Wenn die Phantasie, die A dabei hervorbringt, eine Physiologie gleicher Intensität auslöst wie die Problemsituation, gibt es eine Verbindung.

Wenn Sie die prägende Situation identifiziert haben, lassen Sie A berichten, wo sie oder er in diesem Erlebnis ist, wer außerdem an dieser Erfahrung beteiligt ist, was es zu sehen, zu hören und zu fühlen gibt. Wenn die Situation mit starken negativen Gefühlen verbunden ist, lassen Sie das Erleben in den Submodalitäten verändern, um die Arbeit damit erträglich zu machen. Aber lassen Sie A noch nicht dissoziieren, bevor Sie sie oder ihn gefragt haben, welche Glaubenssätze oder allgemeinen Annahmen über die eigene Person aus dieser Erfahrung gebildet wurden.

Die folgenden Schritte erarbeiten Sie im dissoziierten Zustand. Bitten Sie A, auf dieses Erlebnis zurückzublicken wie auf einen Film, in dem A sich selber sehen kann als jüngere Person, die diese Erfahrung durchmacht. Wenn nötig bieten Sie an, den Film in großer Entfernung ablaufen zu lassen, und sich dessen bewußt zu bleiben, hier in sicherem Abstand und bequem zu sitzen.

Danach fragen Sie A, wie sich das Erlebnis und der betreffende Glaubenssatz auf das weitere Leben ausgewirkt hat, und identifizieren Sie die positive Absicht.

Fragen Sie zunächst, ob der Glaube, den A in dieser Situation gebildet hat, nur aus der Erfahrung selber entstanden ist, oder ob andere Leute zur Bildung dieses Glaubens beigetragen haben. Wenn er aus der Erfahrung selber gebildet wurde, veranlassen Sie A, die positive Absicht dafür zu finden, daß er oder sie selber diesen Glaubenssatz gebildet hat. Wenn eine andere Person zu diesem Glaubenssatz beigetragen hat, veranlassen Sie A, sich klarzumachen, ob diese Person die Folgen, die das Prägeerlebnis für A selber hatte, erreichen wollte, oder ob sie vielleicht eine ganz andere, positive Absicht dabei verfolgt hat. Das kann geschehen, daß man die Person im Erlebnisbild direkt fragt.

Im nächsten Schritt geht es um die Integration von Ressourcen und die Formulierung neuer Glaubenssätze. Im Unterschied zu anderen NLP-Methoden werden beim Re-Imprinting nicht nur dem Betreffenden selber, sondern auch den anderen beteiligten Personen Ressourcen zur Verfügung gestellt. Was damit für A erreicht wird, ist ein neues Verständnis der Situation, daß die andere Person sich mit angemessenen Ressourcen ganz anders hätte verhalten können. Damit läßt sich die Wut auf oder die Angst vor der anderen Person überwinden, ohne deren Verhalten zu rechtfertigen. Lassen Sie A herausfinden, was die andere Person gebräucht hätte, um anders reagieren zu können. Lassen Sie A dann nachforschen, ob er oder sie selber jemals diese Ressource gehabt und erfolgreich eingesetzt hat und sie vergegenwärtigen. Sie selber ankern dabei die Ressource und schicken A dann in die Prägesituationen und lassen sie sie der anderen Person geben. Fordern Sie A auf, genau hinzusehen, was diese Person jetzt anders macht, wie das jüngere Selbst darauf reagiert und welche Glaubenssätze es aufbaut.

Sorgen Sie danach für eine angemessene Ressource für das jüngere Selbst von A. Fragen Sie, was das jüngere Selbst von A bräuchte, um anders reagieren zu können. Lassen Sie A diese Ressource vergegenwärtigen und ankern Sie sie, um A dann mit der geankerten Ressource in die Prägesituation zu schicken und sie dem jüngeren Selbst zu geben. A soll dann wiederum aufmerksam wahrnehmen, was das jüngere Selbst jetzt anders macht und welche Glaubenssätze es aufbaut. Danach bitten Sie A, sich zu vergegenwärtigen, wie die Dinge im folgenden anders verlaufen wären, wenn A damals diese Erfahrung hätte machen können. Lassen Sie A Ressourcen für jede der am Prägeerlebnis beteiligte Person finden und integrieren und stellen Sie sicher, daß die Ressourcen ausreichen, um die Erfahrung zu verändern. Wenn nicht, gehen Sie zurück, um weitere wichtige positive Absichten oder Ressourcen zu identifizieren.

Nach diesen Schritten, die dissoziiert erarbeitet werden, lassen Sie A die Erfahrung wieder assoziiert durchleben. Und zwar soll A nacheinander die Position der anderen wichtigen Personen und danach die Position des eigenen jüngeren Selbst einnehmen. Dadurch gewinnt A mehrere Perspektiven für die Beurteilung dieser Situation, mit der weiteren Chance, die eigene Erfahrung der Situation verändern zu können.

Wenn Sie A bitten, sich zunächst mit einer oder der wichtigen Person zu identifizieren, stellen Sie dabei sicher, daß A bewußt ist, daß die wichtige Person die nötige Ressource hat. Veranlassen Sie A, zurückzugehen hinter die Augen der anderen Person. Veranlassen Sie A, zu sehen, was sie oder er sehen würde. Lassen Sie A sagen, was er oder sie sagen würde. Stellen Sie die nötige Zeit zur Verfügung, die A braucht, um das zu Ende zu führen und holen Sie ihn oder sie ins Hier und Jetzt zurück. Lassen Sie A die Prägeerfahrung aus der Perspektive aller wichtigen Personen, die an der Erfahrung beteiligt waren, erleben. Lassen Sie A das Erlebnis aus den Augen dieser Menschen sehen.

Sie beenden das Re-Imprinting damit, daß Sie A mit den neuen Ressourcen in das eigene jüngere Selbst assoziieren und dabei die neue veränderte Erfahrung erleben lassen, bis die neue Erfahrung genau so stark ist wie die ursprüngliche Prägung. Wenn A die ganze Situation mit den neuen Ressourcen durchlaufen hat, bitten Sie, den neuen Glauben, der sich aus der veränderten Erfahrung ergibt, in Worte zu fassen.

Danach heben Sie die Regression auf. Bitten Sie A, mit den veränderten Erfahrungen und mit den veränderten Glaubenssätzen die folgenden Jahre seines oder ihres Lebens bis heute zu durchlaufen. Bieten Sie A an, auf dem Weg in die Gegenwart noch einige andere Erfahrungen anders zu erleben und zu bewerten und stellen Sie dafür ausreichend Zeit zur Verfügung.

Re-Imprinting, Übung nach Robert B. Dilts:

1. Identifizierung einer Sackgasse
„Was hindert Dich daran, Dein Ziel zu erreichen?"
(Identifizieren Sie spezifische Gefühle, Worte oder Bilder, die mit einer Sackgasse assoziiert sind, in der A mit einer Veränderungsarbeit nicht weiterkommt).

Re-Imprinting, Übung nach Robert B. Dilts:

2. Ankerung des Gefühls und Regression

„Nimm Dir einen Moment Zeit, dieses Gefühl (diese Worte, dieses Bild) wahrzunehmen. (Ankern! Und weiterhin den Anker halten.) Nimm das Gefühl (...), gehe damit zurück in die Zeit, zu Erlebnissen und Erfahrungen, in denen Du auch dieses Gefühl (...) hattest!"

(Lassen Sie A am Gefühl [an den Worten oder dem Bild] bleiben, d. h. halten Sie den Anker und lassen Sie A zurückerinnern bis zu dem frühesten Erlebnis, das mit der Sackgasse verbunden ist.)

3. Identifizierung der prägenden Situation(en)

„Wo bist Du in diesem Erlebnis? Wer ist außer Dir an dieser Erfahrung beteiligt? Was siehst Du? Was hörst Du? Was fühlst Du?"

4. Identifizierung der einschränkenden Glaubenssätze

„Welche Glaubenssätze bildest Du über Dich in der Situation?"

(Während A noch in dem assoziierten, regredierten Zustand ist, veranlassen Sie sie oder ihn, die Generalisierungen oder Glaubenssätze auszusprechen, die aus dieser Erfahrung gebildet wurden.)

5. Dissoziation

„Ich möchte Dich jetzt bitten, auf dieses Erlebnis zurückzublicken, wie auf einen Film, in dem Du Dich selber siehst als jüngere Person, die diese Erfahrung durchmacht. Wenn Du möchtest, laß den Film in großer Entfernung ablaufen, und bleibe Dir dessen bewußt, daß Du hier sicher und bequem sitzt."

(Dissoziieren Sie A von der Erfahrung. Ermöglichen Sie A, das Erlebnis zu beobachten, als wenn er oder sie einen Film von sich selbst anschaut.)

6. Folgen des Prägeerlebnisses erfragen

„Wie hat sich das Erlebnis und der betreffende Glaubenssatz auf Dein weiteres Leben ausgewirkt?"

Re-Imprinting, Übung nach Robert B. Dilts:
7. Identifizierung der positiven Absicht „Entstand der Glaube, den Du in dieser Situation gebildet hast, nur aus der Erfahrung selber, oder haben andere Leute zur Bildung dieses Glaubens beigetragen?" Wenn aus der Erfahrung: „Kannst Du Dir eine positive Absicht vorstellen, daß Du diesen Glaubenssatz gebildet hast?" Wenn andere Leute: „Wollte die betreffende Person die Folgen des Prägeerlebnisses, oder hatte sie vielleicht eine ganz andere, positive Absicht?" (Lassen Sie A die positive Absicht des Sackgassengefühls finden. Wenn im Prägeerlebnis bedeutsame andere Personen beteiligt sind, lassen Sie A auch die positive Absicht von deren Verhaltensweisen finden. Das kann geschehen, daß man die Leute im Erlebnisbild direkt fragt.) **8. Integration von Ressourcen und Formulierung neuer Glaubenssätze** – „Was bräuchte die andere Person, um anders reagieren zu können?" – „Hast Du selber jemals diese Ressource gehabt und erfolgreich eingesetzt?" – „Vergegenwärtige Dir die Ressource!" (Ankern!) – „Nimm die Ressource, gehe in die Prägesituation und gib sie der anderen Person! Bemerke, was macht diese Person jetzt anders? Wie reagiert das jüngere Selbst? Welche Glaubenssätze baut es auf?" – „Vergegenwärtige Dir, wie wären die Dinge im folgenden anders verlaufen, wenn Du damals diese Erfahrung hättest machen können?" – „Was bräuchte das jüngere Selbst, um anders reagieren zu können?" – „Hast Du jemals im späteren Leben diese Ressource gehabt und erfolgreich eingesetzt?" (Ankern!) – „Nimm die Ressource, gehe in die Prägesituation und gib sie dem jüngeren Selbst! Bemerke, was macht es jetzt anders? Welche Glaubenssätze baut es auf?"

Re-Imprinting, Übung nach Robert B. Dilts:

– „Vergegenwärtige Dir, wie wären die Dinge im folgenden anders verlaufen, wenn Du damals diese Erfahrung hättest machen können?“

(Lassen Sie A Ressourcen finden für jede der am Prägeerlebnis beteiligten Person. Lassen Sie diese Ressourcen im dissoziierten Zustand integrieren und durchspielen, wie das Prägeerlebnis anders abgelaufen wäre, wenn der betreffenden Person die Ressource zur Verfügung gestanden hätte. Lassen Sie A das nacheinander für jede einzelne Person durchführen und stellen Sie sicher, daß die Ressourcen ausreichen, um die Erfahrung zu verändern. Wenn nicht, gehen Sie zurück zu Schritt 4, um weitere wichtige positive Absichten oder Ressourcen zu identifizieren.)

9. Re-Assoziationen

„Ich möchte, daß Du nochmal zurückgehst und in das Erlebnis hineingehst. Erinnere Dich, Du hast der wichtigen Person die nötige Ressource gegeben. Nun möchte ich, daß Du zurückgehst hinter die Augen der anderen Person. Sieh, was Du sehen würdest. Sage, was Du sagen würdest. Nimm Dir alle Zeit, die Du brauchst, um das zu Ende zu führen und dann komme hierher zurück!“

„Und dann möchte ich, daß Du zurückgehst in das Erlebnis und Dich mit Deinem jüngeren Selbst vereinigst. Nimm die Ressourcen mit (Ankern) und schau jetzt durch seine Augen und durchlaufe die ganze Situation mit den Ressourcen.“

(Lassen Sie A die Prägeerfahrung aus der Perspektive aller wichtigen Personen, die an der Erfahrung beteiligt waren, erleben. Lassen Sie A das Erlebnis aus den Augen dieser Menschen sehen. Lassen Sie das Re-Imprinting damit beenden, daß Sie A in das eigene jüngere Selbst assoziieren und die neue veränderte Erfahrung erleben lassen, bis die neue Erfahrung genau so stark ist wie die ursprüngliche Prägung.)

10. Reformulierung der neuen Glaubenssätze

„Wie würdest Du jetzt Deinen neuen Glauben formulieren?“

(Bitten Sie A, die Glaubenssätze – gemessen an diesen assoziierten Erfahrungen – neu zu formulieren.)

Re-Imprinting, Übung nach Robert B. Dilts:

11. Aufhebung der Regression

„Dann möchte ich Dich jetzt bitten, mit Deinen veränderten Erfahrungen und mit Deinen veränderten Glaubenssätzen die folgenden Jahre Deines Lebens bis heute zu durchlaufen. Und vielleicht kannst Du auf Deinem Weg in die Gegenwart noch einige andere Erfahrungen anders erleben und bewerten. Nimm Dir die Zeit, die Du dazu brauchst!"

(Lassen Sie A mit dem neuen Glaubenssystem durch die Zeit zur Gegenwart zurückkommen und dabei an andere spätere Ereignisse in seinem oder ihrem Leben denken, in denen das neue Glaubenssystem zu veränderten Erfahrungen geführt hätte.)

Glossar

Adjektiv: Eigenschaftswort

Adverb: Umstandswort

Aktiv Zuhören: Den gefühlsmäßigen Inhalt einer Botschaft spiegeln.

Analog: Analoge Submodalitäten verändern sich quantitativ oder graduell im Gegensatz zu digitalen Submodalitäten, die sich qualitativ verändern.

Anker: Ein mit einem bestimmten Erleben verknüpfter sinnespezifischer Reiz, über den dieses Erleben hervorgerufen werden kann.

Ankern: Ein bestimmtes Erleben mit einem sinnesspezifischen Reiz verbinden.

Assoziiert: Eine Vorstellung vom Standpunkt der eigenen Person aus erleben, im Gegensatz zu dissoziiert: eine Vorstellung vom Standpunkt eines Zuschauers erleben.

Auditiv: Das Hören betreffend.

Auditiver Typ: Eine Person, die die auditive Wahrnehmungsebene bevorzugt.

Auspacken: Strategien untersuchen.

Bedeutungsreframing: Vorgehensweise, bei der ein negativ bewerteter Sachverhalt eine positive Bedeutung erfährt.

Changing History: Veränderung der persönlichen Geschichte. NLP-Vorgehensweise, bei der eine in der Vergangenheit liegende Problemsituation mit Hilfe von Ressourcen bearbeitet wird.

Coaching: Persönliche Beratung.

Cross-pacing: Siehe Überkreuz-Spiegeln.

Digital: Im Zusammenhang mit den Augenmustern auditiv digital heißt: Hier findet ein innerer Dialog statt. Digitale Submodalitäten sind solche Submodalitäten, die sich qualitativ verändern im Gegensatz zu analogen Submodalitäten, die sich graduell verändern.

Dissoziiert: Allgemein: getrennt. Speziell: die eigene Person in der Vorstellung von einem außenliegenden Standpunkt erleben; eine Erfahrung der eigenen Person wie ein Zuschauer oder Zuhörer wahrnehmen.

Empathie: Einfühlungsvermögen.

Explorieren: Genaues Erarbeiten von Problemen oder Zielen.

Evozieren: Vorgehensweise, die einen Gesprächspartner veranlaßt, sich eine Erfahrung zu vergegenwärtigen.

Feedback: Rückmeldung.

Fokus: Brennpunkt.

Future-Pace: Ein Beratungsergebnis für die Zukunft sicherstellen.

Generalisierungen: Verallgemeinerungen.

Gustatorisch: Das Schmecken betreffend.

Ideomotorische Bewegungen: Unbewußte Bewegungen.

Imaginär: Bildhaft, nur scheinbar.

Induzieren: Hineinführen, hervorrufen.

Integration: Z.B. eine Ressource in eine Problemsituation einbeziehen.

Intermittierend: Zeitweilig aussetzend.

Kalibrieren: Extern wahrnehmbare Körpersignale eines Menschen durch wiederholte genaue Beobachtung als Ausdruck von internen Vorgängen erkennen.

Kataton: Erstarrt. Die Katatonie ist eine schwere psychische Erkrankung, die zu den Schizophrenien gerechnet wird.

Kinästhetisch: Das Fühlen betreffend.

Kinästhetischer Typ: Eine Person, die die kinästhetische Wahrnehmungsebene bevorzugt.

Komparativ: 1. Steigerungsform.

Kompetenzbereich: Handlungsbereich, in dem der Betreffende unabhängig von anderen Entscheidungen treffen kann.

Kongruent: Deckungsgleich, stimmig.

Kongruente Reaktion: Beziehung zwischen zwei aufeinander folgenden Aktivitäten in einer Verhaltensstrategie. Eine kongruente Reaktion setzt eine vorhergehende Repräsentation in einer anderen Sinnesmodalität fort.

Kontextreframing: Vorgehensweise, bei der ein negativ bewerteter Sachverhalt durch seine Einordnung in einen neuen Zusammenhang eine positive Bedeutung erfährt.

Kontrollierter Dialog: Den sachlichen Inhalt einer Botschaft spiegeln.

Kurzreframings: Fragen zur Eingrenzung von Situationen, für die ein neues Verhalten erreicht werden soll. Dadurch erfährt das alte Verhalten häufig eine neue Bewertung, nämlich in bestimmten Situationen sinnvoll und angemessen zu sein.

Leitsystem: Sinnessystem, über das eine Person intern Informationen abruft.

Matching: Sprachliches Spiegeln durch Übernahme von Prädikaten oder Satzmustern.

Metaebene: Übergeordnete Ebene. Probleme lösen auf der Metaebene bedeutet, das Problem nicht direkt lösen, sondern in der Weise auf einer übergeordneten Ebene, daß man die positive Funktion des Problems ermittelt und neue Wege sucht, um diese positive Funktion sicherzustellen.

Metamodell: Von Bandler und Grinder entwickeltes Modell der Sprache, das es erlaubt, Aussagen von Menschen auf deren dahinterliegende konkrete Erfahrungen zurückzuführen.

Metaphern: Allgemein: Bilder. Speziell sind Metaphern in der psychologischen Beratung bildhafte Vorstellungen, Sinnsprüche oder auch Geschichten, die dem Bewußtsein und dem Unbewußten Möglichkeiten der Problemlösung anbieten.

Metaphorisch: Bildhaft.

Metareaktion: Beziehung zwischen zwei aufeinander folgenden Aktivitäten in einer Verhaltensstrategie. Eine Metareaktion ist eine Reaktion über den vorhergehenden Schritt.

Mischphysiologie: Körperlicher Zustand, in dem ein Mensch sich befindet, wenn er in seiner Vorstellung die Lösung eines Problems durchspielt.

Modaloperator: Verrichtungswort.

Moment of Excellence: Eine besonders ressourcevolle Situation im Leben eines Menschen.

Nominalisierung: Abstraktes Hauptwort, das aus einem Tätigkeitswort gebildet wurde, z. B. Hemmung aus: hemmen.

Nonverbal: Nichtsprachlich oder körpersprachlich.

Oberflächenstruktur: Sprachliche Äußerungen von Menschen, in denen die ursprünglichen Umwelteindrücke durch Denkprozesse und psychologische Prozesse umgeformt wurden. Sie enthalten Tilgungen, Verallgemeinerungen und Verzerrungen.

Ökologisch: In einer gleichgewichtigen Beziehung zum Umfeld stehend.

Ökologie-Check: Allgemeine Kontrollmethode im NLP, mit der überprüft wird, ob eine Veränderungsarbeit mit der gesamten Lebenssituation eines Menschen vereinbar ist.

Olfaktorisch: Das Riechen betreffend.

Operationspunkt: Aktivität in einer Verhaltensstrategie, in deren Folge es mehrere alternative Fortsetzungsmöglichkeiten gibt.

Pacing (pacen): Siehe spiegeln.

Pacing and Leading: Siehe Spiegeln und führen.

PeneTrance: NLP-Veränderungsmuster nach Thies Stahl.

Phobietechnik: NLP-Vorgehensweise zur Bearbeitung starker Angstzustände.

Physiologie: Körperlicher Zustand, der einem inneren, psychischen Zustand entspricht und mit ihm einhergeht. Physiologien kann man wahrnehmen z.B. an der Atmung, der Gesichtsfarbe, der Muskelspannung, der Haltung, bei den Augen an der Blickrichtung, bei der Stimme an der Tonlage, der Lautstärke und anderen Merkmalen.

Polare Reaktion: Beziehung zwischen zwei aufeinander folgenden Aktivitäten in einer Verhaltensstrategie. Eine polare Reaktion kehrt den Inhalt des vorhergehenden Schrittes um.

Prädikate: Verben, Abverbien, Adjektive und manche Substantive, die auf die spezifische Wahrnehmungsebene des Erlebens hinweisen.

Problemphysiologie: Problemzustand, in dem ein Mensch sich befindet, wenn er intern mit einem Problem beschäftigt ist. Eine Problemphysiologie ist von außen wahrnehmbar, z.B. durch blasse Hautfarbe, flache Atmung, eine verspannte und unsymmetrische Haltung, unbewegte Mimik und einen Blick nach links unten.

Projektion: Einem anderen unterstellen, was dem eigenen Seelenleben angehört.

Reframing: Allgemein: umdeuten. Speziell: NLP-Veränderungsstrategien, deren wesentliches Element das Umdeuten von negativ bewertetem Erleben darstellt.

Rapport: Eine Beziehung zwischen zwei Personen, die durch gegenseitige Achtung und Vertrauen gekennzeichnet ist.

Referenz: Beziehung. Bei interner Referenz entscheiden Menschen nach eigenen Maßstäben, bei externer Referenz halten Menschen sich in ihren Entscheidungen an die Meinung anderer oder an vorgegebene Normen.

Referenzsystem: Sinnessystem, mit dem eine Person die Richtigkeit einer Erfahrung prüft.

Re-Imprinting: NLP-Vorgehensweise, mit deren Hilfe prägende Vergangenheitserlebnisse bearbeitet werden.

Repräsentationssystem: Allgemein heißt Repräsentationssystem dasselbe wie Sinnessystem, Sinneskanal oder Wahrnehmungsebene (Sehen, Hören, Fühlen, Riechen, Schmecken). Speziell ist das Repräsentationssystem das Sinnessystem, in dem der bewußte Anteil einer Erfahrung abgerufen werden kann.

Ressourcen: Allgemein Hilfsmittel. Speziell alle mitgebrachten oder erworbenen Potentiale wie Fähigkeiten, Fertigkeiten, Kenntnisse, Geschicke, Erfahrungen, die Menschen einsetzen können, um ihre Ziele zu erreichen.

Ressourcenphysiologie: Körperlicher Zustand, in dem ein Mensch sich befindet, wenn er in der Lage ist, sich Mittel und Wege vorzustellen, mit deren Hilfe er sein Ziel erreichen kann.

Separator-State: Zustand einer Person, der einen anderen Zustand abschließt und es erlaubt, in einen beliebigen anderen Zustand zu gehen. Der Hier-und-Jetzt-Zustand und der Trance-Zustand sind Separator-States.

Simulieren: Vortäuschen, so tun als ob.

Sinnesspezifische Wahrnehmung: Genaue Wahrnehmung mit Hilfe der Sinnesorgane, wobei die Genauigkeit der Wahrnehmung sich bei der Beschreibung des Wahrgenommenen in einer sinnlich konkreten Sprache ausdrückt. Genaues Sehen zeichnet sich z.B. dadurch aus, daß ein zeichnerisch begabter Mensch nach solchen Angaben eine Skizze anfertigen könnte.

Sinneskanal oder Sinnessystem: Siehe Repräsentationssystem.

Six-Step-Reframing: Problemlösungsprozeß auf der Metaebene in sechs Schritten.

Spiegeln (Pacing): Den sprachlichen oder körpersprachlichen Selbstausdruck einer anderen Person (teilweise) übernehmen.

Spiegeln und Führen (Pacing and Leading): Vorgehensweise eines Beraters, durch Spiegeln, z.B. der Physiologie eines negativen Erlebens, eine Beziehung herzustellen, die die Grundlage für Veränderungsprozesse bildet. Erfolgreiches Spiegeln bewirkt, daß der Gesprächspartner dem Berater folgt, wenn der die gespiegelte Physiologie des negativen Erlebens in eine andere Physiologie verändert.

Strategie: Allgemein: planvolles Vorgehen. Speziell: nach Regeln geordnete Abfolgen von sinnesspezifischen Aktivitäten. Beim NLP wird jedes Verhalten als Strategie begriffen.

Stuck-State: Zustand, in dem jemand blockiert ist.

Submodalitäten: Formen und Qualitäten, in denen die Resultate der menschlichen Sinnestätigkeiten repräsentiert sind.

Subvokalisieren: Beim Lesen intern mitsprechen.

Superlativ: 2. Steigerungsform.

Swish: NLP-Vorgehensweise, bei der mit Hilfe von Submodalitäten verschiedene Strategieabschnitte miteinander verknüpft werden.

Synchron: Gleichlaufend, zusammenstimmend.

Taktile Wahrnehmung: Wahrnehmung durch Tasten.

Tiefenstruktur: Umwelteindrücke, die genau, vollständig und unverzerrt sind.

Timbre: Klangfarbe.

Transfer: Übertragung.

Überkreuz-Spiegeln (cross-pacing): Den körpersprachlichen Selbstausdruck einer Person auf andere Weise oder in einem anderen Sinneskanal spiegeln, z.B. den Atemrhythmus eines anderen mit Bewegungen der Hand oder dem Rhythmus des eigenen Sprechens begleiten.

Universalquantor: Umfassungswort.

Utilisieren: Vorhandene Potentiale wie z.B. Anker, Ressourcen oder Strategien nutzbar machen.

VAKO: Zusammengesetzt aus den Buchstaben: v = visuell, a = auditiv, k = kinästhetisch, o = olfaktorisch/gustatorisch.

VAKO-Hypnose: NLP-Untersuchungsmethode, bei der ein Problemzustand oder ein Zielzustand auf das ganze Spektrum sinnesspezifischer Wahrnehmung hin untersucht wird (Was siehst Du? Was hörst Du? Was fühlst Du ...?).

Versöhnungsphysiologie: Körperlicher Zustand, in dem ein Mensch sich befindet, wenn ihm deutlich wird, daß eine zuvor negativ bewertete Sache auch positive Seiten hat.

Verb: Tätigkeitswort.

Verbal: Sprachlich.

Visuell: Das Sehen betreffend.

Visueller Typ: Eine Person, die die visuelle Wahrnehmungsebene bevorzugt.

Wahrnehmungsebene: Siehe Repräsentationssystem.

Wohlgeformt: Eine Aussage, die weder Tilgungen, Verallgemeinerungen noch Verzerrungen enthält.

Zielphysiologie: Körperlicher Zustand, der eintritt, wenn ein Mensch sich vorstellt, ein Ziel zu erreichen.

Fußnoten

Fußnoten zur Einleitung:

1 Richard Bandler und John Grinder: Neue Wege der Kurzzeit-Therapie. Neurolinguistische Programme. Junfermann, Paderborn 1985

Fußnoten zum ersten Kapitel:

1 Thies Stahl: Triffst du 'nen Frosch unterwegs ... NLP für die Praxis. Junfermann, Paderborn 1988, S. 18ff.
2 Vgl. John Grinder und Richard Bandler: Therapie in Trance. Klett-Cotta, Stuttgart 1984, S. 272ff.
3 Josef Weiß: Selbst-Coaching. Persönliche Power und Kompetenz gewinnen. Junfermann, Paderborn 1990, S. 48
4 Vgl. ebd. S. 19
5 Vgl. ebd. S. 20ff.
6 Vgl. ebd. S. 22ff.
7 Vgl. Richard Bandler und John Grinder: Neue Wege der Kurzzeit-Therapie. Neurolinguistische Programme. Junfermann, Paderborn 1985, S. 44 und Robert Dilts, Richard Bandler, John Grinder u. a.: Strukturen subjektiver Erfahrung. Ihre Erforschung und Veränderung durch NLP. Junfermann, Paderborn 1985, S. 95ff.

Fußnoten zum zweiten Kapitel:

1 Richard Bandler und John Grinder: Neue Wege der Kurzzeit-Therapie. Neurolinguistische Programme. Junfermann, Paderborn 1985, S. 102
2 Vgl. Leslie Cameron-Bandler: Wieder zusammenfinden. NLP – neue Wege der Paartherapie. Junfermann, Paderborn 1985, S. 51; vgl. auch Richard Bandler und John Grinder: Neue Wege der Kurzzeit-Therapie, a.a.O. S. 27
3 Vgl. Robert Dilts, Richard Bandler, John Grinder u. a.: Strukturen subjektiver Erfahrung. Ihre Erforschung und Veränderung durch NLP. Junfermann, Paderborn 1985, S. 121ff.
4 Vgl. Josef Weiß: Selbst-Coaching. Persönliche Power und Kompetenz gewinnen. Junfermann, Paderborn 1990, S. 46f.

Fußnoten zum dritten Kapitel:

1 Vgl. Richard Bandler und John Grinder: Metasprache und Psychotherapie. Die Struktur der Magie I. Junfermann, Paderborn 1985. Die nachfolgenden Übungen gehen im Wesentlichen auf die Inhalte dieser Schrift zurück.
2 Vgl. hierzu Leslie Cameron-Bandler: Wieder zusammenfinden. NLP – neue Wege der Paartherapie. Junfermann, Paderborn 1985, Anhang I: Das Metamodell, S. 153ff.

Fußnoten zum vierten Kapitel:

1 Vgl. Thies Stahl: Triffst du 'nen Frosch unterwegs ... NLP für die Praxis. Junfermann, Paderborn 1988, S. 145f.
2 Vgl. ebd. S. 72
3 Vgl. Richard Bandler und John Grinder: Neue Wege der Kurzzeit-Therapie. Neurolinguistische Programme. Junfermann, Paderborn 1985, S. 104

Fußnoten zum fünften Kapitel:

1 Leslie Cameron-Bandler: Wieder zusammenfinden. NLP – neue Wege der Paartherapie. Junfermann, Paderborn 1985, S. 94
2 Vgl. David Gordon: Therapeutische Metaphern. Junfermann, Paderborn 1987
3 Vgl. Leslie Cameron-Bandler: Wieder zusammenfinden, a.a.O. S. 147
4 Vgl. Thies Stahl: Triffst du 'nen Frosch unterwegs ... NLP für die Praxis. Junfermann, Paderborn 1988, S. 72f.

Fußnoten zum sechsten Kapitel:

1 Vgl. Thies Stahl: Triffst du 'nen Frosch unterwegs ... NLP für die Praxis. Junfermann, Paderborn 1988, S. 176ff. und S. 185
2 Vgl. Richard Bandler und John Grinder: Neue Wege der Kurzzeit-Therapie. Neurolinguistische Programme. Junfermann, Paderborn 1985, S. 107
3 Ein Transkript über den Prozeß des Ankerns finden Sie in: Robert Dilts, Richard Bandler, John Grinder u. a.: Strukturen subjektiver Erfahrung. Ihre Erforschung und Veränderung durch NLP. Junfermann, Paderborn 1985, S. 135ff.
4 Vgl. Thies Stahl: Triffst du 'nen Frosch unterwegs ..., a.a.O. S. 110f.
5 Vgl. Josef Weiß: Selbst-Coaching. Persönliche Power und Kompetenz gewinnen. Junfermann, Paderborn 1990, S. 82f.
6 Vgl. Thies Stahl: Triffst du 'nen Frosch unterwegs ..., a.a.O. S. 193
7 Vgl. ebd. S. 203f., 211f. und 220ff.

Fußnoten zum siebten Kapitel:

1 Vgl. Richard Bandler und John Grinder: Reframing. Ein ökologischer Ansatz in der Psychotherapie (NLP). Junfermann, Paderborn 1985, S. 17
2 Vgl. ebd. S. 20
3 Vgl. ebd. S. 27f.
4 Vgl. ebd.
5 Neben der Schrift Reframing von Bandler und Grinder vgl. auch Thies Stahl: Triffst du 'nen Frosch unterwegs ... NLP für die Praxis. Junfermann, Paderborn 1988, S. 279ff.
6 Vgl. Richard Bandler und John Grinder: Neue Wege der Kurzzeit-Therapie. Neurolinguistische Programme. Junfermann, Paderborn 1985, S. 35 und Robert Dilts, Richard Bandler, John Grinder u. a.: Strukturen subjektiver Erfahrung. Ihre Erforschung und Veränderung durch NLP. Junfermann, Paderborn 1985, S. 18

7 Vgl. Richard Bandler und John Grinder: Neue Wege der Kurzzeit-Therapie. Neurolinguistische Programme. Junfermann, Paderborn 1985, S. 35
8 Vgl. Robert Dilts, Richard Bandler, John Grinder u. a.: Strukturen subjektiver Erfahrung, a.a.O. S. 68f.
9 Robert Ornstein: Multimind. Ein neues Modell des menschlichen Geistes. Junfermann, Paderborn 1989
10 Richard Bandler und John Grinder: Reframing, a.a.O. S. 75ff.
11 Vgl. ebd. S. 126f.

Fußnoten zum achten Kapitel:

1 Robert Dilts, Richard Bandler, John Grinder u. a.: Strukturen subjektiver Erfahrung. Ihre Erforschung und Veränderung durch NLP. Junfermann, Paderborn 1985, S. 37ff.
2 Vgl. ebd. S. 40
3 Ebd. S. 191
4 Vgl. ebd. S. 98ff.
5 Die jeweiligen Lösungen finden Sie bei Bedarf bei Dilts u. a., a.a.O. S. 102ff. und S. 111ff.
6 Ebd. S. 101
7 Ebd. S. 111
8 Vgl. ebd. S. 78ff.
9 Ebd. S. 123
10 Vgl. ebd. S. 122f.
11 Vgl. ebd. S. 165
12 Wie man das mit einer Entscheidungsstrategie eines anderen machen kann, darüber geben Dilts u. a. in „Strukturen subjektiver Erfahrung", a.a.O. S. 162 Auskunft
13 Clint van Nagel, Robert Siudzinski, Edward J. Reese und MaryAnn Reese: Megateaching. VAK, Freiburg i. Br. 1989, S. 121f.
14 Vgl. Richard Bandler: Veränderung des subjektiven Erlebens. Fortgeschrittene Methoden des NLP. Junfermann, Paderborn 1988, S. 142f.
15 Vgl. Robert Dilts, Richard Bandler, John Grinder u. a.: Strukturen subjektiver Erfahrung, a.a.O. S. 211f.
16 Vgl. Josef Weiß: Selbst-Coaching. Persönliche Power und Kompetenz gewinnen. Junfermann, Paderborn 1990, S. 34f.
17 Vgl. Robert Dilts, Richard Bandler, John Grinder u. a.: Strukturen subjektiver Erfahrung, a.a.O. S. 252
18 Vgl. ebd. S. 219ff.
19 Vgl. ebd. S. 242ff.
20 Vgl. ebd. S. 249ff.

Fußnoten zum neunten Kapitel:

1 Richard Bandler und Will MacDonald: Der feine Unterschied. NLP-Übungsbuch zu den Submodalitäten. Junfermann, Paderborn 1990, S. 23

2 Vgl. Connirae und Steve Andreas: Gewußt wie. Arbeit mit Submodalitäten und weitere NLP-Interventionen nach Maß. Junfermann, Paderborn 1988, S. 10
3 Vgl. Richard Bandler: Veränderung des subjektiven Erlebens. Fortgeschrittene Methoden des NLP. Junfermann, Paderborn 1988, S. 35ff.
4 Vgl. ebd. S. 49
5 Vgl. ebd. S. 48
6 Vgl. ebd. S. 57f.
7 Vgl. ebd. S. 59
8 Vgl. ebd. S. 62
9 Vgl. Connirae und Steve Andreas: Gewußt wie. Arbeit mit Submodalitäten und weitere NLP-Interventionen nach Maß. Junfermann, Paderborn 1988, S. 225ff.
10 Marie-Louise Neubeiser: Management-Coaching. Zürich und Wiesbaden 1990, S. 13
11 Vgl. Connirae und Steve Andreas: Gewußt wie, a.a.O. S. 170ff.
12 Vgl. ebd. S. 66f.
13 Vgl. ebd. S. 197ff.
14 Vgl. ebd. S. 206ff.
15 Vgl. Richard Bandler: Veränderung des subjektiven Erlebens, a.a.O. S. 121ff.
16 Vgl. Connirae und Steve Andreas: Gewußt wie, a.a.O. S. 196
17 Vgl. ebd. S. 170ff.
18 Vgl. ebd. S. 105ff.
19 Vgl. ebd. S. 106ff.
20 Vgl. Richard Bandler: Veränderung des subjektiven Erlebens, a.a.O. S. 153
21 Vgl. ebd. S. 151ff.
22 Vgl. Connirae und Steve Andreas: Gewußt wie, a.a.O. S. 21ff.

Fußnoten zum zehnten Kapitel:

1 Robert B. Dilts, Tim Hallbom und Suzi Smith: Identität, Glaubenssysteme und Gesundheit. Höhere Ebenen der NLP-Veränderungsarbeit. Junfermann, Paderborn 1991, S. 82
2 Vgl. ebd. S. 79ff.
3 Vgl. ebd. S. 87

Verzeichnis der verwendeten Literatur

Connirae und Steve Andreas: Gewußt wie. Arbeit mit Submodalitäten und weitere NLP-Interventionen nach Maß. Junfermann, Paderborn 1988

Richard Bandler: Veränderung des subjektiven Erlebens. Fortgeschrittene Methoden des NLP. Junfermann, Paderborn 1988

Richard Bandler und Will MacDonald: Der feine Unterschied. NLP-Übungsbuch zu den Submodalitäten. Junfermann, Paderborn 1990

Richard Bandler und John Grinder: Neue Wege der Kurzzeit-Therapie. Neurolinguistische Programme. Junfermann, Paderborn 1985

Richard Bandler und John Grinder: Reframing. Ein ökologischer Ansatz in der Psychotherapie (NLP). Junfermann, Paderborn 1985

Richard Bandler und John Grinder: Metasprache und Psychotherapie. Die Struktur der Magie I. Junfermann, Paderborn 1985

Leslie Cameron-Bandler: Wieder zusammenfinden. NLP – neue Wege der Paartherapie. Junfermann, Paderborn 1985

Robert Dilts, Richard Bandler, John Grinder u. a.: Strukturen subjektiver Erfahrung. Ihre Erforschung und Veränderung durch NLP. Junfermann, Paderborn 1985

Robert B. Dilts, Tim Hallbom und Suzi Smith: Identität, Glaubenssysteme und Gesundheit. Höhere Ebenen der NLP-Veränderungsarbeit. Junfermann, Paderborn 1991

David Gordon: Therapeutische Metaphern. Junfermann, Paderborn 1987

John Grinder und Richard Bandler: Therapie in Trance. Klett-Cotta, Stuttgart 1984

Clint van Nagel, Robert Siudzinski, Edward J. Reese und MaryAnn Reese: Megateaching. VAK, Freiburg i. Br. 1989

Robert Ornstein: Multimind. Ein neues Modell des menschlichen Geistes. Junfermann, Paderborn 1989

Thies Stahl: Triffst du 'nen Frosch unterwegs ... NLP für die Praxis. Junfermann, Paderborn 1988

Josef Weiß: Selbst-Coaching. Persönliche Power und Kompetenz gewinnen. Junfermann, Paderborn 1990

MENSCHEN SIND DIE ENTWICKLUNG IHRER MÖGLICHKEITEN

NLP-Ausbildungen · Seminare ·
Beratung und Coaching bei CT-Personaltraining

Wir haben uns das Ziel gesetzt, Menschen zu befähigen, ihre persönlichen und sozialen Fähigkeiten zu entfalten, um in ihrer Arbeit ihre Ziele zu erreichen und in ihrem Leben das zu verwirklichen, was sie sein können. Mit Methoden nach Rogers/Gordon und NLP vermitteln wir in unseren Seminaren Vorgehensweisen wirksamer zwischenmenschlicher Kommunikation und Strategien der Überwindung persönlicher Einschränkungen. Darüber hinaus führen wir selbstverständlich Einzelberatung (Coaching) und Ausbildung in NLP durch.

Sollten Sie an unseren Seminaren und Beratungen interessiert sein, melden Sie sich bitte bei:

CT-Personaltraining
Dr. Alexa Mohl & Partner
Gifhorner Straße 29
30625 Hannover
Tel.: (05 11) 95 62 40-0
Fax: (05 11) 95 62 40-1

Information zur Aus- und Fortbildung in NLP in Deutschland

NLP in Winzenburg !

BILDUNGSSTÄTTE
HOEDEKENHUS e. V.
Lamspringer Str. 24-26
D-31088 Winzenburg
Tel.: 0 51 84 / 82 32; Fax: 16 88

NLP-Ausbildungen: Practitioner und Master Coaching • Workshops • Michael Grinder-Seminare für Trainer, Pädagogen, Berater und Manager • Kinesiologie und Suggestopädie

---

Thies Stahl Seminare

Dipl.-Psych. Thies Stahl
Eulenstraße 70
D-22763 Hamburg
Tel.: 0 40 / 3 90 55 88
Fax: 0 40 / 3 90 95 73

Training • Beratung • Supervision
für professionelle Kommunikatoren

NLP-Resonanz-Training

Dr. Gundl Kutschera
Buchenweg 38
D-69221 Dossenheim
Tel. 0 62 21 / 86 21 07

Ausbildungen: NLP-Practitioner, NLP-Master-Practitioner, Trainer, individuelles Coaching und Businesstraining – auch in der Schweiz und in Österreich

Thomas Kirschner Seminare

NLP & Feldenkrais

Apothekengäßchen 3
D-86150 Augsburg
Tel. 08 21 / 34 59 70
Fax: 08 21 / 3 45 97 30

Wir bieten Ausbildungen nach GANLP-Standard.

NLP in Österreich

Österreichisches Trainingszentrum für NLP

35 Tage NLP-Practitioner & 27 Tage Master Pract.-Kurse
(Befähigungsnachweis für österr. Konz. Lebensberater)
5jährige NLP-Psychotherapiequalifikation
(lt. österr. Psychotherapiegesetz)
4jährige Ausbildung zum NLP-Managementcoach
Dr. Brigitte Gross, Dr. Siegrid Sommer,
Dr. Helmut Jelem, Mag. Peter Schütz
Mitglieder im Europ. Institute for NLP (EINLP)
Internat. Beirat: Gene Early, Robert Dilts, Joanne Riou

Widerhofergasse 4/4 • A-1049 Wien
Tel.: 00 43 / 1 / 3 17 67 80
Fax: 00 43 / 1 / 3 17 67 81 22

Sprache als Brücke von Mensch zu Mensch

328 S., kart.
DM 39,80
ISBN 3-87387-316-8

Dieses Buch von Bernd Isert ist ein Wegbegleiter durch Strukturen und Landschaften wirksamer Kommunikation. Über Sprachmuster und Wachstumsprozesse gehen die Schritte erfrischend einfühlsam vom Ich zum Du zum Wir. Sie machen ein reiches methodisches Rüstzeug aus verschiedenen Himmelsrichtungen menschlichen Austauschs zugänglich, das der Autor mit Leichtigkeit, Weisheit und Achtsamkeit verbindet. Einbezogen sind die Inhalte des Neurolinguistischen Programmierens, welche er kreativ erweitert und in neue Zusammenhänge stellt.

Es ist ein Buch für Menschen, denen gelungene Kommunikation für eine auch in die Tiefe reichende Verständigung am Herzen liegt - und die das darin liegende erstaunliche Veränderungspotential erfahren oder ihr bisheriges Repertoire erweitern möchten - ob beruflich oder privat.

Bernd Isert, geb. 1951, studierte Systemtheorie und Kybernetik. Seit 1985 begleitet und trainiert er Menschen in schöpferischer Kommunikation, nlp und mehr. In dem von ihm begründeten Seminarnetzwerk „Forum für Metakommunikation“ gestaltet er seit 1990 die „Ferienakademie“ als integratives Ausbildungsmodell und sozialen Erfahrungsraum.
Isert gilt als Pionier und kreative Kraft ganzheitlicher Veränderungsarbeit und Gruppenführung.

JUNFERMANN VERLAG • Postfach 1840
33048 Paderborn • Telefon 0 52 51/3 40 34

JUNFERMANN

Die Macht der Phantasie

144 S., zahlr. Abb., kart.
DM 19,80
ISBN 3-87387-318-4

Die Phantasie hilft uns, Ziele zu entwickeln, Visionen zu erleben, ein neues Selbstbild zu entwerfen, unsere Werte und Überzeugungen zu entwickeln, wünschenswerte Verhaltensweisen in Gedanken entstehen zu lassen und unsere Identität zu verändern.

Das Geschenk dieser Phantasiereisen ist es, uns selbst die Augen zu öffnen und unseren Geist von seinen Fesseln zu befreien. Sie helfen, verborgene Quellen der Kreativität zu erschließen und auszuschöpfen.

Dieses Buch richtet sich an Menschen, die Lust haben, die eigenen Schätze kennenzulernen und aus den Quellen ihrer Kreativität zu schöpfen. Es kann Phantasien wecken und kreative Potentiale freisetzen und stellt so den Kontakt zu neuen Lösungsmöglichkeiten her.

Evelyne Maaß, Diplom-Soziologin, NLP-Lehrtrainerin, Hypno-Therapeutin, Fortbildung in Yoga, Provokativer Therapie, Tanztherapie, Meditation, Familientherapie, Mitautorin von *NLP-Spiele-Spectrum* (JUNFERMANN 1994).

Karsten Ritschl, Diplom-Psychologe, NLP-Lehrtrainer, Fortbildungen in Gestalt- und Atemtherapie und Meditation - Trainer, Berater, Coach im Wirtschafts- und Sozialbereich.

JUNFERMANN VERLAG • Postfach 1840
33048 Paderborn • Telefon 0 52 51/3 40 34

JUNFERMANN

NLP mit Lust & Laune

352 S., kart.
DM 44,-
ISBN 3-87387-255-2

Dieses Buch zeigt Ihnen, wie Sie die psychologischen Werkzeuge des NLP in alltäglichen Situationen wirkungsvoll einsetzen können, sowohl beruflich als auch im privaten Kontakt. Als Leser werfen Sie einen Blick hinter die Kulissen des NLP und entschlüsseln viele Geheimnisse der erfolgreichen Kommunikation.

Dieses Buch ist nicht nur für Kommunikations-Profis geschrieben, sondern für jeden Menschen, der den Kontakt zu seinen Mitmenschen bewußt gestalten möchte. Jedes Kapitel enthält ein umfangreiches Trainingsprogramm mit vielen praktischen Übungen, im letzten Kapitel finden Sie eine Auswahl von NLP-Checklisten. Sie werden motiviert, Ihre psychologischen Erkenntnisse nicht nur als Wissen zu speichern, sondern konsequent in die Praxis umzusetzen.

Thomas Rückerl ist Diplom-Psychologe und Unternehmensberater. Er lehrt das NLP in Workshops und Seminaren für professionelle Anwendungsfelder. Außerdem unterstützt er Führungskräfte und Teams im Coaching beim Erreichen Ihrer Ziele.

Jörn Ehrlich ist Diplom-Sportwissenschaftler. Er arbeitet in der Wirtschaft und in der Erwachsenenbildung. Seine Spezialgebiete sind Konflikt-Management, Streßbewältigung und Entwicklung von ganzheitlichen Konzepten zur Gesundheitsförderung.

JUNFERMANN VERLAG • Postfach 1840
33048 Paderborn • Telefon 0 52 51/3 40 34